Kapitalmarkttheorie

Von
Universitätsprofessor
Dr. Otto Loistl

R. Oldenbourg Verlag München Wien

Für U. A. L.

CIP-Titelaufnahme der Deutschen Bibliothek

Loistl, Otto:
Kapitalmarkttheorie / von Otto Loistl. – München ; Wien :
Oldenbourg, 1991
  ISBN 3-486-21928-6

© 1991 R. Oldenbourg Verlag GmbH, München

Das Werk einschließlich aller Abbildungen ist urheberrechtlich geschützt. Jede Verwertung außerhalb der Grenzen des Urheberrechtsgesetzes ist ohne Zustimmung des Verlages unzulässig und strafbar. Das gilt insbesondere für Vervielfältigungen, Übersetzungen, Mikroverfilmungen und die Einspeicherung und Bearbeitung in elektronischen Systemen.

Druck: Grafik + Druck, München
Bindung: R. Oldenbourg Graphische Betriebe GmbH, München

ISBN 3-486-21928-6

Ein eben vom Mars herabgestiegener Beobachter könnte begreiflicherweise annehmen, daß der menschliche Geist mit der Analyse des relativ Konkreten beginnt, um später, wenn sich kompliziertere Beziehungen ergeben, zum relativ Abstrakten überzugehen, d.h. daß er von dynamischen Beziehungen ausgeht, um danach zur Ausarbeitung statischer Beziehungen überzugehen. *Dies ist jedoch auf keinem Gebiet der wissenschaftlichen Arbeit jemals der Fall gewesen.*

J.A. Schumpeter, Geschichte der ökonomischen Analyse II (1965), S. 1172

RES TANTVM VALET QVANTVM VENDI POTEST*

(Der Probierstein der subjektiven Wertvorstellungen liegt im Marktgeschehen.)

* zitiert nach C.W.J. Granger/O. Morgenstern, Predictability of Stock Market Prices (1970), S. 8

Vorwort

Drei Probleme sollte die Kapitalmarkttheorie behandeln:
- Die Teilnehmer als *essentielles Movens* in ihren Bedürfnis- und Reaktionsstrukturen
- Die Organisation als *institutionelles Medium* zur Realisierung der geplanten Aktionen
- Die Aktionen als *funktionelle Marker* des komplexen Geschehens

Die vorliegende Arbeit stellt im siebten Kapitel einen integrativen Ansatz zur Diskussion; die anderen Kapitel bereiten den Weg:

Das erste Kapitel beschreibt die Empirie der Kapitalmärkte im allgemeinen, das zweite die der deutschen Börsen und ihrer Handelsorganisationen im speziellen.
Das dritte Kapitel führt in stochastische Prozesse ein und erläutert darauf aufbauende Modelle der Preisbewegungen. Im Mittelpunkt stehen Markovprozesse.
Das vierte Kapitel diskutiert die Bedeutung der Interessenlagen für die Ertragskraft einer Unternehmung und erfaßt die fundamentalen Wertvorstellungen der Marktteilnehmer als Häufigkeitsverteilung. Im Mittelpunkt steht das Barwertkonzept. Es folgen daraus bei entsprechend spezifizierten Annahmen u.a. die Bewertungsformeln von Modigliani/Miller und Black/Scholes.
Auf diesen Ausführungen baut die Darstellung im siebten Kapitel auf.

Im fünften und sechsten Kapitel wird die heute gängige Problemsicht der Kapitalmärkte gewürdigt. Das fünfte Kapitel leitet die Ergebnisse des CAPM analytisch aus der Theorie effizienter Portfolios ab. Die Prämisse eines Kapitalmarktes im Gleichgewicht ist hierzu nicht nötig.
Das sechste Kapitel untersucht die Bedingungen des Gleichgewichts und der Arbitragefreiheit. Die Kapitalmarktgleichgewichtstheorie scheint wegen ihrer unrealistischen Implikationen wenig geeignet für die Analyse realer Kapitalmärkte. Das Konzept eines allgemeinen Gleichgewichts auf dem Kapitalmarkt vereinfacht die *Interdependenzen* zwischen subjektiven Wertvorstellungen und meßbaren Marktpreisen zur Frage nach der *Identität* von Werten und Preisen. Eine präzise Preisbestimmung überfordert aber das schwach strukturierte Problem der Kapitalgüterbewertung. Es steht ohnehin nicht allein im Zentrum der Kapitalmarkttheorie. Wenn auch im Modell ein Markt zur Transformation von Wertvorstellungen in Preisnotizen existiert, kann es in die Teilnehmermodellierung einbezogen werden.

Das siebte Kapitel behandelt den realen unvollkommenen Kapitalmarkt. Der Ansatz beruht auf einer detaillierten Zustandsbeschreibung der Mikrostruktur. Die Wahrscheinlichkeitsraten für den Übergang von einem Zustand in einen anderen verknüpfen die eingangs formulierten Einzelprobleme zu einem konsistenten Modell. Einerseits werden diese Wahrscheinlichkeitsraten aus den Bedürfnis- und Reaktionsstrukturen berechnet. Andererseits steuern sie die im Rahmen der Marktorganisation erlaubten Aktionen der Marktteilnehmer. Jede Aktion führt zu einer Änderung des Kapitalmarktes. Der neue Zustand motiviert dann weitere Aktivitäten und Zustandsänderungen. Dynamische Interaktionen zwischen den Marktteilnehmern prägen das Kapitalmarktgeschehen. Hinsichtlich der formalen Struktur erleichtern ausführliche Rechenbeispiele mit detaillierten graphischen Illustrationen den Zugang.

Die Konzeption entstand in langjähriger Auseinandersetzung mit Theorie und Empirie der Kapitalmärkte. Von den zahlreichen anregenden Kontakten sei die fruchtbare Zusammenarbeit mit Thomas Landes beim Thema Kapitalmarktsynergetik ausdrücklich erwähnt. Die in mehreren Publikationen dokumentierten Ergebnisse liefern die formale Grundlage des im siebten Kapitel vorgestellten Ansatzes.

Christopher Casey, Christian Haffner und Claudia Vogt halfen konstruktiv bei der Ausarbeitung der vorliegenden Fassung. Roland Dillmann, Wuppertal, regte zum dritten und siebten Kapitel Verbesserungen an. Monika Heiberger, Ute Lieders, Christina Nieder und Susanne Schmidtmeier brachten die Manuskripte und Typoskripte bei effizienter Arbeitsteilung in eine reproduktionsfähige Vorlage.

Allen Genannten danke ich für die engagierte Unterstützung.

Badgastein, den 1. Jänner 1991

Inhaltsverzeichnis

Kapitel 1: Zum Begriff des Kapitalmarktes ... 1

1.	**Beispiele aus dem realen Kapitalmarktgeschehen** ... 1	
1.1	Eine globale Portfoliotransaktion ... 1	
1.2	Weitere Beispiele ... 4	

2. Kapitalmarkt als Markt für Kapitalgüter ... 5

3. Zur Systematisierung des Kapitalmarktgeschehens ... 9
3.1 Die aktuellen Entwicklungen ... 9
3.2 Kriterien zur Systematisierung der Kapitalmarktsegmente ... 15
3.3 Die Kapitalmarktsegmente ... 16
3.3.1 Globale Betrachtung ... 16
3.3.2 Zum nationalen nicht regulierten Kapitalmarkt ... 17
3.3.3 Der nationale regulierte Kapitalmarkt ... 21
3.3.4 Der internationale Kapitalmarkt ... 28
3.3.4.1 Überblick ... 28
3.3.4.2 Umfang des Eurokapitalmarktes ... 28

4. Die Transformationsaufgabe des Kapitalmarktes ... 30

Literaturverzeichnis ... 31

Kapitel 2: Die Börse ... 33

1. Entstehung der Börse ... 33
1.1 Geschichtliche Vorläufer ... 33
1.2 Grundlegende Organisation ... 35
1.2.1 Rechtliche Grundlagen ... 35
1.2.2 Börsensegmente ... 37
1.2.2.1 Amtlicher Handel ... 37
1.2.2.2 Weitere Börsensegmente ... 39

2. Der Börsenhandel ... 41
2.1 Objekte des Börsenhandels ... 41
2.1.1 Wertpapiere und Effekten als juristische Kategorien ... 41
2.1.1.1 Definition ... 41

2.1.1.2	Arten der Wertpapiere	42
2.1.1.3	Vom Wertpapier zum Wertrecht	44
2.1.2	Effektenarten	45
2.1.2.1	Überblick	45
2.1.2.2	Festverzinsliche Wertpapiere	46
2.1.2.3	Dividendenpapiere	49
2.1.2.4	Mischformen	51
2.2	Zulassung von Wertpapieren zum Börsenhandel	52
3.	**Termingeschäfte**	**53**
3.1	Der Optionshandel an der DTB	53
3.1.1	Marktstruktur	53
3.1.1.1	Börsenorganisation	53
3.1.1.2	Börsenteilnehmer und Market Maker	54
3.1.1.3	Handelszeiten	54
3.1.1.4	Informationsverteilung	55
3.1.1.5	Matching und Clearing	56
3.1.2	DTB Produkte	57
3.1.2.1	Standardisierungen	57
3.1.2.2	Auftragsarten	58
3.1.2.3	Einfache und kombinierte Aufträge	59
3.2	Der Handel in Financial Futures	59
3.2.1	Allgemeine Beschreibung der Financial Futures	59
3.2.2	Das System der Marginabrechnung	60
3.2.2.1	Margin - Account für Einzelkontrakte	60
3.2.2.2	Sicherheitsleistung an der DTB	60
3.2.3	Zinsfutures	61
3.2.4	Aktienindex-Futures	64
3.2.4.1	Einführung	64
3.2.4.2	Kontraktspezifikationen	64
4.	**Der Ablauf des Börsenhandels**	**65**
4.1	Überblick	65
4.2	Die Erfüllung von Börsengeschäften	69
5.	**Der DAX-Index als Indikator des Börsengeschehens**	**72**
5.1	Allgemeines zu Indexformeln	72
5.2	Konstruktionsprinzip des DAX	73
5.2.1	Zusammensetzung	73
5.2.2	Reserveindexwerte	76
5.2.3	Die Neugewichtungen des DAX	77
5.3	Die Indexpflege des DAX	81
5.3.1	Ermittlung der Korrekturfaktoren bei Kapitalerhöhungen	83
5.3.2	Ermittlung der Korrekturfaktoren bei Dividendenzahlungen	84
5.3.3	Ermittlung der Korrekturfaktoren bei Gratisaktien	84
5.3.4	Tausch von Indexgesellschaften	84

5.3.5	Technische Umsetzung des DAX an der Frankfurter Wertpapierbörse	86

Literaturverzeichnis 87

Kapitel 3: Zur markttechnischen Erklärung von Aktienkursen 89

1.	**Problemstellung**	**89**
2.	**Zeitreihen und stochastische Prozesse**	**93**
2.1	Einführung	93
2.1.1	Komponenten einer Zeitreihe	93
2.1.2	Parameterraum und Zustandsraum	95
2.2	Statistische Charakterisierung stochastischer Prozesse	100
2.2.1	Momente einer Wahrscheinlichkeitsverteilung	100
2.2.2	Momenterzeugende Funktion	103
2.2.3	Charakteristische Funktion	103
2.2.4	Summen von Zufallsvariablen	106
2.3	Explizite Formulierung der Random-Walk-Hypothese	114
2.3.1	Hypothese eines fairen Spieles	114
2.3.2	Abhängigkeiten zwischen Zufallsvariablen	116
2.3.3	Explizites Beispiel eines logarithmischen Random-Walk	120
3.	**Markov-Prozesse**	**123**
3.1	Grundlegende Konzepte stochastischer Prozesse mit der Markov-Eigenschaft	123
3.2	Diskrete Markov-Prozesse	130
3.2.1	Der Poisson-Prozeß	131
3.2.2	Geburts- und Todesprozesse	136
3.2.3	Zur allgemeinen Theorie Markovscher Prozesse	139
3.3	Markov-Prozesse mit kontinuierlichem Zustands- und Parameterraum	143
3.3.1	Wiener-Prozesse	145
3.3.2	Diffusionsprozesse und stochastische Differentialgleichungen	147
3.4	Abschließende Bemerkungen zu Prozessen vom Markov-Typ	151
4.	**Die Verfahren der ARIMA-Zeitreihenanalyse nach Box/Jenkins**	**155**
4.1	Stationäre Prozesse	155
4.1.1	Grundlegende Definitionen und Beispiele	155
4.1.2	Auto-Regressive- und Moving-Average-Prozesse	160
4.2	Aktienkursverläufe als ARIMA-Prozesse	164

Literaturverzeichnis 166

Kapitel 4: Fundamentale Begründung der individuellen Wertpapierkurse 169

1.	Zur fundamentalen Determinierung der Wertpapierkurse 169
1.1	Kursnotizen und Jahresabschlußdaten 169
1.2	Innerer Wert und Kursnotiz 171
1.3	Innerer Wert und Interessenlage der handelnden Personen 173
1.4	Innerer Wert als Zufallsvariable 178

2.	Zur Berechnung des inneren Wertes 180
2.1	Die Berechnung des inneren Wertes unter expliziter Berücksichtigung eines Konkursrisikos 180
2.2	Der fundamentale (Bar)wert einer Option - die Black/Scholes-Formel 185
2.2.1	Hedge Portfolio und Barwertberechnung als Ausgangspunkt 185
2.2.2	Der Barwert des Optionsrechtes 186
2.2.2.1	Allgemeiner Ansatz 186
2.2.2.2	Spezifikationen aufgrund der Lognormalverteilungsannahme 186
2.2.2.3	Spezifikationen aufgrund der zeitlichen Anpassung 190
2.2.2.4	Prämissenvergleich 193

Literaturverzeichnis 195

Kapitel 5: Bewertung einzelner Papiere im Kontext anderer Anlagen 197

1.	Einleitung 197
2.	Theorie optimaler Wertpapierportfolios 198
2.1	Effiziente Portfolios 198
2.1.1	Fragestellung 198
2.1.2	Renditen und Erträge 199
2.1.3	Kovarianzen und Korrelationen der Renditen 203
2.1.4	Risikominimale Kombination von zwei Wertpapieren 204
2.2	Ermittlung der Kurve effizienter Portfolios 209
2.2.1	Prinzip der Berechnung 209
2.2.2	Die Berechnung für zwei Wertpapiere 210

2.2.3	Beispiel für die Berechnung der Kovarianz zweier Aktienkursverläufe	214
2.2.4	Effiziente Portfolios im Falle mehrerer Wertpapiere	217
2.2.4.1	Vorbemerkung und Definitionen	217
2.2.4.2	Ermittlung der Kurve effizienter Portfolios im (e, σ^2)-System	218
2.2.4.3	Separationstheorem und Kapitalmarktgerade im (e, σ)-System	220
3.	**Wertpapiergerade und Indexmodelle**	**225**
3.1	Effiziente Portfolios und Wertpapiergerade - das CAPM	225
3.2	Wertpapierbewertung anhand von Indexmodellen	229

Anhang I: Ableitung der Kurve effizienter unsicherer Portfolios ... 237

Anhang II: Die Verbindungsgerade zwischen "Tangentialportfolio" P_1 und Minimalportfolio P^* ... 239

Anhang III: Ableitung der Kapitalmarktgeraden ... 240

Anhang IV: Marktgerade in alleiniger Abhängigkeit von e_0 ... 245

Anhang V: Ableitung der Wertpapiergeraden ... 246

Literaturverzeichnis ... 248

Kapitel 6: Die analytischen Implikationen des Marktportfolios ... 249

1.	**Problemstellung**	**249**
2.	**Bestimmung der Kurve risikoeffizienter Marktportfolios bei gegebenem Gesamtbudget**	**256**
2.1	Ausschließlich unsichere Anlagen	256
2.2	Berücksichtigung einer sicheren Anlagemöglichkeit	265
3.	**Kurve risikoeffizienter Portfolios eines einzelnen Anlegers k**	**270**
3.1	Ausschließlich unsichere Anlagen	270
3.2	Berücksichtigung einer sicheren Anlagemöglichkeit	271
3.3	Die Aggregation der Individualportfolios zum Marktportfolio	274
4.	**Zur kritischen Würdigung der Kapitalmarktgleichgewichtstheorie**	**275**

4.1 Entwicklungslinien 275
4.2 Aktienkursverlauf und Anlagestrategie 276
4.3 Theorie des CAPM und Realität des Marktgeschehens 285
4.4 Alternative Ansätze zur Bestimmung des Aktienkurses
 auf dem vollkommenen Kapitalmarkt 290
4.4.1 Arbitrage-Pricing-Theorie und Faktorenmodelle 290
4.4.2 Zur empirischen Überprüfung mit Hilfe der Faktoren-
 analyse und Regressionsanalyse 292
4.4.3 Identifikation der Einflußfaktoren und der Portfoliogröße 294

Anhang I: Bestimmung der Kurve risikoeffizienter Marktportfolios 296

Anhang II: Ableitung der Verbindungsgeraden der Tangentialpunkte 298

Anhang III: Konstruktion von Tangenten und ihren Verbindungsgeraden 299

Anhang IV: Ableitung der Kurve effizienter Anlagen unter Berücksichtigung einer sicheren Anlage 301

Anhang V: Ableitung der Tangentialbeziehung zwischen Erwartungswert μ_k des Endvermögens und Anfangsvermögens v_k des Einzelanlegers 303

Literaturverzeichnis 304

Kapitel 7: Der unvollkommene Kapitalmarkt 309

1. Gleichgewichtsmodelle und Ungleichgewichts-
 realität 309
1.1 Die verschiedenen Gleichgewichtsbegriffe 309
1.2 Die Aggregationsproblematik 311
1.3 Das Problem der Adäquation 312
1.4 Zur Unvollständigkeit der Märkte:
 Handelsmöglichkeiten vs. Anzahl von Kapitalgütern 314
1.5 Problemsicht der Synergetik 317

2. Preisfindung und Mikrostruktur des Kapitalmarktes 320
2.1 Grundlegende Bemerkungen und Annahmen 320
2.2 Marktstruktur und Marktdynamik 324
2.2.1 Die Marktstruktur, beschrieben in dem Zustandsvektor z 324
2.2.2 Die Veränderung der Marktstruktur 327
2.2.2.1 Explizit beobachtbare Preisnotizen 327

2.2.2.2 Nicht beobachtbare Wertrevisionen.................................330
2.2.2.3 Einschränkungen...330
2.2.3 Die Übergangsintensitäten des Marktgeschehens................334
2.2.3.1 Übergangsintensitäten von Preisnotizen.............................336
2.2.3.2 Übergangsintensitäten von Wertrevisionen........................339
2.2.4 Die Prozeßdynamik...341
2.3 Die Illustration des Marktgeschehens durch Simulations-
 studien...344
2.3.1 Die Datengewinnung und -aufbereitung..............................344
2.3.1.1 Aufbereitung der Simulationsergebnisse............................344
2.3.1.2 Geeignete Parameterkonstellationen...................................353
2.3.2 Die Präsentation der Simulationsergebnisse........................358
2.3.2.1 Bimodale, symmetrisch um p_0 verteilte Wertvorstellungen..........358
2.3.2.2 Bimodale, asymmetrisch um p_0 verteilte Wertvorstellungen........375

3. Schlußbemerkung...381

Literaturverzeichnis..383

Appendix..386

Autorenverzeichnis...391

Stichwortverzeichnis..394

Kapitel 1: Zum Begriff des Kapitalmarktes

1. Beispiele aus dem realen Kapitalmarktgeschehen

1.1 Eine globale Portfoliotransaktion

Nach einer enttäuschenden Performance des Aktien-Depots entschloß sich der amerikanische Pensionsfonds *Sorgenfreies Leben* im Februar 1989 in einen globalen Aktienindex-Fonds umzuschichten. Zwei Portfolios mit einem Gesamtvolumen von $ 56 Mio. sollten aufgelöst und dafür Wertpapiere, die einen globalen Index repräsentieren, gekauft werden. Die nachfolgende Beschreibung der erforderlichen Einzelschritte illustriert das reale Kapitalmarktgeschehen.

Es galt zunächst, den passenden Fonds zu bestimmen. Nach einer Überprüfung der geeigneten Kandidaten entschied sich die Pensionsfondsverwaltung für *Index-Fonds-Manager* (IFM). Zum leichteren Verständnis der Transaktion werden die beteiligten Institutionen nachstehend zusammenfassend aufgelistet:

Institution	Funktion
Sorgenfreies Leben	Pensionfonds
IFM *Index-Fonds-Manager*	Fonds-Management-Unternehmer spezialisiert auf globale Index-Fonds
GC *Global Custodian*	Weltweit tätige Wertpapieraufbewahrungsfirma
WBU *World Brokers United*	Weltweit tätige Wertpapierhandelsfirma

Tab. 1: An der Portfoliotransaktion beteiligte Institutionen

Die Transaktion umfaßt eine Vorbereitungs-, eine Übertragungs- und eine Abrechnungsphase.

Die Vorbereitung:

05.02. IFM wird nicht nur der generelle Auftrag erteilt, sondern auch Details hinsichtlich der zu übertragenden Volumina übermittelt.

09.02. Die möglichen Transaktionen werden besprochen: **32%** des gesamten Volumens können **ohne Veränderungen** übertragen (transferiert) werden. Wenn jedoch der Fonds dem Index mit einer Abweichung von 1% entsprechen soll, dann müssen insgesamt **800 Wertpapiere** beschafft werden. Allein die gedankliche Umsetzung dieser Notwendigkeit erfordert beträchtliche Energie!

15.02. Als Abschlußzeitpunkt wird der 14. März vereinbart. IFM beginnt, über mögliche **Strategien** laut nachzudenken: Wie lange nach den Verkäufen soll mit den Käufen begonnen werden, um Zeit für die unvermeidlichen **Erfüllungsquerelen** zu haben? Soll der Handel in mehreren Schritten durchgeführt werden oder in einem einzigen Zug?

27.02. Die weltweit tätige Wertpapieraufbewahrungsfirma Global Custodian (GC) bekennt nunmehr, daß ihr die Abrechnung zum **Monatsende** anstelle zum 14. März lieber wäre. Ihr Computersystem ist auf die **Bewertung** zum Monatsende ausgelegt und kann nicht automatisch Bewertungen zur Monatsmitte erstellen. Anderenfalls müssen die Abschlußwerte der beiden Portfolios und die Notierungen der auf den IFM übertragenen Vermögenswerte, die schließlich die Grundlage für die Performance-Messung bilden sollen, **manuell** eingegeben werden. Die Möglichkeit einer fehlerhaften Bepreisung der Portfolios, die schließlich 200 Wertpapiere umfassen, ist dann ziemlich groß. Die Portfolios enthalten einige Exoten, wie z.B. Warrants auf japanische Eigenkapitaltitel. Für sie kann der Preis nur mit Schwierigkeiten ohne automatische Preisübermittlung erstellt werden.

28.02. Der IFM hat keine Präferenzen für einen speziellen Übertragungszeitpunkt. Aus der Sicht des Pensionsfonds jedoch impliziert die Verschiebung des Übertragungszeitpunktes um weitere zwei Wochen zwei weitere Wochen riskantes Management.

01.03. IFM tendiert für diejenigen Anteile, die nicht aus ihrem eigenen Index-Fonds übertragen werden können, zu einem **Programmhandel** durch das weltweit tätige Brokerunternehmen WBU. Die Transaktion wird erleichtert durch eine **Garantieerklärung** von GC, die Abrechnung der Gegenwerte zum offiziellen Erfüllungstermin in jedem Markt - außer Spanien - zu gewährleisten. Damit sind einige interessante Fragen verbunden, z.B. über Australien, wo es keinen offiziellen Erfüllungszeitpunkt gibt; aber wenn auf die Zusicherung von GC Verlaß ist, dann scheint ein simultaner Programmhandel möglich. Der Umfang der notwendigen Währungstransaktionen verringert sich damit beträchtlich.

02.03. IFM bittet GC um eine **Bestandsaufnahme** der Alt-Portfolios. Zwischenzeitlich bereitet IFM eine Analyse der durchzuführenden Transaktionen vor.

09.03. Der Pensionsfonds stimmt die letzten Einzelheiten der Übertragung mit GC ab: Am Dienstag, den 14. März, wird GC die Schlußkurse von Montag 13. März auf ein Band schreiben. Es enthält die Kurswerte der auf IFM zu übertragenden Wertpapiere. Am 15. März, gegen Mittag, wird IFM **einen Ausdruck und eine Diskette** mit allen Details des Portfolios erhalten, um sie in das eigene EDV-System einzuspielen. Der geschätzte Wert der zu transferierenden Papiere liegt bei $ 56 Mio. Da der Fonds mit $ 60 Mio. starten soll, werden zusätzlich $ 4 Mio. auf das Treuhandkonto von IFM mit Wertstellung 15.3. einbezahlt.

Die Übertragung:

14.03. Die Übertragung findet statt. Von kleinen Ungenauigkeiten mit den japanischen Warrants abgesehen, scheint alles auf dem besten Wege zu sein. IFM will eine **Liquiditätsanalyse** in seinem System durchführen, sobald er von GC eine Diskette erhalten hat. Damit soll die Handelsstrategie endgültig festgelegt werden. Nach den aktuellen Überlegungen sollen die größeren Märkte zuerst erledigt werden, um auf den kleineren Märkten eine gewisse Zeitspanne zur Bewältigung von Erfüllungsverzögerungen zu haben. IFM traut dem vertraglichen Erfüllungssystem von GC doch nicht ganz.

15.03. GC's Computer verweigert die Verarbeitung: Die Daten auf Diskette können **nicht kopiert** werden. IFM muß alle Daten nochmals per Hand eingeben. Der Pensionsfonds verliert einen Tag.

16.03. IFM und WBU arbeiten die Einzelheiten der Übertragung aus. Als **Handelstag** wird Montag, der 21. März, festgelegt.

17.03. IFM schickt per Telefax eine Aufstellung des **Kauf-** und **Verkaufsprogrammes**. Netto werden Wertpapiere aus US, Japan, UK und Kanada erworben, aus Deutschland, der Schweiz, Australien, den Niederlanden, Malaysia und Finnland verkauft. Glücklicherweise wird ein drastischer Kursrückgang in Wall Street und London durch einen unerwarteten Anstieg des US-Großhandelspreisindex ausgelöst. Es ist zu hoffen, daß der Kursrückgang auch Japan erfaßt, da der Programmhandel am Montag startet. Eine Komplikation deutet sich in Japan an: Wegen des Dividendentermins am 28. März müssen die Papiere für Dividendenzahlungen üblicherweise 14 Tage hinterlegt werden. Da auch einige japanische Papiere trotz der Netto-Käuferposition verkauft werden sollen, dürfen diese nicht hinterlegt werden.

20.03. Während des späten Nachmittags werden die **ersten Transaktionen** im Fernen Osten durchgeführt, in Japan ist jedoch ein Feiertag.

21.03. Die amerikanischen und europäischen Transaktionen werden heute abgewickelt.

22.03. Die **Transaktionen** sind durchgeführt. Aber sie waren der einfachere Teil der Aktion. Der wahre Test kommt mit der **Erfüllung** in der nächten Woche.

Die Erfüllung und die Abrechnung:

27.03. Hongkong hat glatt abgewickelt, Japan wird heute erfüllen. Die Anzahl der noch durchzuführenden Transaktionen hat sich auf 10 verringert: 8 in Japan, hauptsächlich regionale Banken, eine französische Wandelanleihe und das portugiesische Engagement. Für die Auflösung des letzteren wollen die örtlichen Vertreter **10% Transaktionskosten** in Rechnung stellen.

28.03. Japan scheint ohne größere Probleme abgewickelt zu sein. In Singapur gibt es eine kleinere Aufregung. IFM hat ein odd lot[1] Aktienpaket der Singapur-Airline verkauft. Verkaufsbestätigungen gibt es aber nur für **round lots von 1000 Stück** (so die Auskunft von GC).

29.03. IFM berichtet, daß die ganze Aktion mehr als **1000 Transaktionen** umfaßt. Für eine Schlußbereinigung wird ein **Liquiditätspolster** von ca. 5% des Portfolios gehalten. Die meisten der Abwicklungen laufen gut. Es gibt jedoch auch einige Nachzügler: Unglaublich, aber Italien wird nicht vor Anfang Mai abrechnen!

31.03. Deutschland und die Schweiz hatten Probleme mit den Großverkäufen: WBU dachte, daß die Bestände bei Cedel[2] gehalten werden. Tatsächlich wurden sie jedoch bei den mit GC zusammenarbeitenden **Aufbewahrungsbanken** in Frankfurt und Zürich gehalten. Die Verkaufsaufträge müssen erneut erteilt werden. Der Pensionsfonds ist jedoch aufgrund der vertraglichen Vereinbarungen mit GC nicht von der Verzögerung betroffen.

---

[1] Ein Aktienpaket, das nicht aus einer runden Stückzahl besteht, im Gegensatz zum round lot.
[2] Centrale de Livraison de Valeurs Mobilières (Cedel), Luxembourg: eine internationale Wertpapierabrechnungsorganisation.

05.04. IFM macht sich nun an die Bereinigung der **Problemtransaktionen**: Einige Transaktionen sind in der mañana~mañana~Warteschlange von Madrid. Die französische Wandelanleihe ist schwierig zu bewegen. Die portugiesische Aktienanlage erleidet ein böses Schicksal.
12.04. Die portugiesische Situation wird noch unglaublicher. Offensichtlich kann man über eine Bank nur handeln, wenn man bei ihr auch ein Konto hat.
15.04. Vorläufige Zahlen lassen vermuten, daß sich die Kosten der gesamten Aktion auf $ 500.000 belaufen.
21.04. Nach mehreren Anläufen kann nun der Verkauf der portugiesischen Aktien abgewickelt werden.
25.04. Nunmehr liegen die endgültigen Zahlen der Transaktionen vor: Sie stimmen mit den Schätzungen in etwa überein. Insgesamt gesehen war dies vielleicht kein so schlechtes Geschäft.

Natürlich, falls es einen anständigen Futures-Kontrakt auf den MSCI[1]-Welt-Index geben würde, hätte man ihn zum Aufbau eines globalen synthetischen Portfolios verwenden können. Die ganze Aktion wäre dann innerhalb von 24 Stunden mit einer einzigen Transaktion zu Kosten in Höhe von $ 15.000 abgewickelt worden und hätte nicht zwei Monate gedauert mit 1.500 Transaktionen zu Kosten in Höhe von ungefähr $ 500.000.

Diese Schilderung einer aktuellen Wertpapiertransaktion wurde etwas gekürzt entnommen aus: The Banker, Oct. 1989, Vol. 139, No. 764, p. 27-30.

1.2 Weitere Beispiele

Dieses Exempel des globalen Handels auf dem Kapitalmarkt kann durch weitere Beispiele schlagwortartig ergänzt werden. Die Realität bietet eine schillernde und verwirrende Vielfalt von Überlassungsformen und Erscheinungen, die sämtlich dem Kapitalmarkt zuzurechnen sind, so z.B.:

- Kreditinstitute, die **Spareinlagen** hereinnehmen und **Investitionskredite** ausreichen,
- Kreditinstitute, die **Kauf-** und **Verkaufsaufträge** ihrer Kunden über **Effekten** an die Börse weiterleiten,
- Anlageberater, die (gut verdienenden) Anlegern **Anteile** an einer neugegründeten Kapitalgesellschaft vermitteln,
- Kapitalanlagegesellschaften, die bei ihnen gegen **Anteilsscheine (Investmentzertifikate)** eingelegte Gelder nach dem Grundsatz der Risikomischung in Wertpapieren oder Grundstücken anlegen,
- Großunternehmen, die als **selbständige Anbieter** bzw. **Nachfrager** auf dem Eurogeldmarkt/Eurokapitalmarkt auftreten,

---

[1] Morgan Stanley Capital International.

- Versicherungen, die **Gelder des Deckungsstockes** in Form von Schuldscheindarlehn ausleihen,
- öffentliche Emittenten (Bund, Bahn usw.), die zur Befriedigung des Ausgabenbedarfs eine **Anleihe** auflegen,
- Investmentfonds, die zur Sicherung gegen Kursverluste **Zinsfutures** verkaufen,
- Vermögensverwalter, die zur Vermeidung einer schlechten Performance in den **Index investieren**,
- Investmentbanken, die zur Risikoabsicherung **Wertpapierhandelsprogramme** einsetzen.

Zum Kapitalmarkt im weiteren Sinne gehören demnach *sämtliche Institutionen und Organisationen, die entweder zwischen anlagesuchenden Sparern und kapitalsuchenden Unternehmen direkte Beziehungen vermitteln oder die Transformation von Geldersparnissen in Investitionskapital in eigener Regie vornehmen.*[1] Die weitgehende Übereinstimmung über die grundlegenden Aufgaben und Funktionen des Kapitalmarktes[2] auf der einen Seite kontrastiert sehr stark mit der Feststellung auf der anderen Seite, daß der Begriff des Kapitalmarktes "zu den unpräzisesten und erklärungsbedürftigsten Wörtern unserer Fach- und Alltagssprache gehört".[3] Die große Vielfalt der Erscheinungsformen der unterschiedlichen Kapitalüberlassungen dürften für diese Schwierigkeiten der Systematisierung verantwortlich sein.

2. Kapitalmarkt als Markt für Kapitalgüter

Die obige Schilderung der aktuellen Situation auf dem Kapitalmarkt und die angedeutete Vielzahl von Handelsmöglichkeiten lassen dessen heutige Komplexität erahnen. Eine exakte Darstellung kann nur eine Momentaufnahme des von Veränderungen geprägten finanziellen Sektors sein. Verstärkte Konkurrenz führt in Kombination mit technischen Innovationen zu grundlegenden Umwälzungen. Die bisherigen Veränderungen betreffen erst die **Quantität des Kapitalmarktgeschehens**. Die grundlegenden Strukturen blieben in ihrer **Qualität** bislang unverändert. Die künftigen technischen Entwicklungen (mit z.B. **Parallelverarbeitung und neuronalen Netzen**) werden jedoch auch die Qualitäten entscheidend beeinflussen. Angesichts dieser Entwicklungen muß der Versuch einer De-

---

[1] Häusler (1976), Sp. 1058. "Als Kapitalmarkt (wird) die gedachte Einheit jener Investitionen und Tauschbeziehungen bezeichnet, durch welche liquide Mittel von Individuen, Firmen, Gesellschaften und staatlichen Körperschaften gegen Entgelt leihweise oder in einem Beteiligungsverhältnis gegeben werden." Eine anschauliche Systematisierung von Geldmarkt und Kapitalmarkt bringt Büschgen (1989), S. 84 ff.; Gerke/Philipp (1985), S. 20 ff. analysieren die Finanzierungsaufgabe des Kapitalmarktes; Giersch/Schmidt (1986) untersuchen die Märkte für Beteiligungskapital in den USA, Großbritannien und Deutschland.
[2] Vgl. z.B. auch Blattner (1977), S. 67 f., Andreas (1982), S. 769 ff.
[3] Häusler (1976), Sp. 1058, gleicher Ansicht Hopt (1977), Teil II, S. 419 f.

finition oder auch nur Beschreibung des realen Kapitalmarktes unvollkommen bleiben.

In einer ersten Annäherung könnte man versuchen, den Kapitalmarkt als den Markt zu verstehen, **auf dem Kapital gekauft und verkauft** wird; so wie auf dem Obstmarkt Obst und auf dem Fischmarkt Fische gekauft und verkauft werden. Obst bzw. Fische werden für einen bestimmten Geldbetrag übereignet.

Kapital hingegen ist nach der wohl bekanntesten Definition schon *Geld für Investitionszwecke* (Preiser).[1] Nach dieser Ansicht müßte auf dem Kapitalmarkt mithin "Geld für Investitionszwecke" gegen einen bestimmten Geldbetrag übereignet werden. Diese vorläufige Definition erlaubt noch nicht die *gehandelte Ware*, die dem Markt den Namen gibt, von den *gehandelten Geldbeträgen* zu unterscheiden. Erst eine weitere Präzisierung der gehandelten Güter erlaubt diese Differenzierung: Gegen Geld werden auf dem Kapitalmarkt nicht Kapitalbeträge, sondern **Kapitalgüter** gehandelt: Kapitalgüter sind z.B. Vorzugsaktien, Anleihen etc..

Ein Unternehmer will beispielsweise mit der Ausgabe von Vorzugsaktien oder Anleihen einen *bestimmten Geldbetrag zur Finanzierung betriebswirtschaftlicher Aufgabenstellungen attrahieren*: Er erhält **heute einen Geldbetrag** gegen die Einräumung von **Ansprüchen auf künftige** - von ihm erwirtschaftete - **Einnahmen**. Die angebotenen Anspruchsbündel können sehr unterschiedlicher Natur sein. Sie werden in den vertraglichen Vereinbarungen genau spezifiziert. Wir können an dieser Stelle auf sie nicht im Detail eingehen. Wir wollen solche *Bündel an ökonomischen und rechtlichen Aspekten* generell als **Finanztitel** bezeichnen, wenn wir die **juristischen Ansprüche** hervorheben wollen.[2] Von **Kapitalgütern** wollen wir im Zusammenhang mit den ihnen beizumessenden **ökonomischen Werten** sprechen. Als **Finanzierungsinstrumente** wollen wir sie bezeichnen, wenn die **Kapitalbeschaffungsfunktion** für die Unternehmung im Vordergrund steht:

Bezeichnung	Dimension
Finanztitel	juristische Ansprüche
Kapitalgüter	ökonomische Werte
Finanzierungsinstrumente	liquide Mittel

Tab. 2: Dimensionen der Ansprüche auf künftige Einnahmen

Auf dem Kapitalmarkt werden mithin Bündel von Ansprüchen auf die künftigen Einnahmen aus dem Unternehmensgeschehen gehandelt. Häufig wird dabei

---
[1] Zur Systematisierung der verschiedenen Kapitalbegriffe vgl. z.B. Loistl (1986), S. 71 und die dort angegebenen Literaturnachweise, insbesondere Preiser (1963).
[2] Eine Analyse der jeweiligen Besonderheiten einzelner Papiere bringen Franke/Hax (1990), S. 332 ff.

zwischen **Nutzungs-** und **Verfügungsrechten** unterschieden. Wir wollen diese Differenzierung an dieser Stelle nicht weiter verfolgen, sondern im Gegenteil weitere Vereinfachungen vornehmen. Wir unterstellen (wenigstens zunächst), daß die *unterschiedlichsten Aspekte der Vereinbarungen in finanzielle Größen* verdichtet werden können: Die **Kapitalgüter** können dann durch **künftige Zahlungsströme** charakterisiert werden. Damit haben wir zwar die Dimension reduziert, das Handling der stochastischen Zahlungsströme, insbesondere ihre Bewertung, bleibt immer noch kompliziert genug.

Der **Wert** der Kapitalgüter ist nur mit einem großen Unschärfebereich einzugrenzen. In der Realität zu beobachten und (meistens) genau zu messen, ist hingegen der **Preis**, zu dem ein Kapitalgut gekauft bzw. verkauft wird.

Die häufig gebrauchte Wendung, der *Preis für Kapital sei der Zins*, ist insofern zutreffend, als es sich bei dem **Zins(satz)** um eine **normierte Preisangabe** handelt. *Der Zinssatz (per annum) bezieht sich auf den Preis für die Überlassung von 1 DM für ein Jahr.* Bei verschiedenen Laufzeiten und verschiedenen Beträgen wird diese Normierung zwangsläufig ungenau. Hier ist dann der Rekurs auf den tatsächlich gezahlten Preis, ausgedrückt in der absoluten Kursnotiz, vorzuziehen.

Der Preis besitzt normalerweise die Dimension *DM im Transaktionszeitpunkt*. (Von Ratenkäufen etc. soll zunächst abgesehen werden.) Dieser in **heutigen Geldeinheiten** gemessene Preis wird verglichen mit dem Wert, der dem **künftigen Zahlungsstrom** beizulegen ist. Als elementare Vorteilhaftigkeitsregel gilt: Liegt der Wert über dem Preis, besteht Anlaß zum Kauf, im umgekehrten Fall Anlaß zum Verkauf. Die konkrete Entscheidung hängt natürlich auch von den explizit vorhandenen Geld- und Wertpapierbeständen ab.

Die Kapitalmarkttheorie beschäftigt sich somit allgemein formuliert mit dem **Verhältnis von Werten und Preisen der Kapitalgüter.**

Folgende Einzelprobleme können dabei unterschieden werden:

- Zunächst sind den Finanztiteln bestimmte **Zahlungsstromcharakteristika** zuzuordnen.
- Über die Zahlungsstromcharakteristika sind dann bestimmte **Wertvorstellungen** in einem Zeitpunkt zu ermitteln.
- Anschließend ist abzuklären, wie man von den *subjektiven intrapersonalen Wertvorstellungen zu den beobachtbaren, aus interpersonalen Interaktionen resultierenden Preisen* kommt. Hier spielen die institutionellen Aspekte, z.B. die Marktorganisation und die Usancen der Preisfestsetzung, eine große Rolle.
- Schließlich ist zu klären, *welche Rückwirkungen die beobachteten Preise mittelbar bzw. unmittelbar auf die Zahlungsstromcharakteristika und die Wertvorstellungen* haben.

Hinsichtlich der Zahlungsstromcharakteristika kann man die möglichen Kapitalgüter nach ihrer Abhängigkeit von der künftigen Entwicklung der Unternehmen differenzieren. Die Zahlungen der Kapitalgüter können entweder von ihr vollkommen **unabhängig** sein oder von den jeweiligen Umweltzuständen bzw. den **Unternehmenssituationen abhängen** oder auch von den **Dispositionen** der Unternehmensführung bestimmt sein. Es gibt mithin

unabhängige,

zustandsabhängige und

dispositionsabhängige Zahlungsströme.

Unabhängig von den jeweiligen Unternehmenslagen und den Unternehmerdispositionen sind **festverzinsliche Wertpapiere**. In den klassischen vertraglichen Vereinbarungen werden die künftigen Zahlungen ohne an äußere Umstände geknüpfte Vorbehalte zugesagt. In den konkreten Vereinbarungen jedoch können die künftigen Zahlungen vom Eintreten zahlreicher Umstände abhängen: Bei Floating Rate Notes, d.h. Anleihen mit variablem Zinssatz, z.B. hängt die Höhe des zu zahlenden Zinsbetrages von den jeweils *herrschenden Marktzinssätzen* ab. Dieses Fluktuieren der Zinszahlung wird bereits zum Emissionszeitpunkt vereinbart. Die Höhe der Zinszahlung richtet sich nach den jeweils vorherrschenden Umweltzuständen. Enthalten die Anleihebedingungen ein Konversionsrecht[1], so hängen die künftigen Zahlungen auch von der Ausübung desselben ab. Damit wird von den zustandsabhängigen zu den dispositionsabhängigen Zahlungsströmen übergeleitet, denn das Konversionsrecht wird bei Vorliegen bestimmter Situationen auf dem Kapitalmarkt ausgeübt.

Die Finanztitel mit den größten Gestaltungsfreiräumen für die Emittenten sind vermutlich **Eigenkapitaltitel**. In der Realität gibt es bei der Ausstattung der Finanztitel eine große Vielfalt. Die dichotomische Teilung der Finanztitel in Eigenkapital und Fremdkapital wird dem breiten Spektrum möglicher Vereinbarungen nicht mehr gerecht.

Die adäquate Formalisierung der die Finanztitel beschreibenden Zahlungsströme ist ein bislang noch nicht zufriedenstellend gelöstes Problem. Das gilt insbesondere für Ansätze, die Zahlungsströme als stochastische Prozesse in einer Mischung aus diskreten und kontinuierlichen Elementen beschreiben.[2] Die Modellierung gelingt noch vergleichsweise gut bei den **dispositionsabhängigen Zahlungsströmen**. Die kausalen Determinanten der Dispositionen sind so ungenau, daß man sie nur in einem globalen stochastischen Ansatz adäquat erfassen kann. Schwierigkeiten bereitet die Modellierung der zustandsabhängigen Zahlungen, wie z.B. der Finanzinnovationen. Die Bewertung dieser neuen Finanzierungsinstrumente ist deshalb ein (noch) weitgehend ungelöstes Problem.

---

[1] Der Emittent hat hierbei das Recht, die Anleihe zu kündigen und in eine andere, mit regelmäßig niedrigerer Verzinsung zu tauschen.
[2] Vgl. hierzu weiter unten.

Zentral für die Entwicklung einer empirisch relevanten Kapitalmarkttheorie ist die Modellierung des **Zusammenhanges zwischen Werten und Preisen**. Erste Voraussetzung hierfür ist die **begriffliche Trennung** dieser beiden Kategorien. Man könnte die Aufgabe auch plastisch formulieren:

Was bewegt die Marktteilnehmer, bestimmte Kapitalgüter zu kaufen bzw. zu verkaufen? Damit hängt die in anderem Zusammenhang klassische Frage zusammen: *Welcher ökonomische Mechanismus transformiert die subjektiven Wertvorstellungen in objektive Preise?*

Man vergleicht **Kapitalgüternutzen** und **Kapitalbetragsnutzen** und erwirbt die Kapitalgüter, deren Nutzen über dem Nutzen des für sie zu entrichtenden Kapitalbetrages liegt. Die Transaktion erfolgt im Rahmen der speziellen Marktgegebenheiten, z.b. unterliegt der Verkauf eines Kommanditanteils anderen Bedingungen als der Verkauf einer Publikumsaktie. Die Entwicklung einer Panikbewegung erfolgt auf einem Market Maker-Markt unter anderen Gesetzen als auf einem Auktionsmarkt.

3. Zur Systematisierung des Kapitalmarktgeschehens

3.1 Die aktuellen Entwicklungen

Das **Marktgeschehen enthält Informationen** über sich selbst. Sie werden von den Marktteilnehmern sowohl zur **Anpassung ihrer Wertvorstellungen** als auch zur **Anpassung möglicher Gebotspreise** verwertet. In der klassischen Mikrotheorie der Volkswirtschaftslehre wurde die Vielfalt des Marktgeschehens in der **Marktformenlehre** standardisiert. Diese vergleichsweise pauschale Einteilung wird den heutigen Anforderungen nach **Detailbeschreibung** nicht mehr gerecht. Der rasche Wechsel der Verhältnisse und der Zwang zur genaueren Kalkulation verlangen eine weitergehende, detaillierte und differenzierende Beschreibung der Marktgegebenheiten.

Diese Notwendigkeit einer eingehenden Spezifikation gilt auch für die Verhältnisse auf den Kapitalmärkten. Sie waren in den letzten Jahrzehnten mit der Annahme des *effizienten Kapitalmarktes im Gleichgewicht* sehr global erfaßt worden. Das mochte der überschaubaren Situation mit *fixierten Wechselkursen, festgesetzten Zinssätzen* und vergleichsweise *umständlichen Nachrichtenübermittlungen* und *Handelsmöglichkeiten* noch angemessen sein. In dem heutigen Szenario stark **fluktuierender Zinssätze** und **Wechselkurse, elektronischer Nachrichtenübermittlungs- und Wertpapierhandelsmöglichkeiten** ist diese globale Annahme nicht mehr zweckmäßig.

Die mit dem Eingangsbeispiel illustrierte aktuelle Situation der Kapitalmärkte sei nunmehr in einer generellen Beschreibung strukturiert. Die Situation läßt sich durch vier "I" schlagwortartig charakterisieren:

1) *Internationalisierung*
2) *Institutionalisierung*
3) *Integration*
4) *Intellektualisierung*

ad 1) **Internationalisierung**

Das Wertpapiergeschäft nicht nur der Großanleger ist heute nicht mehr auf einzelne Länder beschränkt. Globale Strategien sind selbstverständlich und notwendig. Man will nicht nur die unterschiedliche Entwicklung in den einzelnen Ländern ausnutzen, man muß auch die Rückwirkungen globaler Wirtschaftsfaktoren auf die einzelnen nationalen Wirtschaften berücksichtigen. Der Ausbau der einzelnen nationalen Märkte zu einem einzigen Markt mit weltumspannendem 24 Stunden-Handel scheint im Moment jedoch ins Stocken geraten zu sein, nachdem in den letzten Jahren die Entwicklung stetig vorangegangen war. Das größte aktuelle Problem ist die Vereinheitlichung verschiedener Konzepte von Handelssystemen. Die vordergründige Diskussion um technische Details verdeckt kaum die handfesten ökonomischen Implikationen, die die Einführung bzw. die Übernahme eines bestimmten Systems für die übernehmende Börse mit sich bringt. Die Forderung nach der schnellen, sicheren und preiswerten Durchführung der globalen Transaktionen bleibt vorerst unerfüllt. Die nachstehenden Aufstellungen vermitteln einen Überblick über die Anzahl der an den wichtigsten Börsen gehandelten Papiere und die Kurswerte.

Stand am Jahresende	1988					1989				
	insgesamt	Aktien			Renten	insgesamt	Aktien			Renten
		insgesamt	inländische	ausländische			insgesamt	inländische	ausländische	
Belgien										
Brüssel	580	433	273	160	147	625	478	304	174	147
BR Deutschland	16.342	1.224	706	518	14.917	16.887	1.350	749	601	15.219
Dänemark										
Kopenhagen	2.578	399	388	11	2.179	2.563	361	350	11	2.202
Finnland										
Helsinki	714	125	122	3	589	778	143	139	4	635
Frankreich										
Paris	3.342	860	639	221	2.482	3.586	934	706	228	2.652
Griechenland										
Athen	210	171	171	0	39	235	172	172	0	63
Großbritannien/Irland	7.145	2.715	2.037	678	4.430	7.119	2.734	2.022	712	4.385
Italien										
Mailand	1.614	317	317	0	1.297	1.695	328	328	0	1.367
Japan										
Tokio	3.059	1.688	1.576	112	1.371	3.207	1.721	1.602	119	1.486
Osaka	2.145	1.095	1.095	0	1.050	2.291	1.119	1.119	0	1.172
Kanada										
Toronto	1.774	1.656	1.584	72	k.A.	1.714	1.632	1.560	72	k.A.
Montreal	1.129	1.129	1.098	31	k.A.	1.045	1.045	1.013	32	k.A.
Luxemburg	7.680	246	61	185	5.939	9.140	252	62	190	6.972
Niederlande										
Amsterdam	1.878	569	279	290	1.309	1.841	595	300	295	1.246
Österreich										
Wien	2.206	176	125	51	2.030	2.266	230	177	53	2.036
Portugal										
Lissabon	428	174	174	0	254	458	169	169	0	289
Schweden										
Stockholm	1.948	364	355	9	1.584	1.837	343	334	9	1.494
Schweiz										
Zürich	2.919	535	309	226	2.384	2.944	566	330	236	2.378
Spanien										
Madrid	1.711	447	447	0	1.264	1.674	474	474	0	1.200
USA										
NYSE	5.340	2.234	2.152	82	3.106	5.207	2.246	2.148	98	2.961
Amex	1.409	1.100	1.044	56	309	1.337	1.058	993	65	279
NASDAQ	5.144	4.393	4.101	292	k.A.	4.962	4.232	3.946	286	k.A.

Tab. 3: Anzahl der notierten Werte
Quelle: Arbeitsgemeinschaft der Deutschen Wertpapierbörsen, Jahresbericht 1989, S. 166

Stand am Jahresende	1986	1987	1988	1989
Belgien				
Brüssel	72,4	65,9	104,7	127,3
BR Deutschland	500,1	345,5	446,6	620,0
Dänemark				
Kopenhagen *	33,7	32,1	47,8	68,1
Finnland				
Helsinki *	22,7	31,5	54,4	51,9
Frankreich				
Paris	347,2	285,4	395,3	617,6
Griechenland				
Athen	k.A.	7,1	7,6	10,7
Großbritannien/Irland	928,4	1.084,7	1.277,6	1.400,8
Italien				
Mailand	257,5	190,3	241,4	286,9
Japan				
Tokio	3.462,8	4.382,2	6.759,3	7.217,7
Osaka	3.006,4	3.774,7	5.885,0	6.100,4
Kanada				
Toronto	358,9	346,1	430,7	494,7
Montreal	294,0	294,4	366,2	427,8
Luxemburg	k.A.	11,3	15,1	17,6
Niederlande				
Amsterdam	162,4	148,4	201,4	267,6
Österreich				
Wien	12,0	11,8	15,7	37,4
Portugal				
Lissabon	k.A.	10,5	10,4	17,4
Schweden				
Stockholm	123,6	112,2	177,9	202,3
Schweiz				
Zürich	248,1	210,3	249,2	289,9
Spanien				
Madrid	k.A.	113,6	161,6	207,8
USA				
NYSE	4.131,0	3.371,9	4.212,4	4.929,6
Amex	142,2	106,0	133,8	156,8
NASDAQ	620,5	475,9	565,4	612,1

* einschließlich Auslandsgesellschaften

Tab. 4: Kurswert von Aktien inländischer Unternehmen[1]
Quelle: Arbeitsgemeinschaft der deutschen Wertpapierbörsen, Jahresbericht 1989, S. 168

---

[1] In Mrd. DM, mit Ausnahme von Griechenland berechnet zu Jahresschlußkursen der Frankfurter Devisenbörse.

Stand am Jahresende	1988			1989		
	insgesamt	Inlands-gesellschaften	Auslands-gesellschaften	insgesamt	Inlands-gesellschaften	Auslands-gesellschaften
Belgien Brüssel	337	186	151	338	185	153
BR Deutschland	1.083	609	474	1.163	628	535
Dänemark Kopenhagen	267	260	7	265	257	8
Finnland Helsinki	69	66	3	82	78	4
Frankreich Paris	860	639	221	876	648	228
Griechenland Athen	119	119	0	119	119	0
Großbritannien/Irland	2.580	2.054	526	2.559	2.015	544
Italien Mailand	211	211	0	217	217	0
Japan Tokio	1.683	1.571	112	1.716	1.597	119
Osaka	1.091	1.091	0	1.117	1.117	0
Kanada Toronto	1.212	1.145	67	1.214	1.146	68
Montreal	735	709	26	693	667	26
Luxemburg	197	52	145	204	54	150
Niederlande Amsterdam	460	232	228	480	251	229
Österreich Wien	111	74	37	120	81	39
Portugal Lissabon	158	158	0	152	152	0
Schweden Stockholm	151	142	9	144	135	9
Schweiz Zürich	380	161	219	406	177	229
Spanien Madrid	372	372	0	423	423	0
USA NYSE	1.681	1.604	77	1.721	1.634	87
Amex	895	840	55	860	801	59
NASDAQ	4.451	4.180	271	4.293	4.026	267

Tab. 5: Anzahl der börsennotierten Aktiengesellschaften
Quelle: Arbeitsgemeinschaft der Deutschen Wertpapierbörsen, Jahresbericht 1989, S. 167

ad 2) **Institutionalisierung**

Das Wertpapiergeschäft wird in zunehmendem Maße von institutionellen Anlegern wie Pensionsfonds, Investmentfonds, Versicherungsgesellschaften und grossen Investmentbanken mit ihren gewaltigen Volumina beherrscht. Das sog. Blocktrading prägt mehr und mehr das Geschehen an den Wertpapiermärkten. Zum großen Teil werden diese großen Volumina nicht über die Börse gehandelt. Für diese Transaktionen hat sich ein spezielles Marktsegment, der sog. dritte oder vierte Markt, herausgebildet. Die Verkleisterung der Handelsvolumina zu großen Blöcken kann zu erratischen Kursausschlägen führen. Zur Verhinderung solch unerwünschter Entwicklungen hat sich eine Spezialbranche der Broker herausgebildet. Die institutionellen Anleger können einerseits aufgrund ihrer Kapitalkraft die hohen Investitionsausgaben verkraften, die mit den technischen Neuerungen einhergehen. Sie verfügen andererseits auch über die Anlagevolumina, um die entsprechende Diversifikation vorzunehmen, die z.B. der Kauf eines globalen Index erfordert.

ad 3) **Integration**

Segmente des Kapitalmarktes werden zunehmend miteinander verknüpft. Das gilt sowohl für die Verknüpfung von Emmissions- und Zirkulationsmarkt als auch für die Verknüpfung von Kassa- und Terminmarktsegmenten und die Verwischung von Eigen- und Fremdkapitalqualitäten.

In der herkömmlichen Einteilung der Kapitalmarktsegmente ist die Unterscheidung von **Zirkulations- und Emissionsmarkt** essentiell. Auf dem Emissionsmarkt (dem underwriter market) wird das Plazierungsrisiko übernommen. Durch das Geschehen auf dem Zirkulationsmarkt werden der Emittent und die Emissionsbank mittelbar berührt, da die Ausgabekurse zukünftiger Emissionen in zentraler Weise von den Kursnotierungen auf dem Sekundärmarkt berührt werden. Bei expliziten zustandsabhängigen Ansprüchen sind die Emissionsbanken auch nach der ersten Plazierung noch im Obligo.

Die Integration von Kassa- und Terminmarkt ist essentiell für das Funktionieren der modernen Wertpapiermärkte. Nur auf diese Weise kann die Kursdifferenz zwischen Kassa- und Futures-Instrumenten auf die Cost of Carry reduziert werden.[1]

ad 4) **Intellektualisierung**

Das Geschehen auf den Kapitalmärkten wird zunehmend von den Erkenntnissen der modernen Finanzierungstheorie geprägt: Die moderne Portfoliotheorie bewertet einzelne Papiere im Kontext vieler Anlageformen. Die Arbitrage-Pricing-Theorie hat die Bedingungen analysiert, unter denen die Zahlungscharakteristik eines einzelnen Papiers durch eine Kombination anderer Papiere reproduziert werden kann. Hierzu bedarf es häufig der Existenz von Leerverkäufen. Verglichen mit der simplen Philosophie des Kassamarktes, *heute billig zu kaufen und morgen teuer zu verkaufen*, sind die nunmehr gebräuchlichen Handelsmöglichkeiten komplexer und intellektuell anspruchsvoller. Die Modifikationen betreffen allerdings in der Regel nicht den elementaren Grundsatz der Ökonomie, daß erfolgreiches Wirtschaften der Regel "**billig einkaufen** und **teuer verkaufen**" folgt. Die Abfolge der Transaktionen kann aber zeitlich

---

[1] Vgl. hierzu weiter unten bei der Beschreibung der Terminmärkte.

umgekehrt sein, die Preise sich auf eine Bündelung von realen Instrumenten zu sog. synthetischen Instrumenten beziehen.

3.2 Kriterien zur Systematisierung der Kapitalmarktsegmente

Zur Systematisierung der verschiedenen Vorgänge und Formen der Teilmärkte kann man mehrere Kriterien heranziehen; es bieten sich folgende Gesichtspunkte an:

1. Tätigkeit im nationalen oder internationalen Bereich

   Beschränkt sich die Tätigkeit auf ein einziges Währungsgebiet oder erstrecken sich die Aktivitäten auf die internationalen Geld- und Kapitalmärkte?[1]

2. Organisierter (regulierter) oder grauer/freier Kapitalmarkt

   Bestehen für das einzelne Marktsegment detaillierte gesetzliche Regelungen oder sind Regulierungen kaum ausgebildet? "Mit dem organisierten Markt wird ein durch Gesetz oder Gewohnheit institutionalisierter sowie durch Publizität und dauerhafte Organisation charakterisierter Markt bezeichnet, z.B. der Aktien- und Rentenmarkt. Dagegen schließt der freie Markt, hier als Gegensatz zum organisierten Markt verstanden, die individuellen Beziehungen zwischen Anbietern und Nachfragern außerhalb des organisierten Marktes ein."[2]

3. Emissions- oder Zirkulationsmarkt

   Auf dem **Emissionsmarkt** werden **Kapitalmarkttitel geschaffen** und erstmals plaziert, kapitalsuchender Realinvestor und anlagewilliger Sparer treten unmittelbar oder mittelbar miteinander in Kontakt. Auf dem **Zirkulationsmarkt** hingegen werden bereits emittierte und **umlaufende Titel** gehandelt. Ob diese umlaufenden Titel noch gegen Kapital im Sinne von Geld für Investitionszwecke getauscht werden (können), muß offen bleiben: Der Verkäufer der Papiere kann die erlösten liquiden Mittel zum Kauf von realen Investitionsgütern verwenden, er kann die Mittel aber ebensogut für konsumtive Zwecke ausgeben oder in einer anderen Finanzinvestition, die höheren Ertrag verspricht, festlegen. Der Käufer der Papiere kann diese als Realinvestition betrachten, wenn er dadurch bei entsprechenden Beteiligungsrelationen die Verfügungsgewalt über die hinter den Wertpapieren stehenden realen Produktionsanlagen erhält; er kann die Anlage aber auch als Finanzinvestition ansehen, die ihm eine bestimmte Rendite erbringt.

---

[1] Zu den internationalen Märkten vgl. z.B. Teusch (1977), Schmitz (1979), Käsmeier (1984).
[2] Häusler (1976), Sp. 1059. Zu den Regulierungsproblemen des grauen Kapitalmarktes vgl. z.B. Loistl (1978) und die dort angegebene Literatur.

In aller Regel ist an den Transaktionen auf dem Zirkulationsmarkt ein Finanzanleger beteiligt. Dieser Anleger will sich aus seinem Engagement lösen und die festgelegten Mittel liquidisieren können, ohne die Liquidisierung der in den Realinvestitionen gebundenen Mittel verlangen zu müssen. Der Zirkulationsmarkt überbrückt die auseinanderfallenden Fristen der **Kapitalverfügbarkeit beim Realinvestor** auf der einen Seite und der **Kapitalüberlassung durch den Finanzinvestor** auf der anderen Seite. Der Realinvestor erhält langfristig Mittel, der Finanzinvestor kann sich bei gut ausgebildetem Zirkulationsmarkt kurzfristig aus dem Engagement lösen, wobei er allerdings das Kursrisiko übernehmen muß.

4. Markt für Beteiligungstitel oder Fremdkapital

Die Marktsegmente für Eigen- und Fremdkapital sind unterschiedlich organisiert. In der Realität sind weder die Eigen- und Fremdkapitaltitel noch die jeweiligen Marktsegmente eindeutig voneinander abgrenzbar. Es gibt ein breites Spektrum unterschiedlicher Anspruchsspezifikationen.

5. Kassa- oder Terminmarkt

Während vor 30 Jahren Terminmärkte allenfalls als exotische Erscheinung auf dem Markt für Rohstoffe (sog. commodities) den Spezialisten bekannt waren, sind sie heutzutage für ein modernes Wertpapiermanagement mit **Risikoabsicherung** unverzichtbar. Die Märkte haben sich in eine beinahe unübersehbare Fülle von Einzelerscheinungen aufgefächert.

6. Reale oder synthetische Instrumente

Diese Differenzierung ist seit dem Vordringen der neueren Finanzierungstheorie in die Praxis von besonderer Bedeutung. Aufgrund dieser Überlegungen kann man in vielen Situationen die Risikocharakteristik einzelner Kapitalgüter durch die Kombination anderer Kapitalgüter duplizieren. Man kann wie in der Chemie bestimmte natürlich vorkommende Materialien durch Finanzmarktoperationen künstlich herstellen, sozusagen synthetisieren. Bei der Produktion dieser synthetischen Instrumente spricht man dann auch anschaulich von *Finanzchemie*. Diese synthetischen Kapitalgüter werden am Markt insoweit gehandelt, als für sie Preise zur Geschäftsabrechnung festgestellt werden. Es besteht jedoch insoweit kein Handel, als eine physische Lieferung der synthetischen Konstrukte nicht vorgesehen ist. Die Geschäfte werden bar abgerechnet (sog. cash settlement).

3.3 Die Kapitalmarktsegmente

3.3.1 Globale Betrachtung

Unter den diskutierten Gesichtspunkten lassen sich die vielfältigen Erscheinungen des Kapitalmarktes in folgendem Tableau zusammenfassen:

		Nationaler Kapitalmarkt		Internationaler Kapitalmarkt	
		reguliert	nicht reguliert	reguliert	nicht reguliert
Emissions-	markt	Eigenkapital			Euro-kapital-markt
		Fremdkapital			
Zirkulations-	markt	Eigenkapital	Börse		
		Fremdkapital			

Abb. 1: Kapitalmarktsegmente

Die Aufteilung nationaler versus internationaler Kapitalmarkt einerseits und Emissions- versus Zirkulationsmarkt andererseits ergibt mit der jeweils weiteren Unterteilung reguliert/nicht reguliert bzw. Eigenkapital/Fremdkapital insgesamt 16 Felder. Während naturgemäß über den regulierten Kapitalmarkt sowohl im nationalen als auch im internationalen Bereich verläßliche Zahlen eine verläßliche Interpretation ermöglichen, ist dies im nicht regulierten Bereich eben nicht der Fall.

Aus dem Schema wird insbesondere die Positionierung der Börse und der internationalen Kapitalmärkte, z.B. des Eurokapitalmarktes, deutlich.

3.3.2 Zum nationalen nicht regulierten Kapitalmarkt

In einer Negativabgrenzung seien unter dem nicht regulierten Kapitalmarkt insbesondere diejenigen Anlageformen zusammengefaßt, die nicht an der Börse plaziert sind. Sie können auch unter dem Stichwort *grauer Kapitalmarkt* subsummiert werden.[1] In den 70er Jahren stand der Absatz vor allem derjenigen Beteiligungstitel, die aufgrund steuerlicher Erwägungen sogenannte Verlustzuweisungen ermöglichten, im Vordergrund. Zwischenzeitlich hat der Fiskus diese

---
[1] Vgl. hierzu auch Weichert (1987), S. 116 ff.

18 Kapitel 1: Zum Begriff des Kapitalmarktes

Möglichkeiten stark eingeschränkt. Heute gründet die Attraktivität der Beteiligung an neuen Unternehmen darin, daß man auf eine schnelle Kurssteigerung der Anteile von jungen aufstrebenden Unternehmen hofft.[1] Sie werden ja auch zunehmend in der Rechtsform der AG geführt, die von der Systematik her Verlustzuweisungen ausschließt. Nachstehende Auflistung zeigt eine einschlägige Zusammenstellung.

Gesellschaft	Emissionshaus bzw. Vertrieb	Emissionskurs/Erst-Empfehlungskurs	Hoch/Tief 1989/90	Preis/Kurs am 22.03.	Kurs am 29.02.		Kurs- bzw. Preisfeststellung
Beta Systems Computer AG, Frankfurt	Beta Systems, Frankfurt	300,- DM	250/120	210,-	200,-	-4,8%	Telefonhandel Hamburg
Bicycle AG, Bielefeld	Bankhaus Lampe, Bielefeld	120,- DM	201/178	180,-	180,-	-	Telefonhandel Stuttgart
BID Börseninformationsdienst AG, Karlsruhe	BID, Karlsruhe	200,- DM	225/128	ausgesetzt			Telefonhandel Stuttgart
DLB Anlageservice AG, Augsburg (Vorzugsaktien)	DLB Anlageservice AG, Augsburg	200,-	200/90	103,-	90,-	-12,6%	Telefonhandel Stuttgart
Fortec Electronic, Aschheim b. München	ITB Beteiligungsgesellschaft, München	220,-	220/150	161,-	169,5	5,3%	Telefonhandel Stuttgart
HCI Holding für Chemische Industrie AG, CH-Schwyz > Aktien > Participationsscheine	Vome Effekten Holding GmbH, Hochspeyer	103 sfr. 3,50 DM	260/120 3/1	195,- 2,19	190,- 2,15	-2,6% -1,8%	Telefonhandel Stuttgart
Ibörsa AG, Vaduz, Lichtenstein	Ibörsa AG, Vaduz, Lichtenstein	65,-	112/65	80,-	75,-	-6,3%	Telefonhandel Stuttgart
Victoria Effekten Holding AG, Schwyz/Schweiz/ Namensaktien	Vome Effekten Holding GmbH, Hochspeyer	1000,- DM	2.550/295	340,-	310,-	-8,8%	Telefonhandel Stuttgart
Vome Vermögensverwaltungs AG, Hochspeyer	Vome Effekten Holding GmbH, Hochspeyer	55,- DM	135/75	80,-	80,-	-	Telefonhandel Stuttgart

Tab. 6: Risiko-Börse; Kurse bzw. Preise der am freien Kapitalanlagemarkt plazierten Freiverkehrs- und Spezialwerte
Quelle: Gerlach-Report, Nr. 14, 1990

---

[1] Zu den rechtlichen Problemen eines Anlegerschutzes und der Handelbarkeit von GmbH-Anteilen und Aktien von kleinen AG's vgl. Hommelhoff (1989), S. 181 ff. und Claussen (1989), S. 216 ff.

Die Nichtregulierung bezieht sich auf zwei Aspekte: Zum einen sind die gesellschaftsrechtlichen Vorschriften bei den Personengesellschaftsformen, in denen Beteiligungstitel vertrieben werden, weitgehend dispositiv. Hier handelt es sich vor allem um die Gesellschaftsformen der KG, die nur vereinzelt für sogenannte kapitalistisch strukturierte Kommanditgesellschaften zwingende Vorschriften enthalten. Zum anderen bezieht sich die Nichtregulierung auch auf die Art und Weise, wie diese Beteiligungstitel abgesetzt werden, d.h. auf die Marktform als solche. Bis jetzt sind Regulierungsansätze über Gesetzentwürfe noch nicht hinausgekommen.

Über den nicht regulierten Emissionsmarkt für Fremdkapital lassen sich im Grunde genommen analoge Feststellungen treffen. Wenn man außerdem berücksichtigt, daß der überwiegende Teil der Fremdkapitalplazierungen über den Bankensektor abgewickelt wird und dieser Bankensektor weitgehenden Regulierungen unterworfen ist, so wird verständlich, daß der nicht regulierte nationale Kapitalmarkt für Fremdkapital eben weniger stark ausgeprägt ist als der für Eigenkapital.

Noch weniger ausgeprägt ist der nicht regulierte Zirkulationsmarkt. Gehandelt werden hier in erster Linie Beteiligungen in Form von Kommanditbeteiligungen bzw. als stiller Gesellschafter. Da das deutsche Personengesellschaftsrecht von der Dauerhaftigkeit der Beziehung zwischen den Personengesellschaftern ausgeht, ist kaum Fürsorge für die leichte Handelbarkeit der Kommanditanteile getroffen. Außerdem sehen die Bedingungen der Gesellschaften in aller Regel eine sehr unvorteilhafte Übernahme der einzelnen Gesellschaftsanteile vor, so daß ein Verkauf und Abtreten der Gesellschaftsanteile mit Verlusten für die Ersterwerber verbunden ist.

Etwas stärker ausgeprägt ist der Zirkulationsmarkt für Fremdkapital im nicht regulierten Bereich. Hier hat sich der Kapitalmarkt als beweglicher erwiesen und ist dazu übergegangen, auf freiwilliger Basis Formen der Darlehensabtretung zu entwickeln.[1] Entsprechend der Definition liegen jedoch kaum konkrete Informationen über diese Usancen vor.

Eine Veranschaulichung der vielfältigen Erscheinungsformen auf dem nationalen nicht regulierten Kapitalmarkt liefern sog. Kapital-Markt-Interna, ebenfalls aus dem Gerlach-Report. Sie seien auszugsweise wiedergegeben:

"Die bisher erfolgreiche Kooperation zwischen der *BAVARIA-GRUPPE* (Erlangen) und der *CAPITAL + CONCEPT GMBH* (München) wurde zum Jahresende 1989 beendet. Dafür hat sich der Capital + Concept-Macher *WINFRIED SCHWALTO* mit dem Bauträger *EUGEN STOLZ* zusammengetan, die ihre Interessen in der *ST HOLDING GMBH* (München) zusammengefaßt haben.

Wir werden selbstverständlich diese neue Partnerschaft im Auge behalten, zumal die Capital + Concept mit ihrer alten Kooperation eine positive Leistungsbilanz vorgelegt hatte - und wir daher gespannt sind, ob Schwalto zusammen mit Stolz das bisherige Niveau halten kann.

---

1 Vgl. z.B. Krümmel (1978).

Im vergangenen Jahr hat die Capital + Concept übrigens ein Plazierungsvolumen von 36,6 Mio. DM (Einzelobjekte und Geschlossene Immobilienfonds) abgewickelt. In diesem Jahr wollen Schwalto und Stolz den Gewerbebau, in dem sie sich spezialisiert haben, erfolgreich weiterverfolgen, aber auch in beschränktem Umfang im Wohnungsbau tätig sein.

Abschreibungs-Promoter *DR. HELMUT RÖSCHINGER*, Chef der einstmals zu den Steuerspar-Marktführern gehörenden *ARGENTA GMBH* (München), geht wieder in die vollen: Gerade hat er den für den 8. März terminierten Vertriebsstart des *"PRORENTA-Fonds Nr. 21"* angekündigt, mit dem **drei neue Verbrauchermärkte** mit einem Fondsvolumen von 11 Mio. DM finanziert werden sollen.

Er reizt mit einer Verlustzuweisung von 195% bezogen auf das 10%ige Eigenkapital bei voller anteiliger Haftung der Anleger für die Fremdmittel wieder einmal den Fonds wirtschaftlich und steuerlich voll aus. Wir werden - auch weil Röschinger durch Verschweigen tiefschwarzer Flecken auf seiner blütenweiß dargestellten Weste seine uns gegenüber dokumentierte Leistungsbilanz frisiert hat - diesen Fonds genau checken.

Kurz vor Redaktionsschluß erreichte uns der druckfrische, deutschsprachige Emissionsprospekt einschließlich Jahresbericht des *TEMPLETON GLOBAL FUND*, dessen Anteile ab sofort im Alleinvertrieb durch die *NORAMCO GMBH* (Frankfurt) angeboten werden.

Wir gehen davon aus, daß sich der von der strengen amerikanischen Börsenaufsicht überwachte und vom *BUNDESAUFSICHTSAMT FÜR DAS KREDITWESEN* zum Vertrieb in Deutschland zugelassene Templeton Global Fund wie sein "großer Bruder", der *TEMPLETON GROWTH FUND*, zu einem Renner im Finanzdienstleistungsvertrieb entwickeln wird, obwohl er risikoreicher ist, da er in kleinere Firmen investiert.

Wir werden die Performance auch des Templeton Global Fund, der vom Team des renommierten Investmentfonds-Altmeisters *JOHN M. TEMPLETON* gemanagt wird, selbstverständlich in unserer *"Investmentfonds-Hitliste für den Finanzdienstleistungsvertrieb"* (s. zuletzt Nr. 03/90) dokumentieren.

Unter dem Titel "Anleitung zum Betrug - Machenschaften ums große Geld" hat der Journalist *JOHANNES LUDWIG* gerade ein **spannendes Buch über die Berliner Bau-, Abschreibungs- und Subventionsszene** veröffentlicht, in der auch einige bekannte Namen eine Rolle spielen.

Da wir die von Ludwig zusammengestellten Sachverhalte bzw. Vorwürfe nicht selbst gegengeprüft haben, müssen wir uns einer Stellungnahme hierzu enthalten. Im Berlin-Geschäft engagierte Marktteilnehmer sollten sich jedenfalls diesen Wirtschaftskrimi zu Gemüte führen. Er ist im *FACTA OBLITA VERLAG* (Hamburg) erschienen und kostet - 370 Seiten stark - nur 48 DM.

Rund **4,5 Mio. Mark** will die *CLUB COLOMBO FERIENDAUERWOHNRECHTE VERTRIEBSGESELLSCHAFT MBH* (Düsseldorf) in diesem Jahr "für unseren Vertrieb im Bereich unterstützende Werbemaßnahmen (Fernsehen, Rundfunk, Printmedien)" ausgeben. Mit dieser Behauptung werden zumindest derzeit "Vertriebsgruppen" und "Vertriebsprofis" akquiriert.

Sie kennen unsere kritische Haltung zur Produktlinie Time-Sharing und auch zum Club Colombo (s. Nr. 15,16,22/89). Daher teilen wir auch die Ansicht von *HELMUT KAPFERER*, Chefredakteur von "Das Geld abc", der feststellt, daß "bei näherer Betrachtung der einzelnen (Time-Sharing-) Angebote die damit verbundenen Kosten so horrend sind, daß für die eigentliche Investition kaum noch etwas übrig bleiben dürfte". Da beispielsweise auch bei Club Colombo noch zusätzlich stattliche Vertriebsprovisionen (und natürlich die Initiatoren-Gewinne) neben den "unterstützenden Werbemaßnahmen" von 4,5 Mio. DM abzuzweigen sind, dürfte selbst bei hohem Plazierungsvolumen das von Kapferer Gesagte zum weiteren Nachdenken anregen."[1]

---

[1] Gerlach-Report, Nr. 9/90, Auszug.

3.3.3 Der nationale regulierte Kapitalmarkt

Über den nationalen regulierten Kapitalmarkt liegen ausführliche Statistiken vor. Sie dokumentieren die große Bedeutung der Kreditinstitute. Das gilt sowohl für den Emissionsmarkt als auch für den Zirkulationsmarkt. Während die definitorische Abgrenzung zwischen Emissionsmarkt und Zirkulationsmarkt keinerlei Schwierigkeiten bereitet, ist die Beurteilung dieser Marktsegmente durchaus eine diffizile Angelegenheit. Auf dem Emissionsmarkt werden - wie bereits eingangs in der Systematik erläutert - die Titel für Eigenkapital wie auch für Fremdkapital erstmals plaziert. Dabei ist festzuhalten, daß die erstmalige Plazierung durchaus eine dauerhafte Plazierung darstellen kann.

So bereitet die Einordnung des häufigsten Falles einer Emission von Eigenkapital auf dem regulierten Kapitalmarkt Schwierigkeiten, bei dem ein Bankenkonsortium zwar die Aktien aus der Kapitalerhöhung zunächst übernimmt, allerdings mit der Verpflichtung, sie den Aktionären anzubieten. Das Unternehmen hat in diesem Fall das **Plazierungsrisiko** bereits abgewälzt. In den wenigsten Fällen wird eine Emission von Eigenkapital unter Umgehung des Bankenapparates, bei der dann die emittierende Unternehmung noch das Plazierungsrisiko trägt, vorgenommen. Dabei sollte jedoch gerade dieses Plazierungsrisiko Charakteristikum eines Emissionsmarktes für Eigenkapital im regulierten Kapitalmarkt sein. Insoweit kann man davon ausgehen, daß der regulierte Emissionsmarkt für Eigenkapital heutzutage nur noch in Ansätzen vorhanden ist.[1]

Einen Überblick über den gesamten Markt geben die nachfolgenden Tabellen[2] über Geldvermögen und Verpflichtungen der einzelnen Wirtschaftssektoren. Im Jahre 1988 waren für 1.323,8 Mrd. DM festverzinsliche Wertpapiere inländischer Emittenten im Umlauf. Davon waren im Besitz der Banken 492,2 Mrd. DM, Privatpersonen selbst hielten 389,8 Mrd DM. Berücksichtigt man die Doppelfunktion der Banken, zum einen als Geldanlageinstitution, die in der Position "Geldanlage bei Banken" 1988 in Höhe von 2.405,0 Mrd. DM zum Ausdruck kommt, und zum anderen als Kreditinstitution, die sich in der Position "Vermögenssektor Banken" 1988 in Höhe von 3.285,0 Mrd. DM niederschlägt, so waren die Banken am Geldvermögen von 8.921,6 Mrd. DM insgesamt mit 5.690,0 Mrd. DM beteiligt. Faßt man die Verpflichtungen der Banken in Höhe von 3.170,9 Mrd. DM im Jahr 1988 und die Bankkredite in Höhe von 2.649,8 Mrd. DM im gleichen Jahr zusammen, so zeigt sich, daß die Banken an den Verpflichtungen zu knapp zwei Drittel beteiligt waren. Weitere Informationen über die Struktur des Kapitalmarktes liefern die nachstehenden Aufstellungen über Depotbestände und Deponentengruppen.[3] Sie lassen erkennen, daß die unterschiedlichen Deponentengruppen sich auch in der Zusammensetzung der Depots

---

[1] Ganz im Gegensatz zu der Situation vor ca. 80 - 100 Jahren, als die Kapitalerhöhungen noch unmittelbar an der Börse plaziert wurden.
[2] Vgl. Tab. 8 - 11.
[3] Vgl. Tab. 7 und 7a.

unterscheiden. Gemessen an der Zahl der Depots z.B. halten die wirtschaftlich Selbständigen sehr viel mehr Aktien als die wirtschaftlich Unselbständigen.

Deponentengruppe	Jahresende bzw. Jahr	Anzahl der Depots	Depotbestände							Nachrichtlich: Sparbriefe
			insgesamt	Schuldverschreibungen inländischer Emittenten		Aktien inländischer Emittenten	Investmentzertifikate der Fonds inländischer Kapitalanlagegesellschaften	Schuldverschreibungen ausländischer Emittenten	Aktien ausländischer Emittenten	
				zusammen	darunter Bundesschatzbriefe					
			Stand am Jahresende; Anzahl der Depots in Tsd. Stück / Beträge in Mio. DM							
Inländische Privatpersonen insgesamt	1987	8.839	333.028	152.103	35.496	90.045	34.450	39.989	16.441	167.688
	1988	9.294	387.551	141.743	38.002	116.689	46.899	56.619	25.601	164.509
Wirtschaftl. Selbständige	1987	679	70.606	24.063	2.653	24.464	6.337	10.714	5.028	14.520
	1988	705	86.937	23.715	3.116	33.811	8.815	13.585	7.011	14.045
Wirtschaftl. Unselbständige	1987	5.916	173.123	87.549	23.562	39.733	18.743	19.400	7.698	108.613
	1988	6.331	201.848	81.289	24.983	51.970	26.125	29.505	12.959	106.062
Sonstige Privatpersonen	1987	2.244	89.299	40.491	9.281	25.848	9.370	9.875	3.715	44.555
	1988	2.258	98.766	36.739	9.903	30.908	11.959	13.529	5.631	44.402

Tab. 7: Wertpapierdepots von inländischen Privatpersonen; Aufgliederung der Depotbestände zu Kurswerten nach sozialen Gruppen
Quelle: Beilage zu "Statistische Beihefte zu den Monatsberichten der Deutschen Bundesbank", Reihe 1, Bankenstatistik nach Bankengruppen, Juli 1989, Nr. 7, S. 16

		Durchschnittsbestände											
Deponentengruppe	Jahres-ende bzw. Jahr	Anzahl der Depots		insgesamt		Schuldver-schreibungen inländischer Emittenten		Aktien inländischer Emittenten		Investment-zertifikate der Fonds inlän-discher Kapitalanlage-gesellschaften		Schuldver-schreibungen ausländischer Emittenten		Aktien ausländischer Emittenten	
		Stand am Jahres-ende	Ver-ände-rung im Jahr	Stand am Jahres-ende	Ver-ände-rung im Jahr	Stand am Jahres-ende	Ver-ände-rung im Jahr	Stand am Jahres-ende	Ver-ände-rung im Jahr	Stand am Jahres-ende	Ver-ände-rung im Jahr	Stand am Jahres-ende	Ver-ände-rung im Jahr	Stand am Jahres-ende	Ver-ände-rung im Jahr
		Tsd Stück	%	DM Kurs-wert	%	DM Kurs-wert	%	DM Kurs-wert	%	DM Kurs-wert	%	DM Kurs-wert	%	DM Kurs-wert	%
Inländische Privat-personen insgesamt	1987 1988	8.839 9.294	+ 5,1	37.673 41.699	+ 10,7	19.389 17.632	− 9,1	11.769 14.912	+ 26,7	3.985 5.165	+ 29,6	5.227 7.235	+ 38,4	2.149 3.272	+ 52,3
Wirtschaftlich Selbständige	1987 1988	679 705	+ 3,8	103.892 123.260	+ 18,6	40.918 39.698	− 3,0	42.684 58.181	+ 36,3	9.535 12.792	+ 34,2	18.692 23.375	+ 25,1	8.775 12.066	+ 37,5
Wirtschaftlich Unselbständige	1987 1988	5.916 6.331	+ 7,0	29.263 31.882	+ 8,9	16.792 14.984	− 10,8	7.815 9.844	+ 26,0	3.239 4.223	+ 30,4	3.816 5.589	+ 46,5	1.514 2.455	+ 62,2
Sonstige Privatpersonen	1987 1988	2.244 2.258	+ 0,6	39.793 43.748	+ 9,9	19.818 18.218	− 8,1	12.964 15.732	+ 21,4	4.269 5.422	+ 27,0	4.953 6.886	+ 39,0	1.863 2.866	+ 53,8

Tab. 7a: Durchschnittsbestände von inländischen Privatpersonen
Quelle: Beilage zu "Statistische Beihefte zu den Monatsberichten der Deutschen Bundesbank",
Reihe 1, Bankenstatistik nach Bankengruppen, Juli 1989, Nr. 7, S. 17

24 Kapitel 1: Zum Begriff des Kapitalmarktes

Positionen	Sektoren						
	Private Haushalte	Unternehmen	Öffentliche Haushalte	Banken	Bausparkassen und Versicherungen	Ausland	Sektoren insgesamt
I. Geldvermögen							
Geldanlage bei:							
Banken	1.154,1	440,8	239,5	-	215,4	215,7	2.265,6
Bausparkassen u. Versicherungen	613,2	48,5	2,7	1,4	-	3,4	669,3
Geldanlage in							
Geldmarktpapieren	1,9	1,7	0,1	11,0	-	3,2	17,9
festverzinslichen Wertpapieren	347,3	60,4	19,0	449,8	158,4	175,2	1.210,1
Aktien	58,3	113,1	17,0	39,3	28,5	13,0	288,3
Bankkredite	-	-	-	2.497,2	-	-	2.497,2
sonst. Forderungen	187,6	333,1	163,5	115,5	328,4	334,7	1.443,4
Insgesamt	2.362,4	997,6	441,8	3.114,2	730,7	745,2	8.391,8

Alle Angaben in Mrd. DM

Tab. 8: Geldvermögen nach Sektoren in der Bundesrepublik Deutschland 1987
Quelle: Monatsberichte der Deutschen Bundesbank, Heft Mai 1988, S. 68-69

Positionen	Sektoren						
	Private Haushalte	Unternehmen	Öffentliche Haushalte	Banken	Bausparkassen und Versicherungen	Ausland	Sektoren insgesamt
II. Verpflichtungen							
Geldanlage bei:							
Banken	-	-	-	2.265,6	-	-	2.265,6
Bausparkassen u. Versicherungen	-	-	-	-	669,3	-	669,3
Verpflichtungen aus:							
Geldmarktpapieren	-	3,6	6,0	5,5	-	2,8	17,9
festverzinslichen Wertpapieren	-	56,8	333,7	702,3	4,3	113,0	1.210,1
Aktien	-	160,4	-	22,4	8,1	97,5	288,3
Bankkredite	194,2	1.495,5	435,0	-	15,1	357,6	2.497,2
sonst. Forderungen	19,6	789,8	107,1	35,2	8,7	482,6	1.443,4
Insgesamt	213,8	2.506,1	881,8	3.031,0	705,5	1.053,5	8.391,8

Alle Angaben in Mrd. DM

Tab. 9: Verpflichtungen nach Sektoren in der Bundesrepublik Deutschland 1987
Quelle: Monatsberichte der deutschen Bundesbank, Heft Mai 1988, S. 68-69

Positionen	Sektoren						
	Private Haushalte	Unternehmen	Öffentliche Haushalte	Banken	Bausparkassen und Versicherungen	Ausland	Sektoren insgesamt
I. Geldvermögen							
Geldanlage bei:							
Banken	1.196,6	465,4	245,8	-	252,6	244,5	2.405,0
Bausparkassen u. Versicherungen	659,4	53,4	3,0	1,2	-	3,4	720,4
Geldanlage in							
Geldmarktpapieren	1,6	1,6	0,1	10,4	-	3,2	16,9
festverzinslichen Wertpapieren	389,8	68,9	24,2	492,2	171,0	177,6	1.323,8
Aktien	69,8	138,3	15,0	34,3	29,0	36,6	323,1
Bankkredite	-	-	-	2.649,8	-	-	2.649,8
sonst. Forderungen	197,8	371,5	169,2	97,1	327,1	320,0	1.482,7
Insgesamt	2.515,0	1.099,1	457,3	3.285,0	779,8	785,4	8.921,6

Alle Angaben in Mrd. DM

Tab. 10: Geldvermögen nach Sektoren in der Bundesrepublik Deutschland 1988
Quelle: Monatsberichte der Deutschen Bundesbank, Heft Mai 1989, S. 48-49

Positionen	Sektoren						
	Private Haushalte	Unternehmen	Öffentliche Haushalte	Banken	Bausparkassen und Versicherungen	Ausland	Sektoren insgesamt
II. Verpflichtungen							
Geldanlage bei:							
Banken	-	-	-	2.405,0	-	-	2.405,0
Bausparkassen u. Versicherungen	-	-	-	-	720,4	-	720,4
Verpflichtungen aus:							
Geldmarktpapieren	-	3,1	5,9	5,1	-	2,7	16,9
festverzinslichen Wertpapieren	-	60,1	376,7	693,7	2,7	190,5	1.323,8
Aktien	-	167,9	-	23,4	8,6	123,2	323,1
Bankkredite	206,2	1.571,6	460,1	-	15,5	396,3	2.649,8
sonst. Forderungen	20,6	812,7	99,5	43,6	9,3	496,8	1.482,7
Insgesamt	226,8	2.615,6	942,2	3.170,9	756,7	1.209,5	8.921,6

Alle Angaben in Mrd. DM

Tab. 11: Verpflichtungen nach Sektoren in der Bundesrepublik Deutschland 1988
Quelle: Monatsberichte der deutschen Bundesbank, Heft Mai 1989, S. 48-49

Die Statistik des Umlaufs festverzinslicher Wertpapiere nach inländischen Emittenten bestätigt die überragende Bedeutung des Bankensektors auf dem regulierten Kapitalmarkt. Im Jahre 1988 betrug der Umlauf insgesamt 1.151,6 Mrd.

DM. Die Banken selbst haben Schuldverschreibungen in Höhe von 707,8 Mrd. DM, mithin knapp zwei Drittel des gesamten Volumens, emittiert. Gut ein Drittel, nämlich 441,4 Mrd. DM, stammt von der öffentlichen Hand. Umlaufende Industrieobligationen belaufen sich nur auf 2,4 Mrd. DM. Diese Relationen machen deutlich, daß die Privatwirtschaft kaum noch auf dem Markt für Obligationen engagiert ist.

Stand am Jahres- bzw. Monatsende	Insgesamt	Bankschuldverschreibungen						Industrie-obligationen	Anleihen der öffentlichen Hand
		zusammen	darunter auf Namen festgeschrieben	Pfandbriefe	Kommunal-obligationen	Schuldverschreibungen von Kreditinstituten	Sonstige Bankschuldverschreibungen		
1983[1]	777.874	584.458	8.087	129.001	307.553	44.358	103.547	2.366	191.050
1984[1]	849.985	619.760	7.434	134.134	327.328	46.691	111.607	2.164	228.061
1985[1]	929.353	654.628	6.481	138.588	346.565	55.022	114.453	2.388	272.337
1986[1]	1.017.723	685.523	5.570	144.338	360.777	64.866	115.541	2.576	329.625
1987[1]	1.110.682	715.870	5.090	142.866	367.622	74.748	130.633	2.520	392.292
1988[1]	1.151.640	707.837	4.707	138.169	369.043	71.859	128.765	2.420	441.383
1989[2]	1.166.457	714.188	4.703	139.520	367.979	72.132	134.558	2.516	449.753

Angaben in Mio. DM Nominalwert
1) Stand jeweils Dezember des Jahres
2) Stand Mai 1989

Tab. 12: Umlauf von festverzinslichen Wertpapieren inländischer Emittenten nach Wertpapierarten
Quelle: Statistische Beihefte zu den Monatsberichten der Deutschen Bundesbank, Reihe Wertpapierstatistik, Mai 1989, Nr. 11

Die Börse als regulierter Zirkulationsmarkt

Die Börse umfaßt als regulierter Kapitalmarkt die beiden Segmente des Zirkulationsmarktes für Eigenkapital und für Fremdkapital. Im Vergleich zum Gesamtvolumen des nationalen Kapitalmarktes ist das Volumen der an der Börse gehandelten Papiere ziemlich gering. Die Geldanlage in festverzinslichen Wertpapieren betrug im Jahre 1988 1.323,8 Mrd. DM (entspricht 14,8%) und die Geldanlage in Aktien 323,1 Mrd. DM (entspricht 3,6%).[1] Der Kurswert der Aktien, zu Tageskursen bewertet, betrug 797,4 Mrd. DM (8,9% des gesamten Geldvermögens). Trotz der vergleichsweise geringen Quantität nimmt der Zirkulationsmarkt für Aktien und Anleihen und darauf aufbauende derivative Instrumente eine **qualitative Sonderstellung** ein. Seine herausragende und einzigartige Bedeutung liegt darin, daß er für den Bereich der langfristigen Finanzierung einschließlich des Beteiligungskapitals eine **Preis- und Zinsführerschaft** ausübt. Die an der Börse notierten Kurse verkörpern weitgehend objektiv festgestellte Marktpreise für Beteiligungs- und Leihkapital. Die Ausstattung neuer Emissionen wird an der Bewertung der bereits umlaufenden Papiere ausgerichtet, darüberhinaus liefern die Kursnotierungen für die Konditionen der anderen Kapitalmarktgeschäfte wichtige Orientierungshilfen. Für die Unternehmensbewertung wiederum verkörpert der Börsenkurs der Aktie einen entscheidenden Anhaltspunkt.

Auf der Anlegerseite stellen Kauf und Verkauf von Wertpapieren sicherlich eine interessantere, mit mehr Risiko behaftete Anlageform dar als z.b. Geldanlagen bei Banken, Bausparkassen und Versicherungen. Die Börse bietet ein weites Betätigungsfeld mit vielen Anlageformen; ein erfolgreiches Agieren an der Börse setzt aber auch mehr Kenntnisse, als dies bei den anderen Anlageformen der Fall sein muß, voraus.

Rechtliche Regelungen

Es gibt kein einheitliches Kapitalmarktgesetz, in dem die Kodifizierung der vielfältigen Ausprägungen der Marktsegmente zusammengefaßt wäre. Einschlägige gesetzliche Vorschriften sind in zahlreichen Einzelgesetzen enthalten. Das *Bundesbankgesetz* enthält Bestimmungen über *Geschäfte mit Kreditinstituten*, Geschäfte mit öffentlichen Verwaltungen, Geschäfte am offenen Markt. Aus dem *Kreditwesengesetz* (KWG) sind die Vorschriften betreffend die *Grundsätze über das Eigenkapital* und die *Liquidität der Kreditinstitute* relevant. Von Bedeutung sind außerdem die Gesetze über die Hypothekenbanken, über Bausparkassen und über Versicherungsunternehmen, über Kapitalanlagegesellschaften und über die Verwahrung und Anschaffung von Wertpapieren. Wichtig sind außerdem die einschlägigen Vorschriften des Aktiengesetzes und last but not least das Börsengesetz. Es enthält die bedeutendsten gesetzlichen Regelungen des Kapitalmarktes. Es soll daher im nächsten Kapitel nach einigen Anmerkungen zum internationalen Kapitalmarkt ausführlich erläutert werden.

---

[1] Vgl. Tab. 10.

28 *Kapitel 1: Zum Begriff des Kapitalmarktes*

3.3.4 Der internationale Kapitalmarkt[1]

3.3.4.1 Überblick

Entsprechend der eingangs gebildeten Definition sei unter internationalen Kapitalmärkten derjenige Handel mit Kapitalgütern verstanden, der nicht auf einen nationalen Gebietsbereich beschränkt ist. Er gewinnt im Zeitalter der Elektronik mit den enormen Möglichkeiten der Nachrichtenübermittlung immer mehr an Bedeutung. Regionale Zentren des internationalen nicht regulierten Kapitalmarktes haben sich in Europa (als Eurokapitalmarkt), auf den Bahamas und im Fernen Osten (Hongkong und Singapur) herausgebildet. Schwerpunkte des nicht regulierten internationalen Kapitalmarktes sind die sogenannten **Off-shore-Kapitalmarktplätze**.[2] Über den Umfang dieser Märkte gibt es nur Schätzungen, deren Realitätsgehalt nicht überprüft werden kann. Die in letzter Zeit mehrfach erhobenen Warnungen vor den internationalen Kapitalmärkten weisen insbesondere auf die Gefahr hin, die dadurch entsteht, daß die Kapitalströme sich rechtlicher Kanalisierung entziehen. Dadurch kann es zu einer gewaltigen Konzentration riskanter Geldgeschäfte kommen, denen keine entsprechende Risikoabsicherung auf der anderen Seite gegenübersteht, denn nicht nur versierte und vorsichtige Banker sind in diesem Geldgeschäft tätig, sondern auch solche, denen die Erfahrung mit riskanten Anlageformen teilweise fehlt oder die diese Gefahren gering einschätzen.

3.3.4.2 Umfang des Eurokapitalmarktes

Hier ist zwischen dem **Eurokapitalmarkt** i.e.S., auf dem längerfristige Anleihen aufgelegt werden, und dem **Eurogeldmarkt** zu unterscheiden, auf dem Kredite mit kürzeren Laufzeiten (normalerweise bis zu einem Jahr, in Sonderfällen auch längerfristig) gehandelt werden. Das Zentrum des Eurokapitalmarktes ist London.[3] Daneben haben sich in der letzten Zeit Paris und Luxemburg etabliert.[4] Neben diesen wichtigsten Säulen des Eurokapitalmarktes spricht man noch von einem kleineren Ableger in der Schweiz, so z.B. auf dem Finanzplatz in Zürich. Ansatzweise glaubt man auch in Frankfurt einen Eurokapitalmarkt zu erkennen.

Grundsätzlich gilt für den Eurokapitalmarkt, daß die staatlichen Interventionsmöglichkeiten beschränkt sind. Auf dem Eurokapitalmarkt gibt es keinen festgelegten Ordnungsrahmen. Übereinstimmend wird der Eurokapitalmarkt als freier, unregulierter Markt bezeichnet. Hinsichtlich der Volumina der Eurokapitalmärkte ist zwischen Eigenkapital und Fremdkapital zu differenzieren. Der Emissionsmarkt für Eigenkapital ist auf dem Eurokapitalmarkt kaum ausgebildet.[5] Andererseits hat der Emissionsmarkt für Fremdkapital ein recht hohes

---

[1] Vgl. Bruns/Häuser (1984), Franke (1987), Käsmeier (1984), Teusch (1977), Schmitz (1979).
[2] Vgl. den Überblick bei Storck (1984), S. 19.
[3] Vgl. z.B. die Darstellung bei Steffens (1984), S. 62 ff.
[4] Vgl. Storck (1984), S.19.
[5] Vgl. Gehrmann (1978), S. 28.

Volumen. Die nachfolgende Statistik zeigt ein beträchtliches Volumen der Euroanleihen und des Eurogeldmarktes auf.

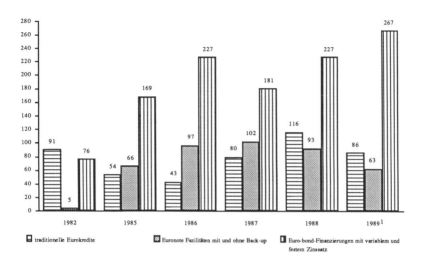

1) Die Angaben - brutto in Mrd. US-$ - für das Gesamtjahr 1989 sind Hochrechnungen

Abb. 2: Neue Finanzierungen an den internationalen Finanzmärkten
Quelle: Storck (1990)

Eine analoge Abstufung gilt für den Zirkulationsmarkt. Auch hier ist der Markt für Eigenkapital kaum ausgebildet. In aller Regel werden Eigenkapitaltitel an den nationalen Börsen plaziert, wobei eine mehrfach nationale Plazierung zunehmend häufiger wird. So gilt in Deutschland Frankfurt als Zentrum der Plazierung ausländischer Aktien. Führende deutsche Aktiengesellschaften gehen auch mehr und mehr dazu über, ihre Aktien an den führenden Börsenplätzen der Welt zu plazieren, so z.B. in London, Paris oder teilweise auch in Tokio. Jedoch sind diese Börsenplätze nicht als internationaler Kapitalmarkt zu verstehen, weil sie der Regulierung der jeweiligen nationalen Gesetzgebung unterliegen. Es ist hier zu unterscheiden zwischen einem internationalen Kapitalmarkt und den zahlreichen nationalen Finanz- und Börsenplätzen.

Im Gegensatz zu den obigen Feststellungen ist der internationale Zirkulationsmarkt für Fremdkapital sehr stark ausgeprägt. Die Urteile hierüber sind jedoch widersprüchlich. Sie reichen von chaotisch bis voll funktionsfähig. Am Eurosekundärmarkt ist sowohl die Organisationsform des offiziellen Handels vorhanden als auch die inoffizielle des Over-the-counter-Marktes, des Marktes der Geschäfte über den Kassenschalter.

4. Die Transformationsaufgabe des Kapitalmarktes

Zusammenfassend lassen sich die Funktionen des Kapitalmarktes als eine vierfache Aufgabe der Transformation darstellen:

1. Es erfolgt eine Transformation von **Spar- in Anlagekapital**. Damit übernimmt der Kapitalmarkt die volkswirtschaftlich wichtige Funktion der Verbindung von Sparen und Investieren: Die gesparten Beträge sollen in eine möglichst effiziente Verwendung einer produktiven Investition geleitet werden. Über den Kapitalmarkt erfolgt ein Wettbewerb um die knappen Kapitalbeträge.

2. Es wird eine **Transformation der Beträge** vorgenommen. Der Kapitalmarkt faßt kleine Sparbeträge zur Finanzierung großer Investitionsprojekte zusammen. In aller Regel sind einzelne Unternehmer und Investoren nicht mehr in der Lage, den großen Kapitalbedarf der heutigen Investitionen allein zu finanzieren. Gerade für wachsende Unternehmen mit erhöhtem Kapitalbedarf ist diese Notwendigkeit Anlaß, an den Kapitalmarkt zu gehen und sich die entsprechenden Gelder zu beschaffen. Er sollte auch kleineren Unternehmen offenstehen.

3. Der Kapitalmarkt übernimmt eine **Transformation der Fristen**: In aller Regel zögern Anleger, Geld über einen sehr langen Zeitraum festzulegen. Sie wollen sich die Möglichkeit offenhalten, die Gelder wieder zu liquidisieren, um dann günstigere Engagements einzugehen. Auf der anderen Seite verlangen die langfristigen Industrieprojekte eine langfristige Kapitalüberlassung. Dieses Dilemma kann über den Kapitalmarkt gelöst werden, auf dem zahlreiche Anleger zwar für sich persönlich nur kurzfristige Engagements eingehen, insgesamt gesehen das Kapital für den Realinvestor jedoch langfristig verfügbar ist.

4. Der Kapitalmarkt übernimmt eine **Transformation der Risiken**. Die riskanten Ströme der Erträge aus dem Bruttogewinn der Unternehmung werden aufgeteilt in einen sicheren Strom der Verzinsung für die Fremdkapitalgeber und in einen riskanteren, dafür aber vielleicht auch noch ertragreicheren Strom der Gewinne für die Eigenkapitalgeber. Auf der anderen Seite erlaubt der Kapitalmarkt durch die Kombination zahlreicher Papiere des Marktes eine Verringerung oder eine Transformation des Risikos der einzelnen Papiere. Darauf werden wir unter dem Stichwort der *Portfoliotheorie* noch ausführlich eingehen und die Möglichkeit der Risikoverringerung durch Wertpapiermischung diskutieren. Diese Idee bekommt besondere Bedeutung bei Berücksichtigung der Termingeschäfte.

Literaturverzeichnis

Andreas, K. (1982): Kapitalmarkt der Bundesrepublik Deutschland, in: Obst, G./Hintner, O. (Hrsg.): Geld-, Bank- und Börsenwesen, 37., neu bearb. Aufl., Stuttgart

Blattner, N. (1977): Volkswirtschaftliche Theorie der Firma, Heidelberg

Bruns, G./Häuser, K. (1984): Off-shore-Kreditmärkte, Frankfurt am Main

Büschgen, H.E. (1989): Bankbetriebslehre, 2. Auflage, Wiesbaden

Claussen, C. (1989): Kleine Kapitalgesellschaften und der Zugang zum Kapitalmarkt, in: Zeitschrift für das gesamte Handelsrecht und Wirtschaftsrecht, Bd. 153, S. 216-234

Franke, G. (1987): Organisation und Regulierung internationaler Finanzmärkte, in: Schneider, D. (Hrsg.): Kapitalmarkt und Finanzierung, Jahrestagung des Vereins für Socialpolitik Gesellschaft für Wirtschafts- und Sozialwissenschaften in München 1986, Berlin, S. 429-444

Franke, G./Hax, H. (1990): Finanzwirtschaft des Unternehmens und Kapitalmarkt, 2. Aufl., Berlin

Gehrmann, D. (1978): Die Effizienz des Euro-Kapitalmarktes, Hamburg

Gerke, W./Phillip, F. (1985): Finanzierung, Stuttgart

Gerlach-Report Nr. 9/1990

Giersch, H./Schmidt, H. (1986): Offene Märkte für Beteiligungskapital: USA - Großbritannien - Deutschland, Stuttgart

Häusler, K. (1976): Kapitalmarkt, in: Büschgen, H.E. (Hrsg.): Handwörterbuch der Finanzwirtschaft, Stuttgart, Sp. 1058-1075

Hommelhoff, P. (1989): Börsenhandel von GmbH- und KG-Anteilen?, in: Zeitschrift für das gesamte Handelsrecht und Wirtschaftsrecht, Bd. 153, S. 181-215

Hopt, K.J. (1977): Vom Aktien- und Börsenrecht zum Kapitalmarktrecht? Teil 2: Die deutsche Entwicklung im internationalen Vergleich, in: Zeitschrift für das gesamte Handelsrecht und Wirtschaftsrecht, Bd. 141, S. 389-441

Käsmeier, J. (1984): Euromärkte und nationale Finanzmärkte: Eine Analyse ihrer Interdependenz, Berlin

Krümmel, H.J. (1978): Perspektiven des Wertpapiergeschäftes, in: Kredit und Kapital, 11. Jg., S. 109-138

Loistl, O. (1978): Zur Regulierung des grauen Kapitalmarktes, in: Zeitschrift für betriebswirtschaftliche Forschung, 30. Jg., S. 815-843

Loistl, O. (1986): Grundzüge der betrieblichen Kapitalwirtschaft, Berlin

Preiser, E. (1963): Der Kapitalbegriff und die neuere Theorie, in: Preiser, E.: Bildung und Verteilung des Volkseinkommens, 3. Aufl., Göttingen, S. 99-123

Schmitz, L. (1979): Die Entwicklung des Euromarktes seit 1973, in: Wirtschaftswissenschaftliches Studium, 8. Jg., S. 23-27

Steffens, G. (1984): Euromarkt London, in: Bruns, G./Häuser, K. (Hrsg.): Off-shore-Kreditmärkte, Frankfurt am Main

Storck, E. (1984): Euromarkt Luxemburg, in: Bruns, G./Häuser, K. (Hrsg.): Off-shore-Kreditmärkte, Frankfurt am Main

Storck, E. (1990): Der Euromarkt 1989 und die Perspektiven, in: Die Bank, Nr. 1, S. 15-25

Teusch, F. (1977): Die Entwicklung der Euro-Geld- und Kapitalmärkte seit 1973, in: Kredit und Kapital, 10. Jg., S. 540-567

Weichert, R. (1987): Probleme des Risikokapitalmarktes in der Bundesrepublik, Tübingen

Kapitel 2: Die Börse

1. Entstehung der Börse

1.1 Geschichtliche Vorläufer

Seit jeher sind Kaufleute zusammengekommen, um Waren zu handeln und Nachrichten zu tauschen. Diese beiden Komponenten des Handels mit **Informationen** einerseits und **physischen Gütern** andererseits standen auch Pate bei der Entwicklung der Börsen. Wenn auch die Entstehung der Börsen nicht genau zu datieren ist, so kann man doch davon ausgehen, daß mit dem zunehmenden Handel zum *Ende des Mittelalters das Verkehrsbedürfnis der Kaufleute zur Institutionalisierung der Zusammenkünfte führte*. Von den **Messen** unterscheiden sich **Börsen** vor allem dadurch, daß an den Börsen Geschäfte über Waren abgeschlossen werden, die **nicht zur Stelle** sind, während auf den Messen bzw. Märkten die Waren oder zumindest Muster davon körperlich vorhanden sind und in Augenschein genommen werden können. Daraus folgt wiederum, daß an den *Börsen nur vertretbare Sachen* gehandelt werden können. *Die Entstehung der Börsen ist eng mit dem Aufkommen von vertretbaren Waren und Wertpapieren verknüpft*. So wie letztere sich allmählich herausgebildet haben, sind auch die Börsen nicht uno actu entstanden und dann in ihrer Form unverändert geblieben, sondern haben sich vielfältig gewandelt und den jeweiligen Verkehrsbedürfnissen angepaßt. Es dürfte weitgehend eine Geschmacksfrage sein, ob man in den großen Handelsplätzen zum Ausgang des Mittelalters bereits Urformen der Börsen erblicken will oder nicht.[1]

Die weitere Entwicklung verlief im 16. Jahrhundert über den Handel mit Leihkapital an den (Finanz-)märkten in **Lyon** und **Antwerpen**.[2] In Deutschland waren im 16./17. Jahrhundert bereits der **Herrenmarkt in Nürnberg**, der **Perlach in Augsburg** sowie die **Messe in Frankfurt** als **Börsen** angesehen worden. Im Gegensatz zu dieser süddeutschen Entwicklung aus Märkten entstanden die norddeutschen Börsen aus den Gilden und kaufmännischen Gesellschaften.[3] In **London** wiederum hat *Thomas Gresham* das erste (Börsen)-Gebäude im Jahre 1566 in der **Lombardstreet** errichtet. Es sollte allen Händlern, nicht nur Geldwechslern, sondern auch Goldschmieden und Seidenhändlern, bei ihren Geschäften, denen sie sonst unter freiem Himmel nachgingen, Schutz vor der Witterung bieten. (Der Name Lombardstreet deutet darauf hin, daß die Händler überwiegend aus Norditalien, der Lombardei, kamen). Gresham nannte das Gebäude *Royal Exchange* und seither heißen die Börsen im angelsächsischen

---

[1] Hier werden die italienischen Handelsstädte wie Lucca, Genua, Florenz und Venedig genannt, Heilfron (1912), S. 435, Glaser (1908), S. 13.
[2] Glaser (1908), S. 17 ff., Zänsdorf (1937), S. 33.
[3] Zänsdorf (1937), S. 35.

Sprachraum *Stock Exchange* im Gegensatz zu dem Sprachgebrauch in Kontinentaleuropa, wo durchweg von *Börse* (bourse, borsa, bolsa, beurse usw.) gesprochen wird.[1]

Mittelbar oder unmittelbar stammt das Wort *Börse* vom mittelalterlichen *burse*, dem griechischen *Byrsa* = Fell, Leder, und bedeutet buchstäblich lederner Beutel, insbesondere Geldbeutel, und von da übertragen Kasse. Geschichtlich soll der Name *Börse* seinen Ausgang von dem Haus der Familie *von der Beurs* in Brügge nehmen, dessen Giebel mit drei in Stein gehauenen Börsen (= Geldbeuteln) geschmückt war und in dem bzw. vor dem sich der Versammlungsort der italienischen Kaufleute in Brügge befand.[2] Der Beginn des Börsenhandels in Effekten wird ziemlich übereinstimmend in dem Handel mit Aktien der 1602 gegründeten *holländischen ostindischen Kompanie* gesehen.[3]

In Deutschland kam es an den Börsen genannten Zusammenkünften in einzelnen Fällen zu Handelsgeschäften in Aktien der im 17./18. Jahrhundert gegründeten Gesellschaften (im 17. Jahrhundert hat allerdings der Dreißigjährige Krieg nahezu jede Entwicklung unterbunden), so z.b. in Aktien der von Friedrich dem Großen gegründeten *Emdener Heringsfang-Kompagnie* und der 1772 errichteten *Seehandlungs-Sozietät*. Zu gleicher Zeit kam es zu geringen Umsätzen in den 1780 gegründeten Hypothekenbanken. In Frankfurt blühte im engen Anschluß an die bestehende Wechselbörse ein *Handel in österreichischen Staatspapieren* auf, in denen auch an der im Jahre 1771 gegründeten *Wiener Fondsbörse* gehandelt wurde. Die Kriegswirren an der Wende vom 18. zum 19. Jahrhundert (Napoleon) unterbrachen diese Entwicklung wieder. Nach der Konsolidierung der politischen Verhältnisse wurden insbesondere in Frankfurt Staatsanleihen an der Börse eingeführt. Diese Staatspapiere gaben den Anstoß zur Entstehung eines regelmäßigen Effektenhandels.

Namentlich an der Börse der *freien Reichsstadt Frankfurt*, in welcher sich kapitalkräftige Banken und ein kapitalkräftiges Publikum vereinigten und die als Sitz des deutschen Bundestages in gewisser Hinsicht den politischen Mittelpunkt Deutschlands bildete, wurde in den europäischen Staatspapieren gehandelt. Im wesentlichen waren alle Börsen (z.B. Berlin, Hamburg, Bremen, München, Leipzig, Stuttgart, Dresden) *Staatspapierbörsen*. Im zweiten Drittel des 19. Jahrhunderts verlagerte sich der Schwerpunkt der Kapitalmarkttätigkeit vorwiegend auf die Gründung von *Eisenbahnaktiengesellschaften*. Eine allgemeine Gründungswelle entstand nach dem deutsch-französischen Krieg zu Beginn der siebziger Jahre. Sie wurde deshalb ja auch *Gründerzeit* genannt.

Nach den *Gründungsschwindeln* im Jahre 1873 trat eine Erholungspause ein, ehe nach der Aktiennovelle von 1884 die Börse einen Aufschwung als **zentraler Handelsplatz für Kapital** erlebte, den sie später nie wieder verkörperte. Zu

---
[1] Heilfron (1912), S. 346, Rehm (1909), S. 2, Anm. 6.
[2] Vgl. Rehm (1909), S. 2, Anm. 6, Heilfron (1912), S. 341, FN 2, Obst (1935), S. 392.
[3] Vgl. Obst (1935), S. 392, Heilfron (1912), S. 435, Zänsdorf (1937), S. 34.

dieser Zeit war die Börse ein **ökonomischer Areopag**[1] und konnte sich als der *stolze Markt der Märkte* fühlen. Nach dem ersten Weltkrieg hingegen verlor die Börse die zentrale Vermittlerfunktion zwischen Kapitalangebot und -nachfrage. Die Kapitalströme liefen zum großen Teil an der Börse vorbei. Dieser Trend hat sich heute eher noch verstärkt.[2] Unbeachtlich dieser quantitativen Verringerung hat die Börse ihre überragende qualitative Bedeutung als Kapitalmarktstimmungsbarometer behalten.

1.2 Grundlegende Organisation

1.2.1 Rechtliche Grundlagen

Grundlage für die rechtliche Verfassung der einzelnen Börsen ist das Börsengesetz vom 22.06.1896 in der Fassung vom 27.05.1908, zuletzt geändert durch das *Gesetz zur Änderung des Börsengesetzes* vom 01.08.1989.

Es enthält Vorschriften
- allgemein über die Börsen und deren Organe (§§ 1-9, 28)
- über die Feststellung des Börsenpreises und das Maklerwesen (§§ 29-35)
- über die Zulassung von Wertpapieren zum Börsenhandel mit amtlicher Notierung(§§ 36-49)
- über den Terminhandel (§§ 50-70)
- über die Zulassung von Wertpapieren zum Börsenhandel mit nichtamtlicher Notierung (§§ 71-78)
- über Straf- und Bußgeldverfahren (§§ 9, 88-90, 96)

Die Errichtung einer Börse bedarf gem. § 1 Abs. 1 der Genehmigung der zuständigen obersten Landesbehörde (Börsenaufsichtsbehörde). Das Gesetz selbst enthält keine Begriffsbestimmung der Börse. In dem berühmten *Feenpalasturteil* stellte das preußische Oberverwaltungsgericht vor fast hundert Jahren folgende Kriterien zur Charakterisierung einer Börse heraus:[3]

Es müssen Versammlungen einer größeren Zahl von Personen vorliegen, die an einem eindeutig festgelegten Ort und zu einer feststehenden Zeit, wenn nicht täglich, so doch in verhältnismäßig kurzen Zwischenräumen regelmäßig abgehal-

---

[1] Glaser (1908), S. 38, zur heutigen Bedeutung der Börsen vgl. Schmidt, H. (1988), S. 5 ff.
[2] Vgl. die Aufstellungen in den Tab. 6 - 9 in Kapitel 1.
[3] Kurz nach Inkrafttreten des Börsengesetzes verlegten die Getreide- und Produktenhändler ihre täglichen Versammlungen aus den Räumen der Berliner Börse in den nahegelegenen Feenpalast, um den Vorschriften des Börsengesetzes nicht unterworfen zu sein. Die Landesregierung betrachtete diese Versammlung als Börse im Sinne des Gesetzes und forderte die Veranstalter auf, um die staatliche Genehmigung nachzusuchen. Weil die Initiatoren dieses Ansinnens ablehnten, aber weiterhin Versammlungen abhielten, kam es zu einem Verwaltungsstreitverfahren. Hierin erklärte das Oberverwaltungsgericht durch Urteil vom 28.11.1898 das Eingreifen für rechtens und hob außerdem nachstehende Merkmale hervor.

ten werden und deren Wiederholung von vornherein beabsichtigt ist. Die Teilnehmer müssen sodann wenigstens vorwiegend Kaufleute sein, die überwiegend als Großhändler einen Handel in nicht zur Stelle gebrachten vertretbaren Waren betreiben.[1]

Die technischen Entwicklungen der letzten Jahre haben zwar nicht den intendierten Börsenbegriff des Feenpalasturteils überholt, wohl aber die Merkmale, an denen seine Konkretisierung festgemacht wurde.[2]

Das Wesen der Börse besteht in einer Optimierung der Handelseffizienz durch **Verkehrskonzentration unter Ausschluß von Bonitätsrisiken der Handelspartner und Qualitätsrisiken der gehandelten Waren**. Die Ausschließung von Bonitäts- und Qualitätsrisiken ist immer noch an besondere *Qualifikationserfordernisse der Marktteilnehmer* und der zum *Handel zugelassenen Kapitalgüter* geknüpft. Der Überblick über Preis-Mengenrelationen des am Markt vorhandenen Angebots und der Nachfrage verlangt im Zeitalter der Computer keine lokale Konzentration auf einen bestimmten Ort, den konkreten Börsensaal. Über den Bildschirm kann man sich bei entsprechender Informationsverdichtung jederzeit über die aktuelle Marktlage informieren. Die adäquaten Marktformen können das **Market Maker-Prinzip** oder das **Auktionsprinzip sein**. Die Market Maker-Handelsform entspricht in etwa einem **An- und Verkauf in Wertpapieren**. So wie der Antiquar oder grundsätzlich jeder Händler von der Spanne zwischen Ankauf- und Verkaufspreisen lebt, lebt der Market Maker von der Differenz zwischen Geld- und Briefkursen. Auf gut Börsen-Neudeutsch bezeichnet man diese Differenz mit dem englischen Ausdruck *spread*. Das Auktionsprinzip stellt auf die Zusammenführung von Angebot und Nachfrage durch Ausruf der jeweiligen Gebote und die Annahme durch die Marktteilnehmer ab.

Die informationsträchtige Atmosphäre einer Präsenzbörse in der Form eines solchen Auktionsmarktes, auf dem die einzelnen Gebote und deren Annahme dem gesamten Markt bekannt gemacht werden, ist durch den Market Maker Markt kaum zu substituieren.

Den **konkreten Ablauf** an der Börse regeln detailliert die **jeweiligen Börsenordnungen**, die von dem Börsenvorstand erlassen und von der zuständigen Landesbehörde genehmigt werden. Das **Börsengesetz** liefert den **allgemeinen rechtlichen Rahmen**. Das Börsengesetz schreibt vor, daß die Leitung der Börse dem Börsenvorstand obliegt (§ 3 Abs. 1). Dieser hat eine Börsenordnung (§ 4 Abs. 1) und eine Gebührenordnung (§ 5) zu erlassen. Er erteilt außerdem die zum Besuch der Börse erforderliche Zulassung.

---

[1] Vgl. Hemptenmacher (1908), S. 2, Rehm (1909), S. 14, Anm. 55; zum Begriff der Börse siehe auch Beyer-Fehling/Bock (1975), S. 94 ff.
[2] Diese Weiterentwicklung prägt auch das gegenwärtige Bild der FWB. Neben der hier geschilderten offiziellen Börsenorganisation sind drei computergestützte Handelssysteme im Einsatz: Ibis (Interbank**In**formations**s**ystem), Matis (**Ma**klerteleinformationssystem), Midas (elektronisches Wertpapier-Informations- und Handelssystem).
Auch aufgrund der erforderlichen Rationalisierung gibt es zur Zeit eine intensive Diskussion über die Reform der Frankfurter Börsenorganisation.

Bei den Börsenbesuchern sind zu unterscheiden:

a) Personen mit dem Recht zur Teilnahme am Handel,
- die Anschaffung und Veräußerung auf eigene Rechnung betreiben (§ 7 Abs. 2 Ziff. 1)
- die Anschaffung und Veräußerung im eigenen Namen für fremde Rechnung betreiben (§ 7 Abs. 2 Ziff. 2)
- Makler sind und die Vermittlung von Verträgen über die Anschaffung und Veräußerung übernehmen (§ 7 Abs. 2 Ziff. 3).

b) Personen ohne das Recht zur Teilnahme am Handel. Deren Zulassung regelt die Börsenordnung (§ 7 Abs. 3). Der folgenden Tabelle können die auf die unterschiedlichen Börsenplätze entfallenden Besucher entnommen werden:

	Frankfurt	Düsseldorf	München	Hamburg	Stuttgart	Berlin	Hannover	Bremen
Zahl der zugelassenen Kreditinstitute	131	103	47	71	39	32	27	28
Zahl der Börsenbesucher insgesamt	2.974	1.075	542	945	282	263	199	216
Selbständige Börsenbesucher	433	206	115	170	83	62	71	61
davon: Bankenvertreter	340	153	87	140	71	46	67	58
Kursmakler	35	20	14	17	5	7	4	3
Freie Makler	58	33	14	13	7	9	-	-
Weitere Börsenbesucher	2.541	869	427	775	199	201	128	155
davon: Angestellte mit Handelsbefugnis	1.055	497	247	467	134	139	90	120
Angestellte ohne Handelsbefugnis	1.418	306	155	247	34	37	26	12
Besucher	68	66	25	61	31	25	12	23

Tab. 1: Kreditinstitute und Börsenbesucher nach Börsenplätzen, Stand Ende 1989
Quelle: Arbeitsgemeinschaft der Deutschen Wertpapierbörsen, Jahresbericht 1989, S. 154

Der **Börsenehrenausschuß** kann die Börsenbesucher mit Recht zur Teilnahme am Handel - ausgenommen die Kursmakler - vorübergehend von der Börse ausschließen (§ 9 Abs. 1). Haben sich in einem solchen Verfahren Tatsachen ergeben, die die Rücknahme der Zulassung rechtfertigen, so ist diese **an den Börsenvorstand** abzugeben (§ 7 Abs. 9). Die Vorschriften über das *Börsenehrengericht* (§§ 10-27) wie auch die strafrechtlichen Vorschriften des Börsengesetzes (§§ 79-87, 91, 92, 95) wurden aufgehoben.

1.2.2 Börsensegmente

1.2.2.1 Amtlicher Handel

Gegenstand des amtlichen Handels an deutschen Wertpapierbörsen sind **Effekten**, die von der **Zulassungsstelle** der jeweiligen Börse zum **amtlichen Handel** zugelassen sind. Der amtliche Handel ist durch das Börsengesetz bzw. die Börsenordnung geregelt und wird unter der Leitung von amtlich bestellten, vereidigten Kursmaklern abgewickelt, die hinter einer Maklerschranke postiert sind und von dort aus Geschäfte für die ihnen zugeteilten Wertpapiere vermitteln. Im wesentlichen umfaßt der amtliche Handel neben den Schuldverschreibungen deutscher und ausländischer Emittenten die Aktien der bekannten inländischen

Unternehmen wie auch eine Anzahl ausländischer Gesellschaften von internationalem Rang.

Die wesentliche Bedeutung des amtlichen Handels liegt in der offiziellen Feststellung der Kurse für die gehandelten Wertpapiere. Der Kunde hat, soweit er seinen Auftrag nicht mit besonderen Weisungen bezüglich des Kurses versehen hat, Anspruch auf **Ausführung zu diesem Kurs**. Damit kann der Anleger die ihm später zugehende Abrechnung überprüfen. Ein weiterer Vorteil des amtlichen Handels liegt in der Marktbreite, die sich aus der Konzentration einer Vielzahl von Aufträgen bei dem zuständigen Kursmakler ergibt, so daß die durch diesen Makler erfolgende Preisfeststellung eine gewisse Allgemeingültigkeit beanspruchen kann.

Im amtlichen Handel ist zwischen der Kursnotierung des Einheitsmarktes und der des variablen Marktes zu unterscheiden:

Einheitsmarkt und variabler Markt

An allen deutschen Börsen werden heute für sämtliche zum amtlichen Handel zugelassenen Wertpapiere Einheitskurse ermittelt.[1] Beim Handel von Effektenaufträgen auf dem Einheitsmarkt müssen die Börsenhändler die Vermittlungstätigkeit der Kursmakler in Anspruch nehmen, die dann alle Aufträge in Papieren, die in ihren Handelsbereich fallen, bis zu einem bestimmten Zeitpunkt sammeln und in ihre *Skontrobücher* eintragen. Nach Abschluß der Auftragsannahme, an der Frankfurter Wertpapierbörse um 12.00 bzw. 12.15 Uhr, ermitteln die Kursmakler auf der Grundlage der notierten Aufträge die Einheitskurse für die einzelnen Papiere. Zu diesem Kurs werden dann die Geschäfte so weit wie möglich einheitlich abgewickelt.

Zum variablen Handel werden vom Börsenvorstand nur solche Papiere zugelassen, bei denen die Größe des Aktienkapitals und regelmäßig rege Umsätze (Publikumsgesellschaften) das Bedürfnis für einen variablen Handel erkennen lassen.[2]

Durch den variablen Handel wird dem Bedürfnis nach schneller und dauernder Anpassung an die Schwankungen der Marktlage Rechnung getragen. Im variablen Handel können während der gesamten Börsensitzung (z.Zt. ca. 10.30 - 14.00 Uhr) fortlaufend Geschäfte von den Kursmaklern zu individuellen Preisen abgeschlossen werden. Sämtliche festgesetzten Notierungen werden von den Maklern unverzüglich an den Kursanzeigetafeln aufgezeigt.

Voraussetzung für eine fortlaufende Notierung sind Geschäftsabschlüsse bei Aktien in Höhe von mindestens 50 Stück oder einem Vielfachen davon und bei

---
1 Vgl. Wohlfarth/Bley (1976), S. 215, Schmidt, H. (1988), S. 11 f., Tilly (1975), S. 46.
2 Vgl. Schmidt, H. (1977), S. 104 ff., Schmidt, H. (1988), S. 26.

den wenigen zum variablen Handel zugelassenen Wandelschuldverschreibungen und Optionsanleihen 5000 Mark Nennwert oder einem Mehrfachen davon. Aus der Vielzahl der so zustande gekommenen Geschäftsabschlüsse und den verschiedenen Kursnotierungen wird das Marktgeschehen ersichtlich.

Auch für die variabel gehandelten Wertpapiere wird ein Einheitskurs ermittelt; zu diesem werden Aufträge abgewickelt, die nicht den Mindestumfang für den variablen Handel aufweisen, oder solche Teilbeträge von größeren Aufträgen, die nicht einem ganzzahligen Vielfachen des Mindestumfangs entsprechen. (Beispiel: Ein Auftrag über 80 Aktien, die variabel notiert werden, wird zu 50 Stück zum variablen Kurs und 30 Stück zum Einheitskurs abgeschlossen). Weiterhin kann der Anleger aber auch die Abwicklung des gesamten Auftrages zum Einheitskurs verlangen. Der Anfangskurs wird auch im variablen Verkehr nach dem Meistausführungsprinzip (analog zum Einheitskurs) ermittelt. Der Anfangskurs ist der Kurs, der sich aufgrund der bei Beginn der Börse vorliegenden Aufträge ergibt. Liegen keine Aufträge vor, erfolgt eine Strichnotiz.

Der Auftraggeber von Wertpapieraufträgen, die zum variablen Kurs abgewickelt werden können, hat Anspruch darauf, daß sein Auftrag zum frühestmöglichen Kurs abgewickelt wird.

An den Börsen in Hamburg, Bremen und Hannover sind alle amtlich notierten Werte zum variablen Handel zugelassen. Dort können alle Aufträge zum fortlaufenden Kurs abgewickelt werden, wenn sie die Mindestbeträge oder ein ganzzahliges Vielfaches davon umfassen. Auch an den anderen Börsen hängt die Zulassung zum variablen Markt vom jeweiligen Bedarf ab.

1.2.2.2 Weitere Börsensegmente

Neben dem amtlichen Handel sind in den letzten Jahren durch Novellierung des Börsengesetzes mehrere Börsensegmente neu geschaffen worden:

Terminhandel

Die wesentliche Änderung der letzten Novelle vom 01.08.1989 betrifft die Wirksamkeit von Börsentermingeschäften (§ 52). Es werden zwei Fälle unterschieden:

1. Börsentermingeschäfte sind verbindlich, wenn auf beiden Seiten Kaufleute als Vertragschließende beteiligt sind.
2. Ist nur einer der beiden Vertragsteile Kaufmann (im Sinne § 32 Abs.1 BörsG), so ist das Geschäft verbindlich, wenn der Kaufmann einer gesetzlichen Banken- oder Börsenaufsicht untersteht und den anderen Teil vor Geschäftsabschluß schriftlich darüber informiert, daß

- *die aus Börsentermingeschäften erworbenen befristeten Rechte verfallen oder eine Ertragsminderung erleiden können;*
- *das Verlustrisiko nicht bestimmbar sein kann und auch über etwaige geleistete Sicherheiten hinausgehen kann;*
- *Geschäfte, mit denen die Risiken aus eingegangenen Börsentermingeschäften ausgeschlossen oder eingeschränkt werden sollen, möglicherweise nicht oder nur zu einem verlustbringenden Marktpreis getätigt werden können;*
- *sich das Verlustrisiko erhöht, wenn zur Erfüllung von Verpflichtungen aus Börsentermingeschäften Kredit in Anspruch genommen wird oder die Verpflichtung aus Börsentermingeschäften oder die hieraus zu beanspruchende Gegenleistung auf ausländische Währung oder eine Rechnungseinheit lautet.*

Geregelter Markt

Das Segment des geregelten Marktes wurde mit der Novellierung im Mai 1987 eingeführt. Es besteht ebenfalls in einem Kassahandel, der im Prinzip ähnlich wie der Handel am amtlichen Kassamarkt abgewickelt wird. Es gelten hier auch die Bedingungen für Geschäfte an deutschen Wertpapierbörsen. Mit der Kursermittlung sind allerdings an den meisten Börsen die Freimakler beauftragt.

Mit der Schaffung des geregelten Marktes sollte kleineren und mittleren Aktiengesellschaften der Zugang zum geregelten Kapitalmarkt eröffnet werden. Dabei sollte eine entsprechende Bonität der Emittenten sichergestellt werden, ohne sie mit den hohen Kosten des amtlichen Handels zu belasten. Dieses neue Segment stellt einen **Kompromiß zwischen Anlegerschutz und Kapitalmarktöffnung dar**. Mit diesem Segment wird außerdem die in anderen europäischen Ländern bereits vollzogene Etablierung eines Zweitmarktes nachgeholt.

Freiverkehrsmarkt

Im Zuge der Schaffung des geregelten Marktes wurde der frühere Freiverkehr nach einer Übergangsfrist mit dem ungeregelten Freiverkehr verschmolzen. Er ist kein amtlicher, aber auf öffentlich-rechtlicher Grundlage basierender Börsenhandel, der während der Börsenzeit im Börsensaal zwischen Händlern und freien Maklern stattfindet. Seine gesetzliche Grundlage bildet § 78 BörsG. Danach ist ein Handel und eine Preisfeststellung zuzulassen, wenn ein ordnungsgemäßer Handel gewährleistet erscheint. Die Preisfeststellung unterliegt jedoch nicht unmittelbar den Regeln des amtlichen Handels.

Die im Freiverkehr gehandelten Werte kann man nach folgenden Kategorien ordnen:[1]
- Wertpapiere von nur regionaler Bedeutung;
- Wertpapiere, die an anderen Börsen zum amtlichen Handel (oder geregelten Markt) zugelassen sind;
- Wertpapiere, die den Voraussetzungen des amtlichen Handels oder des geregelten Marktes (noch) nicht entsprechen;
- Wertpapiere neu gegründeter Unternehmen, deren Entwicklung abgewartet werden soll.

2. Der Börsenhandel

2.1 Objekte des Börsenhandels

2.1.1 Wertpapiere und Effekten als juristische Kategorien

2.1.1.1 Definition

Ehe wir uns mit der Organisation der Börse im einzelnen beschäftigen, wollen wir die Güter etwas näher beschreiben, die an der Börse gekauft und verkauft werden: Alle an der Börse gehandelten Papiere sind Wertpapiere, jedoch werden an der Börse nicht jegliche Arten von Wertpapieren gehandelt, sondern nur Effekten.[2] Sie können nach ökonomischen und rechtlichen Aspekten systematisiert werden. Die Analyse der ökonomischen Aspekte bildet den zentralen Gegenstand des gesamten Buches. Hier seien kurz die rechtlichen Gesichtspunkte besprochen.

In der allgemeinen rechtlichen Definition werden Wertpapiere wie folgt charakterisiert:

"Wertpapiere sind Urkunden, die ein Privatrecht in der Weise verbriefen, daß es ohne die Innehabung der Urkunde nicht geltend gemacht werden kann."[3]

Nach dieser Definition sind im allgemeinen schriftlich fixierte Verträge keine Wertpapiere (z.B. Kaufvertrag über einen PKW), denn die Ansprüche können unabhängig vom Besitz der Vertragsurkunde geltend gemacht werden. Sie sind zwar für die Beweisführung nützlich, haben aber keinen Einfluß auf den Bestand des Anspruchs als solchen.

---

[1] Vgl. Grill/Perczynski (1989), S. 401.
[2] Zur Definition vgl. S. 43 f.
[3] Hueck/Canaris (1986), S. 1, Brox (1978), S. 235, Rdnr. 475.

Es lassen sich folgende Merkmale des Wertpapierbegriffs festhalten:[1]

1. Wertpapiere entstehen dadurch, daß bestimmte **Privatrechte** in einer selbständigen Urkunde verbrieft bzw. verkörpert werden; z.b. entsteht bei der Gutschrift eines Geldbetrages auf dem Bankkonto noch kein Wertpapier.
2. Es muß in der Urkunde ein **subjektives Recht** verbrieft sein, das einen Anspruch aus dem Gebiet des Privatrechts verkörpert. Die heute benutzten Banknoten sind keine Wertpapiere, weil die Bundesbank nicht verpflichtet ist, die ausgegebenen Geldscheine in Gold umzutauschen.
3. Entscheidendes Kriterium aber ist die untrennbare Verknüpfung von **Urkunde** und dem **darin verbrieften Recht**. Der Gläubiger des sich aus der Urkunde ergebenden Anspruchs muß, um seine Forderung geltend machen zu können, die Urkunde vorlegen. Er muß im Besitz des Papiers sein. *Ohne Urkunde keine Befriedigung.*[2]

2.1.1.2 Arten der Wertpapiere

Einteilungskriterium für die Wertpapiere ist häufig die Art, wie man die in einem Wertpapier verbrieften Rechte überträgt bzw. erwirbt. Hierbei lassen sich Inhaberpapiere, Rektapapiere, Orderpapiere und Effekten unterscheiden. Diese vier Arten sollen im folgenden kurz charakterisiert werden:

1. Inhaberpapiere

Bei **Inhaberpapieren** gilt das Schlagwort *"das Recht aus dem Papier folgt dem Recht am Papier"*. Man übereignet das Papier nach den Grundsätzen des Sachenrechts, also durch Einigung und Übergabe (§ 929 S.1 BGB). Mit dem Eigentum an der Urkunde geht auch die Inhaberschaft an der Forderung auf den Erwerber über. Wer Eigentümer des Wertpapiers ist, der ist auch berechtigt, das darin verbriefte Recht geltend zu machen. Zu den **Inhaberpapieren** gehören die Inhaberaktien (§ 10 Abs. 1 AktG), die Inhaberschuldverschreibungen (§§ 793 ff. BGB), die Inhaberschecks (Art. 5, Abs. 2 u. 3 SchG), ferner Anteilsscheine bei Kapitalanlagegesellschaften, sofern sie auf den Inhaber lauten (§ 18 Abs. 1 KAGG).[3]

2. Rektapapiere

Für **Rekta-** oder **Namenspapiere** gilt das Schlagwort *"das Recht am Papier folgt dem Recht aus dem Papier"*. Der Verpflichtete soll recta, d.h. unmittelbar, an den im Papier Benannten leisten. Die sachenrechtliche Bindung ist hier gerin-

---
1 Diederichsen (1974), S. 80, Hueck/Canaris (1986), S. 1, Brox (1978), Rdnr. 476.
2 Diederichsen (1974), S. 80, Hueck/Canaris (1986), S. 2, Brox (1978), Rdnr. 477 f.
3 Diederichsen (1974), S. 81, Hueck/Canaris (1986), S. 23 f., Brox (1978), Rdnr. 488.

ger als bei den Inhaberpapieren: Das verbriefte Recht wird im Wege der Forderungsabtretung übertragen und das Eigentum an der Urkunde folgt nur wie Zubehör einem Gegenstand der Forderungsinhaberschaft nach. Beim Sparkassenbuch, das ein Rektapapier ist, wird nicht das Sparkassenbuch übereignet, sondern der Gläubiger überträgt die Forderung gegen die Sparkasse auf den Erwerber und das Eigentum am Sparkassenbuch folgt nach.[1]

3. Orderpapiere

In den **Orderpapieren** schließlich ist ebenfalls der Berechtigte benannt, aber zugleich verpflichtet sich der Aussteller des Papiers, *statt an diesen auch nach dessen Order an einen Dritten zu leisten*, den der eigentliche Gläubiger durch seine Order, d.h. Befehl, bestimmen kann. Dies geschieht durch das sog. Indossament (vom italienischen in dossa = auf dem Rücken, d.h. auf der Rückseite der Urkunde), also beispielsweise durch den Vermerk "für mich an die Order des Herrn X" oder einfach: "an Herrn X". Im Zusammenhang mit der Übereignung des Papiers wird so Herr X Inhaber des Orderpapiers.

Einige Orderpapiere sind von Natur aus, d.h. ohne daß sie als solche bezeichnet werden, Orderpapiere. Dazu gehört neben der Namensaktie (§ 10 Abs. 1 AktG) vor allem der Wechsel. Er ist das wichtigste *geborene* Orderpapier (Art. 11 Abs. 1 WG).

Demgegenüber werden die *gekorenen* Orderpapiere zu solchen erst durch eine positive Orderklausel, d.h. der Aussteller der Urkunde muß seinem Leistungsversprechen zugunsten etwa des Herrn X hinzufügen: "oder dessen Order". Gekorene Orderpapiere sind die handelsrechtlichen Papiere des § 363 HGB: (z.B.) die kaufmännische Anweisung, das Konnossement, der Lade- und Lagerschein oder die Transportversicherungspolice.[2]

4. Effekten

Unter **Effekten** sind solche Wertpapiere zu verstehen, bei denen es sich um vertretbare Sachen handelt (§ 91 BGB), d.h., wenn das betreffende Wertpapier im Verkehr nach der Zahl, nach Stücken oder nach Nennbeträgen bestimmt zu werden pflegt. Damit ist in besonderem Ausmaß die Fungibilität, die Handelbarkeit, der Papiere gegeben. Sie ist auch erforderlich, damit der Handel in Effekten mit der Geschwindigkeit abgewickelt werden kann, die an den Börsen üblich ist. Die Wertpapiere sind in ihren Eigenschaften derartig standardisiert und typisiert, daß eine Prüfung der wesentlichen juristischen und wirtschaftlichen Merkmale der angegebenen Güter (= Effekten) nicht erforderlich ist. Für die Beschreibung der Effekten gibt es jedoch keine eindeutige gesetzliche Regelung. Häufig wird

---

[1] Diederichsen (1974), S. 81, Hueck/Canaris (1986), S. 21 f, Brox (1978), Rdnr. 494 ff.
[2] Diederichsen (1974), S. 81, Hueck/Canaris (1986), S. 2 ff., Brox (1978), Rdnr. 712 f.

auf § 1 Abs. 1 DepotG verwiesen,[1] das insbesondere Aktien, Kuxe, auf den Inhaber lautende oder durch Indossament vertretbare Schuldverschreibungen explizit aufzählt und generell auf vertretbare Wertpapiere abstellt.[2] Andere Autoren verstehen unter Effekten generell *Kapitalmarktpapiere*.[3]

2.1.1.3 Vom Wertpapier zum Wertrecht

Bei den Effekten hat sich die tägliche Praxis von der juristischen Vorstellung des Wertpapiers, daß zur Ausübung des Rechts die Urkunde vorgelegt werden muß, weitgehend emanzipiert.[4] Der Ausgangspunkt hierfür ist, daß bei den Inhaberpapieren einerseits die für das anonyme Massengeschäft erforderliche Fungibilität sichergestellt sein muß. Andererseits müssen aber bei der Aufbewahrung außerordentliche Sicherheitsvorkehrungen beachtet werden, weil bei Inhaberpapieren ein gutgläubiger Erwerb gem. § 935 Abs. 2 BGB selbst dann möglich ist, wenn diese dem Eigentümer gestohlen wurden, verloren gingen oder sonst abhanden gekommen waren.

Die körperliche Erfüllung des Effektengeschäfts durch Übergabe der Urkunde war nicht nur gefahrenträchtig, sondern auch umständlich.[5] Aus diesen beiden Gesichtspunkten entwickelte sich der stücklose Effektengiroverkehr: Die Wertpapiere werden bei der auf die Verwahrung von Wertpapieren spezialisierten Wertpapiersammelbank, dem sog. Deutschen Kassenverein[6], aufbewahrt und verwaltet. Darüber hinaus wickelt der Kassenverein die Börsengeschäfte ab: An die Stelle der stückmäßigen Erfüllung der an der Börse abgeschlossenen Geschäfte tritt grundsätzlich eine buchmäßige Lieferung. Die Wertpapiere werden nur noch durch Umbuchungen, nicht jedoch faktisch bewegt. Analog der bargeldlosen Giroüberweisung hat sich der Effektengiroverkehr ausgebildet. Bei der Teilnahme z.B. an der Hauptversammlung läßt sich der Aktionär nicht mehr die Aktien aushändigen, damit er seine Mitgliedschaftsrechte ausüben kann. Es genügt die Bestätigung, daß die Aktien bei einem Kreditinstitut hinterlegt sind. Der Inhaber des Wertpapiers übt mithin die Rechte aus dem Papier aus, ohne die Urkunde jemals in Händen zu haben oder sie vorlegen zu müssen. Wenn also die Urkunde als solche nicht mehr erforderlich ist, so liegt es nahe, auf deren Ausstellung überhaupt zu verzichten, zumal die Kosten für Druck und auch Verwahrung nicht unerheblich sind. Damit ist der Schritt vom körperlichen Wertpapier zum körperlosen Wertrecht vollzogen.[7]

---

[1] Vallenthin (1974), S. 188 ff.
[2] Schönle (1971), S. 199 ff.
[3] Brox (1978), Rdnr. 482, Hueck/Canaris (1986), S. 185.
[4] Vgl. Hueck/Canaris (1977), S. 13 ff.
[5] Der Frankfurter Kassenverein berichtete noch für 1988 die beträchtliche Anzahl von 215.000 effektiven Ein- und Auslieferungen. Dabei wurden nicht weniger als 30,3 Mio. Stücke bewegt. Vgl. Kessler (1990), S. 128.
[6] Er ist Ende 1989 aus der Verschmelzung der einzelnen Kassenvereine entstanden. Vgl. Schmidt, P. (1990), S. 121.
[7] Vgl. Hueck/Canaris (1986), S. 16 ff., Peters (1975), S. 19 ff. sowie § 9a DepotG.

2.1.2 Effektenarten

2.1.2.1 Überblick

Als Objekte des (Effekten-) Börsenhandels kommen nur fungible Wertpapiere in Frage, wobei grundsätzlich zwischen *Aktienwerten und festverzinslichen Werten* unterschieden werden kann. Daneben werden heute eine Fülle sog. derivativer Instrumente wie z.B. Optionen und Futures (vgl. hierzu weiter unten) gehandelt.

Zu den festverzinslichen Papieren zählen: Anleihen des Bundes, der Länder, der Städte und Kommunalverbände; Pfandbriefe und Kommunalobligationen; Obligationen von Spezialkreditinstituten und Auslandsanleihen.

Die Dividendenpapiere erfassen Aktien, Kuxe und Bezugsrechte. Dabei werden die börsengängigen Aktien im amtlichen Kursblatt unterteilt in: Industrie-, Bank-, Verkehrs- und Versicherungsaktien. Hinzu kommen die amtlich zugelassenen ausländischen Aktien und Mischformen, wie Wandelschuldverschreibungen und Optionsanleihen. Neben diesen **Kassahandelsobjekten** sind nunmehr auch Optionen und Futures als **Terminhandelsobjekte** eingeführt.

Im Unterschied zu Aktien garantieren die festverzinslichen Wertpapiere einen gleichbleibenden Zinsertrag (daher auch die Bezeichnung Rentenpapier) während einer bestimmten Laufzeit (in jüngster Zeit zwischen 5 und 10 Jahren) und verbriefen ein *Gläubigerrecht*. Sie werden an der Börse gehandelt, so daß die Möglichkeit des jederzeitigen Verkaufs besteht. Im Falle des vorzeitigen Verkaufs vor Ende der Laufzeit, besteht ein Kursrisiko, deswegen kann nicht von einer vollkommen sicheren Anlage gesprochen werden. Darüber hinaus muß bei einer Anlage in Rentenpapieren auch das mögliche Inflationsrisiko beachtet werden, durch das die sicheren Erträge geschmälert werden können. Der Aktienkäufer erwirbt Gesellschaftsrechte, er wird **Mitgesellschafter** (Aktionär) des betreffenden Unternehmens, übernimmt ein unternehmerisches Risiko und hat keinen Anspruch auf eine feste Verzinsung.

Ende 1988 besaßen die privaten Haushalte festverzinsliche Wertpapiere im Wert von rund 389,8 Mrd. DM. Der Aktienbesitz privater Anleger erreichte ein Volumen von 69,8 Mrd. DM - zu Anschaffungspreisen bewertet - und etwa 157,1 Mrd. DM zu Tageskursen.[1]

---

[1] Deutsche Bundesbank, Monatsberichte (1989), Nr. 7, S. 48.

2.1.2.2 Festverzinsliche Wertpapiere[1]

a) Öffentliche Anleihen (Mai 1989: Umlauf 449,8 Mrd. DM)

Öffentliche Anleihen sind Schuldverschreibungen, die von der Bundesregierung, der Bundespost oder Bundesbahn, den Bundesländern, den Städten oder Gemeinden begeben werden.

Die öffentlichen Anleihen sind gesichert durch das gegenwärtige und zukünftige Vermögen und die Steuerkraft des Emittenten. Sie können entweder als Briefschulden (Wertpapiere) oder als Buchschulden (Wertrechte) ausgegeben werden. Die Wertrechte sind nicht in einer Urkunde verkörpert; die Eintragung des Berechtigten im Bundes- oder Landesschuldbuch begründet die Forderungen gegen den Schuldner.

Neben diesen öffentlichen Anleihen gibt es noch die sogenannten Kassenobligationen, öffentliche Schuldverschreibungen mit bis zu vierjähriger Laufzeit. Sie nehmen eine Zwischenstellung zwischen reinen Geldmarktpapieren und langfristigen Anleihen ein. Wegen ihrer mittelfristigen Laufzeiten werden sie nicht amtlich notiert, aber im Freiverkehr gehandelt.

b) Pfandbriefe und Kommunalobligationen (Mai 1989: Umlauf 507,4 Mrd. DM)

Pfandbriefe sind Schuldverschreibungen, die entweder von privaten Hypothekenbanken gemäß dem Hypothekenbankgesetz oder von öffentlich-rechtlichen Kreditinstituten ausgegeben werden. Der Erlös aus Pfandbriefemissionen dient der Refinanzierung von Hypothekendarlehen (Mai 1989: Umlauf 139,5 Mrd. DM). Die Ausgabe von Kommunaobligationen bedarf staatlicher Genehmigung und darf nur dann erfolgen, wenn der Gesamtbetrag der Emission nach dem Kongruenzprinzip durch Hypotheken von mindestens gleicher Höhe und gleichem Zinsertrag gedeckt ist (Mai 1989: Umlauf 368,0 Mrd. DM). Unter Kommunalobligationen sind Anleihen zu verstehen, die von privaten Hypothekenbanken und öffentlich-rechtlichen Realkreditinstituten zur Finanzierung ihrer Darlehen - die den Gemeinden und anderen Gebietskörperschaften gewährt werden - begeben werden. Als Kreditnehmer treten vornehmlich solche Gemeinden auf, die selbst keine Anleihen begeben können.

c) Industrieobligationen (Mai 1989: Umlauf 2,5 Mrd. DM)

Unter Industrieobligationen werden die Schuldverschreibungen von Industrieunternehmen verstanden. Der durch ihre Emission erzielte Erlös dient der Beschaffung langfristiger Fremdmittel zur Finanzierung von Investitionen. Im Vergleich zu den Pfandbriefen und den öffentlichen Anleihen haben die Industrieobligationen immer nur eine verhältnismäßig unbedeutende Rolle gespielt.

---

[1] Zahlenangaben entnommen aus den Statistischen Beiheften zu den Monatsberichten der Deutschen Bundesbank, Reihe 2: Wertpapierstatistik.

Eine gesetzliche Regelung hinsichtlich der Besicherung dieser Obligationen besteht grundsätzlich nicht, jedoch ist es für die Plazierung von Vorteil, daß die ausgegebenen Papiere deckungsstockfähig sind. Einerseits rechnet damit die große Gruppe der Versicherungen zu den potentiellen Anlegern und andererseits wird damit die entsprechende Bonität attestiert (vgl. § 54 a Versicherungsaufsichtsgesetz). In der Regel dienen zur Sicherung Grundschulden, die auf den gesamten Grundbesitz des Unternehmens eingetragen werden.

Eine weitere Sicherungsart verkörpert die sog. *Negativklausel*. Darin übernimmt der Emittent die Verpflichtung, im Falle einer Beleihung der Grundstücke während der Laufzeit der Obligation, den Besitzern der ohne Sicherung ausgegebenen Schuldverschreibungen noch nachträglich eine mindestens gleichrangige dingliche Sicherheit einzuräumen.

d) Sonstige Schuldverschreibungen (Mai 1989: Umlauf 206,7 Mrd. DM)

Unter diese Bezeichnung fallen die Bankobligationen von genossenschaftlichen Zentral- und Spezialkreditinstituten. Emittenten sind Kreditinstitute, die durch besondere Gesetze zur Durchführung bestimmter Finanzierungsaufgaben gegründet wurden (z.B. Kreditanstalt für Wiederaufbau, Lastenausgleichsbank, Industriekreditbank).

e) Auslandsanleihen

Auslandsanleihen werden auf dem deutschen Rentenmarkt in DM-Währung und in fremden Währungen ausgegeben. Hiervon sind vor allem die von ausländischen Emittenten auf dem deutschen Markt aufgelegten DM-Anleihen bedeutend, während die Fremdwährungsanleihen nur geringe Bedeutung haben.

Neben den allgemeinen Risiken festverzinslicher Wertpapiere können die Auslandsanleihen besondere politische Risiken und Währungsrisiken für inländische Anleger beinhalten.

	Absatz						Erwerb				
	Absatz bzw. Erwerb insgesamt	inländische Rentenwerte *				ausländische Rentenwerte ***	zusammen #	Inländer			Ausländer ^
		zusammen	Bankschuldverschreibungen	Industrieobligationen	Anleihen der öffentlichen Hand **			Kreditinstitute ##	Nichtbanken ###	Offenmarktoperationen der Bundesbank ##	
1977	54.328	49.777	28.937	-418	21.256	4.551	53.640	32.278	22.088	-726	687
1978	43.385	39.832	29.437	-1.024	11.420	3.553	43.260	21.446	18.289	3.525	124
1979	44.972	41.246	36.350	-1.116	6.011	3.726	40.936	3.740	39.301	-2.105	4.036
1980	52.556	45.218	41.546	-1.263	4.934	7.338	52.261	17.338	33.166	1.757	294
1981	73.076	66.872	70.451	-972	-2.608	6.204	74.528	17.565	57.076	-186	-1.453
1982	83.709	72.726	44.795	-634	28.563	10.983	81.437	43.093	36.672	1.672	2.272
1983	91.270	85.527	51.726	-594	34.393	5.743	80.469	35.208	42.873	2.388	10.801
1984	86.813	71.101	34.639	-201	36.664	15.712	72.995	26.432	50.020	3.457	13.818
1985	103.512	76.050	33.013	298	42.738	27.462	72.052	32.731	39.527	-206	31.460
1986	103.877	87.485	29.509	200	57.774	16.392	44.798	31.297	12.433	1.068	59.079
1987	113.025	88.190	28.448	-27	59.768	24.835	78.032	44.319	34.424	-711	34.993
1988	89.897	35.100	-11.029	-100	46.228	54.797	87.840	33.454	53.984	402	2.057
1989	119.021	78.409	52.418	344	25.649	40.612	96.659	14.884	82.459	-686	22.362

* Netto-Absatz zu Kurswerten plus/minus Veränderung der Eigenbestände der Emittenten
** einschl. Bundesbahn und Bundespost
*** Netto-Erwerb (+) bzw. Netto-Veräußerung (-) ausländischer Rentenwerte durch Inländer; Transaktionswerte
\# in- und ausländische Rentenwerte
\#\# Buchwerte; statistisch bereinigt
\#\#\# als Rest errechnet; enthält auch den Erwerb in- und ausländischer Wertpapiere durch inländische Investmentfonds
^ Netto-Erwerb (+) bzw. Netto-Veräußerung (-) inländischer Rentenwerte durch Ausländer; Transaktionswerte

Tab. 2: Absatz und Erwerb von festverzinslichen Wertpapieren (in Mio. DM)
Quelle: Arbeitsgemeinschaft der Deutschen Wertpapierbörsen; Jahresbericht 1989; S. 150

2.1.2.3 Dividendenpapiere

a) Aktien

Aktien verbriefen als Urkunden die Mitgliedschaftsrechte eines Aktionärs, wobei man Inhaber- und Namensaktien, Stamm- und Vorzugsaktien unterscheidet. Den Großteil der an deutschen Börsen gehandelten Aktien stellen die Inhaberaktien. Sie bieten den Vorteil großer Fungibilität und erfüllen damit im wesentlichen die Voraussetzung für den Effektenhandel. Namensaktien sind in Deutschland verhältnismäßig selten und als Börsenpapiere, außer bei Versicherungsaktien, kaum gebräuchlich. Bei ihnen kann die Fungibilität durch Ausstattung mit einem Blankoindossament verbessert werden.

Stammaktien verbriefen die üblichen Mitgliedschaftsrechte eines Aktionärs; Vorzugsaktien sind dagegen mit Sonderrechten ausgestattet, die z.B. bestehen können in: Dividendenvorzug, garantierter Mindestdividende, Mehrstimmrechten, Mehranteil am Liquidationserlös. Das deutsche Aktienrecht kennt nur die Nennwertaktie, die auf einen festen Betrag als Nennwert lautet. Im Geschäftsverkehr mit Aktien, insbesondere im Börsenhandel, ist der Nennbetrag als Mengenangabe kaum noch üblich; an seine Stelle ist die Mengenangabe in Stücken getreten.

Die Anzahl der an den deutschen Börsen notierten Aktien nimmt wieder zu. Während im Jahre 1961 noch die Papiere von 644 Aktiengesellschaften amtlich notiert wurden, waren es 1978 nur noch 459[1], 1983 sogar nur noch 442. Dieser Rückgang resultierte unter anderem auch aus dem Konzentrationsprozeß in der deutschen Wirtschaft, denn das Volumen des gesamten an den Börsen zugelassenen Aktienkapitals (Nominalkapitals) stieg von 16.387 Mrd. DM im Jahre 1960 auf 37.334 Mrd. DM im November 1978 und lag Ende November 1989 bei 63.847. Gegenwärtig werden wieder 24% aller 2.492 deutschen Aktiengesellschaften an den Börsen notiert. Zwischenzeitlich stieg die Anzahl der gehandelten Aktien wieder beträchtlich an, wie die nachfolgende Statistik belegt.

---

[1] Statistische Beihefte zu den Monatsberichten der Deutschen Bundesbank, Reihe 1: Bankenstatistik nach Bankengruppen.

Stand am Jahresende	Zahl der Aktiengesellschaften	Grundkapital insgesamt Mio. DM	darunter börsennotiert Nominalwert	Kurswert	nachrichtlich: Zahl der Aktiengesellschaften insgesamt **
1977	465	42.019	36.280	136.478	2.149
1978	459	43.075	37.334	151.892	2.141
1979	458	44.500	38.592	137.481	2.139
1980	459	45.592	39.417	140.491	2.141
1981	456	47.239	40.798	141.113	2.148
1982	450	48.827	42.196	163.867	2.140
1983	442	49.840	42.993	225.720	2.118
1984	449	51.549	44.330	246.703	2.128
1985	451	54.133	47.130	438.810	2.141
1986	467	58.233	50.758	480.179	2.190
1987	574	65.704	58.419	345.470	2.262
1988	609	67.177	59.316	446.619	2.373 ^
1989	628	71.987	63.847	619.995	2.492

* einschließlich Kommanditgesellschaften auf Aktien
^ Stand 30.11.1989

Tab. 3: Kapital der börsennotierten inländischen Aktiengesellschaften[1]
Quelle: Arbeitsgemeinschaft der Deutschen Wertpapierbörsen, Jahresbericht 1989, S. 158

Die Verteilung des Aktienkapitals auf unterschiedliche Anlegergrupppen zeigen folgende Zahlen: 20% besitzen die privaten Anleger, 10% befinden sich in den Händen ausländischer Anleger, 45% halten die Unternehmen (worin auch die Konzentration und Verschachtelung der deutschen Wirtschaft deutlich wird), 10% die Versicherungen und Bausparkassen. Weitere 5% liegen bei der öffentlichen Hand und die restlichen 10% bei den Kreditinstituten.

Trotz dieses relativ geringen Anteils von Aktien in den Händen des privaten Publikums, verteilen sich die Aktien aber dennoch auf rund 3 Mio. Kleinaktionäre, 1 Mio. Eigentümer von Belegschaftsaktien und 1,1 Mio. Investmentsparer, wodurch die Bundesrepublik nach den USA und Japan in den siebziger Jahren die drittgrößte Aktionärsnation der Welt wurde.[2]

b) Bezugsrechte

Bezugsrechte sind Ansprüche der Aktionäre auf einen dem jeweiligen Aktienbesitz entsprechenden Anteil an neuen Aktien bei Kapitalerhöhungen von Aktiengesellschaften.

Eine gesonderte Aufführung der Bezugsrechte als Anlagemöglichkeit ergibt sich aus dem Tatbestand, daß Bezugsrechte selbständig veräußert werden können

---

[1] Bis 1986 nur Gesellschaften mit Stammaktien im amtlichen Handel, geregelten Markt oder geregelten Freiverkehr.
[2] Vgl. Fritsch (1978), S. 22.

und an der Börse handelbar sind. Im allgemeinen folgt dem Beschluß einer Kapitalerhöhung gegen Bareinzahlung und der aktienrechtlich vorgeschriebenen Eintragung in das Handelsregister eine vom Gesetzgeber auf mindestens 2 Wochen bemessene Bezugsfrist.

Im Vorgriff auf die nachfolgenden Kapitel soll schon hier auf den Ablauf des Börsenhandels in Bezugsrechten eingegangen werden: Die für den Handel in Bezugsrechten vorgesehene Frist (Bezugsrechtsnotierungstage) umfaßt den Bezugsrechtszeitraum abzüglich 2 Börsentage. Für die Bezugsrechte wird börsentäglich nur der Einheitskurs ermittelt. Am ersten Tag des Bezugsrechthandels werden die alten Aktien erstmals ex Bezugsrecht notiert, wobei sich der Bezugsrechtsabschlag vom Börsenkurs am rechnerischen Wert des Bezugsrechts orientiert.

2.1.2.4 Mischformen

a) Wandelschuldverschreibungen

Wandelschuldverschreibungen sind Schuldverschreibungen, bei denen dem Gläubiger - innerhalb einer bestimmten Frist - ein **Umtauschrecht in Aktien** eingeräumt wird (§ 221 AktG).

Die Wandelschuldverschreibungen nehmen eine Mittelstellung zwischen Renten und Aktien ein. Sie gewähren ebenso wie die Renten einen Anspruch auf feste Verzinsung und Rückzahlung des Kapitalbetrages, wenn und solange das Umtauschrecht nicht ausgeübt wird. Nach der Ausübung des Umtauschrechts besteht dagegen nur noch das Beteiligungsrecht.

Die im Vergleich zu gewöhnlichen Obligationen geringe Rendite wird durch den Vorteil der Wandlungsmöglichkeit ausgeglichen. Andererseits ist der künftige Erwerb von Aktien über den Umweg der Wandelobligation in der Regel teurer als der heutige direkte Aktienerwerb, wobei allerdings eventuelle Kursverluste nicht getragen werden müssen.

b) Schuldverschreibungen mit Optionsrecht

Bei der Optionsschuldverschreibung ist das Recht, Aktien zu beziehen, in einer selbständigen Urkunde, dem **Optionsschein**, verbrieft. Nach Ausübung des Optionsrechts bleibt die Optionsanleihe als gewöhnliche Schuldverschreibung bestehen; der Inhaber bleibt Gläubiger und wird darüber hinaus auch Eigentümer. Der Optionsschein kann als selbständiges Wertpapier behandelt und damit an der Börse gehandelt werden.

Demzufolge sind in Bezug auf die Kursbewertung und Börsennotierung zu unterscheiden:

- *volle Stücke*, d.h. Anleihen mit noch anhängendem Optionsschein (cum Warrant)
- *leere Stücke*, d.h. Anleihen ohne Optionsschein (ex Warrant)
- Optionsscheine selbst.

Die nachstehende Statistik gibt einen Überblick über die insgesamt gehandelten Wertpapiere.

	Amtlicher Handel	Geregelter Markt	Freiverkehr	Gesamtzahl
Aktien insgesamt	762	144	444	1.350
davon: inländische	495	140	114	749
ausländische	267	4	330	601
Festverzinsliche Wertpapiere insgesamt	12.530	2.592	94	15.219
davon: inländische	11.552	2.559	59	14.170
ausländische	978	33	35	1.049
Optionsscheine insgesamt	174	39	105	318
davon: inländische *	93	39	97	229
ausländische	81	-	8	89
Gesamtzahl	13.466	2.775	643	16.887

* einschließlich Genußscheine

Tab. 4: Anzahl der an deutschen Börsen gehandelten Wertpapiere
Quelle: Arbeitsgemeinschaft der Deutschen Wertpapierbörsen, Jahresbericht 1989, S. 152

2.2 Zulassung von Wertpapieren zum Börsenhandel

Im III. Abschnitt des Börsengesetzes (§§ 36-49) ist die Zulassung von Wertpapieren einschließlich der Prospekthaftung geregelt.

Die Zulassung von Wertpapieren zum Börsenhandel erfolgt an jeder Börse durch Zulassungsstellen. Mindestens die Hälfte der Mitglieder dieser Zulassungsstellen muß dabei aus Personen bestehen, die sich nicht berufsmäßig am Börsenhandel mit Wertpapieren beteiligen (§ 37 Abs. 2).

Die Zulassungsstelle hat die Aufgabe und die Pflicht, dafür zu sorgen, daß das Publikum über alle zur Beurteilung der zu emittierenden Wertpapiere notwendigen **tatsächlichen und rechtlichen Verhältnisse** soweit wie möglich informiert wird, und bei der Unvollständigkeit der Angaben die Emission nicht zuzulassen (§ 36 Abs. 3 Ziff. 2).

Vor der Einführung an der Börse ist ein Prospekt zu veröffentlichen, der für die Beurteilung der einzuführenden Wertpapiere **wesentliche Angaben** enthält (§ 38 Abs. 1). Der Inhalt des Börsenprospektes ist in der "Verordnung über die

Zulassung von Wertpapieren zur amtlichen Notierung an einer Wertpapierbörse" im Detail geregelt.

Gemäß § 8 muß z.b. der Börsenprospekt der Aktiengesellschaft unter anderem enthalten:

- Gegenstand des Unternehmens
- Höhe des Grundkapitals
- Namen der Mitglieder des Aufsichtsrates und des Vorstandes
- Bestimmungen über die in den letzten 5 Jahren verteilten Gewinnanteile
- Bilanz des letzten Geschäftsjahres nebst Gewinn- und Verlustrechnung

Sind in einem Prospekt, aufgrund dessen Wertpapiere zum Börsenhandel zugelassen sind, Angaben, welche für die Beurteilung des Wertes erheblich sind, unrichtig, so haften diejenigen, welche den Prospekt erlassen haben, sowie diejenigen, von denen der Erlaß des Prospektes ausgeht, als Gesamtschuldner jedem Besitzer eines solchen Wertpapieres für den Schaden, welcher demselben aus der von den gemachten Angaben abweichenden Sachlage erwächst (§ 5 Abs. 1). (Ähnliche Vorschriften enthalten §§ 19, 20 des Gesetzes über Kapitalanlagegesellschaften, § 12 des Gesetzes über den Vertrieb ausländischer Investmentanteile). Eine Vereinbarung, durch welche diese Haftung ermäßigt oder erlassen wird, ist unwirksam (§ 48 Abs. 1).

3. Termingeschäfte

3.1 Der Optionshandel an der DTB

3.1.1 Marktstruktur

Im Januar 1990 hat die Deutsche Terminbörse (DTB) ihre Arbeit mit dem Handel in Optionen auf 14 ausgewählte Aktien aufgenommen. Die DTB unterscheidet sich in wesentlichen Punkten vom traditionellen bundesdeutschen Optionshandel. In den folgenden Kapiteln sollen diese Differenzierungsmerkmale herausgestellt werden.

3.1.1.1 Börsenorganisation

Das stürmische Wachstum der internationalen Terminmärkte in den USA, in Asien und im europäischen Ausland hat auch in der Bundesrepublik Deutschland einen Entscheidungsprozeß in Gang gebracht, der zur **DTB** - Deutsche Terminbörse - führte. Ähnlich der Struktur der Schweizer Terminbörse SOFFEX wurde ein nicht ortsgebundener Handel über einen Zentralrechner als geeignet angesehen, im internationalen Wettbewerb der Börsenplätze eine aussichtsreiche Position zu erlangen. Die Organisation der Börse als vollelektronisches System wurde durch die entsprechenden Gesetzesänderungen im August 1989 ermöglicht.

Träger der DTB ist die DTB GmbH mit Sitz in Frankfurt/Main. Ihr obliegt die Bereitstellung der personellen und sachlichen Ressourcen und die Funktion als Clearingstelle. Die Gesellschafter der DTB GmbH sind deutsche Kreditinstitute. Die Aufsicht über die DTB wird, vergleichbar mit der über die Präsenzbörsen, durch einen Börsenvorstand, den Börsenaufsichtsausschuß, den Eilausschuß, den Ehrenausschuß und das Börsenschiedsgericht ausgeübt. Als Börsenaufsichtsbehörde fungiert das Wirtschaftsministerium des Bundeslandes Hessen, in dessen Zuständigkeitsbereich die DTB ihren Sitz hat.

3.1.1.2 Börsenteilnehmer und Market Maker

Börsenteilnehmer benötigen eine vom Börsenvorstand der DTB erteilte Zulassung. Sie können dann für eigene oder fremde Rechnung Geschäfte an der DTB ausführen. Die DTB ist im Gegensatz zu den deutschen Kassabörsen nicht als Auktionsmarkt organisiert. Die Transparenz und ordungsgemäße Funktion des Handels wird hier durch die Market Maker sichergestellt. Market Maker sind eine spezielle Gruppe von Börsenteilnehmern, die verpflichtet sind, auf Anfrage für die einschlägigen Papiere An- und Verkaufspreise (Quotes) zu stellen und Geschäfte zu diesen Kursen abzuwickeln.

Anstelle einer Provision verdient der Market Maker die Differenz von Geld- und Briefkursen. Die Zulassung als Börsenteilnehmer ist an strenge Voraussetzungen gebunden, die in der Regel nur von mittleren und großen Kreditinstituten erfüllt werden können. Insbesondere muß eine ordnungsgemäße Geschäftsabwicklung garantiert werden, was wiederum die notwendigen Backoffice Ressourcen, ein Wertpapierdepot beim Deutschen Kassenverein und ein Verrechnungskonto bei der Frankfurter Landeszentralbank voraussetzt. Clearingmitglieder (s.u.) erfüllen diese Voraussetzungen.

3.1.1.3 Handelszeiten

Der Handel an der DTB, werktäglich von 10 bis 16 Uhr, ist in **vier Phasen** unterteilt:

- In der **vorbörslichen** Phase am Vormittag können über das Handelssystem Daten abgefragt und Kauf- bzw. Verkaufskonditionen eingegeben werden.
- In der **Eröffnungsphase** wird für alle Basispapiere ein Eröffnungskurs aus den vorliegenden Angeboten und Nachfragen ermittelt. Zunächst wird für einen kurzen Zeitraum laufend ein vorläufiger Eröffnungspreis festgestellt,

der durch eingehende Orders beeinflußt werden kann. Anschließend wird nach dem Meistausführungsprinzip (Netting) ähnlich der Ermittlung der Kassakurse im Aktien-Kassahandel der offizielle Eröffnungskurs ermittelt. Während der Berechnungsphase ist das Handelssystem für die Dateneingabe gesperrt.

- Nach der Eröffungsphase beginnt dann der **eigentliche Handel**, wo permanent von den Börsenteilnehmern Angebote und Nachfragen eintreffen und über den Handelsbildschirm verbreitet werden.
- **Nach 16 Uhr** steht das Handelssystem den Börsenteilnehmern weiterhin für die Dateneingabe zur Verfügung, ein Handel ist jedoch nicht mehr möglich.

3.1.1.4 Informationsverteilung

Wie bereits erwähnt, erfolgt die Informationsverteilung vollelektronisch über den sogenannten Handelsbildschirm, also das DTB-Anschlußgerät (User Device) beim einzelnen Börsenteilnehmer. Das User Device wird über eine Datenleitung der Deutschen Bundespost mit dem Zentralrechner der DTB verbunden.

	1	2	3	4	5	6	7
1	BMW	FR	518.0 BMW	P 480	10.0 BMW	E 480	40.0 BMW E 550 12.0
2	BMW	D 480	33.0 BMW	P 500	15.0 BMW	Q 550	75.0 BMW R 480 12.0
3	DRB	FR	315.0 DRB	D 300	20.0 DRB	E 300	22.0 DRB F 300 23.0
4	DRB	P 320	12.0 DRB	Q 320	13.0 DRB	R 320	15.0 DRB U 320 18.0
5	Sie	FR	546.0 Sie	I 500	56.0 Sie	I 550	20.0 Sie I 600 12.0
6	BMW	FR	BMW			LAST 518 3	26/03/90 12:15:57
7	INTEREST		56 PRESENT 23	0 518		CLOSE	515
8	BID - - - - CALL SUMMARY - - - -					- - - - PUT SUMMARY - - - -	
9		ASK	SIZE LAST	SERIES	LAST	BID	ASK SIZE
0	32.0	35.0	5x 15 33.0	APR 480	10.0	8.0	10.0 5x 10
1	12.0	16.0	10x 20 15.0	APR 500	35.0	35.0	37.0 10x 20
2	8.0	10.0	15x 10 9.0	APR 550	71.0	71.0	72.0 20x 10
3	38.0	40.0	10x 5 40.0	MAY 480	11.0	10.0	12.0 30x 10
4	15.0	18.0	30x 25 15.0	MAY 500	38.0	38.0	40.0 5 20
5	11.0	14.0	20x 18 12.0	MAY 550	75.0	75.0	77.0 15x 15
6	50.0	52.0	25x 20 52.0	JUN 480	12.0	12.0	13.0 24x 5
7	35.0	40.0	10x 10 40.0	JUN 500	41.0	40.0	42.0 16x 10
8	22.0	25.0	5x 2 25.0	JUN 550	48.0	77.0	79.0 5x 20
9	55.0	57.0	5x 3 52.0	SEP 480	17.0	16.0	18.0 10x 10
0	36.0	38.0	10x 10 38.0	SEP 500	42.0	42.0	44.0 5x 14
1	28.0	29.0	5x 10 28.0	SEP 550	81.0	81.0	83.0 2x 5
2							
3							
4	Anmerkungen: Alle o.a. Daten dienen lediglich der Illustration						

Abb. 1: Mögliches Aussehen eines DTB Handelsbildschirms

Der Handelsbildschirm zeigt dem Benutzer alle entscheidungsrelevanten Daten im Zusammenhang mit einer ausgewählten Gruppe von Optionen und Kassapapieren. Der Aufbau des Handelsbildschirms ist dabei vorgegeben, der Inhalt kann jedoch vom Benutzer selbst definiert werden.

- In der Tickerzone erscheinen die aktuellen Werte der vom Benutzer ausgewählten Basispapiere und Optionen. Die Unternehmen werden durch die

üblichen Tickersymbole dargestellt. Für die Bezeichnung der Verfallmonate gelten die nachstehenden Abkürzungen:
Die Information "BMW D 480" beispielsweise bezeichnet einen BMW Call zum Basispreis von DM 480 für den Fälligkeitstermin April und "Siemens U 500" einen Siemens Put mit dem Basispreis von DM 500 und Fälligkeit im September.

- Die Basiswertzone enthält aktuelle Daten über ein ausgewähltes Basispapier. Angezeigt werden der Schlußkurs des Vortages, der Kurs der letzten Transaktion zusammen mit dem genauen Termin, die Anzahl der Börsenteilnehmer, die den gewählten Basiswert in der Tickerzone verfolgen und die Anzahl der Börsenteilnehmer, die sich die Details des Basiswertes in der Basiswertzone anzeigen lassen.

- Die Zone der Marktdaten zeigt dem Benutzer Details ausgewählter Puts und Calls des interessierenden Basispapiers. Neben Angebots- und Nachfragepreisen für unterschiedliche Basispreise und Fälligkeitstermine wird auch der Preis des letzten Handels und das Transaktionsvolumen angezeigt.

- Die Befehlszone erlaubt die Eingabe von Formatierungsbefehlen, die den Aufbau des Handelsbildschirms steuern. Hier können auch entsprechende Angebots- und Nachfragekurse von Market Makern angefordert werden.

- In der Nachrichtenzone werden allgemein interessante Nachrichten verbreitet.

3.1.1.5 Matching und Clearing

Die Zusammenführung von Angebot und Nachfrage im elektronischen Handelssystem wird als **Matching** bezeichnet. Eine **Ordnung der eingehenden Orders** wird zunächst nach dem Kriterium der **Auftragszeit** durchgeführt. Priorität haben die Aufträge mit dem **höchsten Nachfragepreis** bzw. dem **niedrigsten Angebotspreis**. Bei Aufträgen mit gleichem Preis wird zusätzlich als Entscheidungskriterium die Auftragszeit hinzugezogen. Unlimitierte Aufträge (s.u.) werden generell bevorzugt behandelt. Der dabei zustandekommende Preis hat sich jedoch an den günstigsten Angebots- bzw. Nachfragepreisen zu orientieren. Der unlimitierte Auftrag wird mit einem limitierten Auftrag gematched, wenn Angebots- bzw. Nachfragepreise von Market Makern ungünstiger sind oder wenn ein passender limitierter Auftrag vorliegt.

Clearing bedeutet Abwicklung, Sicherung und Verrechnung von Geschäften an der DTB. Die Teilnahme am Clearing kann in unterschiedlicher Art erfolgen:

- Eine General Clearing Lizenz kann von Kreditinstituten mit mehr als 250 Mio. DM verfügbarem Eigenkapital und einer Clearing Garantie von Drittbanken in Höhe von 10 Mio. DM erworben werden. Eine General Clearing Lizenz berechtigt zur Abwicklung eigener und fremder Geschäfte. Fremde Geschäfte sind Geschäfte von Börsenteilnehmern ohne Clearing Lizenz.

- Eine Direct Clearing Lizenz kann von Kreditinstituten mit mehr als 25 Mio. DM verfügbarem Eigenkapital und einer Clearing Garantie von Drittbanken in Höhe von 2 Mio. DM erworben werden. Eine Direct Clearing Lizenz berechtigt zur Abwicklung eigener Geschäfte.

Börsenteilnehmer ohne eine Clearing Lizenz können ihre Geschäfte somit nur über ein General Clearing Mitglied abwickeln. Die DTB Transaktion eines Privatkunden umfaßt also in der Regel folgende Schritte: Zunächst wird der Auftrag an die **Hausbank** weitergegeben. Die Hausbank wird in den meisten Fällen keine General Clearing Lizenz besitzen. Daher wird der Auftrag an ein **General Clearing Mitglied** weitergeleitet, das den Auftrag an die DTB als zentrale Clearingstelle weiterleitet. Nach erfolgter Transaktion zeichnet die DTB die Transaktionsdaten auf und speist sie in das Handelssystem ein.

Am Ende eines Handelstages berechnet die DTB die **Sicherheitseinschüsse**[1], die zur Deckung der potentiellen und nicht begrenzten Verluste aus Short-Geschäften dienen, und belastet die von General Clearing Mitgliedern bei ihr geführten Konten entsprechend. Diese Belastungen werden über die Nicht Clearing Mitglieder den Privatkunden in Rechnung gestellt. Die Höhe dieser Sicherheitseinschüsse (Margins) für Stillhalter bemißt sich nach dem von der DTB ermittelten Schlußkurs des Tages und dem Verhältnis von Aktienkurs zu Basispreis:

- Für in- und at-the-money Optionen: Schlußkurs plus 10% des Schlußkurses des Kassapapiers.

- Für out-of-the-money Optionen: Schlußkurs plus 5% des Schlußkurses des Kassapapiers.

Fällt der Wert des Marginkontos eines Clearing Mitglieds unter einen **Mindestbetrag**, wird ein **Nachschuß** fällig, der am folgenden Tag bis 9.45 Uhr auf dem bei der Landeszentralbank geführten Konto eingegangen sein muß. Ist dies nicht der Fall, wird die Position von der DTB **liquidiert**. Die Clearing Mitglieder müssen die Nachschußverpflichtungen ebenso wie die Sicherheitseinschüsse an ihre Kunden (Nicht-Clearing Mitglieder bzw. Privatkunden) in mindestens derselben Höhe weiterleiten.

3.1.2 DTB Produkte

3.1.2.1 Standardisierungen

An der DTB werden neben Optionen auf ausgewählte Aktien auch ein DAX-Futures und ein Bund-Futures gehandelt. Damit sich ein möglichst transparenter und liquider Sekundärmarkt bildet, ist eine weitreichende Standardisierung der gehandelten Optionskontrakte notwendig:

---

1 Vgl. zur Erläuterung S. 60 f.

- Die Kontraktgröße ist auf 50 Aktien festgelegt.
- Als Basispreise (in DM) sind zulässig:
bis zu Kassakursen von 100:	5 oder ein Vielfaches von 5
bei Kassakursen von 100 bis 200:	100 plus ein Vielfaches von 10
bei Kassakursen von 200 bis 500:	200 plus ein Vielfaches von 20
bei Kassakursen von 500 bis 1000:	500 plus ein Vielfaches von 50
ab Kassakursen von 1000:	1000 plus ein Vielfaches von 100
- Die kleinste mögliche Schwankung im Optionspreis beträgt 0,10 DM.
- Verfalltag ist der dritte Freitag des Verfallmonats bzw., soweit dies kein Börsentag ist, der letzte davorliegende Börsentag.
- Jeweils vier Verfallmonate sind zulässig, wobei der Zeitpunkt des Optionsgeschäfts entscheidend ist. Liegt das Geschäft vor dem Verfalltag des aktuellen Monats, ist dieser Termin der erste mögliche Verfalltag. Die Verfalltage im nächsten und übernächsten Monat sind ebenfalls mögliche Verfalltermine. Zusätzlich ist als vierter Verfalltermin der Verfalltag des dem dritten Verfalltermin folgenden Monats aus dem Zyklus März, Juni, September und Dezember zulässig. Am 3. März 1990 werden somit folgende Verfallmonate gehandelt: März, April, Mai und Juni, am 15. April sind April, Mai, Juni und September die Fälligkeitsmonate. Bei Optionsgeschäften nach dem Verfalltag des aktuellen Monats ist der Verfalltag des folgenden Monats der erste Fälligkeitstermin.

3.1.2.2 Auftragsarten

Aufträge an der DTB können limitiert oder unlimitiert aufgegeben werden. Unlimitierte Aufträge werden analog zum Kassahandel mit *billigst* für einen Kaufauftrag und *bestens* für einen Verkaufsauftrag gekennzeichnet.

Ein limitierter Auftrag darf nur zum vorgegebenen Preis oder günstiger ausgeführt werden. Ein uneingeschränkt limitierter Auftrag verfällt nur, wenn ein Verfalldatum erreicht ist oder wenn er widerrufen wird. Im ersten Fall wird der Auftrag mit GtD (Good till Date), im zweiten Fall mit GtC (Good till Cancelled) bezeichnet. Eine eingeschränkte Limitierung kann entweder FoK oder IoC lauten. FoK (Fill or Kill) verlangt die sofortige und vollständige Ausführung, IoC (Immediate or Cancelled) verlangt die sofortige Ausführung zumindest eines Teils des Auftrags. Nicht ausgeführte Teile werden annuliert.

Als *Long* - Geschäft wird der Kauf einer Option bezeichnet, als *Short* - Geschäft der Verkauf einer Option, also das Stillhaltergeschäft. Eine bestehende offene Position an der DTB wird dadurch geschlossen, daß ein Gegengeschäft abgeschlossen wird. Man spricht dann von einer Glattstellung. Eine Long - Position in BMW 480 Calls September 1989 wird somit durch eine Short - Position in der gleichen Option glattgestellt. Die Glattstellung wird von der DTB automatisch bei der Führung des Teilnehmerkontos erkannt und verbucht. Ausnahmen sind nur in wenigen Fällen möglich, z.b. wenn Positionen im Zusammenhang mit Kassageschäften eingegangen worden sind (z.b. Hedging) und eine Glattstellung den wirtschaftlichen Zweck dieser kombinierten Geschäfte unterlaufen würde.

3.1.2.3 Einfache und kombinierte Aufträge

Einfache Aufträge sind Kauf oder Verkauf von Puts oder Calls. Diese Aufträge sind auch im traditionellen bundesdeutschen Optionshandel möglich. Bei kombinierten Aufträgen bestehen folgende Möglichkeiten:

1) Gleichzeitiger Kauf **und** Verkauf von Calls **oder** Puts in gleicher Anzahl

2) Gleichzeitiger Kauf **oder** Verkauf von Calls **und** Puts desselben Basispapiers

Kombinierte Aufträge werden stets als FoK oder IoC aufgenommen. Kann ein Teilauftrag nicht ausgeführt werden, so wird das gewünschte Verhältnis von Puts und Calls oder Long und Short Optionen gewahrt und die absoluten Anteile entsprechend verringert. Mögliche Kombinationen sind:

- Spreads (Bullish Vertical Spread Put, Bullish Vertical Spread Call, Bearish Vertical Spread Put, Bearish Vertical Spread Call, Horizontal Call Spreads, Horizontal Put Spreads)
- Straddles (Top Straddle, Bottom Straddle)
- Strangles (= Straddle mit unterschiedlichen Basispreisen)
- Conversions und Reversals, wobei die Kassatransaktion separat zu erfolgen hat.

3.2 Der Handel in Financial Futures

3.2.1 Allgemeine Beschreibung der Financial Futures

Im Handel mit Financial Futures erfolgt eine Abrechnung auf täglicher Basis. Als Kontrollinstanz fungiert ein Clearinghouse. Es stellt auf Basis der täglichen Futures - Schlußnotizen die Wertänderung gegenüber dem letzten Handelstag fest. Beim Clearinghouse werden für die Sicherheitsleistungen der Käufer und Verkäufer Konten (Margin Accounts, Marginkonten) geführt, die an die jeweiligen Wertänderungen adjustiert werden, d.h. bei einem Kursverfall für den Financial Future wird der Differenzbetrag im Kontraktvolumen gegenüber dem letzten Handelstag vom Marginkonto des Käufers abgebucht und dem Marginkonto des Verkäufers gutgeschrieben. Es wird täglich zu der als Abrechnungskurs[1] deklarierten Futuresnotiz abgerechnet. Man nennt diese Prozedur auch "marked to market". Ein Futures Kontrakt ist daher durch eine Reihe täglicher Einnahmen und Ausgaben charakterisiert.

3.2.2 Das System der Marginabrechnung

3.2.2.1 Margin - Account für Einzelkontrakte

Von essentieller Bedeutung für die Rentabilität und Risiko von Futuresgeschäften sind die Margin-Regelungen. Margin ist der Betrag, der den Akteuren am Terminmarkt für das Halten einer Position in Futures von der Abrechnungsstelle, üblicherweise dem Clearinghouse, verrechnet wird. An den meisten Terminbörsen unterscheidet man drei Formen der Margin-Einlagen:[2]

Das **Initial Margin** muß der Käufer oder Verkäufer eines Futures bereits beim Eingehen der offenen Position als Sicherheitseinlage leisten. Die Höhe des Anfangseinschusses richtet sich nach der Volatilität des Kontraktes und der Regelung zwischen Broker und Kunden. Das Clearinghouse schreibt nur Mindesteinschüsse vor.

Mit **Variation Margin** werden die Veränderungen der Abrechnungsnotiz von einem Tag auf den anderen bezeichnet. Sie werden dem Marginkonto - es entspricht in der Tat einem Kontokorrent-Konto - gutgeschrieben bzw. belastet. Innerhalb einer bestimmten Bandbreite kann der Kontostand frei schwanken. Über einem bestimmten Limit kann ein bestimmter Betrag abgerufen werden. Bei Unterschreiten eines Limits muß ein bestimmter Betrag zugeführt werden. Dieses untere Limit wird **Maintenance Margin** genannt.

3.2.2.2 Sicherheitsleistung an der DTB

Die Berechnung der Sicherheitsleistung an der DTB stellt nicht auf das Risiko aus dem Einzelengagement ab. Das gesamte Risiko aus allen Kontraktverpflichtungen ist vielmehr die Grundlage. Die Höhe der Sicherheitsleistung soll den Verlust aus einer Liquidierung aller Engagements decken. Dabei sind Wechselwirkungen zwischen Engagements zu berücksichtigen: Short- und Long-Positionen in einem Kontrakt mit gleicher Laufzeit heben sich in ihrer Risikowirkung vollständig, in Kontrakten mit unterschiedlicher Laufzeit beinahe vollständig auf. Nachfolgendes Beispiel soll die Berechnungsweise verdeutlichen:[3]

Eine Bank habe folgende Engagements in DAX-Futures in ihren Büchern.

---

[1] Der Settlement Preis wird dabei aus den Abschlüssen der letzten 15 Handelsminuten berechnet.
[2] Vgl. hierzu im einzelnen Loistl e.a. (1990), S. 373 ff.
[3] Vgl. hierzu DTB Deutsche Terminbörse GmbH (1990), S. 3-10 ff.

Fälligkeit	Long	Short	Netto
März	85	55	30L
Juni	50	0	50L
September	15	115	100S
Saldo			20S

Für die Berechnung der Sicherheitsleistungen und für das Risiko des Gesamtengagements werden zunächst die Nettopositionen pro Monat ermittelt. Darüberhinaus besteht eine gewisse Hedgewirkung zwischen den Netto-Short- und Long-Positionen zwischen den einzelnen Fälligkeitsterminen. Würden sich auch diese Positionen vollständig ausgleichen, dann bestünde das Risiko nur noch in Höhe von 20 offenen Short-Positionen. Diese gilt es nach dem Individual-Prinzip gegen die Kursschwankungen des nächsten Tages abzusichern. Die erwartete maximale Schwankung des DAX wird mit 135 Indexpunkten angesetzt, die Schwankung des Kontraktengagements beträgt mithin 135 * 100 = 13.500 DM.[1] Für die offene Position von 20 Kontrakten beträgt mithin das maximal zu erwartende Kursrisiko 20 * 13.500 = 270.000 DM. Diese Netto-Rechnung gilt exakt nur für die Saldierung von Kontrakten mit gleicher Laufzeit. Bei Short- und Long-Positionen unterschiedlicher Laufzeit können die Notizen geringfügig abweichen. Sie gleichen sich dann nicht mehr vollständig aus. Hier wird dann eine zusätzliche Sicherheitsleistung in Höhe dieses Spread-Risikos gefordert. Sie ist gestaffelt nach den zu saldierenden Laufzeiten: Ist der nächstfällige Termin involviert, beträgt der Spread-Sicherheitseinschuß 1.400 DM pro Kontrakt, bei Saldierung anderer Laufzeiten zur Zeit ebenfalls 1.400 DM. In dem Beispiel werden zunächst die 30 Long-Kontrakte des März mit den 100 Short-Kontrakten im September saldiert. Es ist mithin jeweils ein Spread-Risiko von 1.400 DM für die 30 März-Kontrakte zu berücksichtigen. Analog ist ein Spread-Risiko von jeweils 1.400 DM aus der Saldierung der 30 Juni-Kontrakte zu beachten. Insgesamt kommt noch eine Sicherheitsleistung für das Spread-Risiko in Höhe von 1.400 * 30 + 1.400 * 50 = 112.000 DM hinzu. Die Sicherheitsleistung beträgt bei der Engagementstruktur und der angenommenen maximalen Schwankung am nächsten Tag 270.000 + 112.000 = 382.000 DM.

3.2.3 Zinsfutures

Der bekannteste und am aktivsten gehandelte Future auf ein langlaufendes, festverzinsliches Wertpapier ist der **T-Bond Future**, gehandelt am Chicago Board of Trade (CBoT), an der MidAm, an der LIFFE und an dem MATIF. Basisobjekt ist ein fiktiver T-Bond mit 20 Jahren Restlaufzeit und einer Nominalverzinsung von 8% p.a. Das Kontraktvolumen beträgt 100.000 US-$. Die Notierung des T-Bond Kurses erfolgt traditionell in Sprüngen von 1/32%, analog dazu ist die minimale Preisänderung des T-Bond Futures ebenfalls 1/32%, d.h. ein Basispunkt hat den Gegenwert von 100.000 / 3.200 = 31,25 US-$. Im Gegensatz zu T-

---

[1] In dem Index-Kontrakt besitzt ein Indexpunkt den Wert von 100 DM.

Bills erfolgt die Notierung auf Renditebasis, die Rendite des T-Bonds ist also anhand des Nominalwertes, des notierten Kurses, der Stückzinsen und der zukünftigen Zinszahlungen zu berechnen; ein Jahr wird hier mit 365 Tagen zugrundegelegt. Physische Andienung ist möglich, indem T-Bonds mit einer Restlaufzeit von mindestens 15 Jahren ausgewählt werden. Andienungsfähige T-Bonds dürfen keine variable Verzinsung aufweisen, sie dürfen nicht indexgebunden sein, kein Wandlungsrecht beinhalten und keine teileingezahlten Papiere sein. Der genaue Wert der anzudienenden Papiere ist abhängig von der Nominalverzinsung und der Restlaufzeit, die Umrechnung auf 8% Nominalverzinsung bei 20 Jahren Restlaufzeit erfolgt anhand der Konversionsfaktoren. Die Konversionsfaktoren sagen somit aus, in welcher Relation Kassapapier und Basisobjekt zueinander stehen müssen, um renditemäßig vergleichbar zu sein. Sie berechnen sich nach folgender Formel:[1]

Gerade Anzahl Halbjahre bis Fälligkeit:

$$CF = \sum_{t=1}^{n} \frac{c_t}{1,04^t} + \frac{1}{1,04^n}$$

Ungerade Anzahl Halbjahre bis Fälligkeit:

$$CF = \frac{1}{\sqrt{1,04}} \left(\sum_{t=1}^{n} \frac{c_t}{1,04^t} + \frac{1}{1,04^n} + c_t \right) - \frac{1}{2} c_t$$

mit: CF = Konversionsfaktor
        n = Anzahl der Halbjahre bis Fälligkeit
        c_t = Couponzahlung im Zeitpunkt t

Die Andienungssumme bestimmt sich zu:

Schlußkurs * Konversionsfaktor * Kontraktvolumen + Stückzinsen

Der Kontraktverkäufer wird am Andienungstermin die T-Bonds an den Käufer gegen Zahlung der Andienungssumme veräußern. Die folgende Abbildung zeigt die Kursentwicklung des Dez. T-Bond-Futures auf der rechten Ordinate, während auf der linken Ordinate der Zinssatz abgetragen ist.

---

[1] Quelle: Kolb (1988), S. 196.

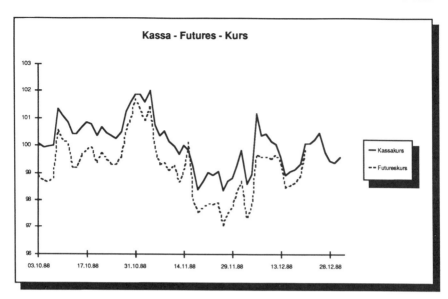

Abb. 2: Kursentwicklung des Dezember T-Bond-Futures

Das Kontraktvolumen des an der Liffe gehandelten **Bund-Bond**-Futures beträgt 250.000 DM nominal, das Basisobjekt ist eine mit 6% p.a. zu verzinsende Bundesanleihe. Die minimale Preisänderung beträgt 0,01%, ein Basispunkt hat somit den Gegenwert von 25 DM. Physische Andienung ist ebenfalls vorgesehen, andienungsfähig sind Bundesanleihen mit 8,5 bis 10 Jahren Laufzeit. Die Abwicklung der Andienung erfolgt über den Frankfurter Kassenverein, wobei die Kursnotiz an der LIFFE um 11.00 Uhr Frankfurter Zeit zugrundegelegt wird. Unter Berücksichtigung der nur einmal jährlich erfolgenden Zinszahlungen und des 6% Coupons ist folgende Formel zur Berechnung der Konversionsfaktoren anzuwenden:

$$CF = \frac{1}{1,06^f}\left[\frac{c}{6}\left(1,06 - \frac{1}{1,06^n}\right) + \frac{1}{1,06^n}\right] - \frac{c(1-f)}{100}$$

mit: CF = Konversionsfaktor
  n = (Ganze) Jahre bis Fälligkeit
  f = Monate bis zum nächsten Coupon-Termin, dividiert durch 12
  c = Nominal-Zinssatz

An der **Deutschen Terminbörse** wird ein Futures-Kontrakt auf einen Bund-Bond mit ähnlichen Kontraktspezifikationen gehandelt. Andienungsfähig sind Anleihen mit einer Restlaufzeit von 8-10 Jahren.

3.2.4 Aktienindex-Futures

3.2.4.1 Einführung

Im Jahre 1982 wurde an der Kansas City Board of Trade (KCBoT) der erste Future auf einen Aktienindex eingeführt. Wenige Monate später folgte die Chicago Mercantile Exchange (CME) mit einem Kontrakt auf den S&P 500. Die Chicago Board of Trade (CBoT) versuchte, zunächst einen Kontrakt auf den bekanntesten Aktienindex, den Dow Jones Industrial Average, anzubieten. Sie scheiterte jedoch nach einem Rechtsstreit an den Einsprüchen der Dow Jones & Co. und nahm schließlich 1984 den Handel in Futures auf den Major Market Index (MMI) auf. Auch kleinere Börsenplätze sahen sich zur Entwicklung und Einführung entsprechender Kontrakte veranlaßt. Jüngste Beispiele sind die Swiss Options and Financial Futures Exchange (SOFFEX) und die Deutsche Terminbörse (DTB).

Das wichtigste Merkmal und Differenzierungskriterium für Aktienindex-Futures ist die Konstruktionsform des zugrundeliegenden Index. Aktienindizes sollen in der Regel die Entwicklung eines Marktes oder Marktsegmentes widerspiegeln, indem eine Auswahl von Aktien aus dem betrachteten Markt analysiert wird.[1] Kriterium ist hier zunächst die Größe der Auswahl, d.h. die Anzahl der Aktien im Index. Hier gibt es Unterschiede; so besteht der MMI aus 20 marktbreiten Aktien, den sog. *Blue Chips,* der S&P 500 aus 500 und der Value Line Composite Index aus ca. 1700 Aktien.

3.2.4.2 Kontraktspezifikationen

Der bekannteste Kontrakt dürfte der Future auf den S&P 500 Aktienindex sein. Er wird an der Chicago Mercantile Exchange gehandelt. Der Umsatz lag im Februar 1990 bei 938.548 Kontrakten. Der Wert eines Kontraktes beträgt das 500-fache des Indexkurses. Bei einer Indexnotiz von z.B. 338,09 beträgt der Kontraktwert 169.045 US-$. Die Notierung erfolgt in Punkten, jeder Punkt entspricht 500 US-$. Der Index basiert auf 500 breit gestreuten Aktien. Die minimale Preisschwankung, die sog. Tickgröße, beträgt 0,05 Punkte, das sind 25 US-$. Die Abrechnung erfolgt in den Monaten März, Juni, September und Dezember durch Barandienung.

An der **Deutschen Terminbörse** wird ein Futures-Kontrakt auf den DAX-Index gehandelt. Zur detaillierten Berechnung des DAX vgl. die nachstehenden Ausführungen. Der Kontraktwert beträgt 100 DM pro DAX-Punkt. Bei einer DAX-Notiz von 1878,78 beträgt der Kontraktwert mithin 187.878 DM. Die Notierung erfolgt pro 100 DM mit einer Nachkommastelle. Die Notierung entspricht dem Wert des DAX, jedoch in DM. Die minimale Kursveränderung, -

---

[1] Vgl. den Überblick weiter unten.

die sogenannte Tickgröße - beträgt 0,5 Punkte, das sind 50 DM. Die Abrechnung erfolgt in den Monaten März, Juni, September und Dezember. Die Abwicklung erfolgt durch Barabrechnung.

4. Der Ablauf des Börsenhandels

4.1 Überblick

Grundsätzlich bleibt es jedem Kapitalanleger überlassen, in welcher Weise und mit welchen Kontrahenten er Anschaffungsgeschäfte über Wertpapiere tätigen will. Im allgemeinen dürfte es jedoch mit einigem Aufwand verbunden sein, außerhalb der Börse einen Vertragspartner zu finden, der hier und heute bereit ist, die gewünschte Menge an Effekten zum gewünschten Preis abzugeben bzw. zu übernehmen. Außerdem muß der Anleger im einzelnen prüfen, ob sein Geschäftspartner auch in der Lage ist, das abgeschlossene Geschäft zu erfüllen, d.h. die Effekten zu liefern bzw. den Kaufpreis zu bezahlen. Die Börse bietet hier sehr viele Erleichterungen. Wir wollen den institutionellen Ablauf erläutern und die Besonderheiten durch die Gegenüberstellung mit dem normalen außerbörslichen Fall herausarbeiten. Schematisch läßt sich der Unterschied wie folgt veranschaulichen:[1]

a) Allgemeiner Fall des außerbörslichen Handels

Beispiel: Per Annonce wird ein Käufer für 10 Nixdorf-Stammaktien gesucht. Der Preis ist Verhandlungssache.

Abb. 3: Wertpapierkauf außerhalb der Börse

Charakterisierung:

Angebot und Nachfrage sind **verstreut**, die Preisfestsetzung erfolgt **subjektiv**, Bonitätsrisiken sind nicht ausgeschaltet.

b) Anschaffungsgeschäfte über die Börse

Beispiel: Der Inhaber von 10 Nixdorf-Vorzugsaktien gibt der Bank B den Auftrag, diese an der Börse Düsseldorf zum Kassakurs zu verkaufen.

---

[1] Vgl. hierzu sehr ausführlich Schmidt, H. (1988), S. 5 ff.

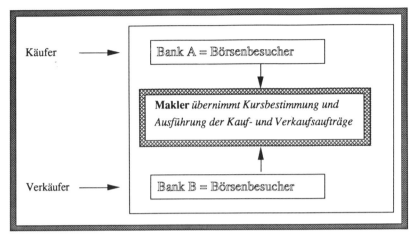

Abb. 4: Wertpapierkauf über die Börse

Erläuterung:

1) Der Bankkunde X erteilt seiner Bank B einen Verkaufsauftrag, der Kunde Y seiner Bank A einen Einkaufsauftrag.

2) Durch Vermittlung des Börsenmaklers und zum amtlich notierten Preis schließen Bank A und Bank B den Kaufvertrag über den Kauf der Wertpapiere für ihre Kunden. Die Geschäftsdaten werden nach Angaben des Maklers an die Wertpapiersammelbank übermittelt.

3) Die Wertpapiersammelbank druckt die Verkaufslieferliste für die Bank A, die Kauflieferliste für die Bank B. Neben den übrigen Geschäften sind auch die Geschäfte für die Kunden X und Y enthalten.

4) Die Bank B überprüft die Verkaufslieferliste und gibt dann die verkauften Wertpapiere zur Belieferung frei. Die Bank A hingegen sorgt dafür, daß auf ihrem (Geld) Konto bei der Wertpapiersammelbank der abzubuchende Betrag verfügbar ist.

5) Die Wertpapiersammelbank prüft Geld- und Depotdeckung und reguliert das Geschäft Zug um Zug: Geldbuchung gegen Depotbuchung.

6) Die Bank A erhält die Gutschriftanzeige im Depottagesauszug.

7) Bank B hat mit Verkäufer X und Bank A mit Käufer Y die Wertpapieraufträge abgerechnet und die entsprechenden Gutschriften bzw. Belastungen auf dem Kontokorrentkonto bzw. dem Depotkonto vorgenommen.[1]

---

[1] Kosten des Auftrags: Courtage, Provision.

Kapitel 2: Die Börse

Charakterisierung:

Durch das Sammeln der Börsenaufträge bei den Banken und die Konzentration von Angebot und Nachfrage beim Makler wird nach dem Meistausführungsprinzip eine **Objektivierung der Preisfestsetzung** erzielt. Das Meistausführungsprinzip entspricht der tatsächlichen Marktsituation.

Die **Bonität** ist bei den Banken im Rahmen der Zulassung (und natürlich durch andere Vorschriften) gesichert und braucht nicht im Einzelfall überprüft zu werden. Die Banken selbst können die Bonität ihrer Kunden außerhalb der Börsen überprüfen.

	Frankfurt	Düsseldorf	München	Hamburg	Stuttgart	Berlin	Hannover	Bremen	alle Börsen *
Aktien insgesamt	850	487	525	517	218	398	164	126	1.350
davon: inländische	460	317	308	315	165	336	153	117	749
ausländische	390	170	217	202	53	62	11	9	601
Festverzinsliche Wertpapiere insgesamt	6.593	3.601	3.910	3.125	1.797	1.882	1.289	892	15.219
davon: inländische	5.674	3.234	3.731	2.873	1.747	1.769	1.227	848	14.170
ausländische	919	367	179	252	50	113	62	44	1.049
Optionsscheine insgesamt	263	123	71	134	54	72	38	27	318
davon: inländische **	186	103	59	117	50	64	33	21	229
ausländische	77	20	12	17	4	8	5	6	89
Gesamtzahl	7.706	4.211	4.506	3.776	2.069	2.352	1.491	1.045	16.887

* Eine Summierung der für alle Börsen angegebenen Werte zur Ermittlung des Bundeswertes ist nicht möglich, da die Aktien bzw. Renten eines Emittenten an mehr als einer Börse gehandelt werden können.
** einschließlich Genußscheine

Tab. 5: Anzahl der an deutschen Börsen gehandelten Wertpapiere[1]
Quelle: Arbeitsgemeinschaft der Deutschen Wertpapierbörsen, Jahresbericht 1989, S. 154

	Absatz bzw. Erwerb insgesamt	Absatz inländische Aktien *	ausländische Dividendenwerte **	Erwerb Inländer zusammen ***	Kreditinstitute #	Nichtbanken ##	Ausländer ###
1977	7.910	4.368	3.542	6.109	678	5.431	1.800 ^
1978	9.492	5.550	3.942	6.657	115	6.542	2.835 ^
1979	9.054	5.513	3.541 ^	7.663	- 5	7.668	1.391 ^
1980	10.517	6.948	3.569	9.419	- 284	9.703	1.098 ^
1981	10.163	5.516	4.647	7.079	- 336	7.415	3.084 ^
1982	9.207	5.921	3.286	8.751	267	8.484	456 ^
1983	15.589	7.271	8.318	13.134	692 ^	12.442	2.456 ^
1984	11.954	6.278	5.676	7.962	1.533 ^	6.429	3.992
1985	18.469	11.009	7.460	11.256	2.480 ^	8.776	7.213
1986	32.281	16.394	15.887	17.107	5.901 ^	11.206	15.174 ^
1987	16.596	11.889	4.707	17.924	3.791	14.133	- 1.329
1988	33.535	7.528	26.007	30.226	3.303	26.923	3.308
1989	39.466	19.365	20.101	12.879	6.107	6.773	26.587

* zu Emissionskursen
** Netto-Erwerb (+) bzw. Nettoveräußerung (-) ausländischer Dividendenwerte (einschl. Direktinvestitionen und Investmentzertifikate) durch Inländer; Transaktionswerte
*** in- und ausländische Dividendenwerte
\# Buchwerte; ohne Aktien mit Konsortialbindung
\#\# als Rest errechnet; enthält auch den Erwerb in- und ausländischer Aktien durch inländische Investmentfonds
\#\#\# Netto-Erwerb (+) bzw. Nettoveräußerung (-) inländischer Dividendenwerte (einschl. Direktinvestitionen und Investmentzertifikate) durch Ausländer; Transaktionswerte
^ statistisch bereinigt

Tab. 6: Absatz und Erwerb von Aktien (in Mio. DM)
Quelle: Arbeitsgemeinschaft der Deutschen Wertpapierbörsen, Jahresbericht 1989, S. 150

---

[1] Nach Börsenplätzen, Stand Ende 1989.

Gesellschaft	Umsatz Kurswert in Mio. DM	Umsatz in % aller inländischen Aktien	Stück
Deutsche Bank	94.792,1	8,0	149.077.914
Siemens	91.773,6	7,8	160.110.530
Volkswagen St. u. Vz.	80.937,8	6,8	197.468.612
Bayer	48.049,9	4,1	158.670.648
Thyssen	45.802,0	3,9	195.176.946
Daimler-Benz	43.167,1	3,7	59.038.010
VEBA	41.781,6	3,5	129.206.144
BASF	41.080,8	3,5	139.487.042
Hoechst	37.233,9	3,2	124.735.804
Mannesmann	37.117,7	3,1	143.501.552
Dresdner Bank	33.220,8	2,8	96.742.220
Commerzbank	31.539,1	2,7	122.834.402
RWE St. u. Vz.	29.563,1	2,5	100.915.840
Hoesch	25.621,0	2,2	102.767.848
Allianz Holding	23.438,1	2,0	11.729.432
Feldmühle Nobel	23.127,4	2,0	61.982.994
VIAG	21.148,6	1,8	67.123.250
Continental	20.342,4	1,7	66.058.798
Schering	17.383,0	1,5	24.690.960
Bayrische Motoren Werke	16.289,0	1,4	29.047.798
MAN St. u. Vz.	14.660,5	1,2	46.932.872
Preussag	13.655,9	1,2	45.077.862
Mercedes-Automobil-Holding	10.201,6	0,9	17.629.318
Bayrische Vereinsbank	10.053,5	0,9	25.752.080
Karstadt	9.830,5	0,8	17.566.662
Bayrische Hypotheken- u. Wechsel-Bank	8.333,5	0,7	20.904.876
Henkel	8.128,3	0,7	15.185.926
Kaufhof	7.624,1	0,6	14.530.020
Degussa	7.389,9	0,6	15.516.116
Nixdorf Computer	7.217,6	0,6	21.587.490
Deutsche Lufthansa St. u. Vz.	7.123,6	0,6	41.038.464
Klöckner-Werke	6.763,6	0,6	41.777.562
Hochtief	6.718,5	0,6	8.056.728
Deutsche Babcock St. u. Vz.	6.428,2	0,5	33.156.802
Linde	6.399,4	0,5	8.299.042
Douglas Holding	5.579,0	0,5	9.039.002
Metallgesellschaft	5.470,1	0,5	11.519.890
AEG	5.431,6	0,5	22.369.132
PWA	5.060,3	0,4	17.333.122
Klöckner-Humbold-Deutz	4.067,9	0,3	22.009.430
AMB	4.012,0	0,3	4.795.588
Münchener Rück	3.849,3	0,3	1.820.032
IVG	3.815,0	0,3	9.482.262
Philipp Holzmann	3.725,8	0,3	4.421.840
Asko	3.714,9	0,3	4.530.496
IWKA	3.126,4	0,3	10.154.786
BHF-Bank	3.106,6	0,3	6.886.034
Horten	2.797,0	0,2	9.713.720
FAG Kugelfischer	2.295,0	0,2	6.016.972
Massa	2.173,1	0,2	6.731.974
Gesamt	992.162,0	83,9	2.660.202.844

Tab. 7: Inländische Aktien mit dem größten Umsatz im Jahr 1989
Quelle: Arbeitsgemeinschaft der Deutschen Wertpapierbörsen, Jahresbericht 1989, S. 156

4.2 Die Erfüllung von Börsengeschäften

Nachdem der Kunde seinem Kreditinstitut einen Kauf- bzw. Verkaufsauftrag über Wertpapiere erteilt hat, werden diese heute noch überwiegend per Telefon und Fernschreiber an den Wertpapierhändler an der Börse weitergeleitet. Dieser beauftragt dann - durch Zuruf oder in schriftlicher Form - einen Makler. Der Makler ist dann bemüht, einen entsprechenden Geschäftspartner zu finden.

Einige Kreditinstitute setzen bereits die Datenverarbeitung bei der Weiterleitung ihrer Kundenaufträge zum eigenen Büro im Börsengebäude ein. Dieser Weg erreicht jedoch noch nicht den Arbeitsplatz des Maklers.

Im Rahmen des Börsen-Order-Service-Systems (BOSS) in Frankfurt soll künftig der einmal in einer Datenverarbeitung befindliche Auftrag direkt bis auf den Bildschirm des Maklers weitergeleitet werden. Der Makler kann dann über Terminal beim Handel und bei der Kursfeststellung unterstützt werden. Bereits im Rechenzentrum gespeicherte Geschäfte müssen nach Ausführung des Maklers nicht mehr überarbeitet werden, sondern stehen sofort für eine Datenübertragung zur auftraggebenden Bank zur Verfügung. Bisher jedoch werden die Geschäfte an der Frankfurter Börse durch ein einfaches Erfassungsschema über Bildschirm in die EDV eingegeben.[1]

Die ausgeführten Geschäfte werden in Form von Schlußnoten bestätigt, die bereits während der Börsenzeit erstellt werden und die Käufer und Verkäufer erhalten. Dabei ergänzt die Datenverarbeitung die Eingabe der Makler durch Informationen und ist gleichzeitig in der Lage, alle notwendigen Betragsrechnungen durchzuführen. Die Schlußnote enthält somit alle für die Geschäftsbestätigung und für die folgende Verarbeitung benötigten Daten.

Auf Wunsch erhalten die Kreditinstitute nach Beendigung der Börsensitzung alle relevanten Unterlagen und Börsenkurse auf Datenträger oder direkt durch den Computer übermittelt. Somit ist es ihnen möglich, in kürzester Zeit Kontrollen und hausinterne Buchungen zum Wertpapiergeschäft ohne manuelle Eingriffe durchzuführen.

Sowohl Käufer als auch Verkäufer sind verpflichtet, ihre Schlußnoten zu überprüfen. Dabei festgestellte Fehler müssen dem Makler bis spätestens zum Beginn der nächsten Börsensitzung mitgeteilt werden. Diese fehlerhaften Geschäfte werden dann über die Datenverarbeitung storniert, wobei automatisch die dazugehörenden Lieferverpflichtungen erlöschen. Eine Veränderung der einmal in die Datenverarbeitung eingegebenen Geschäfte ist dabei aus Sicher-

---

[1] Die Datenverarbeitung wurde in Frankfurt von der BDZ (Börsen-Daten-Zentrale) durchgeführt. Sie war außerdem zuständig für Hamburg, Hannover, Bremen. In Düsseldorf erfolgte die Datenverarbeitung durch die BDW (Betriebsgesellschaft Datenverarbeitung für Wertpapiergeschäfte). Ihr gehörten München, Stuttgart und Berlin an. Nunmehr sind beide Systeme in der DWZ (Deutsche Wertpapier-Datenzentrale) zusammengeschlossen; vgl. Arbeitsgemeinschaft der Deutschen Wertpapierbörsen, Jahresbericht 1989, S. 117.

heitsgründen nicht möglich. Gegebenenfalls muß stattdessen eine erneute, richtige Geschäftseingabe unter dem zurückliegenden Tag erfolgen. Werden Geschäftsbestätigungen in dem vorgegebenen Zeitraum nicht reklamiert, so gelten sie als von beiden Parteien verbindlich akzeptiert, und mit der Geschäftsregulierung kann begonnen werden.

Der Makler erhält nach Beendigung einer jeden Börsensitzung in einem maschinellen Makler-Tagebuch alle die von ihm vermittelten Geschäfte zusammengestellt. Darin enthalten sind auch alle Verrechnungen, die den Makler betreffen.

Nach Beendigung der Geschäftsabwicklung an der Börse erteilt das Kreditinstitut dem auftraggebenden Kunden eine formularmäßige Wertpapierabrechnung. Sie muß außer den persönlichen Daten, wie Name, Adresse, Konto- und Depotnummer, die genaue Bezeichnung des Wertpapiers, ferner den Nennbetrag bzw. die Stückzahl und den Kurs sowie den sich daraus errechnenden Kurswert enthalten. Hinzu kommen sowohl bei Kommissionsgeschäften in amtlich notierten Werten als auch bei brutto abgeschlossenen Eigenhändlergeschäften in amtlich nicht notierten Werten die Maklercourtage, die Bankprovision sowie angefallene Spesen, z.b. für Telefon und Fernschreiber. Bei festverzinslichen Wertpapieren werden außerdem die Stückzinsen verrechnet. Insgesamt belaufen sich die Kosten bei Aktien auf etwa 1,25% bis 1,5% und bei festverzinslichen Papieren auf 0,5% bis 1,0% des ausmachenden Betrages.

Die Lieferung und Bezahlung der Wertpapiere muß zu dem in den Geschäftsbedingungen der Börsen festgelegten Zeitpunkt erfolgen. Hat eine Partei nicht fristgerecht erfüllt, so kann die Gegenpartei unter Androhung einer Zwangsregulierung schriftlich eine Nachfrist für die Erfüllung setzen. Ist die Nachfrist ohne Erfüllung des Geschäfts abgelaufen, so muß die nichtsäumige Partei an dem Tag, an dem die Frist endet, eine Zwangsregulierung durchführen. Die Zwangsregulierung ist durch Vermittlung eines Maklers zu dem am Zwangsregulierungstag notierten Einheitskurs bzw. zum ersten variablen Kurs vorzunehmen. Der Unterschiedsbetrag zwischen dem Zwangsregulierungskurs und dem Vertragskurs ist derjenigen Partei, zu deren Gunsten er sich ergibt, sofort zu erstatten. Ferner hat die säumige Partei die üblichen Kosten zu tragen.[1]

Die Lieferung von Wertpapieren in effektiven Stücken durch einen Boten von Bank zu Bank findet heute nur noch in vinkulierten Namensaktien und bestimmten Auslosungsanleihen statt, da diese nicht zur Girosammelverwahrung zugelassen sind.

Im übrigen bedienen sich die Kreditinstitute weitgehend des automatisierten Clearing-Systems des Deutschen Kassenvereins. Er übernimmt für die Banken die stück- und geldmäßige Regulierung der Börsengeschäfte. Dabei werden keine

---

[1] Vgl. Geschäftsbedingungen der Frankfurter Wertpapierbörse.

effektiven Stücke bewegt, sondern es finden rein buchungsmäßige Überträge auf die Wertpapierkonten der beteiligten Banken beim Deutschen Kassenverein statt. Die pro Kontoinhaber des Kassenvereins ermittelten Endsalden der Gegenwerte aus allen Geschäftsabschlüssen werden am Erfüllungstag über die Geldkonten der Banken bei der Landeszentralbank ausgeglichen. Nach erfolgter Gegenwertbuchung werden den Kontoinhabern durch den Kassenverein am Mittag des Erfüllungstages die maschinell erstellten Depot-Tagesauszüge ausgehändigt. Sie weisen alle Bewegungen auf den Sammeldepotkonten aus und dokumentieren dadurch gleichzeitig den Übergang des Miteigentums an den Wertpapieren vom Verkäufer auf den Käufer.

Der grenzüberschreitende Effektengiroverkehr hat 1986 durch die Überarbeitung des Depotgesetzes eine Novellierung erfahren. Seitdem dürfen deutsche Kassenvereine direkte Kontoverbindungen mit ausländischen Wertpapiersammelbanken unterhalten und auch dort eine Wertpapierverwahrung vornehmen lassen. Voraussetzung für eine ausländische Verwahrung ist aber, daß auch dort der Schutz des Eigentums durch gesetzliche Bestimmungen gewährleistet ist.

Durch den Deutschen Kassenverein ist zur Zeit eine Verwahrung ausländischer Wertpapiere im jeweiligen Heimatland bei folgenden Instituten möglich:

- Nederlands Centraal Institut voor Giraal Effectenverkeers B.V. (NECIGEF), Amsterdam,
- Österreichische Kontrollbank (OEKB), Wien und
- Société Interprofessionelle pour la Compensation de Valeurs Mobilières (SICOVAM), Paris

Die genannten Institute haben die Funktion eines Drittverwahrers für die beim Deutschen Kassenverein hinterlegten Wertpapiere, die somit weiterhin in Deutschland lieferbar bleiben.

Im umgekehrten Fall kann der Deutsche Kassenverein deutsche Wertpapiere für ausländische Wertpapiersammelbanken verwahren. Da ausländische Institute nicht direkt Kontoinhaber bei einem deutschen Kassenverein sein dürfen, bleibt ihnen der Weg zur Girosammelverwahrung über den deutschen Auslandskassenverein. Dieser unterhält dann Konten beim Deutschen Kassenverein und läßt so für seine ausländischen Kontoinhaber deutsche Wertpapiere in Deutschland verwahren. Bei folgenden Instituten ist dies momentan der Fall:

- Centrale de Livraison de Valeurs Mobilières (CEDEL), Luxemburg
- Euro-clear, Brüssel
- Japan Securities Clearing Corporation (JSCC), Tokio

Diese Verbindungen ermöglichen es, Börsengeschäfte auch auf internationaler Ebene in kürzester Zeit und mit einem Höchstmaß an Sicherheit für alle Beteiligten abzuwickeln.

5. Der DAX-Index als Indikator des Börsengeschehens

5.1 Allgemeines zu Indexformeln

Das ungewogene arithmetische Mittel wird ermittelt nach:

$$A_t = \frac{\sum_{i=1}^{n} P_{it}}{n}$$

mit: A_t = Durchschnittspreis am Tag t
P_{it} = Kurs des i-ten Wertpapiers am Tag t
n = Anzahl der Wertpapiere

Das gewogene arithmethische Mittel wird wie folgt bestimmt:

$$A_t = \frac{\sum_{i=1}^{n} P_{it} Q_{it}}{\sum_{i=1}^{n} Q_{i0}}$$

mit: Q_{it} = Grundkapital der i-ten Gesellschaft am Tag t
Q_{i0} = Grundkapital der i-ten Gesellschaft am Tag 0

Aktienkursindex nach Laspeyres in Aggregatsform:

$$P_{0t}^{L} = \frac{\sum_{i=1}^{n} P_{it} Q_{i0}}{\sum_{i=1}^{n} P_{i0} Q_{i0}} \cdot 100\%$$

mit: P_{0t}^{L} = Indexzahl am Tage t in Prozent nach Laspeyres
P_{i0} = Kurs des i-ten Wertpapiers am Tag 0

Bei der Indexformel nach Laspeyres werden die Kurse und Gewichtungsfaktoren mit denen im Basiszeitpunkt gewogen.

Aktienkursindex nach Paasche in Aggregatsform:

$$P_{0t}^{P} = \frac{\sum_{i=1}^{n} P_{it} Q_{it}}{\sum_{i=1}^{n} P_{i0} Q_{it}} \cdot 100\%$$

mit: P_{0t}^{P} = Indexzahl am Tag t in Prozent nach Paasche

Bei der Indexformel nach Paasche werden die Kurse und Gewichtungsfaktoren mit den Kursen des Tages 0 und den Gewichtungsfaktoren des Tages t gewogen. Laspeyres zeigt die Entwicklung eines ursprünglichen Depots zum Basiszeitpunkt an, Paasche die eines aktuellen zum Berichtszeitpunkt. Allerdings müssen hier noch die Ausgleichsfaktoren eingeführt werden. Die notwendigen Ausgleichsfaktoren führen zur **Wertindexformel**:

$$W_{0t} = \frac{\sum_{i=1}^{n} P_{it} Q_{it}}{\sum_{i=1}^{n} P_{i0} Q_{i0}} \cdot 100\%$$

mit: W_{0t} = Wertindexzahl am Tag t in Prozent

Hier werden Mengen der Berichtszeit zu Kursen der Berichtszeit mit Mengen der Basiszeit zu Kursen der Basiszeit verglichen.

5.2 Konstruktionsprinzip des DAX

5.2.1 Zusammensetzung

Der DAX wird um nicht vom Markt verursachte Kursveränderungen bereinigt. Solche Vorfälle sind im wesentlichen Ausgabe von Gratisaktien, Barkapitalerhöhungen, Nennwertumstellungen und die Bardividendenzahlung. Die Aufnahmekriterien für die 30 DAX-Werte sind hoher Börsenumsatz, große Börsenkapitalisierung und frühe Eröffnungskurse. Die Gewichtungsfaktoren entsprechen dem zum jeweiligen Neugewichtungstag an der Frankfurter Wertpapierbörse zugelassenen Grundkapital der im Index enthaltenen Gesellschaften. Das angegebene Kapital umfaßt das an der Frankfurter Wertpapierbörse zugelassene Kapital der Stamm-, Vorzugs-, jungen und jüngsten Aktien unter Vernachlässigung des noch nicht für lieferbar erklärten bedingten Kapitals.[1] Für nicht lieferbar erklärt gelten auch die nach § 12 Abs. 2 des Aktiengesetzes möglichen Mehrstimmrechtsaktien.[2] Bei Henkel ist das für die DAX-Gewichtung relevante Kapital nur das der stimmrechtslosen Vorzüge.

Der DAX berücksichtigt in seiner Indexkonstruktion die Börsenbedeutung der Indexgesellschaften. Die nachstehende Tabelle enthält die Liste der im DAX enthaltenen Titel sowie ihre Gewichtungsfaktoren.

---

[1] Siehe Pressemitteilung der Frankfurter Wertpapierbörse zur Neugewichtung des DAX am 15.9.1989, v. Rosen (1988).
[2] Dies ist so z.B. bei Daimler und RWE, siehe Saling Aktienführer.

74 Kapitel 2: Die Börse

Name	Kapital 1989 (Mio. DM)*	Gewichtung im DAX in %	Kapital 1990 (Mio. DM)*	Gewichtung im DAX in %
Allianz	750,00	10,22	825,00	12,47
BASF	2.849,25	5,31	2.849,79	3,95
Bayer	3.170,63	6,10	3.200,25	4,65
Bayrische Hypobank	750,63	1,83	827,34	1,75
Bayrische Vereinsbank	559,16	1,79	617,28	1,39
BMW	787,50	2,13	790,60	2,25
Commerzbank	1.134,70	1,75	1.272,69	1,97
Continental	432,65	0,86	445,54	0,79
Daimler	2.115,65	10,48	2.327,44	9,57
Degussa	365,00	1,22	365,00	0,75
Deutsche Babcock	350,00	0,46	350,00	0,31
Deutsche Bank	1.921,15	8,12	2.201,22	8,96
Dresdner Bank	1.491,34	3,25	1.819,72	4,42
Feldmühle	350,00	1,03	--	--
Henkel	290,00	1,02	302,50	1,06
Hoechst	2.880,87	5,39	2.919,97	4,08
Karstadt	360,00	1,39	360,00	1,46
Kaufhof	389,24	1,32	478,63	1,66
Linde	291,45	1,51	291,60	1,57
Lufthansa	1.216,00	1,65	1.520,00	1,16
MAN	674,54	1,49	771,00	1,63
Mannesmann	1.273,43	2,19	1.449,24	2,36
Metallgesellschaft	--	--	385,05	1,29
Nixdorf	280,05	0,63	--	--
Preussag	--	--	709,39	1,44
RWE	2.214,29	4,85	2.215,26	5,45
Schering	325,44	1,61	341,08	1,31
Siemens	2.368,93	8,92	2.534,18	9,33
Thyssen	1.565,00	2,33	1.565,00	2,15
VEBA	2.215,03	5,11	2.226,73	4,64
Viag	780,50	1,62	789,61	1,64
VW	1.500,00	4,46	1.650,00	4,61
Summe	35.652,44	100,04#	38.401,11	100,06#

Tab. 8: Zusammensetzung des DAX und Gewichtung der einzelnen DAX-Werte am 15.9.1989 bzw. 3.9.1990
* Quelle: Pressemitteilungen der Frankfurter Wertpapierbörse
Der prozentuale Anteil wurde wie folgt berechnet:

$$\frac{100}{DAX_t} \left(\frac{P_{it} \, Q_{it_0} \, C_i \, K_{t_1}}{\sum_{i=1}^{30} P_{it_0} \, Q_{it_0}} \right) \cdot 1000$$

Dabei bezeichnen DAX_t und P_{it} die Schlußkurse des DAX und der betrachteten Gesellschaft am 15.09.1989 bzw. 03.09.1990. Die Angaben über die Größen $Q_{it_0} \, C_i \, K_{t_1}$ und $\sum_{i=1}^{30} P_{it_0} \, Q_{it_0}$ wurden den Pressemitteilungen der Frankfurter Wertpapierbörse entnommen.
Die Differenz zu 100% ergibt sich durch Rundung

Die angegebenen Kapitalbeträge entsprechen den an der Frankfurter Wertpapierbörse zum Handel zugelassenen Kapitalbeträgen. Sie können von den im Geschäftsbericht der Unternehmen ausgewiesenen Grundkapitalbeträgen abweichen. Die Formel hatte zum Zeitpunkt der Einführung, 30.12.87, folgendes Aussehen:

$$DAX_t = \frac{\sum_{i=1}^{30} P_{it} Q_{it_0} C_i}{\sum_{i=1}^{30} P_{it_0} Q_{it_0}} \cdot 1.000$$

mit: P_{it_0} = Schlußkurs der i-ten Aktie zum 30.12.1987
Q_{it_0} = Kapital der i-ten Gesellschaft zum 30.12.1987
P_{it} = aktueller Kurs = P_{it_0} in t_0
C_i = Korrekturfaktor mit Wert 1 zum 30.12.1987
t_0 = 30.12.1987
DAX_{t_0} = 1.000 zum 30.12.1987

Als Aktienkurs zur DAX-Berechnung wird grundsätzlich der Kurs der Stammaktien herangezogen. Dies ergibt in der Regel einen höheren Marktwert für Gesellschaften, die Stammaktien und Vorzugsaktien ausgegeben haben, da die Vorzüge in der Regel unter den Stämmen notieren.[1]

Das zugelassene Kapital im Nenner $Q_{it_0},...,Q_{it_n}$ wird jeweils zwischen zwei Neugewichtungszeitpunkten konstant gehalten. Die Basis bleibt solange konstant, bis eine Indexgesellschaft getauscht wird. Die exogenen Einflüsse werden im zugehörigen Faktor C_i berücksichtigt. Die Neugewichtung brachte dann für die DAX-Formel nachstehende aktuelle Form:

$$DAX_t = K_{t_1} \cdot \frac{\sum_{i=1}^{30} P_{it} Q_{it_1} C_i}{\sum_{i=1}^{30} P_{it_0} Q_{it_0}} \cdot 1.000$$

mit: P_{it_0} = Schlußkurs der i-ten Aktie zum 30.12.1987
Q_{it_0} = Kapital der i-ten Gesellschaft zum 30.12.1987
P_{it} = aktueller Kurs = P_{it_0} in t_0
Q_{it_1} = Kapital der i-ten Gesellschaft zum 15.09.1989
C_i = Korrekturfaktor mit Wert 1 zum 30.12.1987
t_0 = 30.12.1987
t_1 = 15.09.1989
K_{t_1} = Verkettungsfaktor, gültig ab 3.9.1990

Die derzeit gültigen Werte können der Tabelle 8 entnommen werden. Der **Verlauf des DAX** seit seiner regelmäßigen Veröffentlichung kann ab Mitte Juli 1988 aus der nachstehenden Abbildung entnommen werden.

---

[1] Ausnahme ist hier Henkel mit den Kursen der stimmrechtslosen Vorzugsaktien. Die Stammaktien sind hier zu 100% im Festbesitz. Es findet darin kein Handel statt.

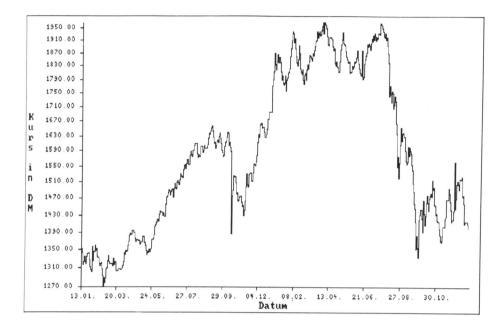

Abb. 5: Verlauf des DAX vom 13.01.1989 bis zum 28.12.1990

5.2.2 Reserveindexwerte

Ersatzgesellschaften sollen bei einem erzwungenen Tausch als neue Werte in den Index eingeführt werden. An diese Aktien werden die gleichen Anforderungen bezüglich Börsenkapitalisierung, frühe Eröffnungskurse und hohe Börsenumsätze gestellt wie an die Indexgesellschaften selbst. Durch die Bekanntgabe der Werte tritt eine Beruhigung des zukünftigen Terminhandels ein, da im vorhinein schon bekannt ist, welche Neuaufnahmen anstehen. Der Arbeitskreis Deutscher Aktienindex DAX hat im Sommer 1989 Hochtief, Hoesch und PWA als Ersatzwerte bekanntgegeben.[1]

Das Ausscheiden und die Aufnahme[2] von Indexgesellschaften wurde formal genauso durchgeführt wie bei der Neugewichtung zum 15.09.1989.

---

[1] Siehe Börsenzeitung vom 07.09.1989.
[2] Siehe Abschn. 5.3.4 Tausch von Indexgesellschaften.

5.2.3 Die Neugewichtungen des DAX

Am 15.09.1989 wurde der DAX erstmals neu gewichtet. Die Wahl dieses Termins stellt auf die Fälligkeit des DAX-Terminkontraktes im September ab.

Die für den 14.09.1989 gültige Berechnungsmethode entsprach der zu Anfang angewandten DAX-Formel mit:

$$DAX_t = \frac{\sum_{i=1}^{30} P_{it} Q_{it_0} C_i}{\sum_{i=1}^{30} P_{it_0} Q_{it_0}} \cdot 1.000$$

Über den Faktor C_i waren alle verrechenbaren exogenen Einflüsse bereinigt worden. Bei durchgeführten Kapitalmaßnahmen der jeweiligen Gesellschaften blieb das erhöhte Grundkapital unberücksichtigt. In der Kapitalerhöhung bei Henkel-Vorzügen, von 175 Mio. DM auf 290 Mio. DM, wurde der Bezugsrechtsabschlag im Faktor C_i verrechnet. Der Erhöhungsbetrag von 115 Mio. DM war noch nicht als aktueller Gewichtungsfaktor von Henkel im DAX eingerechnet. Alle veränderten Kapitalien wurden auf folgende Weise in den Index integriert: Nach der Börsensitzung vom 14.09.1989, Zeitpunkt t-1, wurde der DAX mit den bekannten zugelassenen Kapitalien Q_{it} des Folgetages 15.09.1989, Zeitpunkt t, und mit den Schlußkursen des Tages neu gerechnet. Gleichzeitig wurden wieder alle Bereinigungsfaktoren C_i auf 1 gestellt. Der künstliche DAX-Wert DAX_{t-1} wurde errechnet nach:

$$DAX_{t-1} = \frac{\sum_{i=1}^{30} P_{i,t-1} Q_{it_1} C_i}{\sum_{i=1}^{30} P_{it_0} Q_{it_0}} \cdot 1.000$$

mit: $P_{i,t-1}$ = Tagesschlußkurs des 14.09.1989
Q_{it_1} = Kapital der i-ten Gesellschaft zum 15.09.1989
C_i = Korrekturfaktor mit dem Wert 1 ab 14.09.1989 ab dem Zeitpunkt t-1

Der DAX_{t-1}-Wert muß sich von dem DAX_t-Wert des folgenden Tages unterscheiden. Es kommt zu einem Indexsprung, der auszugleichen ist. Ein den Indexsprung ausgleichender Faktor wird ermittelt nach:

$$K_{t_1} = \frac{DAX_t}{DAX_{t-1}}$$

mit: K_{t_1} = Verkettungsfaktor. Dieser Wert wurde ermittelt zu 1,020377.

Die seit dem 15.09.1989 gültige Formel zur Berechnung des DAX lautet nun:

$$DAX_t = K_{t_1} \frac{\sum_{i=1}^{30} P_{it} Q_{it_1} C_i}{\sum_{i=1}^{30} P_{it_0} Q_{it_0}} \cdot 1.000$$

Die dargestellte Neugewichtung des DAX macht die Bereinigungsproblematik transparent. Die Beibehaltung der bisherigen Ausgleichsmaßnahmen hätte nämlich zur Folge, daß Werte mit einer hohen Dividendenrendite bezüglich des Aktienkurses einen immer größeren Anteil am DAX gewinnen würden. Speziell die Farbennachfolger hätten im Laufe der Jahre - ohne eine Neugewichtung in der Art wie die zum 15.09.1989 - ihren Anteil stark ausgebaut. Diese Titel haben einerseits wegen ihrer hohen Grundkapitalien große Gewichtungsanteile am DAX, andererseits werden diese Titel schon immer von der Börse niedrig bewertet. Für das Börsenjahr 1989 lag die Bewertung von Bayer, BASF und Hoechst zwischen 255 und 323 DM bei einer gezahlten Bardividende von jeweils 12 DM. Die Bewertung von Siemens lag während des Jahres 1989 zwischen 502 und 622 DM bei einer gezahlten Dividende von 11 DM. Da die Anteile vor dem 15.09.1989 nach $P_{it} \cdot Q_{it_0} \cdot C_i$ berechnet wurden, konnten die drei Farbenwerte ihren Anteil über die Dividende wegen des Bereinigungsfaktors C_i mehr als doppelt so schnell ausbauen wie Siemens.

Diese Tendenz wurde nach ca. 1 Jahr und 9 Monaten mit der Neugewichtung gestoppt. Hier kommt aber nun eine andere Facette zum Vorschein. Die versprochene vollkommene Reinvestition in die von exogenen Einflüssen betroffenen Werte findet nur zum Teil statt. Das Stellen aller Korrekturglieder C_i auf 1 impliziert die Konzentration der exogenen Einflüsse in dem Korrekturfaktor K_{t_1}. Dessen Problematik sei an einem kleinen Beispiel mit zwei Aktien aufgezeigt.

Zugrundegelegt wird die Indexformel des DAX. Bei Beginn des Index I_t steht die erste Aktie bei 100, die andere bei 130. Das zugelassene Kapital der ersten sei 2.000, das der zweiten 5.000. Der Index starte, wie der DAX, bei 1.000. Die Aktie 1 zahle im Laufe der Zeit eine Dividende von 10 DM mit einem cum Kurs von 110, das C_i ergibt sich zu 110/(110-10) = 1,1. Die zweite Aktie gibt Gratisaktien aus im Verhältnis 10:1 mit einem cum Kurs von 130. Hier ergibt sich das C_i zu (10 + 1)/10 = 1,1. Der Index I_t steht zu einem späteren Zeitpunkt, bei dem die erste Aktie bei 120 und die zweite Aktie zu 135 gehandelt wird, bei:

$$I_t = \frac{120 \cdot 2.000 \cdot 1,1 + 135 \cdot 5.000 \cdot 1,1}{100 \cdot 2.000 + 130 \cdot 5.000} \cdot 1.000 = 1.184,11$$

Dies entspricht einem Index- oder Portfoliogewinn von 18,41%. Dieser ist zusammengesetzt aus Gratisaktien, Dividendenzahlungen und Kursgewinnen seit Bestehen der Berechnungsart. Bei diesem Stand wird nun eine Neugewichtung nach obigem Schema durchgeführt, wobei das Nennkapital der Gratisaktien in Höhe von 500 als neues Grundkapital eingebracht wird.

Das künstliche I_{t-1}-Glied errechnet sich zu:

$$I_{t-1} = \frac{120 \cdot 2.000 \cdot 1 + 135 \cdot 5.000 \cdot 1}{100 \cdot 2.000 + 130 \cdot 5.000} \cdot 1.000 = 1.155,88$$

mit: I_{t-1} = Künstliches Indexzwischenglied

Der Verknüpfungsfaktor ergibt sich mit:

$$K = \frac{I_t}{I_{t-1}} = 1,0244274$$

mit: K = Verkettungsfaktor entsprechend K_{t1} oben

Die Indexsteigerung beträgt aufgrund exogener Einflüsse, hier Dividendenzahlungen und Gratisaktien, 2,44%.

Das kleine Rechenbeispiel zeigt die Aufteilung von Vermögensverschiebungen aufgrund von Dividendenzahlungen und Bezugsrechten beim DAX-Neugewichtungsverfahren: Ein Teil fließt in die von Kapitalmaßnahmen betroffenen Gesellschaften, der Rest in den Verknüpfungsfaktor, und dieser verteilt sich dann linear auf alle Indexelemente, dem neuen Gewicht entsprechend.

Das obige Beispiel soll nun dergestalt modifiziert werden, daß auch die zweite Gesellschaft Dividenden ausschüttet. Ein Bereinigungsfaktor von 1,1 bei einem cum Kurs von 130 entspricht bei vollem Dividendenabschlag einer Dividende in Höhe von 11,82 DM. Es errechnet sich ein C_{i*} von 130/(130 - 11,82) = 1,1 = C_i. Der Verknüpfungsfaktor K beträgt in diesem Fall 1,1.

Die Dividendenrendite wird auf die beiden verursachenden Aktien mit den ursprünglichen Gewichten verteilt, da ja kein neues Grundkapital von 500 eingeführt werden muß. Gehen unterschiedliche C_i in den Verknüpfungsfaktor ein, so werden damit die Dividendenreinvestitionen anders verteilt.

Die vereinfachende Annahme, es fallen nur Dividendenzahlungen an, ist ebenfalls zu präzisieren. Die Dividenden werden in die ausschüttende Aktie zu einem theoretischen ex Kurs reinvestiert. Dieser lag bei der Aktie 1 bei 100 und bei der Aktie 2 im Dividendenfall bei 118,18, wobei von Transaktionskosten abgesehen werden soll. Die gesamte Wertsteigerung des Portfolios teilt sich auf in eine Steigerung bei Aktie 1 um 20 und bei Aktie 2 um 16,82. Diese jeweilige Steigerung wird ebenfalls am Tag der Neugewichtung mit umverteilt.

Mit einem kleinen Zahlenbeispiel kann dies illustriert werden. Hier werden, entsprechend der Quote der Aktie 1 und 2, Wertpapiere gekauft. Von der Ganzzahligkeitsbedingung wird dabei abstrahiert.

Quote 1 = (2.000/7.000) · 100% = 28,57% = Anteil der Aktie 1
Quote 2 = (5.000/7.000) · 100% = 71,43% = Anteil der Aktie 2

Der Wert des Portfolios zum Startzeitpunkt ist:

100 · 28,57 + 130 · 71,43 = **12.142,9**

Die Reinvestition der Dividendenzahlung bei Aktie 1 erhöht deren Zahl auf

28,57 Stck · 1,1 = 31,427 Stck á 100 DM,

mithin auf einen Wert von 3.147,2 im Dividendenzahlungszeitpunkt. Die Reinvestition der Dividendenzahlung bei Aktie 2 erhöht deren Zahl auf

71,43 Stck · 1,1 = 78,573 Stck á 118,18 DM

und mithin auf einen Wert von 9.285,75 im Dividendenzahlungszeitpunkt.

Das Portfolio besitzt am Neugewichtungstag bei den nun vorliegenden Stückzahlen einen Wert von 120 · 31,472 + 135 · 78,573 = **14.378,59**.

Die Wertsteigerung beträgt 18,41%.

Die Neugewichtung erfolgt mit den ursprünglichen Gewichten, da keine Kapitaländerung durchgeführt wurde:

120 · 28,57 + 135 · 71,43 = 13.071,45

Der Differenzwert ergibt einen Betrag von:

14.378,59 - 13.071,45 = 1.307,14 (*U*)

Dieser kann nach seinem Entstehen aufgeteilt werden in einen Dividendenanteil und Kurszuwächse des reinvestierten Dividendenbetrages:

(i)   Dividende 1:   10 · 28,57 = 285,7, oder 2,857 Aktien zu 100
(ii) Wertzuwachs 1: (120 - 100) · 2,857 = 57,14
(iii) Dividende 2:   11,82 · 71,43 = 844,3, oder 7,144 Aktien zu 118,18
(iv) Wertzuwachs 2: (135 - 118,18) · 7,143 = 120,14

Werden (i), (ii), (iii) und (iv) addiert, ergibt sich ein Vergleichsbetrag zu (*U*) von 1.307,28.[1] Es wurde der Wertzuwachs von (ii) und (iv) = 177,28 bei der Neugewichtung mit umverteilt. Da bei dem gewählten *nur* Dividendenbeispiel der Verknüpfungsfaktor K sich wie die beiden C_i-Faktoren zu 1,1 ergab, bedarf es keinerlei Veränderung der Depotstruktur trotz Neugewichtung.

---
[1] Wegen mehrfacher Rundungen kommt es zu einer Abweichung von 0,14 nach oben.

Bei Ausgabe von Gratisaktien müssen die Gewichte neu bestimmt werden. Durch Subtraktion der Stückzahlen vor und nach der Neugewichtung werden die Zuflüsse (Käufe) und Abflüsse (Verkäufe) berechnet und getätigt. Danach hat man das neue Indexportfolio. Die in dem Beispiel beschriebene Vorgehensweise entspricht der eines passiven Portfolio-Managements.

5.3 Die Indexpflege des DAX

Die Pflege des Index verlangt insbesondere die Berechnung der Korrekturfaktoren. Sie sei nachstehend wiedergegeben.

Zunächst soll der Korrekturfaktor C_i von der allgemeinen DAX-Formel abgeleitet werden. Dazu wird die Ausgangsformel des DAX ohne Korrekturfaktor verwendet.

$$DAX_t = \frac{\sum_{i=1}^{30} P_{it} Q_{it_0}}{\sum_{i=1}^{30} P_{it_0} Q_{it_0}} \cdot 1.000$$

Dies entspricht der Darstellung:

$$\frac{DAX_t}{1.000} = \frac{P_{1t} Q_{1t_0}}{\sum_{i=1}^{30} P_{it_0} Q_{it_0}} + \ldots + \frac{P_{At} Q_{At_0}}{\sum_{i=1}^{30} P_{it_0} Q_{it_0}} + \ldots + \frac{P_{30,t} Q_{30,t_0}}{\sum_{i=1}^{30} P_{it_0} Q_{it_0}}$$

Diese Darstellung wird nach dem Indexanteil der Gesellschaft A aufgelöst:

$$\frac{P_{At} Q_{At_0}}{\sum_{i=1}^{30} P_{it_0} Q_{it_0}} = \frac{DAX_t}{1.000} - \left[\frac{P_{1t} Q_{1t_0}}{\sum_{i=1}^{30} P_{it_0} Q_{it_0}} + \ldots + \frac{P_{30,t} Q_{30,t_0}}{\sum_{i=1}^{30} P_{it_0} Q_{it_0}} \right]$$

Der linke und der rechte Teil der Gleichung entspricht dem Indexanteil der Gesellschaft A. Für weitere Überlegungen wird nur der linke Teil benötigt. Exogen verursachte Kursschwankungen wirken sich hier nur über den Preis der Aktie P_{At} aus. Dies kann anhand der Notiz des Vortages P_{Acum} und der Notiz P_{Aex} dargestellt werden. Hält man beide Zeitpunkte beispielhaft für einen Bezugsrechtsabschlag fest, stellt sich der Indexanteil von A zu:

(1) $$I_{Acum} = \frac{P_{Acum} Q_{At_0}}{\sum_{i=1}^{30} P_{it_0} Q_{it_0}}$$

und

(2) $\quad I_{Aex} = \dfrac{P_{Aex} \, Q_{At_0}}{\sum\limits_{i=1}^{30} P_{it_0} \, Q_{it_0}}$

Die Differenz zwischen den beiden Indexanteilen Acum und Aex würde den Indexsprung auslösen.[1] Diese exogene Kursänderung darf die DAX-Notiz jedoch nicht verändern. Sie ist daher zu bereinigen. Diese Aufgabe wird unter Zwischenschalten eines artefakten Indexanteils der Gesellschaft A bewältigt.[2]

(3) $\quad I_{A^*} = \dfrac{P_{A^*} \, Q_{At_0}}{\sum\limits_{i=1}^{30} P_{it_0} \, Q_{it_0}}$

Dabei ist P_{A^*} ein theoretischer Aktienpreis, der sich aus der **Differenz** zwischen P_{Acum} und dem theoretischen Wert der verursachenden Maßnahme errechnet. Hier soll die exogene Einflußgröße ein Bezugsrechtsabschlag sein. Dann ergibt sich:

$P_{A^*} = P_{Acum}$ - Wert des Bezugsrechts

Dieser künstliche Preis muß ermittelt werden, um einen exakten Ausgleich der geldwerten Änderungen durchführen zu können. Der erste Preis des Abschlagtages P_{Aex} wird an der Börse über Angebot und Nachfrage nach diesem Titel am ex-Tag ermittelt, und dieser kann somit einen beliebigen Preis, meist in der Nähe des theoretischen Preises P_{A^*}, einnehmen. Wird im obigen Fall I_{Acum} und I_{A^*} verglichen, ergeben sich die Unterschiede unabhängig vom Marktgeschehen des Folgetages. Diese Unterschiede werden bereinigt nach der Formel:

(4) $\quad C_A = \dfrac{I_{Acum}}{I_{A^*}}$

Der Korrekturfaktor C_A hebt den Indexanteil I_{A^*} auf das Ausgangsniveau I_{Acum}, da in der Regel $C_A > 1$ wegen $I_{A^*} < I_{Acum}$. Durch Einsetzen der obigen Formeln (1) und (3) in die Schlußformel (4) gilt für C_A:

$$C_A = \dfrac{P_{Acum} \, Q_{At_0}}{\sum\limits_{i=1}^{30} P_{it_0} \, Q_{it_0}} \Bigg/ \dfrac{P_{A^*} \, Q_{At_0}}{\sum\limits_{i=1}^{30} P_{it_0} \, Q_{it_0}} \leftrightarrow \dfrac{P_{Acum}}{P_{A^*}}$$

---

[1] Es könnte jedoch sein, daß wegen der positiven Einschätzung des Marktes gegenüber dieser Aktie der Eröffnungskurs gleich dem Schlußkurs des Vortages notiert: Es kommt dann zu keinem Indexsprung.
[2] Siehe Bleymüller (1966), Kapitel 6.

oder verallgemeinert:[1]

(5) $\quad C_i = \dfrac{\text{Schlußkurs}_{cum}}{\text{Schlußkurs}_{cum} - \alpha}$

Dabei bezeichnet α den geldwerten Vermögenstransfer, der der exogenen Maßnahme entspricht. Um eine Parität zwischen I_{Acum} (1) und I_{Aex} (2) herzustellen, muß I_{Aex} mit dem Faktor C_A multipliziert werden:

$$I_{Acum} = I_{Aex}\, C_A = \dfrac{P_{Aex}\, Q_{At_0}\, C_A}{\sum_{i=1}^{30} P_{it_0}\, Q_{it_0}}$$

Die Unterschiede, die sich hier noch ergeben, sind marktbedingt.[2] Diese Form des Ausgleichs beinhaltet im wirtschaftlichen Sinne eine Wiederanlage der Barvermögensveränderungen in der von der Veränderung betroffenen Aktie.[3]

Der Korrekturfaktor C_i einer Gesellschaft i kann sich im Laufe eines Jahres mehrfach ändern. Es ist denkbar, daß die Gesellschaft i zwischen zwei Neugewichtungen, die jährlich stattfinden sollen, Dividenden zahlt, Gratisaktien ausgibt und noch eine Kapitalerhöhung durchführt. Hier wird sich ein $C_{aktuell}$ ergeben mit $C_{aktuell} = C_1\, C_2\, C_3$.

Zur Ermittlung der Korrekturfaktoren C_i bedarf es des Barwertes α der Vermögensumschichtung. Nachfolgend soll die Ermittlung von α und C_i für drei häufige Beispiele dargestellt werden.

5.3.1 Ermittlung der Korrekturfaktoren bei Kapitalerhöhungen

Steht einem Aktionär bei einer Kapitalerhöhung das Recht zu, für Altaktien junge Aktien zu beziehen, so läßt sich der Wert α des Bezugsrechts folgendermaßen errechnen:

$$\alpha = \dfrac{n\,(P_{Acum} - P_n)}{a + n}$$

mit: a = Anzahl der berechtigten Altaktien
j = Anzahl der jungen Aktien
P_{Acum} = letzte Notiz cum Bezugsrecht der Altaktien
P_n = Emissionspreis der jungen Aktien

---

[1] So veröffentlicht in einem Rundschreiben der FWB an die Mitglieder des Arbeitskreises DAX am 27.4.1989.
[2] Siehe Indexpflege.
[3] Diese Reinvestitionsannahme wird mit dem Schlagwort "Operation blanche" charakterisiert.

Eingesetzt in die Formel (5) für C_i erhält man:

$$C_i = \frac{(a + n)\, P_{Acum}}{a\, P_{Acum} - n\, P_n}$$

Die hier verwendete einfache Formel ist nur für den Fall, daß der Kurs der Aktie nicht unter den Emissionskurs der jungen Aktien fällt, sinnvoll anzuwenden.

5.3.2 Ermittlung der Korrekturfaktoren bei Dividendenzahlungen

Der Dividendenabschlag wird in Höhe der Bardividende angesetzt:

α = Bardividende

Der Performanceindikator DAX ist beim Performanceanteil Dividende ein 64% Performer. Es wird hier auf die Anrechnung der 36% KSt-Ausschüttungsbelastung verzichtet. Für C_i ergibt sich hier:

$$C_i = \frac{P_{Acum}}{P_{Acum} - \text{Bardividende}}$$

5.3.3 Ermittlung der Korrekturfaktoren bei Gratisaktien

Der Barwert bei Gratisaktien kann ermittelt werden über:

$$\alpha = P_{Acum} - \frac{a\, P_{Acum}}{a + j}$$

mit: a = Anzahl der berechtigten Altaktien
j = Anzahl der Gratisaktien

C_i wird ermittelt nach:

$$C_i = \frac{P_{Acum}}{P_{Acum} - \left[P_{Acum} - \frac{a\, P_{Acum}}{a + j}\right]} \leftrightarrow \frac{P_{Acum}\,(a + j)}{a\, P_{Acum}} \leftrightarrow \frac{a + j}{a}$$

5.3.4 Tausch von Indexgesellschaften

Im September 1990 wurden Nixdorf und Feldmühle Nobel gegen Preussag und Metallgesellschaft getauscht. Dabei waren eine Anzahl von Problemen zu lösen, um die neuen Werte in den DAX integrieren zu können. Die Berechnungsmodalitäten für den Fall eines Unternehmenstausches können hier nur allgemein skizziert werden. Es soll dabei wie bei einer Neugewichtung vorgegangen werden. Es werden bei allen Altindexelementen die C_i-Faktoren auf 1 gesetzt. Das ist beim Fälligkeitstermin im September der Fall. Dann rechnet man mit den jeweils gemeldeten Kapitalien. Die letzte DAX-Zahl wurde ermittelt durch:

$$DAX_t = K_{t_1} \frac{\sum_{i=1}^{30} P_{it} Q_{it_1} C_i}{\sum_{i=1}^{30} P_{it_0} Q_{it_0}} \cdot 1.000$$

Das DAX-Zwischenglied wird berechnet mit:

$$\frac{DAX_{t*}}{K_{t_1} 1.000} = \frac{P_{1t} Q_{1t_2} C_1 + ... + P_{*t} Q_{*t_2} C_* + ... + P_{30t} Q_{30t_2} C_{30}}{P_{1t_0} Q_{1t_0} + ... + P_{*t_0} Q_{*t_0} + ... + P_{30t_0} Q_{30t_0}}$$

Entfallende Kursnotizen werden durch die Notiz der neuaufgenommenen Gesellschaft ersetzt. Die Elemente Q_{it_2} der ursprünglichen Indexgesellschaften entsprechen den zugelassenen Grundkapitalien der einzelnen Gesellschaften an der FWB des folgenden Tages t + 1. Die Preise der alten Indexwerte sind die des Tages t. Der neue Verkettungsfaktor ergibt sich zu:

$$K_{t_2} = \frac{DAX_t}{DAX_{t*}}$$

mit: K_{t_2} = Verkettungsfaktor ab dem Tag t

Die neuen DAX-Berechnungsmodalitäten ergeben:

$$DAX_t = K_{t_2} \frac{\sum_{i=1}^{30} P_{it} Q_{it_2} C_i}{\sum_{i=1}^{30} P_{it_0} Q_{it_0}} \cdot 1.000$$

Es müssen nun Werte für P_{*t}, Q_{*t_2}, C_*, P_{*t_0} und Q_{*t_0} bestimmt werden. Für P_{*t} ist der Schlußkurs dieser Aktie am Tauschabend anzusetzen. C_* wird ebenfalls wie bei allen anderen Unternehmen auch gleich 1 gesetzt. Es sind keine Umrechnungen nötig, da das zu ersetzende C_i-Glied bis zu diesem Tag in der Indexzahl des DAX berücksichtigt ist. Die Werte P_{*t_0} und Q_{*t_0} sollen den Wert des Schlußkurses der Aktie am Tauschabend bzw. den des zugelassenen Kapitals an der FWB am folgenden Tag einnehmen. Die Neugewichtung wegen eines Titeltausches impliziert einen Bruch in der Indexberechnung und soll auch als solcher behandelt werden. Entsprechend den allgemeinen Anforderungen muß der Faktor Q_{*t_2} dem des Q_{*t_0} entsprechen. Die Werte der Zu- und Abgänge der Elemente müssen dann zukünftig zusätzlich mit den entsprechenden Gültigkeitsdaten veröffentlicht werden, ähnlich wie dies die Dow Jones & Co. mit dem Dow durchführt.[1] Hier wird mehr Indextransparenz geschaffen, was für jeden Index vorteilhaft ist, der als Grundlage synthetischer Finanzprodukte dient.

5.3.5 Technische Umsetzung des DAX an der Frankfurter Wertpapierbörse

Das KISS berechnet mit einer dafür ausgelegten Software die DAX-Daten nach der jeweils gültigen Formel und den entsprechenden Ausgleichsfaktoren. Die minütlichen Berechnungen des Laufindizes DAX beginnen mit der Eröffnung der Börsensitzung. Sind mehr als 15 Titel eröffnet, die 70% des Indexkapitals repräsentieren müssen, werden die Daten weiter verbreitet. Angeschlossen[2] sind hier die Börsen-Daten-Zentrale GmbH, Reuters, Telekurs, Quotron, Telerate, VWD, Pond Data u.a. Diese ersten offiziellen Daten werden erfahrungsgemäß zwischen 10.35 Uhr und 10.40 Uhr veröffentlicht. Dargestellt wird der DAX in der Frankfurter Wertpapierbörse graphisch auf einer 5m mal 2m großen Vollmatrixtafel über dem Parkett der Aktienbörse. Sonderfälle bei der Kursfeststellung, wie der Kassakurs, reine Geld- (G) oder Briefkurse (B), aber auch *Kurs ausgesetzt*, werden im KISS folgender Regelung unterzogen: der Kassakurs wird als eine variable Notierung verarbeitet; bei einer Kurskette eines Wertes von 190,50, - 191,10, -B (G) würden auch Geld- bzw. Briefkurse, also hier 191,10, genommen; bei einer Kursaussetzung wird die letzte variable Notierung herangezogen, d.h. bei einer Kursaussetzung vor Börsenbeginn wird der Vortagsschlußkurs verwendet. Wegen der dann nur 29 aktuell gehandelten Indexwerte blinkt der DAX über die ganze Sitzung hinweg. Bei einer Bereinigung gilt: Wenn der erste DAX-Wert ermittelt wird, ohne daß Eröffnungskurse des Tages vorliegen, an dem ein Ereignis mit exogenem, d.h. bereinigungsinduzierendem Charakter eintritt, notiert der DAX geringfügig über dem Schlußindex des Vortages. Der auf die Ex-Notiz ausgerichtete Korrekturfaktor erhöht die Cum-Notiz des Vortages zu sehr. Diese Ungenauigkeit kann ebenfalls am Blinken des DAX erkannt werden. Der DAX-Echtzeitindikator sollte keine Indexsprünge aufweisen. Bei Veränderungen von mehr als 1% in Relation zum letzten DAX-Wert beginnt der Index automatisch zu blinken und die Publikationen werden eingestellt. Es wird ein Plausibilitätstest durchgeführt. Hier wird überprüft, ob sich die starke Schwankung auf eine Fehleingabe zurückführen läßt. Mit der Korrektur wird die Veröffentlichung wieder fortgesetzt.

---

[1] Vgl. Pierce Phyllis (1985), S. 16 ff.
[2] Siehe Börsenzeitung vom 07.09.1989.

Literaturverzeichnis

Arbeitsgemeinschaft der Deutschen Wertpapierbörsen, Jahresbericht 1989

Beyer-Fehling, H./Bock, A. (1975): Die deutsche Börsenreform und Kommentar zur Börsengesetznovelle, Frankfurt

Bleymüller, J. (1966): Theorie und Technik der Aktienindizes, Wiesbaden

Börsenzeitung vom 07.09.1989: DAX-Erfolgsbilanz von 15 Monaten

Brox, H. (1978): Handelsrecht und Wertpapierrecht, München

Deutsche Bundesbank: Monatsberichte der deutschen Bundesbank, 41. Jg., Nr. 7, 1989

DTB Deutsche Terminbörse GmbH (1990): DAX Futures, Frankfurt

Diederichsen, U. (1974): Begriff und Funktionen der Wertpapiere, in: Das Wirtschaftsstudium, 3. Jg., S. 80-82

Fritsch, U. (1978): Mehr Unternehmen an die Börse: Bedeutung und Möglichkeiten der Publikums-Aktiengesellschaften, Köln

Glaser, F. (1908): Die Börse, Frankfurt

Grill, W./Perczynski, H. (1989): Wirtschaftslehre des Kreditwesens, Bad Homburg

Heilfron, E. (1912): Geld-, Bank- und Börsenrecht, Berlin

Hemptenmacher, Th. (1908): Börsengesetz, 2. Aufl., Berlin

Hueck, H./Canaris, C.W. (1986): Recht der Wertpapiere, 12. Aufl., München

Kessler, J.R. (1990): Von der Globalurkunde zum Wertrecht?, in: Zeitschrift für das gesamte Kreditwesen, 43. Jg., S. 126-130

Kolb, R.W. (1988): Understanding Futures Markets, 2nd ed., Glenview, Illinois

Loistl, O. u.d.M.v. Löderbusch, B./Schepers, N./Weßels, T. (1990): Computergestütztes Wertpapiermanagement, 3. neu bearb. u. erw. Aufl., München

Obst, G. (1935): Geld-, Bank- und Börsenwesen, Stuttgart

Peters, K. (1975): Wertpapierfreies Effektensystem, Diss., Göttingen

Pierce Phyllis, S. (1985): The Dow Jones Investor's Handbook, Homewood, Illinois

Pressemitteilung der Frankfurter Wertpapierbörse zur Neugewichtung des DAX im September 1990

Rehm, H. (1909): Allgemeine Bestimmungen über die Börse und ihre Organe, in: Rehm u.a. (Hrsg.), Kommentar zum Börsengesetz, Berlin

v. Rosen, R. (1988): Der DAX und die DTB, in: Kreditwesen, 41. Jg., S. 743-746

Rundschreiben der Frankfurter Wertpapierbörse an die Mitglieder des Arbeitskreises Deutscher Aktienindex DAX vom 27.04.1989

Saling Aktienführer, Verlag Handelsblatt, Düsseldorf 1989

Schmidt, H. (1977): Vorteile und Nachteile eines integrierten Zirkulationsmarktes für Wertpapiere gegenüber einem gespaltenen Effektenmarkt, Brüssel

Schmidt, H. (1988): Wertpapierbörse, Hamburg

Schmidt, P. (1990): Deutscher Kassenverein, in: Zeitschrift für das gesamte Kreditwesen, 43. Jg., S. 121-122

Schönle, H. (1971): Bank- und Börsenrecht, München

Statistische Beihefte zu den Monatsberichten der Deutschen Bundesbank, Reihe 1: Bankenstatistik nach Bankengruppen, Nr. 7, 1989

Statistische Beihefte zu den Monatsberichten der Deutschen Bundesbank, Reihe 2: Wertpapierstatistik, Nr. 7, 1989, S. 22

Tilly, W. (1975): Die amtliche Kursnotierung an den Wertpapierbörsen, Baden-Baden

Vallenthin, W. (1974): Rechtsgrundlagen des Bankgeschäftes, Frankfurt

Wohlfahrth, K./Bley, S. (1976): Grundlagen der Praxis des Wertpapiergeschäfts, Stuttgart

Zänsdorf, K. (1937): Verfassung und Organisation der deutschen Börsen im Lichte der rechtsgeschichtlichen Entwicklung, Würzburg

Kapitel 3: Zur markttechnischen Erklärung von Aktienkursen

1. Problemstellung

Die markttechnische Betrachtung negiert zwar nicht den Einfluß fundamentaler Konstellationen. Sie stehen aber nicht im Vordergrund; das Hauptinteresse gilt den markttechnischen Faktoren: Es kommt nicht darauf an, welchen (inneren) Wert eine Aktie hat, sondern darauf, was der Markt hierfür zu zahlen bereit ist. Dafür bieten die öffentlich notierten Preise der einzelnen Transaktionen ein für jeden beobachtbares Signal. Die Anhänger der markttechnischen Analyse behaupten außerdem, daß in den Zeitreihen der Kursnotizen systematische Bewegungsmuster, die für profitable Kursprognosen ausgenutzt werden können, enthalten sind.

Die Kunst der markttechnischen Analyse besteht im Erkennen dieser systematischen Konfigurationen. Die richtige Kursprognose ist das Geheimnis erfolgreichen Agierens auf dem Kapitalmarkt. Hierbei sind zwei grundsätzlich verschiedene Kategorien von Auffassungen zu unterscheiden:

Zum einen die **traditionelle technische Analyse**, die vergleichsweise elementare Techniken heranzieht, um Trend-, Trendumkehr-, Trendbestätigungsformationen herauszufinden. Entsprechend lauten dann die Handelsstrategien, die Papiere zu kaufen, zu verkaufen oder zu halten. Auf die Details dieser Techniken sei hier nicht eingegangen. Ihre Anwendung hat sich bisher einer objektiven, d.h. statistischen Überprüfung weitgehend entzogen. Damit soll nicht die Brauchbarkeit bzw. die Unbrauchbarkeit der traditionellen technischen Analyse belegt werden. Es kann nur konstatiert werden, daß die derzeit verfügbaren statistischen Methoden eine Bestätigung dieser technischen Methoden nicht erlauben. Sie sind hierfür wohl nicht leistungsfähig genug.

Zum anderen die **wahrscheinlichkeitstheoretisch** fundierten mathematisch-statistischen Techniken. Die Suche nach systematischen Bewegungen war mit ihrer Hilfe lange Zeit vergeblich gewesen. Erst neuere statistische Untersuchungen zeigen eher systematische Abhängigkeiten.[1] Die GARCH-Analyse belegt die Möglichkeit zu systematischer Kursprognose. Andererseits ist nach den Erfahrungen des Verfassers die Analyse einer zyklischen Komponente in den Aktienkursbewegungen mit Hilfe eines simplen Oszillators aussagefähiger als die Analyse mit Hilfe der Spektralanalyse. Erstere ist natürlich nur aus der speziellen Situation heraus zu interpretieren. Letztere basiert zweifelsohne auf einer formal verläßlichen systematischen Grundlage, ist in ihren Ergebnissen bei den

---

[1] Vgl. hierzu insbesondere die Arbeit von Akgiray (1989).

schwach strukturierten Zusammenhängen der Aktienkursbewegung aber kaum aussagefähig.

Nachstehende Gegenüberstellungen sollen den Zusammenhang verdeutlichen. Die statistischen Verfahren wie z.b. die **Spektralanalyse** sind für die exakten Relationen der Naturwissenschaften adäquat und führen hier bei den hohen Signifikanzwerten auch zu verläßlichen und eindeutigen Interpretationsmöglichkeiten. Bei den **schwach strukturierten Problemen** der Wirtschaftswissenschaften hingegen kann - bildlich gesprochen - dieses Millimetermaß nur wenig informative Konstellationen messen. Hier kommt es vielmehr darauf an, die Dynamik der Bewegungen zu erkennen.

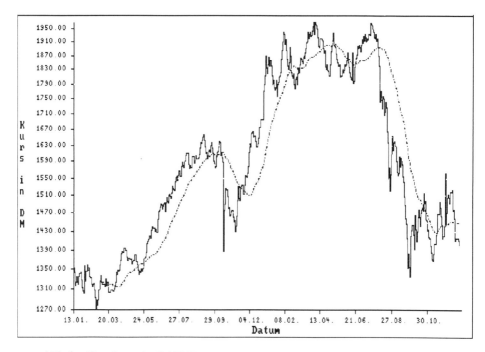

Abb. 1: Tageskurse des DAX (FFM) vom 13.01.1989 bis zum 28.12.1990 und Moving-Average (MA=38)

Die Probleme bei der Prognose von Kapitalmarktentwicklungen ähneln den Problemen bei der Wettervorhersage. Auch bei der Wettervorhersage mischen sich deterministische Strukturen wie die geographischen Formationen mit stochastischen Phänomenen wie der Entwicklung der Windbewegungen und der Wolkenbildung. Auf dem Kapitalmarkt mischen sich ebenfalls die **deterministischen Strukturen** der **Marktorganisationen** mit den **stochastischen Phänomenen der Kapitalströme** und **der Einstellung der Marktteilnehmer**. Die beobachtbaren Kursnotizen resultieren aus dem Zusammenspiel deterministischer und stochastischer Faktoren.

Kapitel 3: Zur markttechnischen Erklärung von Aktienkursen

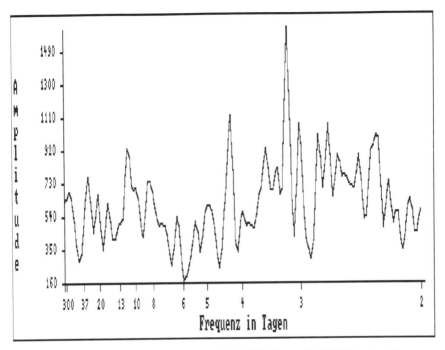

Abb. 2: Spektralanalyse des DAX vom 13.01.1989 bis zum 28.12.1990 anhand der ersten Differenzen geglättet mit dem Parzen-Fenster

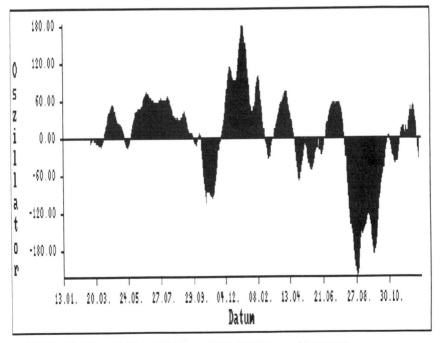

Abb. 3: Oszillator 8-40 des DAX vom 13.01.1989 bis zum 28.12.1990

Sowohl in der langfristigen Wetterbeobachtung wie auch in der langfristigen Kapitalmarktentwicklung scheinen sich strukturelle Muster zu wiederholen. Das bekannteste Beispiel der letzten Jahre dürfte die verblüffend ähnliche Kursentwicklung in den USA in der Zeit von 1924-1929 und der in der Zeit von 1982-1987 sein. Nachstehende Ausarbeitung wurde im November 1987 publiziert, ist also vor dem Crash im Oktober des Jahres 1987 fertiggestellt worden.[1]

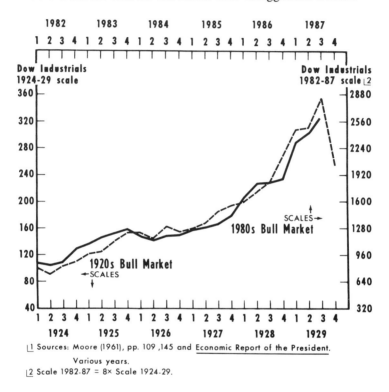

Abb. 4: Die Bull-Märkte der 20'er und 80'er Jahre dargestellt durch die nominalen Werte des Dow-Jones-Industrial Index
Quelle: Santoni (1987), S. 18

Das Geheimnis von struktureller Determiniertheit auf der Makroebene aus der Verknüpfung der stochastischen Indeterminiertheit auf der Mikroebene wird uns im weiteren immer wieder beschäftigen und letztlich zur Modellierung der Mikrostruktur des unvollkommenen Kapitalmarktes führen.

---

[1] Die weiteren Entwicklungen nach 1929 bzw. nach 1987 weisen ebenfalls erstaunliche Parallelen auf.

Zunächst wollen wir das formale Instrumentarium etwas näher betrachten, das in der Statistik zur analytischen Modellierung der den Zeitreihen inhärenten *stochastischen* Gesetzmäßigkeiten herangezogen wird, nämlich das der stochastischen Prozesse.[1]

Beginnend mit den einfachen Phänomenen wird zu komplizierteren Aussagen vorangeschritten. Die Konsistenz und Anschaulichkeit der Darstellung steht im Vordergrund. Auf die detaillierte Erklärung mancher Spezialformen wird dabei mitunter verzichtet. Es erfolgt eine Konzentration auf Markov-Prozesse. Manchen Leser mag dabei überraschen, welche Vielfalt von Modellvarianten hierzu gerechnet werden.

Diese Darstellung bildet auch die Grundlage für die explizite Modellierung stochastischer Aspekte in der Mikrostruktur des Kapitalmarktes, die in Kapitel 7 diskutiert wird.

2. Zeitreihen und stochastische Prozesse

2.1 Einführung

2.1.1 Komponenten einer Zeitreihe

In der Regel geht man davon aus, daß die konkrete Ausprägung X_t einer Zeitreihe im Zeitpunkt t aus dem Zusammenwirken von **generellem Trend G_t**, **Zyklus Z_t** und **Zufall U_t** entsteht:

(1) $X_t = f(G_t, Z_t, U_t)$

Des weiteren unterstellt man, daß diese einzelnen Komponenten **additiv** verknüpft sind. Es gilt mithin:

(2) $X_t = aG_t + bZ_t + cU_t.$

Diese Annahme stellt keine allzugroße Beschränkung der Allgemeinheit dar. Durch Logarithmieren läßt sich eine multiplikative Verknüpfung ohne weiteres in eine additive umformen.

---

[1] Eine gut strukturierte Darstellung in deutscher Sprache findet man in Fahrmeir/Kaufmann/Ost (1981). Die englischsprachige Literatur zu diesem Thema ist sehr umfangreich; beispielhaft sei hier auf das Buch von Doob (1953) verwiesen.

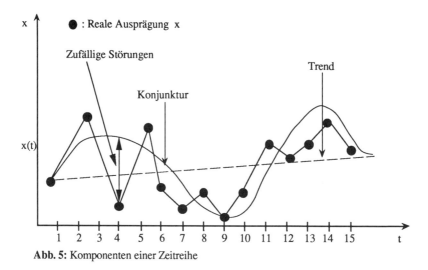

Abb. 5: Komponenten einer Zeitreihe

Die Ansätze zur Zeitreihenanalyse unterscheiden sich im wesentlichen in der Gewichtung der einzelnen Komponenten. Zwei Gruppen von Betrachtungen können unterschieden werden:

Im ersten Ansatz wird die Zeitreihe als **gestörte Funktion der Zeit betrachtet**. Der Begriff *Störvariable* für den Zufallsterm U_t ist durchaus wörtlich zu nehmen. Diese Größe stört den exakten funktionalen Zusammenhang zwischen Zeit und Zeitreihe.

Der zweite Ansatz betrachtet den jeweiligen Zeitreihenwert hingegen als eine **Realisation einer Zufallsvariablen**. Da zu jedem Zeitpunkt eine Zufallsvariable gehört, sind die Zeitreihenwerte als Realisierungen aus jeweils einer einzelnen Zufallsvariablen aufzufassen. Die **Gesamtheit** der den Zeitpunkten zugeordneten Zufallsvariablen bezeichnet man schließlich als **stochastischen Prozeß**.

Unter einem stochastischen Prozeß versteht man mithin eine **Menge von zeitlich geordneten Zufallsvariablen** $\{X_t, t \in T\}$, wobei die Menge T die *Zeitpunkte* angibt, an denen der Prozeß definiert ist. Es handelt sich also um ein *"statistisches Phänomen, das sich im Zeitablauf gemäß wahrscheinlichkeitstheoretischer Gesetze entwickelt"*.[1] Für die Formulierung der Konzepte stochastischer Prozesse ist somit der statistische Begriff der *Wahrscheinlichkeit* und damit eng verbunden des *Wahrscheinlichkeitsraumes* und der *Zufallsvariablen* prinzipiell unerläßlich.

---

[1] Vgl. Box/Jenkins (1976), S. 24.

2.1.2 Parameterraum und Zustandsraum

Formalistisch genauer besteht ein stochastischer Prozeß aus einer Menge von Zufallsvariablen $\{X(t,\omega) \mid t \in T, \omega \in \Omega\}$, die das Elementarereignis ω im Raum Ω zu einem bestimmten Zeitpunkt t (t∈ T) abbilden. Die Menge T wird dabei als Parametermenge und Ω als Wertemenge bezeichnet.

An diesem Punkt scheinen zur Vermeidung von Mißverständnissen einige Anmerkungen insbesondere zum Begriff der Wahrscheinlichkeit angebracht. Regelmäßig wird die Diskussion über die **Inhalte** des Wahrscheinlichkeitsbegriffes nicht mit der über die **Axiomatik** verknüpft. Insbesondere die **subjektive Auffassung von der Wahrscheinlichkeit ist mit der Axiomatisierung des Wahrscheinlichkeitsraumes nur unter Schwierigkeiten zu koordinieren.** Hierauf soll jedoch an dieser Stelle nicht weiter eingegangen werden. Diese offenen Fragen können in den heutigen Darstellungen wohl noch nicht konsistent gelöst werden. Letzten Endes bleiben zur Zeit nur zwei Möglichkeiten: **Entweder man lehnt den Einsatz der Wahrscheinlichkeitstheorie zur Behandlung betriebswirtschaftlicher Probleme ab**[1] **oder man ignoriert die Inkonsistenzen.** Zu letzterer Verhaltensweise tendiert die Mehrzahl der Autoren. Der Einsatz der statistischen Methoden hilft offensichtlich bei der Lösung ökonomischer Probleme doch mehr als er schadet. Wir schließen uns der herrschenden Meinung an und betrachten daher im folgenden vereinfachend die **Wahrscheinlichkeiten als gegeben** und die **Regeln zur Behandlung von Wahrscheinlichkeiten als zweckmäßig**. Auch eine Diskussion der elementaren Begriffe der Wahrscheinlichkeitstheorie, wie etwa *Wahrscheinlichkeitsraum* oder *Zufallsvariablen*, soll an dieser Stelle nicht geführt werden.[2]

Eine erste Systematisierung stochastischer Prozesse liefert die Differenzierung nach der unterschiedlichen Beschaffenheit des **Zustandsraumes** und der des **Parameterraumes**. Der Parameterraum dient zur systematischen Beschreibung der möglichen Realisationen des stochastischen Prozesses. Die Werte des stochastischen Prozesses in dem einzelnen Zeitpunkt selbst werden, wie bereits erläutert, als **Realisierung** der dem Zeitpunkt zugeordneten Zufallsvariable aufgefaßt. Statt einer Abfolge von Realisierungen spricht man auch von einem **Pfad** oder einer **Trajektorie** des stochastischen Prozesses.

Der Parameterraum kann **diskret** oder **kontinuierlich** sein. Diskret heißt, daß sich zu bestimmten, vorher genau festgelegten Zeitpunkten die Realisationen des stochastischen Prozesses ereignen. Häufig fungiert **die Zeit** als der das Auftreten eines Wertes des stochastischen Prozesses **protokollierende** Parameter. Bei stochastischen Prozessen, die Zeitreihen abbilden, gilt dieses zwangsläufig. Über die Entwicklung der Zeitreihe zwischen den Beobachtungszeitpunkten kann man

---

[1] Hierzu tendiert offensichtlich Schneider (1990), S. 339 ff., mit einer grundlegenden Herausarbeitung der Unzulänglichkeiten des Wahrscheinlichkeitsbegriffes bei ökonomischen Fragestellungen. Vgl. auch Dillmann (1990), S. 1-60.
[2] Eine ausführliche, allerdings sehr formale Darstellung findet man in Bauer (1978). Weniger formal, aber sehr anschaulich ist Bühlmann/Loeffel/Nievergelt (1975).

keine Aussage treffen. In **zeitdiskreten Kausalmodellen** verschärft sich diese Annahme zu der Bedingung, daß zwischen den diskreten Modellzeitpunkten nichts passiert. Bei der Beschreibung stochastischer Prozesse anhand diskreter Parameterwerte verliert damit die Zeit häufig die neutrale Protokollfunktion, als nunmehr vorgeschrieben wird, daß nur zu bestimmten Zeitpunkten Ereignisse auftreten, sonst nicht. Wie häufig auch in der Realität *bestimmt dann das formale Protokoll die inhaltlichen Abläufe.*

Man kann die Systematisierung der stochastischen Prozesse anhand von z.b. Wetterbeobachtungen, aber auch an Aktienkursnotierungen illustrieren. Da die Analyse der Aktienkurszeitreihen ohnehin im Mittelpunkt dieses Kapitels steht, wird sie bereits jetzt zur Erläuterung des Parameterraumes und Zustandsraumes herangezogen: *Der Parameterraum wird aus den Zeitpunkten, zu denen Aktienkurse notiert werden, gebildet.* Je nach der Art der Notiz sieht der Parameterraum sehr unterschiedlich aus:

Wird nur der tägliche Kassakurs notiert, dann besteht der Parameterraum aus den Zeitpunkten: 2. Jan. 1990 $12^{\underline{15}}$, 3. Jan. 1990 $12^{\underline{15}}$,..., 5. Jan. 1990 $12^{\underline{15}}$, 8. Jan. 1990 $12^{\underline{15}}$,.... Da man schließlich allgemein weiß, daß der Kassakurs um $12^{\underline{15}}$ bekanntgegeben wird, kann man die Beschreibung des Parameterraumes durch Weglassen der genauen Uhrzeit vereinfachen.

Im folgenden Schaubild ist eine Trajektorie (nämlich die der tatsächlichen Kurse) für den Aktienkurs der am 5. April 1990 in den geregelten Markt an der Frankfurter Börse eingeführten Berzelius Umwelt Service AG, kurz B.U.S., Stamm Aktie dargestellt:

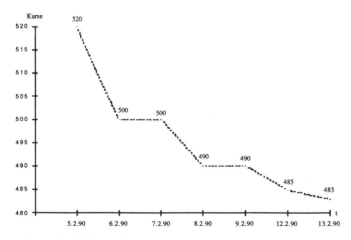

Abb. 6: Beispiel einer Trajektorie anhand der Notierungen der B.U.S. Stammaktien (Parameterraum = Börsentag der Notiz, Zustandsraum = Kassakursnotiz in DM)

Die genaue Datumsangabe, wie in obiger Abbildung, stört allerdings bei den meisten statistischen Zeitreihenanalysen, in denen nur die Abfolge der einzelnen Zeitreihenausprägungen untersucht wird. Darum werden nicht mehr die genauen Datumsangaben aufgeführt, es findet eine einfache Durchnummerierung der Daten statt. Die Abszisse der Darstellung vereinfacht sich dann wie folgt:

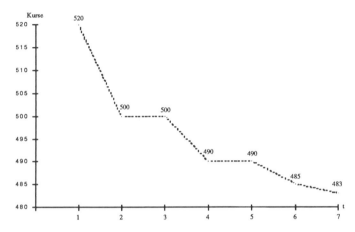

Abb. 7: Beispiel einer Trajektorie an der Kassanotiz der B.U.S. Stammaktien (Zustandsraum) und mit durchnummerierter Zeitachse (Parameterraum)

Die beobachtete Zeitreihe stellt einen speziellen Pfad dar. Außer dieser beobachteten Folge sind natürlich noch weitere Pfade des stochastischen Prozesses denkbar. Grundsätzlich ist jede Abfolge einzelner Realisationen der Zufallsvariablen als Pfad des stochastischen Prozesses möglich. Die Menge aller möglichen realisierbaren Pfade des stochastischen Prozesses wird als **Gesamtheit** bezeichnet.

Die meisten Methoden der Zeitreihenanalyse gehen von der Annahme der **Äquidistanz** aus; d.h. sie unterstellen, daß der zeitliche Abstand zwischen den Beobachtungswerten immer gleich ist. Diese Voraussetzung trifft z.B. bei Wetterbeobachtungen grundsätzlich zu. Die Wetterverhältnisse werden jeden Tag zu den gleichen Zeitpunkten beobachtet und notiert. Das Wetter läßt sich wohl auch kaum von Sonn- und Feiertagen beeinflussen. Bei Aktienkurszeitreihen gilt die kalenderzeitliche Äquidistanz nicht mehr: Börsensitzungen gibt es weder Samstags, noch Sonntags, noch an Feiertagen. Die unterschiedlichen Abstände gehen einher mit Kursveränderungen unterschiedlichen Ausmaßes, die Kursänderung von Freitag auf Montag z.B. weicht signifikant von den Änderungen zwischen zwei anderen Wochentagen ab.[1]

Der Parameterraum kann einerseits weiter verdichtet, aber auch weiter detailliert werden. Ersteres geschieht, indem man z.B. nur die **Monatsultimowerte**

---
[1] Frantzmann (1987) konstatierte diesen sog. Montagseffekt für deutsche Aktien.

oder gar nur einen einzigen Wert pro Jahr festhält. Die ca. 250 Notierungen eines Jahres müssen dann in einem einzigen Wert zusammengefaßt werden.

Der Parameterraum der Zeitpunkte wird im Vergleich zur täglichen Kassakursnotiz erweitert, wenn wir z.b. die **fortlaufenden Notierungen** einer Börsensitzung aufschreiben. Der Zeitpunkt der Notiz gibt den Zeitpunkt der Transaktionen auf die Minute genau an. Die zeitlichen Abstände zwischen den einzelnen Notizen sind allerdings nicht mehr gleich. Sie hängen auch nicht von externen Umständen ab, sondern richten sich nach den endogenen Verhältnissen an der Börse: In einer hektischen Börsenstimmung mit zahlreichen Transaktionen folgen die Notierungen natürlich in kürzeren Zeitabständen als in einer ruhigen Börsenstimmung.

Eine Transaktion kann in dem Szenario des fortlaufenden Marktes im Prinzip zu jedem beliebigen Zeitpunkt stattfinden. Zweckmäßigerweise nimmt man daher auch einen **kontinuierlichen Parameterraum** an, auch wenn nur mit der Genauigkeit von Minuten gemessen wird. Eine Notiz kann auch innerhalb des Zeitraumes einer Minute eintreten.

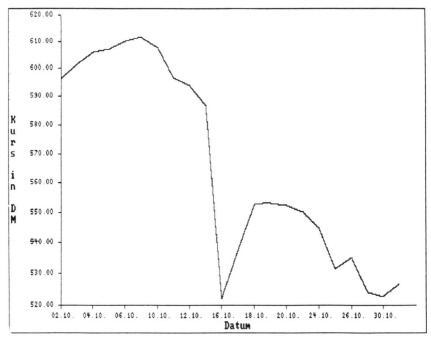

Abb. 8: Kursentwicklung der Siemens AG im Oktober 1989

Die obenstehende Abbildung zeigt die Entwicklung der Siemens-Aktie im Oktober 1989. Hierbei ist deutlich ein *Kurssprung* am 16. Oktober, dem *Mini-Crash*, zu erkennen. Wie die folgende Tabelle zeigt, herrschte an diesem Tag offensichtlich eine solche Hektik, daß es nicht möglich war, vor 12^{21} Uhr eine Kursnotierung festzustellen.

Zeit	Notiz	Zeit	Notiz	Zeit	Notiz	Zeit	Notiz
12:21	531,0	12:30	529,5	12:48	523,5	13:14	521,5
12:23	533,0	12:30	529,2	12:51	524,5	13:14	522,0
12:23	530,5	12:31	530,5	12:53	523,0	13:16	522,5
12:24	530,2	12:35	530,0	12:56	524,0	13:22	523,0
12:25	530,1	12:38	529,5	13:00	522,5	13:23	522,0
12:26	532,0	12:39	530,0	13:06	522,0	13:25	522,5
12:26	531,0	12:40	529,5	13:08	521,5	13:26	522,0
12:27	530,5	12:43	529,0	13:09	521,0	13:28	522,5
12:27	531,0	12:44	528,0	13:09	522,0	13:28	522,0
12:28	530,5	12:45	526,0	13:09	521,0	13:51	519,5
12:28	531,0	12:45	525,0	13:10	521,5		
12:29	530,0	12:47	523,0	13:10	521,0		

Tab. 1: Variable Kursnotizen der Siemens AG vom 16.10.1989

Die Daten der vorstehenden Tabelle bilden die Basis der nachfolgenden Abbildung. Hierbei wird die Kursentwicklung als Pfad in Form einer Treppenfunktion dargestellt. Diese Darstellungsform ist dann adäquat, wenn man davon ausgeht, daß der zugrundeliegende stochastische Prozeß ein Sprungprozeß[1] ist.

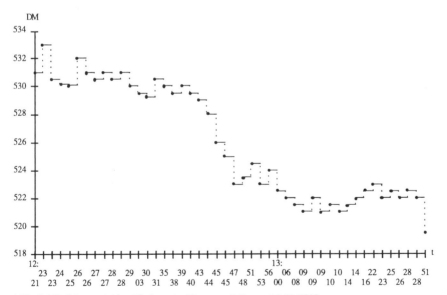

Abb. 9: Pfad der variablen Notizen der Siemens AG vom 16.10.1989

---

1 Vgl. hierzu den Abschnitt 3.2. über diskrete Markov-Prozesse.

Der Parameterraum ist damit zunächst beschrieben. Auch der **Zustandsraum** kann grundsätzlich entweder als diskret oder kontinuierlich definiert sein. Er muß nunmehr **inhaltlich** erläutert werden. Es gilt darzulegen, *was* zu den definierten Zeitpunkten (den möglichen Werten des Parameterraumes) festgehalten wird. Den einfachsten Fall des Zustandsraumes haben wir bereits kennengelernt: Eine einzelne Kursnotierung angegeben in DM mit einer Nachkommastelle.

Der Zustandsraum kann aber auch die Notizen von allen Aktien einer Börse enthalten: Man hat dann einen mehrdimensionalen Zustandsraum. Setzt man die Einheit der Notiz mit 10 Pfennig fest, dann können die Kurse nur ganzzahlige positive Werte annehmen. Die möglichen Realisationen des Zustandsraumes finden im Raum der **natürlichen** Zahlen statt.[1] Bei Betrachtung der Notizen aller acht deutschen Börsen muß der Zustandsraum um die Charakteristik des **Börsenplatzes** erweitert werden. Eine andere Erweiterung des Zustandsraumes bedeutet die Angabe der **Umsätze**. Auch diese Zustände werden in den Bereich der natürlichen Zahlen abgebildet. Betrachtet man nicht nur Umsätze, sondern berücksichtigt **Transaktionskosten**, dann ist die Ganzzahligkeit keine plausible Annahme mehr. Die Realisationen werden dann zweckmäßigerweise durch den Bereich der **reellen** Zahlen abgebildet. Aus diesen Ausführungen wird bereits deutlich, daß der Zustandsraum sehr hoch dimensioniert sein kann. Zusammenfassend kann man stochastische Prozesse anhand der Beschaffenheit von Parameterraum und Zustandsraum wie folgt definieren und systematisieren:

Parameterraum	Zustandsraum	Bezeichnung des Prozesses
stetig	beliebig	stochastischer Prozeß
stetig	diskret	diskreter stochastischer Prozeß
diskret	beliebig	Zufallsfolge
diskret	diskret	Zufallskette

Tab. 2: Systematisierung stochastischer Prozesse

2.2 Statistische Charakterisierung stochastischer Prozesse

2.2.1 Momente einer Wahrscheinlichkeitsverteilung

Die stochastischen Prozesse kann man allgemein durch statistische Parameter beschreiben. Sie sollen nachstehend in Analogie zu den Parametern der einzelnen Wahrscheinlichkeitsverteilungen eingeführt werden.

---

[1] Damit die inhaltliche Definition des Zustandsraumes leichter zu erkennen ist, enthält die Beschreibung des Zustandsraumes häufig die Dimension des Abbildungsraumes.

Wesentliches Hilfsmittel zur Charakterisierung einer Wahrscheinlichkeitsverteilung sind ihre Momente:[1] Während Momente in der allgemeinen Bezeichnung wohl mehr Spezialisten geläufig sind, werden einige auch laufend im Alltagsleben benutzt.

Die wohl bekanntesten sind bei einer Dichtefunktion f(x):

Erwartungswert $\quad \bar{x} := \int_{-\infty}^{\infty} x\, f(x)\, dx = \mu_1$

Varianz $\quad \sigma^2 := \int_{-\infty}^{\infty} (x - \bar{x})^2 f(x)\, dx = m_2.$

Der Erwartungswert ist das erste der **einfachen Momente**, die Varianz das zweite der **zentralen Momente**.

Allgemein werden die einfachen und zentralen Momente wie folgt definiert:

$\mu_j := \int_{-\infty}^{\infty} x^j f(x)\, dx \qquad$ j-tes einfaches Moment

$m_j := \int_{-\infty}^{\infty} (x - \bar{x})^j f(x)\, dx \qquad$ j-tes zentrales Moment.

Einfache und zentrale Momente lassen sich ohne weiteres ineinander überführen. Daher ist es gleichgültig, von welcher Art von Momenten man ausgeht, wenn man eine Verteilung untersuchen will. Der Erwartungswert als erstes einfaches Moment wird allerdings immer benötigt.

Teilweise werden die beiden Momentgruppen gemeinsam herangezogen. Man sagt, daß die Normalverteilung durch ihre ersten beiden Momente charakterisiert sei. Genauer wird die Normalverteilung durch das 1. einfache Moment - den Erwartungswert - und durch das 2. zentrale Moment - die Varianz - beschrieben.

Von Bedeutung zur Charakterisierung einer Verteilung sind noch das 3. und das 4. zentrale Moment:

$m_3 := \int_{-\infty}^{\infty} (x - \bar{x})^3 f(x)\, dx\, ,$

$m_4 := \int_{-\infty}^{\infty} (x - \bar{x})^4 f(x)\, dx$

---

[1] Im folgenden wird stets von einer stetigen Verteilung ausgegangen.

Das 3. zentrale Moment gibt Aufschluß über die **Schiefe** einer Verteilung. Bei symmetrischen Verteilungen, z.B. bei der Normalverteilung, hat es den Wert 0. Im 4. zentralen Moment kommt die **Spitzgipfeligkeit** (Peakedness) einer Verteilung zum Ausdruck, d.h. die Aufteilung der Wahrscheinlichkeitsdichten auf den Mittelbereich und die Seitenteile.

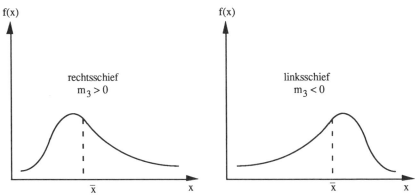

Abb. 10: Beispiele für Verteilungen mit positivem und negativem dritten Moment

Das 4. Moment bezieht sich auf die Wölbung, die Kurtosis einer Verteilung. Je höher das vierte Moment, desto größer ist die Wölbung. In empirischen Untersuchungen wird sie üblicherweise dergestalt normiert, daß sie für die Normalverteilung den Wert 0 annimmt. Man spricht dann auch von

$$\text{Steilheit}[1] := \frac{m_4}{m_2^2} - 3$$

Verteilungen mit positiver Steilheit nennt man leptokurtisch. Wie aus nachstehender Abbildung ersichtlich wird, haben sie im Vergleich zur Normalverteilung viel Masse im Zentrum und in den Extrembereichen.

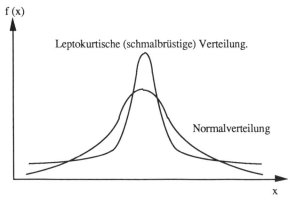

Abb. 11: Leptokurtische Verteilung und Normalverteilung

---

[1] Vgl. Härtter (1987), S. 11.

Bei der Analyse von Aktienkursverläufen herrscht weitgehend Übereinstimmung darin, daß hinsichtlich der Verteilung der relativen Aktienkursveränderungen eine leptokurtische Verteilung vorliegt. Meinungsunterschiede bestehen jedoch, wie stark die beobachteten Verteilungen von der Normalverteilung abweichen.[1]

2.2.2 Momenterzeugende Funktion[2]

Sämtliche Momente einer Verteilung kann man aus folgender Funktion ableiten:[3]

$$E(e^{tx}) = \int_{-\infty}^{\infty} e^{(tx)} f(x) \, dx$$

Unter Verwendung der Potenzreihendarstellung $\exp(tx) = \sum_{j=0}^{\infty} \frac{(tx)^j}{j!}$ erhalten wir:

$$E(e^{tx}) = \int_{-\infty}^{\infty} \sum_{j=0}^{\infty} \frac{(tx)^j}{j!} f(x) \, dx = \sum_{j=0}^{\infty} \frac{t^j}{j!} \int_{-\infty}^{\infty} x^j f(x) \, dx = \sum_{j=0}^{\infty} \frac{t^j}{j!} \mu_j$$

Falls das Integral existiert und die Vertauschung von Integration und Summation möglich ist, kann man aus obigem Integral sämtliche Momente einer Verteilung ableiten bzw. erzeugen. Deshalb spricht man auch von der **momenterzeugenden Funktion**.

Wenn man mit der momenterzeugenden Funktion einer Verteilung anstelle der Verteilung selbst arbeiten will, dann ist man auf Verteilungen beschränkt, bei denen diese Operation zulässig ist.[4]

2.2.3 Charakteristische Funktion

Es galt daher, einen Ausdruck zu finden, der die Wahrscheinlichkeitsverteilung immer charakterisiert, dessen Integral mithin in jedem Falle konvergiert. Das leistet die **charakteristische Funktion** einer Wahrscheinlichkeitsverteilung. Im allgemeinen wird durch die Momente eine Verteilung noch nicht determiniert.[5] Der Übergang von der momenterzeugenden zur charakteristischen Funktion geschieht wie folgt:

---

[1] Vgl. z.B. Möller (1986), Mandelbrot (1987), S. 351 ff.
[2] Dieser kurze Abriß ist eine untechnische Einführung. Auf grundlegende formale Fragen, wie z.B. Existenzprobleme, wird nur am Rande eingegangen.
[3] Für den Fall, daß die Zufallsvariable X diskret ist, muß das Integral durch das Summenzeichen ersetzt werden, wobei die Summation dann über alle Realisierungen von X läuft.
[4] Z.B. ist das nicht möglich bei der logarithmischen Normalverteilung, vgl. Feller (1971), S. 227.
[5] Die Fragestellung, wann die Momente die Verteilungsfunktion eindeutig bestimmen, ist auch als Stieltjesches Momentenproblem bekannt.

Man setzt anstelle des reellen Ausdruckes t den imaginären Ausdruck iv mit $i=\sqrt{-1}$ und reellem v. Es gilt somit folgende Definition einer charakteristischen Funktion χ (v) einer Wahrscheinlichkeitsfunktion:

$$\chi(v) = E(e^{ivx}) = \int_{-\infty}^{\infty} e^{ivx} f(x)\, dx \quad \text{und} \quad |\chi(v)| \leq 1.$$

Mit der Eigenschaft, eine Wahrscheinlichkeitsverteilung immer zu charakterisieren, sind die Vorteile der charakteristischen Funktion aber noch nicht erschöpft. Ein weiterer Vorteil kommt bei der **Faltung** von Wahrscheinlichkeitsverteilungen zum Tragen. Unter Faltung versteht man die gemeinsame Wahrscheinlichkeitsverteilung zweier bzw. mehrerer Zufallsvariablen. Es gilt: Die charakteristische Funktion der Summe von zwei stochastisch unabhängigen Zufallsvariablen ist gleich dem Produkt der beiden charakteristischen Funktionen.[1]

Formal gilt für die Faltung zweier Verteilungsfunktionen F(x) bzw. G(y) mit den zugehörigen Dichtefunktionen f(x) bzw. g(y):

$$H(z) = \int_{-\infty}^{\infty} F(z-y)\, g(y)\, dy = \int_{-\infty}^{\infty} G(z-x)\, f(x)\, dx$$

Für die zugehörige Dichtefunktion gilt:

$$h(z) = \int_{-\infty}^{\infty} f(x)\, g(z-x)\, dx = \int_{-\infty}^{\infty} f(z-y)\, g(y)\, dy$$

Betrachtet man allgemein die Dichtefunktion einer Summe von Zufallsvariablen Z=X+Y, so kann auch im Falle der Unabhängigkeit der Variablen X und Y die Dichtefunktion von Z nicht abgeleitet werden.

Der Verteilungstypus der neuen Dichtefunktion unterscheidet sich im allgemeinen vom Typus der ursprünglichen Dichtefunktionen, selbst wenn man zwei Zufallsvariablen des gleichen Typs addiert.

Ein bekanntes Beispiel liefert die Addition von zwei Gleichverteilungen: Addiert man zwei jeweils gleichverteilte Zufallsvariablen X und Y, so erhält man nicht wieder eine Gleichverteilung, sondern eine Trapezverteilung. Im Fall der Identität von X und Y ergibt sich eine Dreiecksverteilung:[2]

---

[1] Vgl. hierzu z.B. Karlin (1972), S. 5; Papoulis (1965), S. 159 ff.
[2] Vgl. Renyi (1973), S. 162 ff. Man kann sich den Zusammenhang veranschaulichen, wenn man z.B. die Verteilung der Augenzahl von zwei einzelnen Würfeln (≙ Gleichverteilung) mit der Verteilung der gemeinsamen Augenzahl von zwei Würfeln (≙ Dreiecksverteilung) vergleicht.

Es gilt für die Gleichverteilung:

$$f(x) = \begin{cases} \dfrac{1}{2a} & -a \leq x \leq a \\ 0 & \text{sonst} \end{cases}$$

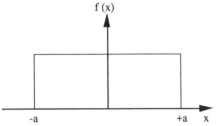

Abb. 12: Gleichverteilung

Bestimmt man die Dichte der Summe zweier stochastisch unabhängiger gleichverteilter Zufallsvariablen, so erhält man die Dichte h(x) einer dreiecksverteilten Zufallsvariablen. Es gilt für h(x):

$$h(x) = \begin{cases} \dfrac{x}{4a^2} + \dfrac{1}{2a} & -2a \leq x \leq 0 \\ \dfrac{-x}{4a^2} + \dfrac{1}{2a} & 0 \leq x \leq 2a \\ 0 & \text{sonst} \end{cases}$$

Die folgende Abbildung zeigt eine solche Dreiecksverteilung:

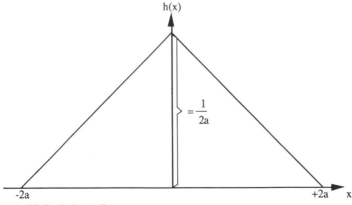

Abb. 13: Dreieckverteilung

An diesen beiden einfachen Verteilungen sei exemplarisch demonstriert, daß die charakteristische Funktion der Summe zweier Verteilungen gleich dem Produkt der jeweiligen charakteristischen Funktionen ist. Bezeichnen wir die charakteristische Funktion einer Gleichverteilung mit $\chi_g(v)$, so erhalten wir mit obigen Parametern:

$$\chi_g(v) = \int_{-\infty}^{\infty} e^{ivx} f(x)dx = \frac{1}{2a}\int_{-a}^{a} e^{ivx} dx = \frac{1}{2av}(\sin(av) - \sin(-av)) = \frac{1}{av}\sin(av),$$

Für die charakteristische Funktion $\chi_d(v)$ einer Dreiecksverteilung gilt unter Beibehaltung der obigen Parameter:[1]

$$\chi_d(v) = \int_{-2a}^{0} h_1(x) e^{ivx} dx + \int_{0}^{2a} h_2(x) e^{ivx} dx$$

$$= \int_{-2a}^{0} \frac{x}{4a^2} e^{ivx} dx + \int_{0}^{2a} \frac{-x}{4a^2} e^{ivx} dx + \frac{1}{2a}\int_{0}^{2a} e^{ivx} dx$$

$$= \frac{\sin^2 av}{(av)^2}$$

$$= [\chi_g(v)]^2$$

2.2.4 Summen von Zufallsvariablen

Bei der quantitativen Untersuchung empirischer Zufallsgrößen liegt **die entscheidende** Schwierigkeit in der Festlegung des **Typus der Wahrscheinlichkeitsverteilung**, nicht so sehr in der **numerischen Festlegung der zugehörigen Parameter**. Kann man z.B. eine **Normalverteilung** unterstellen oder ist

---

[1] Die Berechnung der beiden Integrale $\int_{-2a}^{0} \frac{x}{4a^2} e^{ivx} dx$ und $\int_{0}^{2a} \frac{-x}{4a^2} e^{ivx} dx$ erfolgt mittels partieller Integration: Die Stammfunktion zu e^{ivx} lautet $\frac{e^{ivx}}{iv}$. Die Ableitung von $\frac{x}{4a^2}$ bzw. $\frac{-x}{4a^2}$ lautet $\frac{1}{4a^2}$ bzw. $-\frac{1}{4a^2}$ Somit ergibt sich:

$$\left.\frac{x \, e^{ivx}}{4a^2 \, iv}\right|_{-2a}^{0} + \left.\frac{-x \, e^{ivx}}{4a^2 \, iv}\right|_{0}^{2a} + \frac{1}{4a^2}\int_{-2a}^{0} \frac{e^{ivx}}{iv} dx - \frac{1}{4a^2}\int_{0}^{2a} \frac{e^{ivx}}{iv} dx + \frac{1}{2a}\int_{-2a}^{2a} e^{ivx} dx$$

$$= \frac{e^{2aiv} + e^{-2aiv} - 2}{4a^2 (iv)^2}$$

$$= \frac{\cos(2av) - 1}{2a^2 (iv)^2}$$

$$= \frac{\sin^2 av}{(av)^2} \quad \text{unter Verwendung von} \quad 2\sin^2 a = 1 - \cos 2a \quad \text{und} \quad i^2 = -1$$

z.B. eine **Exponentialverteilung** realistischer? Kann man eine symmetrische Verteilung unterstellen oder ist eine ausgesprochene Schiefe zu beachten?

Ist die Schätzung des einzelnen Verteilungstyps schon schwierig, so wird die empirische Arbeit noch ungleich mehr erschwert, wenn wir an die Feststellung des **Verteilungstyps einer Zufallsvariablen Z gehen, die selbst die Summe von mehreren** Zufallsvariablen Z_i ist:

$$Z = Z_1 + Z_2 + Z_3 + \ldots + Z_n$$

Wir unterstellen hierbei, daß die Variablen Z_i wechselseitig unabhängig sind.

Diese Fragestellungen besitzen bei der Auswahl von stochastischen Prozessen zur Modellierung von Aktienkursverläufen große Bedeutung: Der künftige Aktienkurs in t wird als die Summe von Zufallsvariablen Z_i aufgefaßt, die die Realisationen zu den Zeitpunkten $0 < i \leq t$ beschreiben.

In diesem Zusammenhang sind folgende vier Begriffe von fundamentaler Bedeutung:

- Zentraler Grenzwertsatz
- Gesetz der großen Zahlen
- Unbegrenzt teilbare Verteilungen
- Stabile Verteilungen

Sie seien nachstehend kurz erläutert, um dem Leser eine Vorstellung von den in der aktuellen Diskussion verwendeten Begriffen aus der Wahrscheinlichkeitstheorie zu vermitteln. Es handelt sich dabei um eine sehr rudimentäre Darstellung, die keinen Anspruch auf wahrscheinlichkeitstheoretische Exaktheit erhebt. Sie soll dem Leser aber doch einen Eindruck davon vermitteln, was z.B. eine stabile Verteilung überhaupt ist, wie sie in dem gesamten Komplex der Wahrscheinlichkeitstheorie zumindest in etwa einzuordnen ist.[1]

Zentraler Grenzwertsatz[2]

Sei $Z_1, Z_2, \ldots$ eine Folge von beliebigen, wechselseitig unabhängigen Zufallsvariablen. Erwartungswert und Varianz seien für alle i konstant mit $E(Z_i)=0$ und $Var(Z_i)=1$.[3] Alle Zufallsvariablen besitzen die gleiche Verteilungsfunktion F.

---

[1] Für das genaue Studium sei verwiesen auf Feller (1971) und zwei fortgeschrittene Arbeiten: Ibragimov/Linnik (1971) und Petrov (1975). Lesenswert ist außerdem Renyi (1973).
[2] Im folgenden wird nur ein Spezialfall des zentralen Grenzwertsatzes dargestellt. Die wesentliche Einschränkung, bzw. Vereinfachung besteht in der Annahme einer für alle Zufallsvariablen geltenden Verteilung.
[3] Die Aussage gilt auch für den Fall $E(Z_i) = \mu \neq 0$ und $Var(Z_i) = \sigma^2 \neq 1$. Die Wahl von $E(Z_i) = 0$ und $Var(Z_i) = 1$ wurde lediglich getroffen, um eine einfachere Darstellung zu erhalten.

Der zentrale Grenzwertsatz besagt dann, daß mit wachsendem n die Verteilung der **normalisierten Summe**

$$S_n = \frac{(Z_1 + Z_2 + \ldots + Z_n)}{\sqrt{n}}$$

gegen die Normalverteilung mit der Dichtefunktion

$$f(x) = \frac{\exp(\frac{-x^2}{2})}{\sqrt{2\pi}} \qquad \text{d.h.:} \quad \mu = 0; \sigma^2 = 1$$

konvergiert. Man spricht auch davon, daß S_n **asymptotisch standard-normalverteilt ist**.[1]

Der entscheidende Punkt für die Gültigkeit des zentralen Grenzwertsatzes ist, daß es sich bei der Summe der Zufallsvariablen um eine genormte Verteilung handelt.

Gesetze der großen Zahlen[2]

Im folgenden soll ein sehr oft wiederholbares Zufallsexperiment, d.h. ein Vorgang, der nach einer bestimmten Vorschrift ausgeführt wird und dessen Ausgang nicht im vorhinein bestimmbar ist, betrachtet werden. Beispielsweise ist das Werfen eines Würfels bzw. einer Münze ein solches Zufallsexperiment. Unter der **relativen Häufigkeit** $f_n(E)$ für das Eintreten eines bestimmten Ereignisses E bei diesem Zufallsexperiment gilt:

$$f_n(E) = \frac{\text{Anzahl der Versuche bei denen E eintritt}}{\text{Gesamtzahl der Versuche}} = \frac{k}{n}$$

Offensichtlich gilt $0 \leq f_n(E) \leq 1$.

Häufig wird davon ausgegangen, daß bei einem *großen* Versuchsumfang, d.h. großem n, die relativen Häufigkeiten als konstant angenommen werden können. Beispielsweise erwarten wir, daß beim Würfeln mit einem fairen Würfel die Wahrscheinlichkeit für das Eintreten einer bestimmten Zahl 1/6 beträgt. Es kann jedoch sein, daß bei zehn Versuchen z.B. die Zahl 1 überhaupt nicht erwürfelt wurde. Wir erwarten jedoch, daß mit steigender Versuchszahl die Wahrscheinlichkeit des Eintretens der Zahl 1 nicht mehr wesentlich von der (mathematischen) Wahrscheinlichkeit 1/6 abweicht. Dieser Sachverhalt kommt im **schwachen Gesetz der großen Zahlen** zum Ausdruck:

---

[1] In einer heroischen Vereinfachung der Darstellung wird auf die eigentlich unerläßliche Erläuterung des Konvergenzbegriffes verzichtet.
[2] Vgl. Feller (1971), S. 243; vgl. auch Renyi (1973), S. 317.

Für jedes $\varepsilon \in \mathbb{R}$ $(0 < \varepsilon)$ gilt: $\lim_{n \to \infty} P(|f_n(E) - p| < \varepsilon) = 1$

Die Gesetze der großen Zahlen bilden die empirische Grundlage für den Begriff der mathematischen Wahrscheinlichkeit. Aber sowohl mit Hilfe des zentralen Grenzwertsatzes als auch mit dem Gesetz der großen Zahlen ist uns hinsichtlich des **Verteilungstyps einer Summe von endlich vielen Zufallsvariablen noch nicht sehr weitergeholfen.**

Der zentrale Grenzwertsatz stellt auf die **tendenzielle Annäherung** im Unendlichen ab, man weiß nicht genau, wie groß im endlichen Fall die Abweichungen sind, d.h. man hat keine Aussage bezüglich der Geschwindigkeit der Konvergenz. Das Gesetz der großen Zahlen stellt auf die Abweichung vom **Erwartungswert** ab.

Wir benötigen jedoch eine Aussage bezüglich des **Verteilungstyps** im Falle der endlichen Summation von Zufallsvariablen. Hierzu verwenden wir charakteristische Funktionen, denn die Summe zweier unabhängiger Zufallsvariablen wird durch das Produkt der zugehörigen charakteristischen Funktionen beschrieben.

Unbeschränkt teilbare Verteilungen[1]

Diese Gruppe von Wahrscheinlichkeitsverteilungen gibt Antwort auf die Frage: Welche Verteilungstypen lassen sich als Faltung von Verteilungen des gleichen Typs darstellen? Dies soll im folgenden präzisiert werden:

Die Wahrscheinlichkeitsverteilung F einer Zufallsvariablen heißt **unbeschränkt teilbar**, wenn es zu jedem n = 2,3,.... eine Wahrscheinlichkeitsverteilung G_n gibt, so daß die n-fache Faltung dieser Verteilung mit sich selbst genau F ergibt.

Dieser Sachverhalt läßt sich mit gewissen Einschränkungen[2] auch mit Hilfe von Zufallsvariablen beschreiben: Die Verteilung der Zufallsvariablen X ist genau dann unbeschränkt teilbar, wenn sich X für jedes n in der Form

$X = X_1 + X_2 + ... + X_n$

schreiben läßt, wobei die X_i unabhängige Zufallsvariablen mit derselben Verteilung sind. Das Verhalten unbeschränkt teilbarer Verteilungen läßt sich somit sehr einfach durch das Verhalten ihrer charakteristischen Funktionen beschreiben:

---

[1] Für eine ausführliche Darstellung vgl. Petrov (1975), S. 26 ff.
[2] Vgl. Renyi (1973), S. 291 ff.

Ist $\chi(v)$ die charakteristische Funktion von X, so ist die Verteilung von X genau dann unbeschränkt teilbar, wenn die n-te Wurzel aus $\chi(v)$ ebenfalls eine charakteristische Funktion ist.

Die unbeschränkt teilbaren Verteilungen werden durch folgende Aussage charakterisiert:[1]

Die Funktion $\chi(v)$ ist genau dann die charakteristische Funktion einer unbeschränkt teilbaren Verteilung, wenn ln $(\chi(v))$ in der Form

$$\ln(\chi(v)) = i\gamma v - \frac{\sigma^2 v^2}{2} + \int_{-\infty}^{+\infty} (e^{ivx} - 1 - \frac{ivx}{1+x^2}) \frac{1+x^2}{x^2} dG(x)$$

darstellbar ist, wobei γ und $\sigma>0$ reelle Konstanten sind und $G(x)$ eine monoton nicht abnehmende und beschränkte Funktion ist. Die charakteristische Funktion einer unbeschränkt teilbaren Verteilung, die darüber hinaus auch noch über eine endliche Varianz (bzw. Streuung) verfügt, besitzt eine Darstellung der folgenden Gestalt:

$$\ln(\chi(v)) = imv + \sigma^2 \int_{-\infty}^{+\infty} (e^{ivx} - 1 - ivx) \frac{dK(x)}{x^2}$$

Diese Gleichung wird auch als Formel von Kolmogorov bezeichnet. Die Funktion $K(x)$ bezeichnet eine Verteilungsfunktion, m und $\sigma>0$ sind reelle Zahlen. Für den speziellen Fall, daß die Verteilungsfunktion die Gestalt

$$K(x) = \begin{cases} 0 & \text{für } x \leq 0 \\ 1 & \text{für } x > 0 \end{cases}$$

besitzt, ergibt sich aus der Formel von Kolmogorov:

$$\ln(\chi(v)) = imv - \frac{\sigma^2 v^2}{2}$$

In diesem Fall ist $\chi(v)$ eine Normalverteilung. Wählt man in der Formel von Kolmogorov $m = \lambda h$, $\sigma^2 = \lambda h^2$ mit $\lambda>0$ und die Verteilungsfunktion $K(x)$ wie oben, so erhält man als charakteristische Funktion:

$$\chi(v) = \exp(\lambda \exp(ivh - 1))$$

---

[1] Vgl. Renyi (1973), S. 291 ff., Petrov (1975), S. 30 ff.

Bei der Verteilung handelt es sich also um eine verallgemeinerte Poisson-Verteilung:[1] Die Zufallsvariable X mit der betrachteten Verteilung nimmt die Werte kh (k = 0,1,2,...) mit der Wahrscheinlichkeit $P(X = kh) = \dfrac{\lambda^k e^{-\lambda}}{k!}$ an.

Außer $\sqrt[n]{\chi(v)}$ ist auch $(\chi(v))^\alpha$ für jedes positives α eine charakteristische Funktion. Darüber hinaus gilt, daß die Faltung einer unbeschränkt teilbaren Verteilung selbst unbeschränkt teilbar ist. Folglich ist die Verteilung, die man durch die Faltung einer Normalverteilung und endlich vielen verallgemeinerten Poissonschen Verteilungen der oben betrachteten Art erhält, wieder unbeschränkt teilbar. Der entscheidende Punkt liegt nun darin, daß man aus solchen Verteilungen durch Grenzübergang **alle** unbeschränkt teilbaren Verteilungen erhält:

Die Formel von Kolmogorov kann so interpretiert werden, daß die unbeschränkt teilbaren Verteilungen die Grenzwerte von Faltungen einer Normalverteilung und von Poissonschen Verteilungen sind. Darüber hinaus läßt sich zeigen, daß der Limes einer konvergenten Folge von unbeschränkt teilbaren Verteilungen selbst unbeschränkt teilbar ist.[2]

Stabile Verteilungen

Stabile Verteilungen beziehen sich ebenfalls auf eine Eigenschaft von Verteilungen bezüglich der Addition von Zufallsvariablen. Der zentrale Grenzwertsatz beschreibt das Konvergenzverhalten für den Fall, daß sowohl Erwartungswert als auch Varianz existieren, d.h. endlich sind. Die fortgesetzte Faltung dieser Verteilungen führt letztendlich auf die Normalverteilung. Die allgemeine Untersuchung des Konvergenzverhaltens von beliebigen Verteilungen führt auf den Begriff der stabilen Verteilungen. Sie verkörpern **die einzigen möglichen Grenzverteilungen** normierter Summen von Zufallsvariablen.[3] Dies soll im folgenden genauer erläutert werden:

Eine Verteilungsfunktion F(x) heißt stabil, wenn es bei beliebig gegebenen reellen Zahlen m_1, m_2 und positiven Zahlen σ_1, σ_2 ein reelles m und ein positives σ gibt mit[4]

$$F\left(\dfrac{x-m_1}{\sigma_1}\right) * F\left(\dfrac{x-m_2}{\sigma_2}\right) = F\left(\dfrac{x-m}{\sigma}\right), \qquad \text{dabei bedeutet * die Faltung.}$$

---

[1] Vgl. Renyi (1973), S. 292.
[2] Eine ausführliche Darstellung dieses Sachverhalts findet man in Petrov (1975), S. 63 ff.
[3] Vgl. Ibragimov/Linnik (1971), S. 37. Hier werden auch die Annahmen für die Ableitung stabiler Verteilungen formuliert.
[4] Vgl. Feller (1971), S. 215.

Ein unproblematisches Beispiel einer stabilen Verteilung ist die Normalverteilung. Diese Verteilung ist die einzige stabile Verteilung, die eine endliche Varianz besitzt.[1]

In allgemeiner Form lassen sich die stabilen Verteilungen am besten durch die charakteristische Funktion beschreiben. Es gilt:[2]

Die Verteilung F ist genau dann stabil, wenn sich die charakteristische Funktion $\chi(v)$ in der Form

$$\ln \chi(v) = i\gamma v - c |v|^\alpha [1 + i\beta \frac{v}{|v|} \omega(v,\alpha)]$$

darstellen läßt. Dabei sind α, β, γ, c Konstante mit:

$c \geq 0;\ 0 < \alpha \leq 2;\ |\beta| \leq 1$ und

$$\omega(v,\alpha) = \begin{cases} \tan(\frac{\pi\alpha}{2}) & \text{falls } \alpha \neq 1 \\ \frac{2 \ln |v|}{\pi} & \text{falls } \alpha = 1 \end{cases}$$

Die Zahl α heißt der **charakteristische Exponent** der stabilen Verteilung. Es wurde bereits die Normalverteilung als Beispiel für eine stabile Verteilung angesprochen. Diese stabile Verteilung zeichnet sich dadurch aus, daß alle Momente existieren. Insbesondere ist das zweite Moment endlich.

Neben der Normalverteilung gibt es keine weitere stabile Verteilung, bei der die Momente zweiter und damit auch höherer Ordnung existieren. Eine stabile Verteilung verfügt über einen endlichen Erwartungswert, wenn der charakteristische Exponent größer eins ist.[3]

Der Parameter β ist ein Maß für die Symmetrieabweichung der Verteilung, man könnte auch sagen für die *Schiefe*. Es ist jedoch zu beachten, daß das dritte Moment im allgemeinen bei stabilen Verteilungen, außer im Fall der Normalverteilung, nicht existiert. Aus diesem Grund sagen wir einfach, daß die Verteilung mehr *Masse* links hat für den Fall $\beta>0$ und mehr rechts für $\beta<0$. Im Fall $\beta=0$ ist die Verteilung symmetrisch.

---

[1] Vgl. Renyi (1973), S. 293.
[2] Vgl. z.B. Renyi (1973), S. 293; Vgl. Ibragimov/Linnik (1971), S. 43.
[3] Man kann zeigen, daß für eine stabile Verteilung mit charakteristischem Exponenten $\alpha < 2$ die absoluten Momente der Ordnung δ mit $0 < \delta < \alpha$ existieren, aber nicht die absoluten Momente höherer Ordnung. Vgl. Renyi (1973), S. 294. Bei den absoluten Momenten handelt es sich um eine Verallgemeinerung des in Abschnitt 2.2.1 eingeführten Momentbegriffs. Zur Definition vgl. z.B. Härtter (1987), S. 60.

Für eine Normalverteilung ist $\alpha=2$, $c>0$. In diesem Fall gibt γ den Erwartungswert an und c entspricht $\frac{\sigma^2}{2}$. Für $\alpha=1$, $\beta=0$ erhält man die Cauchy-Verteilung mit der folgenden Dichtefunktion:[1]

$$f(x) = \frac{1}{\pi(1+x^2)}$$

Die Cauchy-Verteilung mit dem charakteristischen Exponenten $\alpha=1$ hat mithin keinen endlichen Erwartungswert.

Die Verteilungen mit $\alpha<2$ sind im Vergleich zur Normalverteilung leptokurtisch.

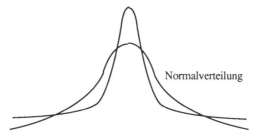

Abb. 14: Normalverteilung und stabile Verteilung mit $\alpha < 2$

Mit $\{X_k\}$ wird eine Folge wechselseitig unabhängiger Zufallsvariabler mit einer gemeinsamen Verteilung F bezeichnet. Mit S_n bezeichnen wir die Summe der ersten n Glieder von $\{X_k\}$:

$S_n = X_1 + X_2 + ... + X_n$

Für geeignete Konstanten[2] $a_n>0$ und b_n betrachten wir $\lim_{n \to \infty} \frac{S_n}{a_n} - b_n$. Die Menge der Verteilungen, die als Grenzwerte derartiger Summen von wechselseitig unabhängigen Zufallsvariablen gebildet wird, stimmt mit der Menge der stabilen Verteilungen überein.[3]

---

[1] Vgl. Renyi (1973), S. 171.
[2] Vgl. Petrov (1975) S.82 ff.
[3] In ökonomischen und insbesondere in Untersuchungen zum Kapitalmarkt spricht man auch von stabilen symmetrischen Pareto-Verteilungen bzw. stabilen Pareto-Levy-Verteilungen. Der Name von Pareto wird hier deswegen ins Spiel gebracht, weil sich die Zufallsvariable X > 0 nach dem Gesetz von Pareto verhalten soll, das er für Einkommensverteilungen aufstellte: Der Name von Levy, weil P. Levy 1924 als erster eine allgemeine Theorie stabiler Verteilungen veröffentlichte. Das Studium spekulativer Preise mit Hilfe stabiler Verteilungen geht vor allem auf Mandelbrot und Fama zurück. Vgl. Mandelbrot (1960), S. 79 ff.; vgl. Mandelbrot (1963), S. 111 ff.; vgl. Fama (1965), S. 34 ff. In diesen Veröffentlichungen sind dann unter stabilen Verteilungen solche mit unendlicher Varianz gemeint.

Aufgrund der Gesetze der großen Zahlen erwarten wir, daß mit Steigen der Stichprobengröße die hierbei erhaltenen Verteilungen einheitlich gegen eine Verteilung konvergieren. Sollte sich jedoch herausstellen, daß sowohl der Erwartungswert als auch die Varianz sich regellos verändern, so erscheint aufgrund des oben gesagten eine stabile Verteilung mit charakteristischem Exponenten $0<\alpha\leq 1$ als adäquat. Für den Fall, daß sich der Erwartungswert *stabilisiert*, nicht jedoch die Varianz, ist eine stabile Verteilung mit $1<\alpha<2$ zu wählen.

Für die Aktienkursbewegungen in der Bundesrepublik ergaben neuere Untersuchungen folgende Parameterwerte für insgesamt 50 Aktienkursverläufe:[1]

		Anzahl der Aktien		
		Tägliche Notierungen	Wöchentliche Notierungen	Monatliche Notierungen
α	1,00 - 1,25	1	0	3
	1,26 - 1,50	4	2	0
	1,51 - 1,75	38	20	14
	1,76 - 1,90	7	17	8
	1,91 - 2,00	0	11	25
β	Negativ	35	30	12
	Null	14	19	37
	Positiv	1	1	1

Tab. 3: Parameterwerte deutscher Aktienkursverläufe

2.3 Explizite Formulierung der Random-Walk-Hypothese

2.3.1 Hypothese eines fairen Spieles

Ist x_t der gegebene Aktienkurs im Zeitpunkt t und x_{t+n} der unbekannte Aktienkurs in Zeitpunkt t+n, so ist

$E(X_{t+n} | x_{t-i})$ (i = 0, 1, 2, ... , n)

der **erwartete künftige** Aktienkus unter der Voraussetzung, daß der **heutige und die vergangenen Aktienkurse** bekannt sind.

Ein **Martingal impliziert** hierbei:

$E(X_{t+n} | x_{t-i}) - x_t = 0 \Leftrightarrow E(X_{t+n} | x_{t-i}) = x_t$ (i = 0, 1, 2, ...)

---

[1] Vgl. Akgiray/Booth/Loistl (1987), S. 330.

In Worten besagt diese Formel, daß der **Erwartungswert des Aktienkurses im Zeitpunkt t+n gleich dem heutigen Aktienpreis ist.**[1]

Damit ist über die **Verteilungsfunktion des Aktienpreises nichts gesagt**, nur über den Erwartungswert. Genauer über den bedingten Erwartungswert des künftigen Kurses unter der Voraussetzung, daß die vergangenen Kurse bestimmte Werte, eben die beobachteten Kurswerte x_{t-i}, angenommen hatten.

Man kann die Implikationen des Martingals auch mit Hilfe der Prognosetheorie darstellen. Hier geht es allgemein darum, aus den vergangenen Werten X_{t-i} auf den künftigen Wert X_{t+1} zu schließen. Da wir **identische, unabhängige** Verteilungen unterstellen, können wir auch sagen, daß der Unterschied zwischen den vergangenen Zufallsgrößen X_{t-i} und der künftigen Zufallsgröße X_{t+1} minimiert werden soll. Die Zufallsgröße X_{t+1} ist durch eine Linearkombination $\sum_{i=0}^{\infty} a_i X_{t-i}$ der Zufallsgrößen X_{t-i} so gut wie möglich zu approximieren.

Diese Forderung wird üblicherweise umgesetzt in die Minimierung des erwarteten Prognosefehlerquadrates[2] mit geeigneten Koeffizienten a_i:

$$E\left[X_{t+1} - \sum_{i=0}^{\infty} a_i X_{t-i}\right]^2 \to \min!$$

Die Reihe ist dann ein Martingal, falls $E[X_{t+1} - X_t] = 0$ gilt, mithin $a = 1$; $a_{t-i} = 0$; i>1. Der beste lineare Prognoseansatz für X_{t+1} ist in diesem Fall X_t. Für den Aktienkurs gilt dann, wie bereits festgestellt,

$$X_t = X_{t-1} + Z_t$$

mit $E(Z_t) = 0$ und $cov(Z_t, Z_{t-s}) = 0$, für $s \neq 0$.

$E(Z_t) = 0$ besagt, daß **sich die Abweichungen Z_t von dem erwarteten Kurs X_t langfristig bzw. tendenziell ausgleichen.**

Das bedeutet nun nicht, daß an der Börse niemand gewinnen oder verlieren kann - was angesichts der beobachtbaren Erfolge bzw. Mißerfolge auch sehr unrealistisch wäre. Es bedeutet vielmehr, daß die in den nächsten Perioden **möglichen Gewinne** (Kurssteigerungen) und **möglichen Verluste** (Kursrückgänge) sich ausgleichen. Daher auch der Name des fairen Spieles. Ein Pechvogel kann aber gleichwohl zu Höchstkursen kaufen und zu Tiefstkursen verkaufen.

---

[1] Vgl. zum Folgenden Granger/Morgenstern (1970) S. 71 ff.
[2] Zur detaillierten Ableitung und anschaulichen geometrischen Interpretation dieses Kriteriums aus dem "Abstand im quadratischen Mittel" vgl. Rosanov (1975), S. 52 ff., S. 254 f.

2.3.2 Abhängigkeiten zwischen Zufallsvariablen

Martingale lassen sich auch durch die Abhängigkeiten zwischen den die Kurse zu den eingehenden Zeitpunkten beschreibenden Zufallsvariablen erläutern.

Hinsichtlich der Abhängigkeit zwischen Zufallsvariablen Z_t, Z_{t-s} zu den Zeitpunkten t und s kann man folgende Modelle unterscheiden:

1. Z_t, Z_{t-s} sind unkorreliert, dann ist X_t ein Martingale 2. Ordnung.[1]
2. Z_t, Z_{t-s} sind unabhängig, dann ist X_t ein eigentlicher Random-Walk.
3. Z_t, Z_{t-s} sind unabhängig, Z_t sind identisch normalverteilt, dann ist X_t ein Wiener Prozeß.[2]

Aus folgenden Gründen verwendet man als Zufallsvariable die Differenzen der Kurslogarithmen.

- Betrachtet man einen längeren Zeitraum der Kursentwicklung, dann wird die Warscheinlichkeit immer größer, daß der Kurs negativ wird. Dies würde bedeuten, daß eine Nachschußpflicht entstehen kann. Angesichts der in der Realität gegebenen Haftungsbeschränkung der Aktionäre impliziert dieser Effekt eine unzutreffende Beschreibung der tatsächlichen Situation.
- Bei absoluten Differenzen werden die Kursveränderungen als unabhängig von den tatsächlichen Kursen angesehen: Eine Kursänderung um 10 DM bei AEG müßte einer Kursänderung bei Siemens äquivalent sein, obwohl AEG bei 279,50, Siemens aber bei 679,50 notiert und die relative Änderung 3,6% bzw. 1,5% beträgt. Eine ähnliche Situation läßt sich für VW (540) und Daimler-Benz (767,50) feststellen.[3]

Wenn man sich auf das Testen der Random-Walk-Hypothese 1 (keine Korrelation, nicht aber Unabhängigkeit) beschränkt, kann man von Zufallsvariablen in Form der Differenzen der Logarithmen der Aktienkurse ausgehen. Es gilt dabei für den künftigen Aktienkurs X_{t+1}:

$Z_t = \log K_t - \log K_{t-1}$ (Sei $\log K_t = X_t$)

$Z_t = X_{t+1} - X_t$

$X_{t+1} = X_t + Z_t$

---

[1] Falls man zeigen kann, daß zwei Zufallsvariable aus einer zweidimensionalen Normalverteilung stammen und sie dann eine Korrelation gleich 0 besitzen, kann man annehmen, daß sie auch unabhängig sind. Vgl. Granger/Morgenstern (1970), S. 72.
[2] Vgl. Granger/Morgenstern (1970), S. 73. Die Bezeichnung Wiener Prozeß ist nicht ganz eindeutig. Normalerweise ist sie einem stetigen stochastischen Prozeß mit den Eigenschaften unabhängig, identisch normalverteilt vorbehalten. Zur Beschreibung des Wiener Prozesses vgl. auch weiter unten.
[3] Kurswerte aus Handelsblatt v. 17./18.8.1990.

Bei mehrmaliger Anwendung dieses Arguments erhält man die bereits mehrmals angegebene Formel:

$$X_{t+n} = x_t + \sum_{i=1}^{n} Z_{t+i}$$

Für den Erwartungswert des künftigen Kurses erhalten wir mit $E[Z_t]=0$:[1]

$$\begin{aligned} E(X_{t+n}) &= E\left[x_t + \sum_{i=1}^{n}(Z_{t+i})\right] \\ &= x_t + \sum_{i=1}^{n}[E(Z_{t+i})] \\ &= x_t \end{aligned}$$

Für die Varianz des künftigen Kurses erhalten wir mit $Var(Z_t)=1$:[2]

$$\begin{aligned} Var(X_{t+n}) &= Var\left[x_t + \sum_{i=1}^{n}(z_{t+i})\right] \\ &= Var(x_t) + Var\left(\sum_{i=1}^{n} Z_{t+i}\right) \\ &= \sum_{i=1}^{n} Var(z_{t+i}) \\ &= n\, Var(Z_t) \\ &= n\, \sigma_z^2 \end{aligned}$$

Unterstellen wir eine standardisierte Normalverteilung für Z_t ($E(Z_t)=0$ und $Var(Z_t)=1$), so erhalten wir den nachstehenden Graph in Abbildung 15 der Normalverteilung für die Logarithmen der relativen Kurse. Als Graph für die Dichtefunktion der numerischen Werte der relativen Aktienkurse erhalten wir hingegen die Kurve der Lognormalverteilung gemäß Abbildung 16. Erwartungswert und Varianz sind für t=1 jeweils im rechten oberen Quadranten angegeben.

---

[1] Entsprechend der Formel: $E(aX + bY + c) = a\,EX + b\,EY + c$.
[2] Entsprechend der Formel: $Var(aX + bY + c) = a^2 Var(X) + b^2 Var(Y) + 2ab\, Cov(X,Y)$.
In unserem Falle gilt $a = b = 1$; $Var(X) = Var(Y)$; $Cov(X,Y) = 0$.

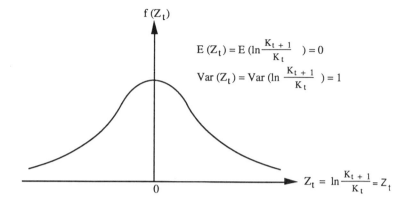

Abb. 15: Verteilung der Logarithmen

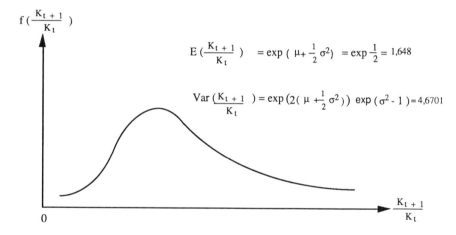

Abb. 16: Verteilung der numerischen Werte

Nach n Perioden erhalten wir entsprechend:[1]

$E(Z_{t+n}) = 0$

$\text{Var}(Z_{t+n}) = n \, \text{Var}(Z_t) = n$

---

[1] Zur logarithmischen Normalverteilung und ihren Momenten vgl. Aitchison/Brown.

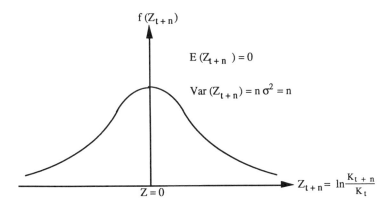

Abb 17: Verteilung der Logarithmen nach n Perioden

Bei n=10 gilt für Erwartungswert und Varianz der numerischen Werte mithin:

$$E\left[\frac{K_{t+n}}{K_t}\right] = \exp\left[(\mu + \frac{1}{2}\sigma^2)n\right] = \exp\left(\frac{n}{2}\sigma^2\right) = 148$$

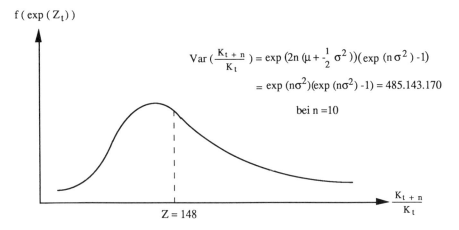

Abb. 18: Verteilung der numerischen Werte nach n=10 Perioden

2.3.3 Explizites Beispiel eines logarithmischen Random-Walk

Wir betrachten eine Aktie mit einer Kursnotiz von 100, d.h. K=100. Bei Übergang auf den Logarithmus ergibt sich: ln K=4,60 (genau 4,605). Die zufällige Kursnotiz bezieht sich auf die Änderung der Logarithmen: Die mögliche Änderung sei $Z_t=1,20$.

In jedem Zeitpunkt bestehen drei Möglichkeiten der Aktienkursentwicklung:

- **eine Zunahme** um $Z_t = 1,20 = \ln(\frac{K_{t+1}}{K_t})$
- **eine Abnahme** um $Z_t = 1,20$
- **keine Veränderung**, d.h. $Z_t = 0$

Unterstellt man, daß jeder dieser Zustände vom gegenwärtigen Zustand aus mit gleicher Wahrscheinlichkeit, nämlich p=1/3, eintritt, so erhält man für den Zeitpunkt t+1 den logarithmischen Kurs $\ln K_{t+1} = \ln K_t + Z_t$. Für die drei möglichen Fälle gilt:

- der Aktienkurs steigt mit $p = \frac{1}{3}$ auf $\ln K_{t+1} = 5,800$ mit $Z_t = 1,20$
- der Aktienkurs fällt mit $p = \frac{1}{3}$ auf $\ln K_{t+1} = 3,40$ mit $Z_t = -1,20$
- der Aktienkurs bleibt mit $p = \frac{1}{3}$ konstant, d. h. $\ln K_{t+1}$ mit $Z_t = 0$

Dieser Verzweigungsprozeß läuft entsprechend in den nächsten Perioden ab. In Abb. 19 ist dieser Prozeß für zwei weitere Perioden abgebildet:

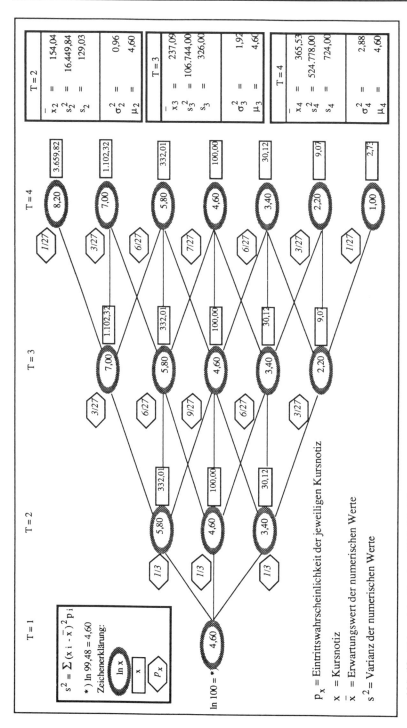

Abb. 19: Trinomiales Random-Walk Modell

122 Kapitel 3: Zur markttechnischen Erklärung von Aktienkursen

Für die Momente der Zufallsvariablen erhalten wir in den einzelnen Zeitpunkten:

Z_t	t=2	t=3	t=4
μ	0	0	0
σ^2	0.96	1.92	2.88

X_t	t=2	t=3	t=4
$\bar{x}$	154	237	366
s^2	16.449	106.744	524.778

In dem logarithmischen Random-Walk bleibt der Erwartungswert konstant. Der Erwartungswert der echten Aktienkurse $\bar{x}_t$ bleibt jedoch nicht konstant.

Für den numerischen Erwartungswert besteht ein exponentieller Zusammenhang zwischen den Kursveränderungen, während für den logarithmischen Erwartungswert ein linearer Zusammenhang besteht. Die beiden nachstehenden Abbildungen zeigen nochmals die Entwicklung.

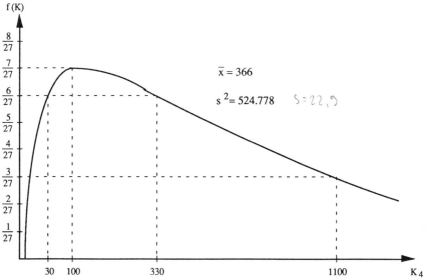

Abb. 20: Angenäherte Dichtefunktion für den Aktienkurs aus den expliziten Häufigkeiten für t = 4

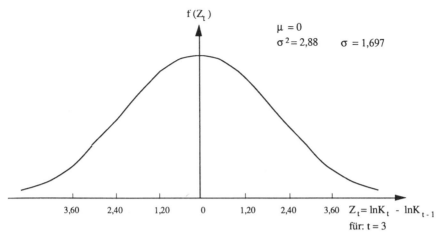

Abb. 21: Verteilung der logarithmischen Kursdifferenzen

Es ist bemerkenswert, daß der Erwartungswert des künftigen Kurses mit zunehmender Zeit auch dann steigt, wenn der Erwartungswert der logarithmischen Kursveränderungen gleich 0 ist. Damit steigt mit n der erwartete künftige Aktienkurs K_{t+n} schon allein aus der Annahme gleichwahrscheinlicher prozentualer Veränderungen, es liegt ein (numerischer) Random-Walk mit Trend vor. Auf die hiermit zusammenhängenden Fragen sei jedoch nicht weiter eingegangen.

Wir wollen uns nunmehr mit einer großen Gruppe von stochastischen Prozessen beschäftigen, die in der Aktienkursbeschreibung, aber auch sonst von großer Bedeutung sind.

3. Markov-Prozesse

3.1 Grundlegende Konzepte stochastischer Prozesse mit der Markov-Eigenschaft

Bevor die für die Analyse und Prognose von Aktienkurszeitreihen wichtigen Prozesse besprochen werden, soll das grundlegende theoretische Konzept anhand des einfachsten stochastischen Prozesses erläutert werden: Sowohl der Parameterraum als auch der Zustandsraum sind diskret. Ein solcher stochastischer Prozeß heißt **Markov-Kette**, falls der Zustand zum *nächsten* Zeitpunkt, bei bekanntem gegenwärtigem Zustand unabhängig von den vergangenen Zuständen ist. In diesem Zusammenhang wird auch häufig davon gesprochen, daß Prozesse vom Markov-Typ **kein Gedächtnis** besitzen. Diese Eigenschaft charakterisiert alle stochastischen Prozesse vom Markov-Typ. Die theoretische Formulierung kann aber in Abhängigkeit von der Art des Parameter- und Zustandsraumes mitunter etwas kompliziert erscheinen.

124 Kapitel 3: Zur markttechnischen Erklärung von Aktienkursen

Die bedingte Wahrscheinlichkeit $p_{ij}(t+1,t)=\{X_{t+1}|X_t=i\}$ heißt (einschrittige) **Übergangswahrscheinlichkeit** vom Zustand i in den Zustand j. Sie gibt die Wahrscheinlichkeit an, daß von dem gegenwärtigen Zustand i im Zeitpunkt t der Zustand j im Zeitpunkt t+1 angenommen wird. Bei dieser Interpretation wird impliziert, daß der Parameterraum die Zeit widerspiegelt. Diese Annahme soll im folgenden stets getroffen werden, da die stochastischen Prozesse ja als Hilfsmittel zur Analyse und Prognose von Zeitreihen verwendet werden sollen.

Sind die Übergangswahrscheinlichkeiten von dem Parameter t, d.h. also von der Zeit, **unabhängig**, so wird die Markov-Kette als **homogen** bezeichnet. Im folgenden sollen nur homogene Markov-Ketten betrachtet werden. Die Übergangswahrscheinlichkeiten lassen sich in einer Matrix zusammenfassen:

Zustand in t \ Zustand in t+1	1	2	...	j	...
1	p_{11}	p_{21}	...	p_{1j}	...
2	p_{21}	p_{22}	...	p_{2j}	...
.	.	.		.	
.	.	.		.	
.	.	.		.	
i	p_{i1}	p_{i2}	...	p_{ij}	...
.	.	.		.	
.	.	.		.	
.	.	.		.	

Die möglichen Zustände können z.B. die denkbaren Aktienkursnotierungen im Zeitpunkt t und im Zeitpunkt t+1 sein. Die möglichen Kursnotierungen seien vereinfachend in ganzen DM angegeben. Es gilt dann z.B.:

Zustand in t \ Zustand in t+1	...	250	251	252	253	254	255	...
...								
250		0,40	0,25	0,22	0,10	...		
251		0,30	0,40	0,18	0,10	...		
252		0,20	0,23	0,25	0,20	...		
253		0,10	0,15	0,20	0,25	...		
254		0,05	0,10	0,20	0,25	...		
255		0,04	0,07	0,15	0,20	...		
256		0,03	0,04	0,10	0,20	...		
...								

Die Zahlen innerhalb des Tableaus geben die bedingten Wahrscheinlichkeiten an, mit denen der Aktienkurs j im Zeitpunkt t+1 eintritt, wenn im Zeitpunkt t der Kurs i gegeben war. Faßt man die bedingten Wahrscheinlichkeiten p_{ij} dieses Tableaus in einer Matrix zusammen, so gelangt man zur sog. **Übergangsmatrix**[1], die regelmäßig mit P ($\triangleq$ Probability) bezeichnet wird:

$$P = (p_{ij}) = \begin{pmatrix} p_{11} & p_{12} & p_{13} & \cdots \\ p_{21} & p_{22} & p_{23} & \cdots \\ p_{31} & p_{32} & p_{33} & \cdots \\ \cdot & \cdot & \cdot & \cdots \\ \cdot & \cdot & \cdot & \cdots \\ \cdot & \cdot & \cdot & \cdots \end{pmatrix}$$

Für obiges Beispiel ergibt sich als Übergangsmatrix konkret:

$$P = \begin{pmatrix} \cdots & \cdot & \cdot & \cdot & \cdots \\ \cdots & 0{,}40 & 0{,}25 & 0{,}22 & 0{,}10 & \cdots \\ \cdots & 0{,}30 & 0{,}40 & 0{,}18 & 0{,}10 & \cdots \\ \cdots & \cdot & \cdot & \cdot & \cdots \end{pmatrix}$$

Notierte die Aktie im Zeitpunkt t z.b. bei 251 DM, so beträgt die Wahrscheinlichkeit, daß der Kurs im nächsten Zeitpunkt bei 252 liegt, 0.18. Aus dieser Interpretation wird auch klar, daß die Summe der in einer Zeile stehenden Koeffizienten gleich eins sein muß. (Satz von den vollständigen Wahrscheinlichkeiten.) Das gleiche gilt jedoch nicht für die Spaltensumme der Koeffizienten.

Die Übergangsmatrix besitzt also die folgenden Eigenschaften:

(i) $p_{ij} \geq 0$ für alle i,j aus dem Zustandsraum (Wahrscheinlichkeiten sind nicht negativ.)

(ii) $\sum_{i \in E} p_{ij} = 1$ für alle i $\in$ E. Die Wahrscheinlichkeiten aller möglichen Ereignisse summieren sich zu eins.

Eine quadratische Matrix, die die beiden oben angegebenen Eigenschaften besitzt, wird auch als **stochastische Matrix** bezeichnet.

Neben den einschrittigen Übergangswahrscheinlichkeiten lassen sich nun auch t-schrittige Übergangswahrscheinlichkeiten (Übergangswahrscheinlichkeiten t-ter Ordnung) definieren:

---

[1] Bei der Übergangsmatrix kann es sich sowohl um eine endliche wie auch unendliche quadratische Matrix handeln.

126 *Kapitel 3: Zur markttechnischen Erklärung von Aktienkursen*

$p_{ij}^{(t)}$ bedeutet verbal: Die Wahrscheinlichkeit, daß im Zeitpunkt t (nach t-Perioden) das Ereignis j auftritt, wenn im Zeitpunkt 0 das Ereignis beobachtet wurde.

$$p_{ij}^{(t)} := P\{X_{t+s} = j \mid X_s = i\} \quad t \geq 1$$

Die Übergangswahrscheinlichkeiten seien dabei von s unabhängig. Für t=0 definiert man $p_{ij}^{(0)}$ als sog. Kronecker-Symbol:

$$p_{ij}^{(0)} := \delta_{ij} = \begin{cases} 1 & \text{für } i=j \\ 0 & \text{für } i \neq j \end{cases}$$

Die Matrix mit den Elementen $p_{ij}^{(t)}$ heißt t-schrittige Übergangsmatrix. Für alle stochastischen Prozesse, die die Markov-Eigenschaft besitzen, gelten die sog. *Gleichungen von Chapman-Kolmogorov*. Diese Gleichungen beschreiben den Zusammenhang zwischen der **einschrittigen** und der **t-schrittigen Übergangswahrscheinlichkeit**. Dabei gilt für alle t und alle s:

(1) $\quad p_{ij}^{(t+s)} = \sum_{k \in E} p_{ik}^{(s)} p_{kj}^{(t)}$

Die Wahrscheinlichkeit, daß vom Ereignis i im Zeitpunkt s aus das Ereignis j im Zeitpunkt t auftritt, bestimmt sich nach der Produktsumme der bedingten Wahrscheinlichkeiten.

Die t-schrittigen Übergangsmatrizen ergeben sich als t-te Potenz von P.

(2) $\quad (p_{ij}^{(t)}) = P^t$

Somit läßt sich Gleichung (1) in Matrixschreibweise auch wie folgt ausdrücken:

(3) $\quad P^{t+s} = P^s * P^t$

Bisher haben wir bedingte Wahrscheinlichkeiten betrachtet. Man kann sich aber auch für die unbedingte Wahrscheinlichkeit interessieren, daß ein (festes) Ereignis i aus dem Zustandsraum im Zeitpunkt t eintritt:

(4) $\quad p_i(t) = P\{X_t = i\}$

Ist unser Zustandsraum z.B. nur auf die Kassanotizen in Frankfurt ausgerichtet, dann bleibt die Betrachtung der Wahrscheinlichkeiten von Kassanotizen z.B. in Düsseldorf ausgeschlossen. Auf die explizite Formalisierung dieser ökonomisch selbstverständlichen Forderung wird aus Gründen der Übersichtlichkeit verzichtet.

Die $p_i(t)$ werden als **Zustandswahrscheinlichkeiten** bezeichnet. Der Zeilenvektor $p(t)=(p_i(t))$ wird als **Zustandsverteilung** bezeichnet. Für den Fall t=0 spricht man auch von der Anfangsverteilung. Zur Berechnung der Zustandswahrscheinlichkeiten benötigt man die **Anfangsverteilung** und die **Übergangswahrscheinlichkeitsmatrix**. Die Berechnung erfolgt aufgrund der nachstehenden Formel:

(5) $\quad p_j(t) = \sum_{i \in E} p_i(0)\, p_{ij}^{(t)}$.

Oder kurz in Matrixschreibweise:

(6) $\quad p(t) = p(0)\, P^t$

Die bisher eingeführte Terminologie soll nun anhand eines einfachen Beispiels verdeutlicht werden.

Es soll die mögliche Entwicklung einer Aktienkursnotiz K_t untersucht werden. Zur Illustration abstrahieren wir die Realität ein bißchen. Wir betrachten die Veränderung ΔK_t einer Kursnotiz. Weiter sei dabei unterstellt, daß sich der Kurs innerhalb einer Zeiteinheit nur um eine volle DM nach oben oder nach unten verändert. Ausgangspunkt des Prozesses (t=0) sei der Ursprung. Innerhalb einer Zeiteinheit (z.B. einer Minute) sind dann folgende Fälle denkbar:

(i) Mit der Wahrscheinlichkeit r_i findet keine Veränderung statt.

(ii) Mit der Wahrscheinlichkeit s_i erhöht sich die Kursnotiz um eine DM, d.h. $\Delta K = +1$.

(iii) Mit der Wahrscheinlichkeit v_i verringert sich die Kursnotiz um eine DM, also $\Delta K = -1$.

Das folgende Schaubild zeigt **eine** mögliche Entwicklung der eben beschriebenen schematischen Veränderung einer Kursnotiz:

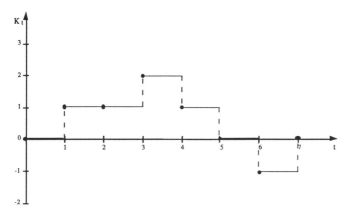

Abb. 22: Pfad eines einfachen Random-Walk-Beispiels[1]

Die sich nach diesem Schema ergebende Kursnotiz K_t im Zeitpunkt t stellt eine Zufallsvariable dar. Betrachtet man allgemein ein Random-Walk-Beispiel[2], ohne explizit auf Aktienkurse abzustellen und bezeichnet X_t die Zufallsvariable, die den möglichen Punkten der Wanderung zum Zeitpunkt t zugeordnet ist, so bildet die Folge $\{X_t, t \in \mathbb{N}\}$ eine Markov-Kette mit dem Zustandsraum **Z**.

Neben der bisher gewählten Form, stochastische Prozesse mittels ihrer Pfade darzustellen, ist eine weitere mögliche Darstellungsform ein (gerichteter) Graph.[3] Insbesondere bei der Beschreibung von **Markov-Ketten** bietet sich diese Form der Präsentation an. Im Gegensatz zur Darstellung durch Pfade, die jeweils nur **eine** mögliche Realisierung des Prozesses zeigen, veranschaulicht der Graph *sämtliche Bewegungen*. Diese etwas abstraktere Darstellung zeigt von jedem Zustand (Knoten) die Richtungen (Kanten) in die sich der Prozeß entwickeln kann. Um das Prinzip zu verdeutlichen, soll das eben angeführte Beispiel noch einmal mit Hilfe eines Graphen betrachtet werden.

Der *Übergangsgraph* einer Markov-Kette ist wie folgt erklärt: Die Knoten entsprechen den Zuständen i∈ E. Die Übergänge von i nach j mit den Übergangswahrscheinlichkeiten $p_{ij} \neq 0$ sind die Kanten des Graphen, wobei p_{ij} die Bewertung der Kante von i nach j ist. Trägt man keine Kantenbewertung in den Graph ein, so spricht man von einem *Erreichbarkeitsgraphen*. Die folgende Abbildung zeigt einen solchen Erreichbarkeitsgraphen für das Beispiel des einfachen Random-Walks in einer Dimension.

---

[1] Das angegebene Beispiel wird auch als *einfaches Irrfahrtsmodell in einer Dimension* (simple random walk) bezeichnet; vgl Ferschel (1970).
[2] Zur allgemeinen Definition des Random-Walk vgl. weiter unten.
[3] Durch die Darstellung einer Markov-Kette mittels Graphen wird eine graphentheoretische Analyse möglich. Ein solches Vorgehen wird z.B. von Ferschel (1970) ausführlich beschrieben.

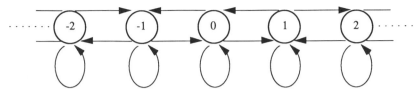

Abb. 23: Erreichbarkeitsgraph des einfachen Random-Walk-Beispiels

Für die Übergangswahrscheinlichkeiten möge gelten:

$p_{i,i} = r_i$: d.h., die Wahrscheinlichkeit im selben Zustand i zu verbleiben beträgt r_i.

$p_{i,i+1} = s_i$: d.h., die Wahrscheinlichkeit in den *nächsthöheren* Zustand i+1 zu gelangen, ist s_i. Für das Beispiel der Aktienkursveränderung bedeutet dies, daß s_i die Wahrscheinlichkeit für eine Erhöhung der Kursnotiz um eine weitere DM ist.

$p_{i,i-1} = v_i$: dieser Fall ist analog zum vorhergehenden, so daß v_i jetzt die Wahrscheinlichkeit für den Rückgang der Kursnotiz um eine DM angibt.

Gemäß der getroffenen Annahme, daß sich die Kursnotiz nur um eine DM verändert, gilt also $p_{ij}=0$ für den Fall, daß $j \notin \{i-1, i, i+1\}$. Die Übergangsmatrix besitzt somit folgende recht einfache Gestalt:

$$P = \begin{pmatrix} \ddots & \ddots & \ddots & & 0 \\ & v_{i.} & r_{i.} & s_{i.} & \\ 0 & & \ddots & \ddots & \ddots \end{pmatrix}$$

Erweitert man den Erreichbarkeitsgraphen aus Abbildung 23 um die angegebenen Kantenbewertungen, so gelangt man zu folgendem Übergangsgraphen:

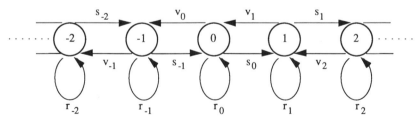

Abb. 24: Übergangsgraph des einfachen Random-Walk

In Abschnitt 2.3.3 wurde ein explizites Random-Walk-Beispiel besprochen: Obwohl Abb. 19 nur den möglichen Verlauf des Prozesses über vier Zeitpunkte beschreibt, zeigt sich doch schon die große Komplexität. Die hieraus schnell resultierende Unübersichtlichkeit läßt sich mit Hilfe von Übergangsgraphen überwinden. Dies soll noch einmal anhand desselben Beispiels deutlich gemacht werden, indem Abb. 24 dahingehend modifiziert wird, daß in den Knoten die Kurse wie in Abb. 19 eingetragen werden. Entsprechend dem Beispiel beträgt die Kantenbewertung jeweils $1/3$:

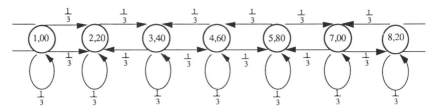

Abb. 24 a: Übergangsgraph des logarithmischen Random Walk aus Abschnitt 2.3.3

Aus dem einfachen Random-Walk-Beispiel lassen sich durch eine andere Wahl der Übergangswahrscheinlichkeiten und Veränderung des Zustandsraumes noch weitere Beispiele gewinnen.[1] Zu ihrer Diskussion ist es jedoch notwendig, die Zustände von Markov-Ketten genau zu analysieren und zu klassifizieren, was an dieser Stelle nicht getan werden soll. Eine wichtige Verallgemeinerung des hier vorgestellten Beispiels, auf die noch ausführlicher eingegangen werden soll, ist die sog. *Brownsche Bewegung*.[2]

3.2 Diskrete Markov-Prozesse

Gemäß der Systematisierung in Tabelle 2 wird im folgenden von einem **stetigen Parameterraum** und **diskreten Zustandsraum** ausgegangen.[3] Mit der Zeit als Parameterraum sind Zustandsänderungen des Prozesses nicht nur zu festen, diskreten Zeitpunkten möglich, sie können unter Beibehaltung der Markov-Eigenschaft zu jedem beliebigen Zeitpunkt erfolgen. Man spricht in diesem Fall von Markov-Prozessen.

Die Einführung eines kontinuierlichen Zeitparameters erscheint für die Modellierung des Börsengeschehens besonders angebracht, da die Entscheidungen der Börsenteilnehmer nicht zu exogen vorgegebenen Zeitpunkten erfolgen, sondern sich aus der Marktsituation endogen entwickeln und somit zu jedem Zeitpunkt des Prozesses geschehen können. Der Zustandsraum hingegen ist diskret, da man davon ausgeht, daß sich Kurse und Preiserwartungen nicht in infini-

---
[1] Eine ausführliche Darstellung weiterer Beispiele findet man z.B. in Ferschel (1970).
[2] Vgl. hierzu auch den Abschnitt über Markov-Prozesse mit kontinuierlichem Zustands- und Parameterraum.
[3] Zur Vereinfachung der Notation wird dabei $T = [0,\infty)$ angenommen, d.h. wir betrachten gegenwärtige und künftige Ereignisse.

tesimal kleinen Veränderungen vollziehen. Bei Aktienkursen werden die Mindestveränderungen in 10-Pfennig-Schritten notiert, bei Festverzinslichen in Pfennigbeträgen. In den USA ist als kleinste Einheit $1/32$ eines Dollars üblich. Die hier betrachtete Konstellation von stetigem Parameterraum und diskretem Zustandsraum wird weiter unten bei der Modellierung der Mikrostruktur des Kapitalmarktes unterstellt.[1] Weite Teile des hier präsentierten Stoffes bereiten die formale Erläuterung des Modells in Kapitel 7 vor.

Ein Markov-Prozeß wird wie folgt formal beschrieben:

Ein stochastischer Prozeß $X = \{X(t), t \geq 0\}$ mit diskretem Zustandsraum heißt **diskreter Markov-Prozeß**, wenn für jeden Übergang vom Zustand j die Kenntnis der vor i liegenden Zustände nicht benötigt wird und von diesen auch unabhängig ist. Formal gilt dann:

Für alle $n \geq 0$ und alle $t \geq s > s_n > ... > s_0 \geq 0$ ist

(1) $P\{X(t) = j \mid X(s) = i, X(s_n) = i_n, ..., X(s_0) = i_0\} = P\{X(t) = j \mid X(s) = i\}$

wobei $j, i, i_0, ..., i_n$ Elemente aus dem Zustandsraum E sind.

Wie im vorhergehenden Abschnitt schon eingeführt, wird mit

$p_{ij}(s,t) := P\{X(t) = j \mid X(s) = i\}$

die Übergangswahrscheinlichkeit vom Zustand i in den Zustand j bezeichnet. Entsprechend steht $P(s,t) = (p_{ij}(s,t))$ für die Übergangsmatrix. Man nennt einen Markov-Prozeß **homogen,** wenn für die Übergangswahrscheinlichkeiten nur die **Zeitdifferenz, nicht jedoch der Zeitpunkt,** maßgebend ist. Also:

(2) $P\{X(t+s) = j \mid X(s) = i\} = P\{X(t) = j \mid X(0) = i\} = p_{ij}(0,t) =: p_{ij}(t)$.

Bevor nun auf die allgemeine Theorie Markovscher Prozesse näher eingegangen wird, soll im folgenden Abschnitt ein wichtiger Spezialfall behandelt werden, nämlich der sog. *Poisson-Prozeß*.

3.2.1 Der Poisson-Prozeß

Einen einfachen Zugang zum Poisson-Prozeß erlauben die sog. Zählprozesse: Ein stochastischer Prozeß $\{Z(t), t \geq 0\}$ wird als **Zählprozeß** bezeichnet, wenn $Z(t)$ die Anzahl bestimmter Ereignisse angibt, die bis zum Zeitpunkt t einschließlich eingetreten sind. Für $t=0$ gilt also definitionsgemäß $Z(0)=0$.

Als Beispiel für einen Zählprozeß mag etwa die *Kursnotierung einer Aktie* dienen. Man *zählt* hierbei die Anzahl der Veränderungen der Notiz während einer Börsensitzung. Abhängig von der momentanen Börsenstimmung und der be-

---
[1] Vgl. Kapitel 7, Abschnitt 2.

trachteten Aktie können hierbei sehr unterschiedliche Ergebnisse auftreten. So kann sich etwa in einer hektischen Börsenstimmung bei den großen deutschen Standardwerten die Kursnotiz durchaus 30 bis 40 mal während einer Börsensitzung verändern, während bei ruhigem Verlauf nur 10 oder 15 variable Notierungen vorkommen. Grundlegend für die Modellierung des Zählprozesses ist die elementare Tatsache, daß die Anzahl der Veränderungen sich mit zunehmendem Betrachtungszeitraum, hier mit fortschreitender Börsensitzung, nicht mehr verringern kann. Die Pfade eines Zählprozesses Z(t) bilden somit nichtfallende (rechtsseitig stetige) Treppenfunktionen, die im Fall des obigen Beispiels die Sprunghöhe 1 haben. Die folgende Abbildung zeigt den zugehörigen Pfad.

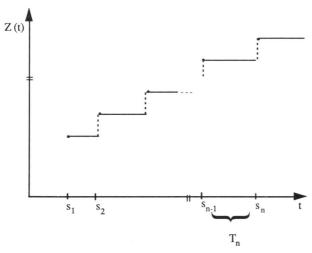

Abb. 25: Pfad eines Zählprozesses

Ein Zählprozeß besitzt genau dann *unabhängige Zuwächse*, wenn die *Differenzen* $\Delta X_1 := X(t_1)-X(t_0),..., \Delta X_n := X(t_{n+1})-X(t_n)$ für alle n und alle $t_0<t_1<...<t_n$ *unabhängig* sind. Damit ist gemeint, daß der Zuwachs im Zeitraum t_i-t_{i-1} nicht von Zuwächsen vorangehender Zeiträume beeinflußt wird.

Ein Prozeß mit *unabhängigen Zuwächsen* heißt Prozeß mit *homogenen unabhängigen Zuwächsen* oder auch **stationären** Zuwächsen, wenn die Wahrscheinlichkeitsverteilung der Zuwächse **nur von der Differenz t_i-t_{i-1}**, nicht aber von der Lage der t_i abhängt. Das bedeutet, daß für alle $t_1, t_2 \geq 0$ mit $t_1<t_2$ und alle $s>0$ die Differenzen $Z(t_2+s)-Z(t_1+s)$ und $Z(t_2)-Z(t_1)$ **identisch verteilt** sind.

Für die Modellierung von Aktienkursverläufen sind solche reinen Markov-Prozesse mit unabhängigen, stationären Zuwächsen problematisch, da diese Prozesse implizit **Trend und Saisoneinflüsse ausschließen**. *Der Poisson-Prozeß dient jedoch häufig als Sprungkomponente in sog.* **Diffusions-Sprung-Pro-**

zessen [1]. *Darüber hinaus läßt sich der Poisson-Prozeß derart verallgemeinern, daß auf die stationären Zuwächse verzichtet werden kann.*[2]

Charakteristisch für Poisson-Prozesse ist, daß die dem Zählprozeß zugrunde liegende Folge *ordinär* ist. Diese Eigenschaft äußert sich in der praktischen Unmöglichkeit des gleichzeitigen Eintretens zweier oder mehrerer Ereignisse. Bezeichnet man die Wahrscheinlichkeit dafür, daß im Zeitpunkt t mehr als ein Ereignis eintritt mit $p_{<1}(t)$, so läßt sich diese Wahrscheinlichkeit mathematisch durch die Bezeichnung

$$p_{<1}(t) =: o(t)$$

formulieren. Die Funktion o(t) ist allein durch die Eigenschaft

$$\lim_{t \to 0} \frac{o(t)}{t} = 0$$

charakterisiert. Das bedeutet, daß o(t) *schneller* gegen 0 strebt als t. Man sagt, daß o(t) von höherer Ordnung als t ist. Das Symbol o(t) wird *klein o von t* oder *kleines Landau-Symbol von t* gelesen. Als Beispiel für o(t) sei etwa $t^2, t^3,...$ genannt. Es ist nun möglich, eine Definition für einen Poisson-Prozeß zu geben.

Ein Zählprozeß wird als **Poisson-Prozeß** bezeichnet, wenn er die folgenden Eigenschaften erfüllt:

(i)   Z(t) besitzt homogen unabhängige Zuwächse
(ii) $P\{Z(t) \geq 2\} = o(t)$
(iii) $P\{Z(t) = 1\} = \lambda t + o(t), \lambda > 0$

Die Eigenschaft (ii) besagt, daß die Wahrscheinlichkeit, daß in einem sehr kleinen Zeitintervall mehr als ein Ereignis eintritt, fast gleich Null ist. Es läßt sich sogar zeigen, daß die Sprunghöhen der Pfade genau die Höhe 1 haben.[3] Die Eigenschaft von o(t) in (iii) führt dazu, daß für sehr kleines t die Wahrscheinlichkeit $P\{Z(t)=1\}$ ungefähr λt entspricht.

Damit läßt sich das Verteilungsgesetz des Poisson-Prozesses bereits vollständig beschreiben. Es gilt nämlich, daß die Anzahl von Ereignissen in einem Zeitintervall der Länge t mit dem Parameter λt ($\lambda>0$) Poisson-verteilt ist. Dabei wird λ auch als **Intensitätsrate** bezeichnet. Formal wird dieser Sachverhalt wie folgt ausgedrückt:

(1) $p_n(t) := P\{Z(t) = n\} = P\{Z(t+s) - Z(s) = n\} = e^{-\lambda t} \dfrac{(\lambda t)^n}{n!}$

---

[1] Vgl. hierzu die Untersuchungen in Akgiray/Booth/Loistl (1989) sowie Abschnitt 3.4 dieses Kapitels.
[2] Zur Verallgemeinerung des Poisson-Prozesses vgl. Fahrmeir/Kaufmann/Ost (1981), S. 91 f.
[3] Vgl. Cinlar (1975), S. 71 ff.

Ein *Poisson-Prozeß* ist ein homogener *Markov-Prozeß* mit den Übergangswahrscheinlichkeiten $p_{ij}(t)$:

$$p_{ij}(t) = \begin{cases} e^{-\lambda t} \dfrac{(\lambda t)^{j-i}}{(j-i)!} & \text{für } i \leq j \\ 0 & \text{sonst} \end{cases}$$

Betrachtet man das Verhalten der Pfade eines Poisson-Prozesses, so lassen sich einige typische Merkmale aufzeigen. Dazu ist es jedoch nötig, noch einige weitere Begriffe einzuführen.

Die Zeit bis zum Eintritt des nächsten Ereignisses, also z.b. zwischen der (n-1)-ten und der n-ten variablen Kursnotiz (n≥1), wird **Zwischenzeit** genannt und mit T_n bezeichnet. Eine weitere typische Größe ist die sog. Wartezeit. Man kann sich z.b. dafür interessieren, wie lange es dauert, bis das n-te Ereignis eintritt. Diese Zeitspanne heißt **Wartezeit** und ist die **Summe der Zwischenzeiten** bis zum Eintritt des n-ten Ereignisses:

$$S_n = \sum_{i=1}^{n} T_i \qquad n \geq 1,\ S_0 := 0$$

Greift man nun einen beliebigen, aber festen Zeitpunkt heraus, so gibt die *Vorwärtsrekurrenzzeit* $V(t)$ die Zeitspanne bis zum Eintritt des nächsten Ereignisses an. Umgekehrt wird die Zeitspanne seit dem Eintritt des letzten Ereignisses als *Rückwärtsrekurrenzzeit* $U(t)$ bezeichnet. Es gelten also folgende Beziehungen zwischen der Warte-, Zwischen-, Vorwärts- und Rückwärtsrekurrenzzeit:

(i) $U(t) + V(t) = T_{n(t)+1} = S_{n(t)+1} - S_{n(t)}$
(ii) $U(t) = t - S_{n(t)}$
(iii) $V(t) = S_{n(t)+1} - t$

In dem folgenden Schaubild ist der typische Pfad eines Poisson-Prozesses mit den eben erläuterten Zeiten dargestellt:

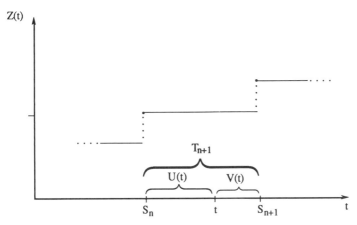

Abb. 26: Darstellung der Warte-, Zwischen-, Vorwärts- und Rückwärtsrekurrenzzeit eines Poisson-Prozesses

Ein Zählprozeß $Z = \{Z(t), t \geq 0\}$ ist ein Poisson-Prozeß mit Rate λ, wenn die Zwischenzeiten T_n, $n \geq 1$, **unabhängig** und mit dem Parameter λ identisch exponentialverteilt sind; mithin gilt:

$$P\{T_n \leq t\} = 1 - e^{-\lambda t} \quad t \geq 0.$$

Ein Poisson-Prozeß ist also durch seine Zwischenzeiten eindeutig charakterisiert. Für die Verteilung der Wartezeiten S_n und der Vorwärts- und Rückwärtsrekurrenzzeiten gilt:

(i) $f_{S_n}(t) = e^{-\lambda t} \dfrac{\lambda^n t^{n-1}}{(n-1)!}$

(ii) $P\{V(t) \leq x\} = e^{-\lambda x}, \quad x \geq 0$

(iii) $P\{U(t) = t\} = e^{-\lambda t}$

(iv) $P\{U(t) \leq x\} = 1 - e^{-\lambda x}, \quad 0 \leq x < t$

Zum Abschluß dieses Abschnitts sollen noch **Überlagerungen** und **Zerlegungen** von Poisson-Prozessen betrachtet werden. Unter einer Überlagerung von Poisson-Prozessen versteht man dabei einfach die **additive** Verknüpfung zweier Poisson-Prozesse.

Bezeichnen $K = \{K(t), t \geq 0\}$ und $L = \{L(t), t \geq 0\}$ zwei voneinander unabhängige Poisson-Prozesse mit den Raten λ und μ, so wird der Prozeß $M = \{M(t), t \geq 0\}$ mit $M = K+L$ Überlagerung von K und L genannt. Der Prozeß M zählt sowohl die Ereignisse von K als auch die Ereignisse von L. Der Überlagerungsprozeß M ist außerdem wieder ein Poisson-Prozeß mit Intensitätsrate $\lambda+\mu$.[1] Beispielsweise kann man sich vorstellen, daß der Prozeß K die Anzahl der variablen Notierungen der Aktie A und L die von Aktie B zählt. Der Prozeß M zählt dann die Anzahl der variablen Kurse von A und B.

Betrachtet man nun einen Poisson-Prozeß M mit der Rate λ, so wird eine Zerlegung von M folgendermaßen erklärt: Beim Eintritt eines jeden Ereignisses wird ein von M unabhängiges binomisches Experiment mit $P\{x=1\} = q$ und $P\{x=0\} = 1-q$ durchgeführt.

Im Fall $x = 1$ wird das zugehörige Ereignis als Typ 1-Ereignis, andernfalls als Typ 0-Ereignis, bezeichnet. Somit sind sämtliche Ereignisse in zwei Klassen eingeteilt. Jeder dieser Klassen wird nun ein Zählprozeß K und L derart zugeordnet, daß gilt $M(t) = K(t) + L(t)$, $t \geq 0$. Die so gebildeten Zählprozesse[2] sind von einander unabhängige Poisson-Prozesse mit den Intensitätsraten λq und $\lambda(1-q)$.

Mit Überlagerungen und Zerlegungen haben sich Poisson-Prozesse als leistungsfähiges Instrument zur Modellierung realer Prozesse erwiesen. Viele Zählprozesse entstehen nämlich durch die Überlagerung von Zählprozessen. Trotzdem sind die dem Poisson-Prozeß zugrundeliegenden Axiome vergleichsweise restriktiv. Es ist jedoch möglich, die Annahmen für Poisson-Prozesse zu verallgemeinern.[3]

3.2.2 Geburts- und Todesprozesse

Unter Geburts- bzw. Todesprozessen versteht man Prozesse, bei denen ein Zustand durch **Zugänge (Geburten)** oder **Abgänge (Todesfälle)** verändert wird. Insofern bildet der Poisson-Prozeß einen speziellen Geburtsprozeß. Der Poisson-Prozeß zeichnet sich durch eine konstante Intensitätsrate, die mit λ bezeichnet wurde, aus. Betrachtet man statt dieser konstanten Intensitätsrate zustandsabhängige Raten λ_i, so gelangt man zur allgemeinen Definition des Geburtsprozesses:

Ein stochastischer Prozeß $X = \{X(t), t \geq 0\}$ mit Zustandsraum $\mathbb{N}$ heißt **Geburtsprozeß**, wenn X ein homogener, diskreter Markov-Prozeß ist, für den folgende Übergangswahrscheinlichkeiten gelten:

$$p_{i,i+1}(t) = \lambda_i(t) + o(t)$$

$$p_{i,i}(t) = 1 - \lambda_i t + o(t), \qquad \lambda_i \geq 0$$

$$p_{i,j}(t) = \begin{cases} 0 & 0 \leq j \leq i-1 \\ o(t) & j > i+1 \end{cases}$$

---

[1] Man überprüft direkt, daß $\lambda + \mu$ die Definition des Poisson-Prozesses erfüllt.
[2] Vgl. Cinlar (1975), S. 89; Ross (1972), S. 123.
[3] Vgl. Fahrmeier/Kaufmann/Ost (1981), S. 91 f., Barlow/Proschan (1978), S. 53 ff.

Für die Übergangswahrscheinlichkeit

$$p_{0n}(t) = P\{X(t) = n \mid X(0) = 0\}$$

lassen sich die folgenden Differentialgleichungen herleiten:[1]

$p'_{00}(t) = -\lambda_0 p_{00}(t)$
$p'_{0n}(t) = -\lambda_n p_{0n}(t) + \lambda_{n-1} p_{0,n-1}(t), \quad n \geq 1$

Berücksichtigt man die Anfangsbedingungen $p_{00}(0)=1$ und $p_{0n}(0)=0$ für $n>0$, so lassen sich die Differentialgleichungen mit

$$p_{0n}(t) = \sum_{i=0}^{n} A_n^{(i)} e^{-\lambda_i t},$$

wobei $\lambda_i \neq \lambda_j$ für $i \neq j$ vorausgesetzt wird, lösen. Dabei sind die Koeffizienten $A_n^{(i)}$ wie folgt bestimmt:

$$A_n^{(i)} = \frac{\lambda_0 \lambda_1 \ldots \lambda_{n-1}}{(\lambda_0 - \lambda_i) \ldots (\lambda_{i-1} - \lambda_i)(\lambda_{i+1} - \lambda_i) \ldots (\lambda_n - \lambda_i)}$$

Gilt

$$\sum_{i=0}^{\infty} \frac{1}{\lambda_i} = \infty,$$

so ergibt sich eine Wahrscheinlichkeitsverteilung, d.h.

$$\sum_{n=0}^{\infty} p_{0n}(t) = 1.$$

Die Bedingung, daß die *Summe der Kehrwerte der Intensitätsraten unendlich* ist, stellt sicher, daß der betrachtete Prozeß nicht *explodiert*. Damit ist gemeint, daß der Prozeß in endlicher Zeit nicht über alle Grenzen wächst. Es läßt sich zeigen, daß die **Zwischenzeiten** T_{i+1} mit Erwartungswert $\frac{1}{\lambda_i}$ **exponentialverteilt** sind. Führt man nun für einen explodierenden Prozeß den zusätzlichen Zustand ∞ ein, so ist $\sum_{i=0}^{\infty} \frac{1}{\lambda_i}$ die erwartete Zeit vor dem Eintritt von $\{X(t)=\infty\}$. Ist nun die Bedingung $\sum_{i=0}^{\infty} \frac{1}{\lambda_i} = \infty$ erfüllt, so ist diese Zeit nicht endlich, d.h. der Prozeß explodiert nicht.

---

[1] Vgl. Fahrmeir/Kaufmann/Ost (1981), S. 94 und die dort angegebene Literatur.

Das Gegenstück zum Geburtsprozeß ist ein **Todes- oder Schrumpfprozeß**. Die Intensitätsrate beim Übergang von i nach i+1 soll für Todesprozesse mit μ_i bezeichnet werden.

Die Intensitätsraten λ_i und μ_i werden manchmal auch als **Geburts- bzw. Sterbekoeffizienten** bezeichnet. Bisher wurde lediglich ein reiner Geburtsprozeß untersucht. Betrachtet man nun einen stochastischen Prozeß mit Geburts- und Sterbekoeffizienten[1], so führt dies auf folgende allgemeine Definition:

Ein stochastischer Prozeß $X=\{X(t), t\geq 0\}$ mit dem Zustandsraum $E\subset \mathbb{N}$ heißt *Geburts- und Todesprozeß*, wenn X ein homogener Markov-Prozeß mit folgenden Übergangswahrscheinlichkeiten ist:

$p_{i,i+1}(t) = \lambda_i t + o(t),\qquad i \geq 0$

$p_{i,i-1}(t) = \mu_i t + o(t),\qquad i \geq 1$

$p_{i,i}(t) = 1 - (\lambda_i + \mu_i)t + o(t),\ i \geq 0$

$p_{ij}(t) = o(t),\qquad\qquad |i-j|\geq 2,\ i,j \geq 0$

$p_{ij}(0) = \delta_{ij}\qquad\qquad$ (δ_{ij} bezeichnet das Kroneckersymbol)

$\mu_0 = 0,\qquad\qquad\qquad \lambda_0 \geq 0$

$\mu_i, \lambda_i \geq 0\qquad\qquad$ für $i \geq 1$

Es läßt sich zeigen, daß die Übergangswahrscheinlichkeiten eines Geburts- und Todesprozesses einem Differentialgleichungssystem genügen.[2] Diese Gleichungen werden auch als Rückwärts- und Vorwärtsgleichungen von Kolmogorov bezeichnet:

Rückwärtsgleichungen von Kolmogorov:

Mit Hilfe des folgenden Differentialgleichungssystems lassen sich für **festes j** und *variables i* die Übergangswahrscheinlichkeiten $p_{ij}(t)$, $i\geq 0$, berechnen:[3]

$p'_{0j}(t) = -\lambda_0 p_{0j}(t) + \lambda_0 p_{1j}(t)$

$p'_{ij}(t) = \mu_i p_{i-1,j}(t) - (\lambda_i + \mu_i) p_{ij}(t) + \lambda_i p_{i+1,j}(t),\qquad i \geq 1$

Interessiert man sich hingegen bei **festem i** und *variablem j* für die Übergangswahrscheinlichkeit $p_{ij}(t)$, so nimmt man die

---

[1] Ein Geburtsprozeß kann auch als Prozeß interpretiert werden, bei dem alle Sterbekoeffizienten gleich Null sind.
[2] Vgl. Breiman (1969), S. 205 ff.
[3] Vgl. Fahrmeir/Kaufmann/Ost (1981), S. 97.

Vorwärtsgleichung von Kolmogorov:

$p'_{i0}(t) = \lambda_0 p_{i0}(t) + \mu_1 p_{i1}(t)$

$p'_{ij}(t) = \lambda_{j-1} p_{i,j-1}(t) - (\lambda_j + \mu_j) p_{ij}(t) + \mu_{j+1} p_{i,j+1}(t),$ $\qquad j \geq 1$

Die hier angegebene Vorwärtsgleichung ist ein Spezialfall, bezogen auf Geburts- und Todesprozesse. Auch im allgemeinen Fall existieren die Vorwärts- und Rückwärtsgleichungen von Kolmogorov.[1] Im allgemeinen Fall führt die Vorwärtsgleichung von Kolmogorov zur sogenannten Master-Gleichung. Die Master-Gleichung stellt dabei in gewisser Weise einen Spezialfall der Vorwärtsgleichung von Kolmogorov dar (vgl. auch den nachfolgenden Abschnitt).

3.2.3 Zur allgemeinen Theorie Markovscher Prozesse

Bei den eben betrachteten Geburts- und Sterbeprozessen bestimmen die Koeffizienten λ_i und μ_i die **Schnelligkeit des Wachstums** bzw. **der Schrumpfung**. An die Folge der λ_i bzw. μ_i müssen deshalb gewisse Bedingungen gestellt werden, die sicherstellen, daß z.B. ein Geburtsprozeß nicht *explodiert*, d.h., daß X(t) in endlicher Zeit nicht mit positiver Wahrscheinlichkeit über alle Grenzen wächst. Für reine Geburtsprozesse gewährleistet etwa die Bedingung

$$\sum_{i=0}^{\infty} \frac{1}{\lambda_i} = \infty$$

ein begrenztes Wachstum. Prozesse, die mit positiver Wahrscheinlichkeit in endlicher Zeit ins Unendliche wachsen, sind für Anwendungen i.a. nicht interessant. Um diesen Fall auszuschließen, müssen gewisse *Regularitätsannahmen* getroffen werden. Sicherlich ist es vernünftig, zu erwarten, daß der Übergang von i nach j ($i \neq j$) eine positive (endliche) Zeit benötigt. Um dies sicherzustellen, fordert man

(1) $\qquad p_{ij}(0) = \lim_{h \downarrow 0} p_{ij}(h) = \delta_{ij} = \begin{cases} 1 & i=j \\ 0 & i \neq j \end{cases}$

Diese Forderung und die Eigenschaft, daß die Zeilensumme der Übergangsmatrix gleich eins ist, genügt, um zu zeigen, daß die Übergangswahrscheinlichkeiten $p_{ij}(t)$, $t \geq 0$, stetig sind und auch die Ableitungen der Übergangswahrscheinlichkeiten p'_{ij} existieren.[2] Sie werden analog zu den Ableitungen der Differentialrechnung wie folgt definiert:

(2) $\qquad \lambda_{ij} := p'_{ij}(0) = \lim_{h \downarrow 0} \frac{p_{ij}(h) - p_{ij}(0)}{h}$

---

[1] Vgl. Doob (1953), S. 240.
[2] Vgl. Chung (1967), S. 131.

Die Ableitungen der Übergangswahrscheinlichkeiten nach der Zeit heißen **Übergangsraten** oder auch **Intensitätsraten**. Man faßt sie analog den Übergangswahrscheinlichkeiten in einer Matrix $\Lambda := (\lambda_{ij})$ zusammen. Diese Matrix wird als **Intensitätsmatrix** bezeichnet.

Neben der Forderung (1) sollen die hier betrachteten Markov-Prozesse rechtsseitig stetige Pfade besitzen. Ein typischer Pfad eines Markov-Prozesses sieht somit wie folgt aus:

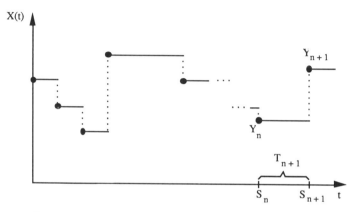

S_n = der Zeitpunkt der n-ten Zustandsänderung, $S_0 = 0$
Y_n = $X(S_n)$ der zum Zeitpunkt S_n realisierte Zustand
T_{n+1} = $S_{n+1} - S_n$ die Verweildauer in Y_n

Abb. 27: Typischer Pfad eines Markov-Prozesses

Die *Zeitspanne vom Zeitpunkt t bis zur nächsten Zustandsänderung* wird mit V(t) bezeichnet und heißt **Vorwärtsrekurrenzzeit**. Für die Vorwärtsrekurrenzzeit läßt sich analog zum Poisson-Prozeß (vgl. Abschnitt 3.2.1) folgendes Ergebnis notieren:

Für jeden Zeitpunkt t und beliebiges $i \in E$ ist $P\{V(t) \leq s \mid X(t) = i\} = 1 - e^{-\lambda_i s}$.

In Worten: Die Wahrscheinlichkeit, daß die Vorwärtsrekurrenzzeit V(t) kleiner/gleich einer bestimmten Zeitspanne s ist, wird für jeden Zustand i durch $1 - e^{-\lambda_i s}$ gegeben. Dabei ist λ_i nur von i, nicht aber von t abhängig. Die Vorwärtsrekurrenzzeit ist eine Exponentialverteilung mit Parameter λ_i.

Anhand des Wertes von λ_i läßt sich folgende Einteilung der Zustände einführen:

(i) Ein Zustand i heißt absorbierend, wenn $\lambda_i = 0$ ist.
(ii) Der Zustand i heißt stabil für $0 < \lambda_i < \infty$.
(iii) Der Zustand i heißt für $\lambda_i = \infty$ instabil.

Ist der Zustand i absorbierend, so gilt für alle s≥0:

$$P\{V(t) > s \mid X(t) = i\} = P\{X(t + s) = i \mid X(t) = i\} = 1$$

Ist also der Zustand i absorbierend und wird dieser Zustand einmal angenommen, so wird er nicht mehr verlassen.

Ist i ein stabiler Zustand, so gilt:

$$P\{0 < V(t) < \infty \mid X(t) = i\} = 1$$

Befindet sich der Prozeß also zum Zeitpunkt t in i, so verweilt er dort eine endliche, positive Zeit.

Da die Forderung nach rechtsseitig stetigen Pfaden erhoben wurde, kann es bei den hier betrachteten Prozessen keine mit instabilen Zuständen geben. Für instabiles i gilt nämlich:

$$P\{V(t) = 0 \mid X(t) = i\} = 1$$

Ein instabiler Zustand wird also sofort wieder verlassen.

Es ist nun möglich, die eingangs erwähnten *Regularitätsbedingungen* zu formulieren, die ein Verhalten der in Rede stehenden Prozesse gewährleisten, das sie für die Modellierung bestimmter realer Phänomene geeignet erscheinen läßt.

Ein diskreter Markov-Prozeß wird als **regulär** bezeichnet, wenn

(i) die Pfade rechtsseitig stetig sind
(ii) sich die Sprungstellen nicht im endlichen häufen
(iii) für die Übergangswahrscheinlichkeit zum Zeitpunkt 0 gilt: $p_{ij}(0) = \delta_{ij}$

Für einen regulären Markov-Prozeß sind die Übergangswahrscheinlichkeiten stetig differenzierbar nach der Zeit und es gilt:

(3) $$p'_{ij}(0) = \lambda_{ij} = \begin{cases} -\lambda_i & i=j \\ \lambda_i q_{ij} & i \neq j \end{cases}$$

Die Zeilensummen der Intensitätsmatrix Λ sind somit im Fall regulärer Markov-Prozesse Null. Es gilt also:

(4) $\sum_{j \in E} \lambda_{ij} = 0$ für alle $i \in E$

Mit Hilfe von (3) können die Strukturparameter λ_j und q_{ij} bestimmt werden. Die Struktur von Markov-Prozessen mit rechtsseitig stetigen Pfaden läßt sich wie folgt beschreiben:

Die Folge Y_n der nacheinander besuchten Zustände bildet eine Markov-Kette. Dabei sind die Verweildauern in den einzelnen Zuständen exponential verteilt:

$$P\{Y_{n+1} = j, T_{n+1} > t \mid Y_n = i,\ldots, Y_0 = i_0, S_n = s_n,\ldots, S_0 = 0\} = q_{ij}\, e^{-\lambda_i t}$$

$$\text{mit } q_{ij} \geq 0\,;\ \sum_{j \in E} q_{ij} = 1 \qquad q_{ii} = \begin{cases} 0, & i \text{ stabil} \\ 1, & i \text{ absorbierend} \end{cases}$$

$Y := \{Y_n,\ n \in \mathbb{N}_0\}$ ist eine Markov-Kette mit der Übergangsmatrix $Q = (q_{ij})$

(5) $\quad P\{T_{n+1} > t \mid Y_n = i, Y_{n+1} = j\} = P\{T_{n+1} > t \mid Y_n = i\} = e^{-\lambda_i t}$

Die letzte Gleichung besagt, daß λ_j vom eben besuchten Zustand, nicht jedoch vom nächsten Zustand abhängt.

Im folgenden soll geklärt werden, in welcher Weise die Übergangswahrscheinlichkeiten $p_{ij}(t)$ die Strukturparameter λ_j und q_{ij} bestimmen und umgekehrt.

Um bei gegebener Intensitätsmatrix (bzw. Strukturparametern) die Übergangswahrscheinlichkeiten $p_{ij}(t)$ zu ermitteln, werden die Kolmogorovschen Gleichungen herangezogen:

Die Übergangsmatrix $P(t)=p_{ij}(t)$ eines Markov-Prozesses ist durch die Übergangsmatrix $Q=(q_{ij})$ der eingebetteten Markov-Kette und die Erwartungswerte $\dfrac{1}{\lambda_i}$ der Verweildauer bzw. die Intensitätsmatrix Λ eindeutig bestimmt. Die Übergangswahrscheinlichkeiten sind Lösungen des Differentialgleichungssystems

(6) $\quad p'_{ij}(t) = \sum_{k \in E} \lambda_{ik}\, p_{kj}(t)$

und

(7) $\quad p'_{ij}(t) = \sum_{k \in E} p_{ik}(t)\lambda_{kj}$

Gleichung (6) wird als Rückwärtsgleichung und (7) als Vorwärtsgleichung von Kolmogorov bezeichnet. Die Vorwärtsgleichung wird häufig auch unter Verwendung von (3) wie folgt geschrieben:[1]

(8) $\quad p'_{ij}(t) = -p_{ij}\lambda_j + \sum_k p_{ik}(t)\lambda_{kj}$

Ist der betrachtete Prozeß darüber hinaus regulär, so kann man (8) unter Berücksichtigung von (4) auch in der Form[2]

(9) $\quad p'_{ij}(t) = \sum_k p_{ik}(t)\lambda_{kj} - \sum_k p_{ik}\lambda_{ik}$

schreiben. In der Form (9) ist die Vorwärtsgleichung von Kolmogorov auch als **Master-Gleichung** in der Literatur bekannt.[3] Die Master-Gleichung wird dabei so interpretiert, daß sie die Differenz der *Wahrscheinlichkeitsflüsse* im Zustand j beschreibt.[4]

Die Implikationen dieser Gleichung lassen sich mit einer Modifikation des einfachen Random-Walk-Beispiels illustrieren. Man denke sich dieses Beispiel dahingehend modifiziert, daß eine stetige Zeit angenommen wird. Die Wahrscheinlichkeit, das System zu einem bestimmten Zeitpunkt in einem bestimmten Zustand anzutreffen, nimmt durch Übergänge von anderen Zuständen in *Richtung* dieses betrachteten Zustandes zu. Andersherum nimmt die Wahrscheinlichkeit natürlich durch Übergänge in Zustände, die von diesem betrachteten Zustand wegführen, ab. Somit setzt sich also die Veränderung der Wahrscheinlichkeit aus der Differenz der Wahrscheinlichkeiten **hin zu** und der Wahrscheinlichkeiten **weg von** dem betrachteten Zustand zusammen. Genau diesen Sachverhalt beschreibt die Master-Gleichung, wobei die linke Summe die Wahrscheinlichkeiten in Richtung des betrachteten Zustandes bildet und die rechte Summe die Wahrscheinlichkeiten weg von diesem Zustand aggregiert.

3.3 Markov-Prozesse mit kontinuierlichem Zustands- und Parameterraum[5]

Die Trajektorien der im vorhergehenden Abschnitt betrachteten (diskreten) Markov-Prozesse sind Treppenfunktionen und somit unstetig. Die Unstetigkeitsstellen ergeben sich genau zu den Zeitpunkten, an denen auch eine Zustandsän-

---

[1] Dabei bedeutet die Notation $\sum_k$, daß die Summe über alle Zustände k des Zustandsraumes, die vom Zustand j verschieden sind, (k∈ E, k≠j) läuft.
[2] Vgl. vorherige Fußnote.
[3] Vgl. Weidlich/Haag (1983), S. 8 ff.
[4] Vgl. z.B. Weidlich/Haag (1983), S. 8.
[5] Vgl. Fahrmeier/Kaufmann/Ost (1981), S. 184 ff.

derung stattfindet. Bei Markov-Prozessen mit kontinuierlichem Zustandsraum betrachtet man nun solche Prozesse, deren Zustände sich stetig verändern. Man interessiert sich also für Prozesse mit stetigen Pfaden. Für diese Art von Prozessen ist ein etwas umfangreicherer formaler Apparat notwendig. Die Markov-Eigenschaft und die Chapman-Kolmogorov-Gleichung lassen sich formal nicht so einfach wie in den bisher betrachteten Fällen beschreiben, inhaltlich besteht jedoch kein Unterschied. Es gilt im stetigen Fall:

Ein stochastischer Prozeß mit Zustandsraum $\mathbb{R}$ heißt Markov-Prozeß, wenn für alle $s_0,..., s_n, s, t$ mit $0 \leq s_0 \leq ...< s_n < s < t$ und alle $x_0,..., x_n, x, y \in \mathbb{R}$ gilt:

$$P\{X(t) \leq y \mid X(s) = x, X(s_n) = x_n \ldots X(s_0) = x_0\} = P\{X(t) \leq y \mid X(s) = x\}$$

Diese Bedingung stellt wieder die bereits bekannte Markov-Eigenschaft dar: Bei bekannter Gegenwart sind Vergangenheit und Zukunft statistisch unabhängig.[1]

Die bedingte Verteilungsfunktion $F(s,x,t,y)$ mit

$$F(s,x,t,y) := F_{X(t)}(y \mid X(s) = x) = P\{X(t) \leq y \mid X(s) = x\}$$

heißt Übergangsfunktion oder auch Übergangswahrscheinlichkeit. Für den Fall, daß F eine Dichte $f(s,x,t,y)$ besitzt, wird diese Dichte als *Übergangsdichte* bezeichnet.

Unter Verwendung des Stiltjes-Integral[2] lautet die Chapman-Kolmogorov-Gleichung:[3]

$$(1) \quad F(s,x,t,y) = \int_{-\infty}^{+\infty} F(u,z,t,y) \, F(s,x,u,dz) \qquad 0 \leq s < u \leq t$$

---

[1] Vgl. Arnold (1973), S. 44.
[2] Das Stiltjes-Integral sei im folgenden kurz erläutert: Existiert bei einer beliebigen Verfeinerung der Zerlegung und bei beliebiger Wahl von Punkten x_k ein endlicher Grenzwert der Summe

$$S := \sum_{k=0}^{n-1} g(\xi_k) \, (F(x_{k+1}) - F(x_k)), \quad \xi_k \in (x_k, x_{k+1}],$$

so wird dieser Wert als (Riemann-) Stiltjes-Integral von $g(x)$ nach $F(x)$ über $[a,b]$ bezeichnet, i. Z.:

$$\int_{(a,b]} g(x) \, dF(x) = \lim_{\delta \to 0} S, \quad \delta = \max_k (x_{k+1} - x_k).$$

Für das Stiltjes-Integral ist auch die hier verwendete Schreibweise $\int g(x) \, F(dx)$ gebräuchlich.

[3] Vgl. Arnold (1973), S. 45, Kaufmann/Fahrmeier/Ost (1981), S. 183.

Formuliert man die Chapman-Kolmogorov-Gleichung für Dichten, so lautet sie:[1]

$$(2) \quad f(s,x,t,y) = \int_{-\infty}^{+\infty} f(u,z,t,y)\, f(s,x,u,z)\, dz$$

Der Markov-Prozeß heißt zeitlich homogen, wenn die Übergangswahrscheinlichkeit F(s,x,t,y) stationär ist:[2]

$$(3) \quad F(s+u, x, t+u, y) = F(s,x,t,y) \quad 0 \le s \le t,\ u \ge 0$$

Ist der Markov-Prozeß homogen, so ist F nur eine von x, y und der Differenz t-s abhängige Funktion. Statt der Gleichung (3) schreibt man in diesem Fall auch F(t-s,x,y) für F(s,x,t,y). Die Chapman-Kolmogorov-Gleichung vereinfacht sich zu

$$(4) \quad F(t+s,x,y) = \int_{-\infty}^{+\infty} F(s,z,y)\, F(t,x,dz)$$

bzw. für Dichten formuliert zu

$$(5) \quad f(t+s,x,y) = \int_{-\infty}^{+\infty} f(s,z,y)\, f(t,x,z)\, dz$$

Im folgenden soll ein wichtiges Beispiel eines kontinuierlichen Markov-Prozesses behandelt werden, nämlich der sog. Wiener-Prozeß.

3.3.1 Wiener-Prozesse

Ein Wiener-Prozeß (manchmal auch als Brownscher Prozeß bezeichnet) beschreibt die sog. Brownsche Bewegung als stochastisches Modell. Die Brownsche Bewegung kann dabei als dreidimensionales Random-Walk-Modell verstanden werden.

Zunächst soll jedoch nur ein eindimensionaler Wiener-Prozeß analysiert werden.

Die eindimensionale Brownsche Bewegung ist nichts anderes als die Verallgemeinerung des systematischen eindimensionalen Random-Walk-Modells. Dabei bewegt sich die Wanderung zu den Zeitpunkten $k\Delta t$, $k=1, 2,...$, jeweils mit der Wahrscheinlichkeit 0,5 vom Punkt x nach $x \pm \Delta x$. Wenn nun Δx

---

[1] Vgl. Arnold (1973), S. 47.
[2] Vgl. Arnold (1973), S. 48.

und Δt *geeignet* gegen Null gehen, erhält man als Grenzprozeß die Brownsche Bewegung.

Ein stochastischer Prozeß W={W(t), t≥0} mit Zustandsraum $\mathbb{R}$ heißt (normierter) *Wiener-Prozeß* (Brownscher Prozeß), wenn W die folgenden Eigenschaften besitzt:

(i) $W(0) = 0$
(ii) W besitzt unabhängige Zuwächse. Es gilt also, daß für $0 < t_1 < ... < t_n$ die Zufallsvariablen $W(t_1)$, $W(t_2) - W(t_1)$,..., $W(t_n) - W(t_{n-1})$ unabhängig sind.
(iii) Die Zuwächse W(t) - W(s) sind stationär und N(0, t-s) - verteilt.
(iv) Die Pfade sind stetig.

Die Bedingung (i) ist nicht unbedingt erforderlich. Die Translation in den Nullpunkt ist jedoch schon aus Notationsgründen sehr bequem. Addiert man eine geeignete Konstante zum so definierten Wiener-Prozeß hinzu, so kann man den Prozeß von jedem beliebigen Anfangspunkt aus starten.

Ein Wiener-Prozeß ist ein homogener Markov-Prozeß mit der Übergangsdichte[1]

$$p(t,x,y) = \frac{1}{\sqrt{2\pi t}} \exp\left(-\frac{(y-x)^2}{2t}\right).$$

Die Pfade eines Wiener-Prozesses weisen einige Besonderheiten auf. Beispielsweise besitzen die Trajektorien in jedem endlichen Intervall eine unbeschränkte Variationsmöglichkeit.[2] Darüber hinaus sind die Pfade nirgends differenzierbar.[3] Im folgenden soll das Pfadverhalten und die Verteilung einiger Funktionale genauer untersucht werden.

---

[1] Vgl. Gardiner (1983), S. 67. Wählt man in der dort angegebenen Gleichung (3.8.7) $t_0 = 0$, so erhält man das hier angegebene Ergebnis für die Übergangsdichten.
[2] Eine Funktion F hat die Eigenschaft der beschränkten Variation im Intervall [a,b], wenn die Summe $T = \sum_{i=0}^{n-1} |F(x_{i+1}) - F(x_i)|$ für alle möglichen Zerlegungen $a = x_0 < x_1 < ... < x_n = b$ unter einer oberen Schranke bleibt. Vgl. Gardiner (1983), S. 68.
[3] Vgl. Gardiner (1983), S. 68 f.

Mit T_a wird die **Erstpassierzeit** von W in a bezeichnet. T_a gibt den Zeitpunkt an, zu dem W die Schranke a erreicht. Folgendes Schaubild zeigt die Situation:

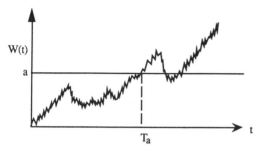

Abb. 28: Darstellung der Erstpassierzeit von W in a

Für die Erstpassierzeit T_a gilt, daß der Prozeß jede obere (bzw. untere) Schranke a in einem vom Zufall abhängigen endlichen Zeitpunkt T_a erreicht und über- bzw. unterschreitet.

3.3.2 Diffusionsprozesse und stochastische Differentialgleichungen

Der Wiener-Prozeß stellt einen Spezialfall für einen **Diffusionsprozeß** dar. Eine Möglichkeit zur Erklärung von Diffusionsprozessen bieten die Übergangsfunktionen. Man kann Diffusionsprozesse mittels **Übergangsfunktionen**, die bestimmte Eigenschaften aufweisen, definieren. Eine weitere Möglichkeit besteht darin, von einem **Konstruktionsprinzip** für die Pfade auszugehen. Dieser Weg führt zu der Theorie der stochastischen Differentialgleichungen. Dieser konstruktive Weg erscheint insbesondere zur Modellierung ökonomischer Systeme, die durch *Weißes Rauschen* gestört werden, geeignet. Auf beide Wege soll im folgenden kurz eingegangen werden.

Ein Markov-Prozeß $X=\{X(t), t_0 \leq t \leq T\}$ mit Zustandsraum $\mathbb{R}$, dessen Pfade stetig sind, wird als **Diffusionsprozeß** bezeichnet, wenn die Übergangsfunktion $F(s,x,t,y)$ für jedes $\varepsilon > 0$ den folgenden Bedingungen genügt:

(i) $\lim_{\Delta t \to 0} \dfrac{1}{\Delta t} \int_{|y-x|>\varepsilon} F(t,x,t+\Delta t, dy) = 0$

(ii) $\lim_{\Delta t \to 0} \dfrac{1}{\Delta t} \int_{|y-x|\leq\varepsilon} (y-x) F(t,x,t+\Delta t, dy) = a(t,x)$

(iii) $\lim_{\Delta t \to 0} \dfrac{1}{\Delta t} \int_{|y-x|\leq\varepsilon} (y-x)^2 F(t,x,t+\Delta t, dy) = c(t,x) \geq 0$

Der Koeffizient a=a(t,x) heißt **Driftkoeffizient** und c=c(t,x) wird als **Diffusionskoeffizient** bezeichnet.

Interpretiert man X(t) als die eindimensionale Koordinate einer Wanderung, so besagt die Bedingung (i), daß sich die Wanderung innerhalb kurzer Zeit mit großer Wahrscheinlichkeit nur unwesentlich von dem Ausgangspunkt X(t) entfernen wird. Der *Driftkoeffizient* a(t) gibt die *mittlere Geschwindigkeit* der Wanderung an. Der *Diffusionskoeffizient* mißt die *Stärke der Abweichung* $\Delta X(t)$ vom *Mittelwert*.[1]

Für die Veränderung des Diffusionsprozesses gilt in erster Näherung[2]

(1) $\quad \Delta X(t) \approx a(t, X(t))\Delta t + b(t, X(t))\xi$

Dabei bedeutet ξ eine $N(0,\Delta t)$ - verteilte Störgröße und b(t,x) ist die Wurzel des Diffusionskoeffizienten, also $b(t,x)=\sqrt{c(t,x)}$. Für den Zuwachs $\Delta W(t) := W(t+\Delta t)-W(t)$ eines Wiener-Prozesses verhält sich der Zuwachs $\Delta W(t)$ *ungefähr* wie eine $N(0,\Delta t)$-Verteilung. Unter Normalverteilungsannahmen kann ein Diffusionsprozeß auch wie folgt näherungsweise bestimmt werden:

(2) $\quad \Delta X(t) \approx a(t, X(t))\Delta t + b(t, X(t))\Delta W(t)$

Der Grenzübergang $\Delta t \to 0$ liefert eine (formale) stochastische Differentialgleichung:

(3) $\quad \dfrac{dX(t)}{dt} \approx a(t, X(t)) + b(t, X(t))\dfrac{dW(t)}{dt}$

Somit hat man den zweiten Zugang zu den Diffusionsprozessen mittels stochastischer Differentialgleichungen. Die Idee dieses Zugangs geht auf Itô zurück.[3]

Die stochastische Differentialgleichung (3) besitzt bei *geeigneter* **Definition** **von** *Lösung* den Diffusionsprozeß von X(t) als Lösung. Das Problem bei Gleichung (3) besteht darin, daß die Pfade von W nirgends differenzierbar sind.[4] Somit ist $\dfrac{dW(t)}{dt}$ nicht definiert und folglich auch (3) nicht. Man könnte nun zur Integralgleichung

(4) $\quad X(t) = X(t_0) + \int\limits_{t_0}^{t} a(s,X(s))\,ds + \int\limits_{t_0}^{t} b(s,X(s))\,dW(s)$

---

[1] Die Bedingungen (i) und (ii) sind also Bedingungen an die *abgeschnittenen* Momente 1. und 2. Ordnung (Erwartungswert und Varianz) der Wanderung während eines kleinen Zeitraums Δt. Es müssen die *abgeschnittenen* Momente betrachtet werden, da die gewöhnlichen Momente unter Umständen nicht existieren.
[2] Vgl. Arnold (1973), S. 56, Fahrmeier/Kaufmann/Ost (1981), S. 193.
[3] Vgl. Itô (1951).
[4] Vgl. vorhergehenden Abschnitt.

übergehen. Wie jedoch im vorhergehenden Abschnitt erwähnt, ist W(t) in jedem endlichen Intervall von unbeschränkter Variation. Damit ist auch das rechte (Riemann-) Stiltjes-Integral in (4) nicht definiert, genauer, nicht im üblichen Sinne definiert.

Gleichung (4) wird häufig auch in der Form

(5) $dX(t) = a(t,X(t)) \, dt + b(t,X(t)) \, dW(t)$

geschrieben. Man spricht dann auch von *stochastischen Differentialgleichungen*. Im folgenden soll prinzipiell erläutert werden, wie die Gleichungen (4) und (5) präzisiert werden können. Eine ausführliche Darstellung würde aber den Rahmen dieser Arbeit bei weitem sprengen.[1]

Der Ansatz von Itô besteht nun darin, das zweite Integral auf der rechten Seite von (4) in *geeigneter* Weise als **stochastisches Integral** zu definieren und den Begriff der Lösung von (4) zu formulieren.

Zunächst ist es notwendig, stochastische Integrale zu erklären. Das **Itô-Integral** wird für eine Klasse *zulässiger* stochastischer Prozesse $\{X(t), t \in [t_0,T]\}$ durch

(6) $\int_{t_0}^{t} f(s) \, dW(s) = \text{ms-}\lim_{\substack{n \to \infty \\ \delta \to 0}} \sum_{i=0}^{n-1} f(t_i) [W(t_{i+1}) - W(t_i)]$, mit $\delta = \sup(t_{i+1} - t_i)$

definiert.[2] Dabei muß der Grenzwert unabhängig von der gewählten Zerlegung $t_0 < t_1 < \ldots t_n = t$ sein.

Das Integral ist somit eine eindeutig bestimmte Zufallsvariable I, für die gilt

(7) $E\{I - \sum_{i=0}^{n-1} f(t_i)[W(t_{i+1}) - W(t_i)]\}^2 \to 0$ für $n \to \infty$ und $\delta \to 0$.

Mit Hilfe des Itô-Integrals kann man nun die Gleichung (4) sinnvoll erklären. Die Koeffizienten a(t,x) und b(t,x) sind reellwertige, auf $[t_0,T] \times \mathbb{R}$ definierte, deterministische Funktionen. Der Zufall geht über X(t) indirekt ein. Das linke Integral von (4) wird als *gewöhnliches* Riemann-Integral für die Pfade aufgefaßt. Um das rechte Integral in (4) als Itô-Integral interpretieren zu können, muß der Integrand b(s,X(s)) *zulässig* sein. Aus diesem Grund müssen an X und

---

[1] Vgl. z.B. die Darstellung bei Arnold (1973).
[2] Vgl. Gardiner (1983), S. 84. Die Bezeichnung ms-lim steht dabei für *mean square limit*. Ist X der Grenzwert einer Folge von Zufallsvariablen, d.h. $X = \lim_{n \to \infty} X_n$, so betrachtet man die quadratische Mittelwertabweichung $E[(X_n - X)^2]$. Gilt nun $\lim_{n \to \infty} E[(X_n - X)^2] = 0$, so schreibt man ms-$\lim_{n \to \infty} X_n = X$, (vgl. Gardiner (1983), S. 40).

die Koeffizienten einige Bedingungen gestellt werden, die die Lösung einer stochastischen Differentialgleichung betreffen.

Um zu erklären, was die Lösung einer stochastischen Differentialgleichung ist, wird vorausgesetzt, daß der Anfangswert $X(t_0)$ und der Wiener-Prozeß $\{W(t) - W(t_0), t \in [t_0,T]\}$ unabhängig sind.[1]

Der stochastische Prozeß X wird als **Lösung der stochastischen Differentialgleichung** bezeichnet, wenn:

(i) die Gleichung (4) für jedes $t \in [t_0,T]$ gilt,

(ii) $X(t)$ für alle $t \in [t_0,T]$ nur vom Anfangswert $X(t_0)$ und von $\{W(s), s \leq t\}$ abhängt, nicht jedoch von $\{W(s), s > t\}$. Der stochastische Prozeß X wird dann auch als *nicht vorgreifend* bezeichnet.

Wie bereits oben erwähnt, müssen die Koeffizienten für die Existenz einer Lösung gewisse Bedingungen erfüllen. Die folgenden aufgeführten Bedingungen garantieren sowohl die Existenz als auch die Eindeutigkeit einer Lösung:

(i) Die Koeffizienten $a(t,X)$ und $b(t,X)$ sind Lebesgue - meßbar.[2]

(ii) Es existiert eine positive Konstante K, so daß für alle $t \in [t_0,T]$ und $x, y \in \mathbb{R}$ die Abschätzung $|a(t,x) - a(t,y)| + |b(t,x) - b(t,y)| \leq K |x - y|$ erfüllt ist.[3]

(iii) Die Koeffizienten $a(t,x)$ und $b(t,x)$ genügen mit demselben K wie in (ii) der folgenden Wachstumsbeschränkung:[4] $|a(t,x)|^2 + |b(t,x)|^2 \leq K^2(1 + x^2)$.

Es ist möglich, diese Ausführungen auch auf mehrdimensionale Prozesse $X(t)=(X_1(t),...,X_n(t))$ zu verallgemeinern. Dazu muß der Koeffizient $a=a(t,x)$ als Vektor $a=(a_1(t,x),...,a_n(t,x))$ aufgefaßt werden. Der Koeffizient $b=b(t,x)$ wird zur Matrix $B=B(t,x)=(b_{ij}(t,x))$, $i=1,...,n$ und $j=1,...,m$. Der Wiener-Prozeß wird ein m-dimensionaler Wiener-Prozeß. Die Multiplikationen sind Matrixmultiplikationen, die Integrationen sind elementweise zu bilden und die Absolutbeträge müssen als Normen interpretiert werden.

---

[1] Diese Bedingung ist z.B. für den Fall, daß $X(t_0)$ konstant ist, automatisch erfüllt.
[2] Eine hinreichende Bedingung hierfür ist z.B. die stückweise Stetigkeit.
[3] Diese Bedingung wird als Lipschitz - Bedingung bezeichnet und spielt auch in der Theorie der gewöhnlichen Differentialgleichungen eine fundamentale Rolle bei Existenz- und Eindeutigkeitsaussagen. Die Lipschitz-Bedingung besagt in diesem Fall, daß $a(t,x)$, $b(t,x)$ sich nicht schneller ändern als x selbst und in x stetig sind.
[4] Die Wachstumsbeschränkung verhindert das bekannte Problem der Explosion, d.h., aufgrund der Wachstumsbeschränkung kann der Prozeß nicht in endlicher Zeit über alle Grenzen wachsen. Durch die Wachstumsbedingungen sind gerade noch linear wachsende Funktionen zulässig.

Wird neben der Gleichung (4) noch die Gleichung

$$(8) \quad X(t) = x + \int_s^t a(u,X(u))\,du + \int_s^t b(u,X(u))\,dW(u)$$

und ein fester Anfangswert $X(s)=x$, $s \geq t_0$, betrachtet und sind die oben angegebenen Bedingungen für die Koeffizienten a und b erfüllt, so ist die Lösung X von (4) für beliebige Anfangswerte $X(t_0)$ ein Markov-Prozeß in $[t_0,T]$. Die Übergangsfunktion wird durch

$$(9) \quad F(s,x,t,y) = P\{X_{s,x}(t) \leq y\}$$

gegeben, wobei $X_{s,x}$ die Lösung von (8) ist.

Der stochastische Prozeß X ist sogar ein Diffusionsprozeß, falls $a(t,x)$ und $b(t,x)$ stetig in der Zeit t sind. Der Koeffizient $a=a(t,x)$ ist dann der Driftkoeffizient. Für den Diffusionskoeffizienten $c=c(t,x)$ gilt:

$$(10) \quad c(t,x) = (b(t,x))^2$$

Diffusionsprozesse können also als Lösung stochastischer Differentialgleichungen konstruiert werden. Im allgemeinen ist es jedoch, ähnlich wie bei gewöhnlichen Differentialgleichungen, nur im **linearen** Fall möglich, die Lösungen **analytisch** zu ermitteln. Für den Fall **nichtlinearer** Pfade kann eine Lösung dagegen meistens nur **numerisch ermittelt** werden.

Ist man weniger an den Pfaden als an der **Übergangsfunktion F(s,x,t,y)** eines Diffusionsprozesses interessiert, so kann man auf die Theorie der stochastischen Differentialgleichungen verzichten. Existiert die Dichtefunktion $f(s,x,t,y)$ so genügen diese zwei linearen Differentialgleichungen. Analog zu diskreten Markov-Prozessen hat man die Vorwärts- und Rückwärtsgleichung von Kolmogorov.

3.4 Abschließende Bemerkungen zu Prozessen vom Markov-Typ

Die bisher betrachteten stochastischen Prozesse besitzen alle die Markov-Eigenschaft. Darunter ist zu verstehen, daß nur der gegenwärtige Zustand Einfluß auf den nächsten Zustand hat. Weiter zurückliegende Zustände hingegen spielen keine Rolle. Prozesse, die diese Eigenschaft besitzen, lassen sich in sehr allgemeiner Weise beschreiben. Hierfür ist jedoch ein erheblicher formaler Aufwand nötig. Dabei tauchen die hier behandelten Prozesse als Spezialfälle auf.[1]

---

[1] Eine Darstellung dieser allgemeinen Theorie und die Herleitung der hier betrachteten Prozesse findet man etwa bei Gardiner (1983).

Prinzipiell setzen sich Markov-Prozesse (additiv) aus drei Komponenten zusammen:

(i) Driftkomponente
(ii) Diffusionskomponente
(iii) Sprungkomponente

Im allgemeinen Fall ist keine dieser Komponenten Null. Das folgende Schaubild zeigt einen solchen Prozeß mit Drift, Diffusion und Sprüngen:

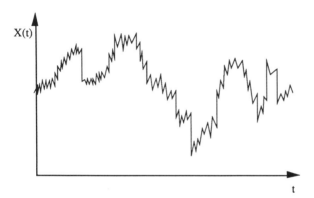

Abb. 29: Pfad eines stochastischen Prozesses mit Drift, Diffusion und Sprüngen

Die bisher betrachteten Prozesse sind Spezialfälle dieses allgemeinen Markovschen Typs, die dadurch entstehen, daß eine oder mehrere Komponenten nicht berücksichtigt werden.

Existiert beispielsweise keine Diffusionskomponente, so erhält man Pfade des folgenden Typs:

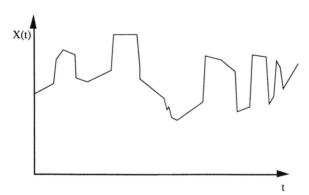

Abb. 30: Pfad eines stochastischen Prozesses mit Drift und Sprüngen

Beispielsweise sind Poisson-Prozesse, oder allgemeiner Geburts- und Todesprozesse, solche Markov-Prozesse, bei denen die Drift- und Diffusionskomponenten keinen Beitrag leisten. Beim Wiener-Prozeß bzw. Diffusionsprozessen allgemein ist der Sprunganteil gleich Null. Sind etwa Diffusions- und Sprungkomponente Null, so führt dies auf eine deterministische Bewegung, die vor allem in der klassischen Mechanik von Bedeutung ist und die durch die sog. Liouville-Gleichung beschrieben wird. In der nachstehenden Abbildung ist ein sog. Diffusions-Sprung-Prozeß abgebildet. Der Prozeß zeichnet sich dadurch aus, daß keinerlei Drift auftritt.

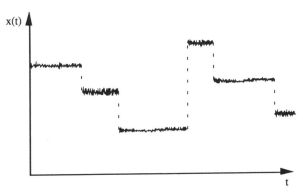

Abb. 31: Pfad eines Diffusions-Sprung-Prozesses

Wie der Name schon sagt, handelt es sich bei Diffusions-Sprung-Prozessen um solche, bei denen der Driftanteil Null ist und lediglich die Diffusions- und Sprungkomponente einen Beitrag leisten. Als Sprungprozeß wird hierbei vielfach ein Poisson-Prozeß verwendet.

Häufig wird der Name Diffusions-Sprungprozeß aber auch für Prozesse des allgemeinen Bautypes verwendet. Im englischen spricht man in diesem Zusammenhang häufig auch von *mixed process*, bzw. *mixed diffusion-jump process*, wodurch Mißverständnisse vermieden werden. Einen solchen *mixed process* zeigt Abb. 29. Diese Sprachungenauigkeiten zeigen sich auch beim Wiener-Prozeß, der häufig auch als Diffusionsprozeß bezeichnet wird. *In Wahrheit* ist der Wiener-Prozeß ja ein Diffusions-Drift-Prozeß. Auch auf die Gefahr hin, der weiteren Sprachverwirrung in diesem Punkt Vorschub zu leisten, wird im folgenden einfach von Diffusions-Sprung-Prozessen gesprochen, obwohl genau genommen Diffusions-Drift-Sprung-Prozesse gemeint sind.

Diesen Prozessen kommt im Rahmen von Modellen zur Erklärung von Aktienkursverläufen eine große Bedeutung zu. Im folgenden soll auf eine erst vor kurzem durchgeführte Untersuchung eingegangen werden, in der auch ein solcher Diffusions-Sprung-Prozeß verwendet wurde. In einer statistischen

Untersuchung für den Zeitraum 1976-1985 eines deutschen und amerikanischen Aktien Index[1] wurde der folgende Diffusions-Sprung-Prozeß verwendet:

$$X_t = \mu t + \sigma B(t) + \sum_{n=1}^{N(t)} J_n$$

Dabei steht $B(t)$ für den Prozeß der Brownschen Bewegung, $\sum_{n=1}^{N(t)} J_n$ bezeichnet einen bewerteten Poisson-Prozeß mit Parameter $\lambda > 0$. Durch J_n wird der Einfluß des n-ten Sprungs gemessen. Der Mittelwert und die Varianz dieser Zufallsvariablen werden mit μ_J und σ_J^2 bezeichnet.

Mit μ bzw. σ wird der Erwartungswert bzw. die Varianz des Prozesses bezeichnet. Die Dichtefunktion lautet:

$$f(x) = \sum_{n=0}^{\infty} \left(\frac{e^{-\lambda} \lambda^n}{n!} \right) P(x|\mu + n\mu_J, \sigma^2 + n\sigma_J^2)$$

Die Funktion P steht dabei für eine Normaldichtefunktion. Für den Erwartungswert und die Varianz gilt:

$E(x) = \mu + \lambda \mu_J$
$Var(x) = \sigma^2 + \lambda(\sigma_J^2 + \mu_J^2)$

Der folgendenTabelle können die Schätzungen der fünf Parameter μ, σ^2, λ, μ_J und σ_J^2 entnommen werden. Neben diesem Diffusions-Sprung-Prozeß wurde auch eine Mischung von Normalverteilungen und eine nichtnormale stabile Verteilung zur Erklärung der Aktienkursverläufe herangezogen. Es zeigte sich jedoch, daß der Diffusions-Sprung-Prozeß eine deutlich höhere Erklärungskraft als die anderen Modelle hatte.

---

[1] Dieser Index wurde jeweils aus 48 der marktgängigsten Aktien gebildet. Für eine genauere Beschreibung der Untersuchung vgl. Akgiray/Booth/Loistl (1989), S. 19 ff.

Insgesamt kann man feststellen, daß die Theorie stochastischer Prozesse ein gängiges Instrument für die Aktienkursanalyse darstellt.[1]

Statistik	1976 - 1980	1981 - 1985	1976 - 1985
Diffusions-Mittelwert μ (* 100)	0,271 (0,096)	0,432 (0,023)	0,185 (0,013)
Sprung-Mittelwert μ_J (* 100)	- 0,331 (0,091)	-0,061 (0,026)	- 0,023 (0,041)
Sprung-Intensität λ	1,02 (0,081)	1,90 (0,442)	2,87 (0,455)
Diffusions-Varianz σ^2 (* 1.000)	0,172 (0,005)	0,095 (0,019)	0,067 (0,013)
Sprung-Varianz σ_J^2 (*1.000)	0,019 (0,007)	0,101 (0,016)	0,063 (0,005)
Log-Likelihood $L(x|\phi)$	729,8	678,5	1.386,8

Standard-Fehler sind in Klammern angegeben

Tab. 4: Schätzungen von Diffusions-Sprung-Prozessen für den deutschen Kapitalmarkt
Quelle: Akgiray/Booth/Loistl (1989), S. 29

4. Die Verfahren der ARIMA-Zeitreihenanalyse nach Box/Jenkins

4.1 Stationäre Prozesse

4.1.1 Grundlegende Definitionen und Beispiele

Die bisher behandelten stochastischen Prozesse zeichneten sich durch die Markov-Eigenschaft aus. Derartige Prozesse stellen hohe Anforderungen an das verfügbare Datenmaterial, wenn man sie zur Modellierung realer Systeme heranziehen will, da wichtige, aber im vorhinein unbekannte Kenngrößen des Modells geschätzt werden müssen.

Ein weiteres Modell der Zeitreihenanalyse mittels der Betrachtung stochastischer Prozesse stellen die ARIMA-Verfahren dar.[2] ARIMA ist ein Kunstwort, gebildet aus den Anfangsbuchstaben der wesentlichen Verfahrenskomponenten: *Auto-Regressiver-Integrierter-Moving-Average*. ARIMA Prozesse gehören zur Klasse der sog. stationären Prozesse.

---
[1] Vgl. z.B. auch Cox/Rubinstein (1985), S. 355 ff.
[2] Sie wurden insbesondere von Box/Jenkins (1976) entwickelt.

Unter einem **stationären Prozeß** versteht man einen stochastischen Prozeß, dessen Verhalten bei einer Zeitverschiebung unverändert bleibt. (zeitliche Stationarität) Das Verhalten des stochastischen Prozesses wird dabei anhand der endlich-dimensionalen Verteilungen charakterisiert.

Der Begriff der Stationarität soll im folgenden präzisiert werden:

Ein stochastischer Prozeß heißt **streng stationär**, wenn für alle n aus T die gemeinsame Verteilung der Zufallsvariablen $X_{t_1}, ..., X_{t_n}$ identisch ist mit der gemeinsamen Verteilung der Zufallsvariablen $X_{t_1+k}, ..., X_{t_n+k}$ (man spricht auch von Invarianz gegenüber Zeitverschiebungen):[1]

(1) $\quad F_{X_{t_1}, ..., X_{t_n}}(x_1, ..., x_n) = F_{X_{t_1+k}, ..., X_{t_n+k}}(x_1, ..., x_n)$

Diese Bedingung impliziert, daß sich die gemeinsame Verteilung der Zufallsvariablen von jeweils n Zeitpunkten im Zeitablauf nicht verändert. Es ist irrelevant, an welchem Zeitpunkt t die Betrachtung des stochastischen Prozesses ansetzt, da sich dessen innere Struktur nicht ändert.

Ist X ein stochastischer Prozeß mit endlichen zweiten Momenten, so heißt die Funktion

(2) $\quad \gamma(t_1,t_2) := \text{cov}(X_{t_1}, X_{t_2})$

Autokovarianzfunktion (ACVF). Als **Autokorrelationsfunktion** (ACF) von X wird die Funktion

(3) $\quad \rho(t_1,t_2) = \dfrac{\gamma(t_1,t_2)}{\sqrt{\text{Var } X_{t_1}} \sqrt{\text{Var } X_{t_2}}}$

bezeichnet. Für die Anwendung ist es oft nützlich, Stationarität in einem etwas weiteren Sinne zu fassen, da die Forderung nach strenger Stationarität doch sehr einschränkend ist. Ein stochastischer Prozeß heißt **(schwach) stationär** oder auch **stationär von 2. Ordnung**, wenn der Erwartungswert $E(x_t)$ unabhängig von der Zeit ist, und die Autokovarianzfunktion nur von der Verschiebung, dem sog. **Lag**, abhängt:

(i) $\quad E(X_t) = \mu \qquad$ für alle t

(ii) $\quad \gamma(t_1, t_1+h) = \gamma(h) \qquad$ für alle t

---

[1] Es soll eine Beschränkung auf reellwertige, eindimensionale Prozesse erfolgen, d.h. der Parameterraum besteht aus den ganzen oder reellen Zahlen und der Zustandsraum ist eine (nicht notwendig echte) Teilmenge der reellen Zahlen.

Die streng stationären Prozesse mit endlichem zweiten Moment bilden somit eine Untermenge der Menge der schwach stationären Prozesse,[1] d.h. jeder stationäre Prozeß ist insbesondere schwach stationär.[2] Aufgrund der Eigenschaft (ii) läßt sich die Autokorrelationsfunktion schwach stationärer Prozesse normieren, indem man sie auf den Anfangszeitpunkt 0 bezieht. Die ACF ist dann nur vom Lag h abhängig:

(4) $\quad \rho(h) := \dfrac{\gamma(h)}{\gamma(0)}$

Im folgenden sollen einige wichtige Beispiele für stationäre Prozesse behandelt werden:

a) Trigonometrische Polynome

Seien α und β identisch verteilte unkorrelierte Zufallsvariablen mit Erwartungswert 0 und Varianz σ^2. Für eine **feste** Frequenz Φ wird für jeden Zeitpunkt t (bei diskreter Zeit) wie folgt eine Zufallsvariable definiert:

$X_t := \alpha \cos \Phi t + \beta \sin \Phi t$

Dann ist der stochastische Prozeß $\{X_t: t \in \mathbb{Z}\}$ stationär mit Erwartungswert $E(X_t)=0$ und mit Autokovarianzfunktion

$\gamma(h) = \sigma^2 \cos \Phi h$

Allgemein gilt: Der durch die Zufallsvariablen

$X_t = \sum_{i=0}^{k} \alpha_i \cos \Phi_i t + \beta_i \sin \Phi_i t$

gebildete stochastische Prozeß, mit unkorrelierten α_i, β_i ist ein stationärer Prozeß.

Dieser Ansatz bildet die Grundlage der **Spektralanalyse**, bei der beliebige stationäre Prozesse durch trigonometrische Polynome approximiert werden. Die Spektralanalyse wird verwendet, um wiederkehrende (zyklische) Schwankungen in einer Zeitreihe zu bestimmen.[3] Das Konzept der Spektralanalyse soll hier nicht weiter verfolgt werden. Die nachstehende Abbildung zeigt eine Spektralanalyse am Beispiel von VW.

---

[1] Vgl. Mohr (1976), S. 9.
[2] Es läßt sich zeigen, daß jeder schwach stationäre Wiener-Prozeß streng stationär ist und umgekehrt, daß ein streng stationärer Prozeß ein schwach stationärer Wiener-Prozeß ist.
[3] Vgl. Loistl (1990), S. 171 ff. und die dort angegebene Literatur.

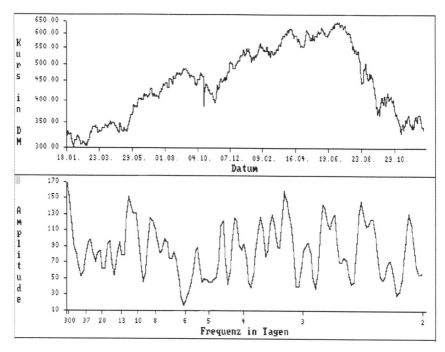

Abb. 32: Spektralanalyse der VW Stammaktie für den Zeitraum 18.01.1989 bis 28.12.1990

b) Komponentenansatz

Bereits in Abschnitt 2.1.1 wurde der sog. **Komponentenansatz** vorgestellt, bei dem man unterstellt, daß sich z.B. eine Aktienkurszeitreihe in die Bestandteile Trend, Zyklus und Zufall zerlegen läßt. Einen Spezialfall erhält man, wenn man von einem linearen Trend ausgeht und die Zufallskomponente U_t als stationären Prozeß auffaßt. Dabei werden zyklische Einflüsse nicht berücksichtigt. Ein möglicher Ansatz lautet dann:

$$X_t = \underbrace{a_0 + a_1 t}_{\text{Trend}} + U_t$$

c) Differenzenbildung

Für viele ökonomische Zeitreihen ist selbst die Annahme der schwachen Stationarität zu stark. Insbesondere technologische und politische Veränderungen (mittelfristig), aber auch sozioökonomische Veränderungen (langfristig) bewirken, daß die eingebundenen stochastischen Prozesse nicht stationär werden. Um trotzdem eine Analyse im Rahmen stationärer Prozesse durchzuführen, muß versucht werden diese Eigenschaft durch geeignete Transformationsmechanismen herzustellen. Ein solcher Transformationsmechanismus ist die **Differenzenbildung**. Insbesondere bei Aktienkurszeitreihen stellt man fest, daß die Erwartungswerte *lokal*, aber nicht *global* konstant sind. So wechseln nicht nur etwa steigende und fallende Kurse einander ab, sondern auch der Aufschwung bzw. Abschwung er-folgt mit unterschiedlicher Dynamik, d.h. die Erwartungswerte in verschie-denen Aufschwungphasen (Abschwungphasen) variieren. Nur in lokalen (z.T. recht engen) Bereichen kann von konstanten Erwartungswerten, die Voraussetzung für die Stationarität eines stochastischen Prozesses sind, aus-gegangen werden. Um nun lokale (polynomiale) Trends zu eleminieren und Stationarität zu erreichen, geht man zu den Differenzen der Zeitreihen über.[1]

Statt des ursprünglichen Prozesses X betrachtet man beim Übergang zu den ersten, zweiten, ... Differenzen den Prozeß

$\nabla X = \{\nabla X_t, t \in Z\}$ mit $\nabla X_t = X_t - X_{t-1}$
$\nabla^2 X = \{\nabla^2 X_t, t \in Z\}$ mit $\nabla^2 X_t = \nabla(\nabla X_t) = X_t - 2X_{t-1} + X_{t-2}$
.
.
.
$\nabla^n X_t = \{\nabla(\nabla^{n-1} X_t), t \in Z\}$

Man hofft, daß nach genügend hoher Differenzenbildung der sich ergebende Prozeß stationär wird.

d) Ein reiner Zufallsprozeß

Im Rahmen von Zeitreihenanalysen ist ein **reiner Zufallsprozeß**, das sog. **Weiße Rauschen**[2] von grundlegender Bedeutung. Dieser Zufallsprozeß dient als Baustein für einige wichtige Prozesse auf die noch genauer eingegangen wird. Aus diesem Grund soll für diesen Prozeß im folgenden die Notation $\omega = \{\omega_t, t \in T\}$ verwendet werden.[3]

Der Prozeß $\{\omega_t, t \in T\}$ wird als reiner Zufallsprozeß bezeichnet, wenn die ω_t eine Folge unkorrelierter Zufallsvariablen bilden, die einen Erwartungswert von Null und eine konstante Varianz ungleich Null haben:

(5) $E(\omega_t) = 0$ und $var(\omega_t) = \sigma_\omega^2 > 0$ für alle $t \in T$

---

[1] Vgl. hierzu auch das Vorgehen bei ARIMA und SARIMA-Prozessen.
[2] Vgl. Chatfield (1982), S. 43 f.
[3] Aus Vereinfachungsgründen wird dabei im folgenden stets von einem diskreten Parameterraum ausgegangen. Man spricht gelegentlich auch vom diskreten Weißen Rauschen.

Für die Autokovarianz- und Autokorrelationsfunktion gilt:

(6) $\gamma(h) = \begin{cases} \sigma_\omega^2 & \text{für } h = 0 \\ 0 & \text{für } h \neq 0 \end{cases}$

(7) $\rho(h) = \begin{cases} 1 & \text{für } h = 0 \\ 0 & \text{für } h \neq 0 \end{cases}$

4.1.2 Auto-Regressive- und Moving-Average-Prozesse

Der Zusammenhang zwischen dem, im vorhergehenden Abschnitt behandelten, reinen Zufallsprozeß, also dem Weißen Rauschen, und einer Zeitreihe wird über ein sog. **lineares Filter** hergestellt. Die grundlegende Idee des linearen Filters besteht darin, eine Zeitreihe $\{x_t, t \in \mathbf{Z}\}$ in eine andere Zeitreihe $\{\bar{x}_t, t \in \mathbf{Z}\}$ zu transformieren, um bestimmte Aspekte stärker augenscheinlich zu machen bzw. zu eliminieren. Dieser Gedanke soll in der folgenden Abbildung noch einmal verdeutlicht werden:

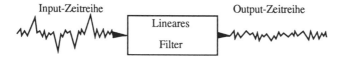

Abb. 33: Prinzip des linearen Filters

Die Darstellung zeigt die Zeitreihe X_t als eine Konsequenz der Eingangsgröße. Im Innern der *Black Box* wirkt ein Mechanismus, der den Eingangsimpuls in einen Output X_t transformiert. Als Eingangszeitreihe wird dabei häufig das weiße Rauschen verwendet. Die Transformation geschieht mit Hilfe einer besonderen Gruppe von Prozessen, den sog. **linearen stochastischen Prozessen** (lineare Filter).

Dabei versteht man unter einem linearen stochastischen Prozeß $\{y(t); t \in \mathbf{Z}\}$ einen solchen, der sich als (gewichtete) Summe aus einem anderen Prozeß (Eingangsprozeß) ergibt:

(8) $y(t) = \sum_{i=0}^{\infty} \Phi_i X_{t-i}, \; i \in \mathbf{R}$

Die Gewichte (Koeffizienten) Φ_i müssen dabei der Bedingung $\sum_{i=0}^{\infty} \Phi_i^2 < \infty$

genügen. Ein linearer Prozeß ist schwach stationär. Ist der Eingangsprozeß ein reiner Zufallsprozeß $\{\omega(t); t \in Z\}$, so ist der Erwartungswert des linearen Prozesses Null für alle Zeitpunkte $t \in Z$.

Für die Praxis ist das lineare Filtermodell (8) wenig geeignet, da einerseits eine Spezifikation des Eingangsprozesses X_t erforderlich ist und andererseits eine (unendlich) große Anzahl von Gewichten $\{\Phi_i\}_{i \in \mathbb{N}}$ zu schätzen sind. Es müssen daher andere Darstellungsformen für das Modell (8) gefunden werden, die in der Lage sind, eine Zeitreihe mit einer kleinen Anzahl von Parametern und einem einfachen Eingangsprozeß adäquat zu beschreiben. Unterstellt man als Eingangsprozeß ein Weißes Rauschen, so kann Gleichung (8) dahingehend interpretiert werden, daß das System durch eine Serie *zufälliger Schocks* gesteuert wird. Wählt man nun noch eine endliche Anzahl von Gewichten, so führt dies auf einen stochastischen Prozeß $\{X_t, t \in T\}$ der folgenden Form:

(9) $X_t = \omega_t + \Phi_1 \omega_{t-1} + \Phi_2 \omega_{t-2} + ... + \Phi_q \omega_{t-q} = \sum_{i=0}^{q} \Phi_i \omega_{t-i}$ mit $\Phi_0 = 1$, $\Phi_q \neq 0$

Dieser Typ von Prozessen wird als **Moving-Average Prozeß** der Ordnung q, kurz MA(q), bezeichnet.[1]

Ein Prozeß der Form

(10) $X_t = \Theta_1 X_{t-1} + \Theta_2 X_{t-2} + ... + \Theta_p X_{t-p} + \omega_t = \sum_{i=1}^{p} \Theta_i X_{t-i} + \omega_t$ mit $\Theta_p \neq 0$

heißt **Auto-Regressiver Prozeß** der Ordnung p, kurz AR(p).[2]

Das Wort *autoregressiv* soll verdeutlichen, daß die **gegenwärtige** Größe X_t aus einer endlich langen gewichteten Summe **vergangener** Werte $X_{t-1}, ..., X_{t-p}$ erzeugt wird.

Box/Jenkins zeigen, daß ein AR(p) Prozeß immer in einen MA(∞) Prozeß und ein MA(q) Prozeß immer in einen AR(∞) Prozeß umgeformt werden kann. Sie zeigen ferner, daß für die Gewichte des AR(p), $\{\Theta_j\}$, und des MA(q), $\{1, \Phi_j\}$, bestimmte Restriktionen erfüllt sein müssen, damit der resultierende, unendlich lange Prozeß schwach stationär ist.[3]

---

[1] Vgl. Chatfield (1982), S. 45. In der deutschen Übersetzung wird der Ausdruck "Gleitmittelprozesse" verwendet.
[2] Vgl. Chatfield (1982), S. 48 ff.
[3] Vgl. Box/Jenkins (1976), S. 72 f.

In dem Bestreben, eine Zeitreihe mit möglichst wenigen Parametern adäquat zu beschreiben, wendet man AR(p) und MA(q) Prozesse oft kombiniert an. Ein Prozeß der Form

(11) $X_t = \Theta_1 X_{t-1} + \Theta_2 X_{t-2} + ... + \Theta_p X_{t-p}$
$\qquad + \omega_t + \Phi_1 \omega_{t-1} + \Phi_2 \omega_{t-2} + ... + \Phi_q \omega_{t-q}$
$\qquad = \sum_{i=1}^{p} \Theta_i X_{t-i} + \sum_{i=0}^{q} \Phi_i \omega_{t-1}$ mit $\Theta_p \neq 0$, $\Phi_0 = 1$, $\Phi_q \neq 0$

heißt **Auto-Regressiver-Moving-Average-Prozeß** der Ordnung (p,q), kurz ARMA(p,q).[1]

Diese gemischten ARMA(p,q) Prozesse sind immer dann stationär, wenn die AR(p) Komponente stationär ist.

Wird nun ein nichtstationärer Prozeß X_t der Länge n durch Differenzenbildung der Ordnung d in einen schwach stationären Prozeß Z_t der Länge n-d überführt, so kann man an diesen Prozeß ein ARMA(p,q) Modell anpassen:

(12) $Z_t = \mu + \Theta_1 Z_{t-1} + \Theta_2 Z_{t-2} + ... + \Theta_p Z_{t-p}$
$\qquad + A_t + \Phi_1 A_{t-1} + \Phi_2 A_{t-2} + ... + \Phi_q A_{t-q}$

Dieses Modell heißt *Auto Regressives Integriertes Moving Average Modell*, kurz ARIMA(p,d,q). Ist die Konstante μ gleich Null, so enthält das Modell einen stochastischen Trend, der sich z.B. in zufälligen Schwankungen des Mittelwertes äußern kann.

Ist die Konstante μ dagegen von Null verschieden, so enthält das Modell (12) einen deterministischen Trend in Form eines Polynomes vom Grad d. Durch die Bildung d-ter Differenzen kann aus einem stochastischen Prozeß ein Trend vom Grad d eliminiert werden.[2]

Das ARIMA (p,d,q) Modell aus Gleichung (12) kann noch derart erweitert werden, daß auch zyklische (saisonale) Schwankungen berücksichtigt werden. Man spricht dann auch häufig von SARIMA-Methoden. Unter einem Zyklus der Länge s versteht man das Verhalten eines stochastischen Prozesses, nach s Zeiteinheiten ein bestimmtes Verhaltensmuster in ähnlicher Form zu wiederholen.

Die Erweiterung besteht darin, daß man zusätzlich zum vorhandenen Filter einen weiteren Filter in Form eines ARIMA(P,D,Q)$_S$-Modells definiert, der die

---

[1] Vgl. Chatfield (1982), S. 53 f.
[2] Vgl. Box/Jenkins (1976), S. 87 f.

zyklische Schwingung aus dem Weißen Rauschen erzeugt. Die beiden Komponenten werden sodann unter multiplikativer Verknüpfung in einem Modell zusammengefaßt. Man erhält dabei ein ARIMA(p,d,q)x(P,D,Q)$_S$-Modell. Diese Modellgruppe ist sehr komplex. Auf eine explizite Darstellung soll hier verzichtet werden.

Hat man eine konkrete Zeitreihe vorliegen, so muß zunächst anhand der bereits erwähnten Vorgehensweise die Stationarität der Zeitreihe sichergestellt werden. Ist diese Bedingung erreicht, so werden die Autokorrelations- und die partielle Autokorrelationsfunktion geschätzt. Sie weisen für die einzelnen Modelltypen charakteristische Verhaltensweisen auf. Anhand ihres Erscheinungsbildes können die zur Beschreibung der Zeitreihe geeigneten Modelltypen identifiziert werden:

	AR (p)	MA (q)	ARMA (p, q)
Acf	exponentiell/sinoidal gegen 0 ("tails off")	bricht nach Lag q ab("cuts off")	für k > q wie AR(p)("tails off")
Pacf	bricht nach Lag p ab("cuts off")	exponentiell/sinoidal gegen 0 ("tails off")	für k > p wie MA(q)("tails off")

Tab. 5: Verhalten für Acf und Pacf bei verschiedenen Modellen[1]

Die Modellidentifikation ist nicht immer eindeutig möglich. In der Regel findet man mehrere Modelle, die mit der vorliegenden Acf und Pacf kompatibel zu sein scheinen. Bei der Interpretation von Acf und Pacf zur Identifikation eines geeigneten Modells im Rahmen der ARIMA-Zeitreihenanalyse wird beim Benutzer große Erfahrung und Fingerspitzengefühl vorausgesetzt.

Im nächsten Schritt der Analyse sind nun für alle identifizierten bzw. vorgeschlagenen Modelle die jeweiligen Modellparameter zu schätzen. Die benutzten Algorithmen sind komplex und erfordern einen relativ hohen Rechenaufwand.[2]

Ist diese Schätzung erfolgt, so müssen solche Kriterien gefunden werden, die eine Aussage darüber erlauben, ob ein jeweils geschätztes Modell die Zeitreihe adäquat abbilden kann. Liegen mehrere geschätzte Modelle vor, so muß aus ihren Reihen das "beste" ausgewählt werden.

---

[1] Vgl. Box/Jenkins (1976), S. 79. Die PACF gibt den jeweils dem hinzukommenden Term zuzurechnenden Anteil der Autokorrelation an. Für eine exakte Erläuterung vgl. Löderbusch (1985), S. 17 ff.
[2] Vgl. Löderbusch (1985), S. 84 f.

164 Kapitel 3: Zur markttechnischen Erklärung von Aktienkursen

Ist ein Modell der Zeitreihe angemessen, so stellen die in das Modell eingehenden A_t ex definitione ein Weißes Rauschen dar. Da nur ein geschätztes Modell zur Verfügung steht, erhält man folgende Schätzwerte $\hat{a}_t$ für die Folge der A_t:

(13) $\hat{a}_t = z_t - \hat{z}_t$

Dieses Residuum ist identisch mit der mehrfach erwähnten Störvariablen. Es ist die Differenz des beobachteten Zeitreihenwertes z_t (= x_t nach Differenzenbildung) und des geschätzten Wertes für z_t. Es ist derjenige Anteil von z_t, den das Modell nicht erklären kann.

Da ein Weißes Rauschen definitionsgemäß unkorreliert ist, dürfen auch die Schätzwerte $\hat{a}_t$ nicht signifikant korreliert sein. Geringe Korrelationen können durch Schätzfehler in Gleichung (13) impliziert werden.

Die Unkorreliertheit der Schätzwerte $\hat{a}_t$ ist das wesentliche Kriterium für die Entscheidung, ob ein Modell adäquat ist oder nicht. Sie kann durch verschiedene Tests, insbesondere durch den Box-Pierce-Portmanteau-Test und die Durchbruchshäufigkeit einer aus den $\hat{a}_t$ geschätzten Acf festgestellt werden.[1] Für die Auswahl eines vermeintlich besten Modells wird häufig auf das Kriterium der minimalen Restvarianz zurückgegriffen. Bei der Restvarianz handelt es sich um die Varianz der $\hat{a}_t$.

4.2 Aktienkursverläufe als ARIMA-Prozesse

In den beiden folgenden Tabellen[2] sind die Verteilungen der Arima-Prozesse zusammengestellt, die den Verlauf von 181 Aktienkursrenditen am besten erklären. Dabei wurden die Monatsultimokurse in der Zeit von 1965 bis 1980 für 181 Aktien untersucht.

AR \ MA	0	1	2	3	4	Σ
0	31	34	11	4	2	82
1	24	13	5	2	3	47
2	3	9	5	2	-	19
3	1	10	6	-	-	17
4	1	10	5	-	-	16
Σ	60	76	32	8	5	181

Tab. 6: ARIMA Prozesse zur Beschreibung der Aktienkursverläufe (unbereinigte Kurse)

---

[1] Vgl. Box/Jenkins (1976), S. 285 f.
[2] Vgl. Löderbusch (1985), S. 149 u. 165.

AR \ MA	0	1	2	3	4	Σ
0	37	23	11	2	1	74
1	23	9	6	3	3	44
2	3	9	7	1	3	23
3	-	9	6	1	-	16
4	4	14	5	1	-	24
Σ	67	64	35	8	7	181

Tab. 7: ARIMA Prozesse zur Beschreibung der Aktienkursverläufe (bereinigte Kurse)

Insgesamt wurden 25 Modelle zur Analyse der Zeitreihen herangezogen. Die Ergebnisse sind den beiden Tabellen zu entnehmen. Beispielsweise zeigte sich, daß bei den unbereinigten Kursen ein (0,1,0) Prozeß, also ein Random-Walk, für 31 der 181 Zeitreihen die höchste Erklärungskraft besaß. Bei den bereinigten Kursen hingegen, war dieses Modell sogar in 37 Fällen adäquat. Insgesamt kann man aber festhalten, daß die weitaus größere Anzahl der Aktienkurszeitreihen besser durch ein vom Random-Walk-Modell abweichendes ARIMA-Modell beschrieben werden kann.

Die allgemeine Gültigkeit der Random-Walk Hypothese mit der Behauptung der Unabhängigkeit aufeinanderfolgender Kursveränderungen ist damit nicht gegeben. In den Kurszeitreihen sind mithin systematische Abhängigkeiten inhärent. Ihre Aufdeckung ist bislang aber noch nicht überzeugend gelungen. Das mag wohl einerseits an der Komplexität der Zusammenhänge liegen. Insbesondere die Existenz rekursiver Strukturen kann damit wohl noch nicht adäquat überprüft werden. Andererseits sind die intuitiven heuristischen Konzepte der sog. markttechnischen Verfahren nicht exakt genug, um einer objektiven Überprüfung unterzogen zu werden.

Als Notbehelf bzw. als Lückenbüßer dürften sie im praktischen Einsatz aber unverzichtbar sein.[1] Für eine theoretische Diskussion ist ihre Darstellung aber wohl zu spekulativ. Deswegen wird hier davon abgesehen.

---

[1] Vgl. hierzu Loistl e.a. (1990), S. 70-158.

Literaturverzeichnis

Aitchison, J./Brown J.A.C. (1976): The Lognormal Distribution with Special Reference to its Uses in Economy, Cambridge

Akgiray, V. (1989): Conditional Heteroskedasticity in Time Series of Stock Returns: Evidence and Forecasts, in: The Journal of Business, Vol. 62, S. 55-80

Akgiray, V./Booth, G./Loistl, O. (1987): Stable Parameter Estimates for German Share Price Relatives, in: Allgemeines Statistisches Archiv, Bd. 71, S. 325-333

Akgiray, V./Booth, G./Loistl, O. (1989): Statistical Models of German Stock Returns, in: Journal of Economics, Vol. 50, S. 17-33

Arnold, L. (1973): Stochastische Differentialgleichungen, München

Barlow, R.E/Proschan, F (1978): Statistische Theorie der Zuverlässigkeit, Frankfurt/Main

Bauer, H. (1978): Wahrscheinlichkeitstheorie und Grundzüge der Maßtheorie, 3. Aufl., Berlin

Box, G.E.P./Jenkins, G.M. (1976): Time Series Analysis, Forecasting and Control, San Francisco

Breiman, L. (1969): Probability and Stochastic Processes: With a View Toward Applications, Boston

Bühlmann, H./Loeffel, H./Nievergelt, E. (1975): Entscheidungs- und Spieltheorie, Berlin

Chatfield, C. (1982): Analyse von Zeitreihen, Deutsche Übersetzung der 2. englischen Aufl., München

Chung, K.L. (1967): Markov Chains with Stationary Transition Probabilities, Berlin

Cinlar, E. (1975): Introduction to Stochastic Processes, New Jersey

Cox, J.C./Rubinstein, M. (1985): Options Markets, Englewood Cliffs

Dillmann, R.(1990): Statistik I, Heidelberg

Doob, J.C. (1953): Stochastic Processes, London

Fahrmeir, F./Kaufmann, H./Ost, F. (1981): Stochastische Prozesse, München

Fama, E.F. (1965): The Behavior of Stock Market Prices, in: The Journal of Business, Vol. 38, S. 34-105

Feller, W. (1966): An Introduction to Probability Theory and its Applications I, New York

Feller, W. (1971): An Introduction to Probability Theory and its Applications II, New York

Ferschl, F. (1970): Markovketten, Lecture Notes in OR and Mathematical Systems, Berlin

Frantzmann, H.-J. (1987): Der Montagseffekt am deutschen Aktienmarkt; in: Zeitschrift für Betriebswirtschaft, 57. Jg., S. 611-635

Gardiner, C.W. (1983): Handbook of Stochastic Methods, Berlin

Granger, G.J.W./Morgenstern, O. (1970): Predictability of Stock Market Prices, Lexington

Härtter, E. (1987): Wahrscheinlichkeitsrechnung, Statistik und mathematische Grundlagen, Göttingen

Ibragimov, I.A./Linnik, V.V. (1971): Independent and Stationary Sequences of Random Variables, Groningen

Itô, K. (1951): On Stochastic Differential Equations, in: Memoirs American Mathematical Society, Vol. 4, S. 1-51

Karlin, S. (1972): A First Course in Stochastic Processes, 5 th. Printing, New York

Löderbusch, B. (1985): Modelle zur Aktienkursprognose auf der Basis der Box/Jenkins Verfahren - Eine empirische Untersuchung, Krefeld

Loistl, O. u.d.M.v. Löderbusch, B./Schepers, N./Weßels, T. (1990): Computergestütztes Wertpapiermanagement, 3. neu bearb. u. erw. Aufl., München

Mandelbrot, B. (1960): The Pareto-Levy-Law and the Distribution of Income, in: International Economic Review, Vol. 1, S. 79-109

Mandelbrot, B. (1963): The Pareto-Levy-Law and the Distribution of Income, in: International Economic Review, Vol. 3, S. 111-115

Mandelbrot, B. (1987): Die fraktale Geometrie der Natur, Basel

Möller, H. P. (1986): Das Capital - Asset - Pricing - Modell, in: Die Betriebswirtschaft, 46. Jg., S. 707 - 719

Mohr, W. (1976): Univariate Autoregressive Moving-Average Prozesse und die Anwendung der Box-Jenkins-Technik in der Zeitreihenanalyse, Würzburg

Papoulis, A. (1965): Probability, Random Variables and Stochastic Processes, Tokio

Petrov, V.V. (1975): Sums of Independent Random Variables, Berlin

Renyi, A. (1973): Wahrscheinlichkeitsrechnung, 4. Aufl., Berlin

Ross, S. (1972): Introduction to Probability Models, New York

Rosanov, Y.A. (1975): Stochastische Prozesse, Berlin

Santoni, G.J. (1987): The Great Bull Markets 1924 - 29 and 1982 - 87: Speculative Bubbles or Economic Fundamentals?, in: Federal Reserve Bank of St. Louis, Vol. 69, No. 9, S. 16-29

Schneider, D. (1990): Investition, Finanzierung und Besteuerung, 6. Aufl., Wiesbaden

Weidlich, W./Haag, G. (1983): Concepts and Models of Quantitative Sociology, Berlin

Kapitel 4: Fundamentale Begründung der individuellen Wertpapierkurse

1. Zur fundamentalen Determinierung der Wertpapierkurse

1.1 Kursnotizen und Jahresabschlußdaten

Die fundamentale Betrachtungsweise artikuliert das Spannungsverhältnis von Werten und Preisen. Nach dieser Auffassung bestimmt der innere Wert einer Unternehmung deren Preis. Sie besagt nicht, daß beide identisch sind. Der innere Wert einer Unternehmung bezieht sich auf die endogene Qualität der Unternehmung. Sie wird häufig auch mit dem Schlagwort von der Ertragskraft umschrieben. H.V. Simon erörterte bereits Ende des letzten Jahrhunderts den inneren Wert einer Unternehmung (er meinte damit den Liquidationswert) und verwies auf den *valeur intrinsèque* von J. Savary ca. 200 Jahre früher.[1] Die Differenzierung zwischen Werten und Preisen hat eine alte Tradition in den Wirtschaftswissenschaften.[2]

Rathenau hat die Interdependenzen anschaulich beschrieben:

"Der überwiegende Teil der Aktien großer Unternehmungen wird an den Börsen gehandelt und täglich bewertet; der Kurs bewegt sich unaufhörlich und jede Schwankung des Ertragnisses, mit 15 oder 20 multipliziert, hebt oder senkt den Preis.

Dem Käufer bietet sich doppelte Aussicht und doppelte Gefahr: ändert sich das Ertragnis, so wächst oder fällt seine Rente, und gleichzeitig, im Vielfachen der Schwankung, wächst oder fällt sein Vermögen.
An sich ist dieser Vorgang vollkommen sinnlos. Ist ein Unternehmen stark von den Zeitläufen abhängig, so daß etwa im Laufe von dreißig Jahren sein Ertragnis in dreijährigen Perioden fünfmal sich auf 5% und fünfmal auf 10% beläuft, so wird, wenn die Verwaltung rein arithmetisch bilanziert und ausschüttet, der Kurs je drei Jahre lang sich in den Grenzen von 100 bis 120% und jeweils wieder drei Jahre lang zwischen 160 und 180% bewegen. Das Unternehmen und sein innerer Wert ist genau der gleiche geblieben, der Käu-

---

[1] Vgl. Simon (1899), S. 359 ff.
[2] Eine der ersten Differenzierungen zwischen Werten und Preisen dürfte die Resolution (1623) über aktuelle Münzfragen der juristischen Fakultäten in Wittenberg und Leipzig für den sächsischen Churfürsten enthalten: "Umb die Müntz ists also beschaffen / daß der Reichsthaler seine **bonitatem intrinsecam**, sein Schrot und Korn noch zur Zeit behalten; die anderen Müntzsorten aber alle und jede / durch welche er mensuriert wirdt / also geringert worden / das darbey mehr Kupfer / als Silber zu befinden / und auß dieser einigen Ursachen deß Reichsthalers **valor extrinsecus** so hoch gestiegen." S. 9, Hervorhebung O. L.

fer aber hat unter Umständen die Hälfte seines Vermögens gewonnen oder verloren."[1]

Dieses Zitat beleuchtet den Zusammenhang zwischen einer gleichbleibenden Unternehmenskonfiguration mit konstanter Ertragskraft, aber schwankenden jährlichen Erträgen, der charakteristisch für reale Unternehmen ist. Eine Veränderung des jährlichen Ertrages muß nicht eine Veränderung der Ertragskraft als solche beinhalten.

Die Beurteilung des ausgewiesenen jährlichen Erfolges gleicht der Aufgabe der laufenden Qualitätskontrolle eines Produktionsprozesses: Wie groß ist die Wahrscheinlichkeit, daß das zu beurteilende Ergebnis nur zufällig von den bisherigen Ergebnissen abweicht und keine Änderung der grundlegenden Situation zur Ursache hat?

Die Beantwortung dieser Frage wird noch erschwert durch Gestaltungsmöglichkeiten der Rechnungslegung, die ja nicht nur das Ergebnis eines Jahres berichten, sondern auch Informationen darüber liefern soll, ob dieses Ergebnis mit einem normalen Verlauf der Geschäftstätigkeit kompatibel ist oder nicht. Wir haben daher bei der Beantwortung der Frage, ob der ausgewiesene jährliche Ertrag aus systematischen Veränderungen oder aus zufälligen Schwankungen resultiert und in welchem Umfang dabei Gestaltungsräume der Berichterstattung genutzt wurden, eine doppelte Ungenauigkeit zu beachten.

Daran anschließend ist die Frage zu beantworten, ob und in welchem Ausmaß der Kurs der Aktien auf Veränderungen im Ausweis der Ertragssituation reagiert, oder anders formuliert, ob die Schwankungen der Aktienkurse durch Schwankungen der ausgewiesenen Ertragskraft erklärt werden können.

Eine ausführliche Untersuchung der Interdependenz von Bilanzkennzahlen und Aktienkursentwicklung deutscher Unternehmen führte Möller[2] durch. Die zahlreichen nach verschiedenen Gesichtspunkten aufgestellten Hypothesen über den Zusammenhang sollen hier nicht im einzelnen referiert werden. Insgesamt bestätigen die differenzierenden Untersuchungsergebnisse die Vermutung, daß der Jahresabschluß Informationen über die Entwicklung der Aktienkurse enthält.

Der Zusammenhang zwischen Jahresabschluß und Aktienkurs wurde auch in Querschnittsanalysen bestätigt.[3] Als unabhängige Variablen fungierten 72 auf die Bilanzsumme normierte Positionen der jeweiligen Jahresabschlüsse der in die Untersuchung einbezogenen Unternehmen. Aus den jährlichen Aktienkursnotizen einer jeden Unternehmung wurde eine das Berichtsjahr der Gesellschaft repräsentierende Notiz ausgewählt. Diese Kurse fanden als

---
[1] Rathenau (1918), S. 25 f.
[2] Vgl. bei Möller (1986) die jeweiligen Zusammenfassungen in den einzelnen Kapiteln und das Resümee S. 222 ff.
[3] Vgl. Landes/Loistl/Reiß (1989), S. 154 ff.

abhängige Variablen Verwendung. Es wurden alternativ jeweils die Maximum-, Minimum-, Ultimo- und Durchschnittskurse herangezogen. Die Querschnittsanalyse wurde für mehrere Jahre durchgeführt. Um den unterschiedlichen Informationsgehalt der einzelnen Abschlußpositionen deutlich zu machen, wurde die stufenweise multiple Regressionsanalyse herangezogen. Es hat sich gezeigt, daß unabhängig davon, ob der Analyse Maximum-, Minimum-, Ultimo- oder Durchschnittskurse zugrundeliegen, dem **Dividendensatz** in den meisten Fällen eine hervorgehobene Erklärungskraft zukommt. Diese statistischen Zusammenhänge gilt es nun, in kausale Strukturen eines analytischen Modelles umzusetzen.

1.2 Innerer Wert und Kursnotiz

Die obigen Ausführungen legen in einem kausalen Ansatz die Dividende als erste Erklärungsgröße nahe. In der Literatur wird denn auch der Aktienkurs P_0 regelmäßig als der Barwert der künftigen Dividendenzahlungen dargestellt[1]. Es gilt mithin:

$$P_0 = \sum_{t=1}^{n} D_t (1+i)^{-t}$$

P_0 = heutiger Aktienkurs
D_t = Dividendenzahlung im Zeitpunkt t
i = Diskontierungszinssatz
n = Anzahl der betrachteten Perioden

Diese Formel ist insoweit unbefriedigend, als die künftigen Dividendenzahlungen heute nicht mit Sicherheit bekannt sind, der heutige Preis jedoch einwandfrei beobachtet werden kann. Es ist daher notwendig, die Transformation der **unsicheren, mehrwertigen** Zukunftsvorstellungen in den heutigen Preis zu modellieren. Mit dem Übergang auf stochastische Größen muß auch die Aussagefähigkeit der Dividendenzahlungen relativiert werden, da in der Modellierung auch Konkursrisiken berücksichtigt werden müssen.

Ein einfacher Weg, unsichere, mehrdeutige Zukunftsvorstellungen in den heutigen Preis zu modellieren, besteht darin, den heutigen Preis gleich dem **erwarteten Barwert** der künftigen Zahlungen zu setzen:

$$P_0 = E_0 [\sum_{t=1}^{n} \tilde{D} (1+i)^{-t}]$$

---

[1] Eine andere Meinung in der Literatur unterstellt, daß der erwirtschaftete Gewinn und nicht die ausgeschüttete Dividende die wichtigste Größe wäre. Diese Hypothese wird durch die empirischen Befunde nicht in gleichem Ausmaß gestützt. Zur Bedeutung der Dividendenentscheidung vgl. z.B. Süchting (1989), S. 446 ff.

Im Konzept des effizienten Marktes mit rationalen Erwartungen ist E_0 ein bedingter Erwartungswertoperator: Der Preis wird dem bedingten erwarteten Barwert dergestalt gleichgesetzt, daß in die Erwartungswertbildung *sämtliche allgemein verfügbaren Informationen* einfließen. Diese Annahme führt zur wissenschaftstheoretischen Immunisierung der aufgestellten Hypothese. Insbesondere LeRoy[1] hat auf die damit verbundene Falsifizierungsproblematik hingewiesen: Gegen eine Widerlegung im logischen Sinne ist man damit so gut wie sicher. Eine Falsifizierungsmöglichkeit im emprisch-statistischen Sinne ist angesichts der ungelösten Validierungsproblematik ohnehin nicht zu sehen.[2]

Das gilt auch für den neuerdings von Shiller (1989) benutzten Ansatz: Früher stellte Shiller auf einen unendlichen Diskontierungszeitraum ab.[3] Neuerdings vereinfacht Shiller den Berechnungsansatz für P_0 durch unmittelbaren Rekurs auf die Effizienzhypothese. Damit wird die Gefahr der Tautologisierung nicht geringer, wie die nachstehenden Ausführungen zeigen.

Shiller unterstellt, daß der zum Zeitpunkt t **beobachtete (trendbereinigte) Aktienkurs** P_t dem **bedingten Erwartungswert** des (trendbereinigten) Barwertes P_t^* der künftigen Dividendenzahlungen entspricht:

$$P_t = E_t [P_t^*]$$

Der Barwert wird von ihm in einer speziellen Form wiederum mit Bezug auf die Effizienzhypothese errechnet:[4]

$$P_t^* = \frac{\left[\sum_{k=0}^{T-t-1} D_{t+k+1} \cdot \prod_{j=0}^{k} \frac{1}{(1+r_{t+j})} + P_T \prod_{j=0}^{T-t-1} \frac{1}{(1+r_{t+j})} \right]}{\bar{D}_t}, \quad T \geq t.$$

Der stationäre Betrachtungszeitraum endet im Zeitpunkt T. Vereinfachend wird angenommen, daß der innere Wert am Ende des Untersuchungszeitraumes, t=T, mit dem notierten Preis P_T übereinstimmt. Die Variable $\bar{D}_t$ bezeichnet den gleitenden Durchschnitt vergangener realer Dividendenzahlungen. Diese Datenmanipulation soll einen Trend in den fundamentalen Werten eliminieren.

Für die zurückliegenden Zeitpunkte t<T können die inneren Werte errechnet werden. Für t=T-1 z. B. erhält man:

$$P^*_{T-1} = \frac{\left[D_T \cdot \frac{1}{1+r_{T-1}} + P_T \cdot \frac{1}{1+r_{T-1}} \right]}{\bar{D}_{T-1}}$$

---

[1] Vgl. LeRoy (1982) und (1989).
[2] Vgl. hierzu insbesondere Mishkin (1983).
[3] Vgl. Shiller(1981), ähnlich Scott (1985).
[4] Vgl. Shiller (1989), S. 723.

Dieser aktuelle Ansatz reduziert *mit Hilfe der Hypothese vom effizienten Kapitalmarkt* das Problem der *Transformation von künftigen Wahrscheinlichkeitsvorstellungen in heutige Preise auf eine leicht handhabbare Form.* Das zentrale Problem der Bestimmung eines fundamentalen Wertes ist nur lösbar, wenn man den Bewertungsansatz nicht aus der Gleichsetzung von inneren Werten und Preisen ableitet. Shillers neuer Bewertungsansatz baut rekursiv auf dem Wert P_T in T auf. Er geht vereinfachend davon aus, daß P_T dem dann zu beobachtenden Preis entspricht. Somit startet er die Bewertungsrekursion mit der Gleichsetzung von Preis und Wert am Ende des Betrachtungszeitraumes. Gegen die auf dieser Formel basierenden Werte ist mithin ebenfalls grundsätzlich der Einwand zu erheben, daß aus der **Gleichsetzung von Werten und Preisen das Problem der Bewertung konzeptionell nicht gelöst werden kann.**

Darüber kann auch eine kunstgerechte Anwendung der statistischen Methoden per se nicht hinwegtäuschen. Diese rechtfertigt sich erst dann, wenn der Hypothese der rationalen Erwartung bzw. der des effizienten Kapitalmarktes zugestimmt wird. Der Einfluß der **Informationsverarbeitung zur Erwartungsbildung** wird ebenfalls nicht berücksichtigt.

Dieser einfache Ansatz soll aus den genannten Gründen im folgenden nicht weiter betrachtet werden. Er wurde lediglich zur Illustration der heutigen Diskussion herangezogen. Wir werden ihn allerdings dergestalt weiterentwickeln, daß er für die spätere Integration in das Modell des unvollkommenen Kapitalmarktes mit expliziter Betrachtung des Marktgeschehens bei einer gegebenen institutionellen Mikrostruktur geeignet ist.

Wir gehen davon aus, daß der Preis **sowohl vom Marktgeschehen** als auch von **den Wertvorstellungen** der Marktteilnehmer bestimmt wird. Die Wertvorstellungen der Marktteilnehmer orientieren sich ganz allgemein an der fundamentalen Situation einer Unternehmung. Diese soll mit dem Schlagwort von der Ertragskraft charakterisiert werden. Sie resultiert aus der Gesamtheit der personellen und sachlichen Mittel, die das Unternehmen einzusetzen in der Lage ist. Zunächst gilt es jedoch, die heute weit verbreitete Diskussion über den Einfluß der **Interessenlagen der handelnden Personen** zu betrachten. Sie wird häufig unter dem Schlagwort Prinzipal-Agent-Beziehung geführt.

1.3 Innerer Wert und Interessenlage der handelnden Personen

Die Theorie der Prinzipal-Agent-Beziehung rekurriert auf das elementare Faktum, daß handelnde Personen und deren Interessenlagen vor allem die Geschicke einer Unternehmung bestimmen.

In den letzten Jahren wurde sehr intensiv über den Einfluß der Interessenlagen der einzelnen Personen auf die Unternehmungsentwicklung und insbesondere auf die Ertragskraft eines Unternehmens geforscht.[1] Angeregt wurde die aktuelle Diskussion vor allem durch amerikanische Untersuchungen.[2] Dreh- und Angelpunkt ist die erneut ins Bewußtsein gebrachte, aber uralte Erfahrung, daß die Realisierung der eigenen Interessen niemandem mehr am Herzen liegt als einem selbst. Überträgt man deren Verfolgung einem Dritten (einem Agenten), dann kann man sich der Erfüllung um so sicherer sein, je befähigter der Dritte ist und je mehr er sich die Interessen des Auftraggebers (des Prinzipals) zu eigen macht. Allerdings lassen die aktuellen Untersuchungen eine übersichtliche Strukturierung möglicher Interessenkonstellationen der die Geschäfte führenden Person nur unscharf erkennen. Hier hilft ein Rekurs auf die Diskussion der ersten 30 Jahre dieses Jahrhunderts im deutschsprachigen Raum weiter.

Die wesentlichen Konstellationen sollen im Anschluß an Steinitzer (1908) herausgearbeitet werden. Seine Ausführungen haben an Aktualität nichts verloren und strukturieren die Problemstellung auch heute noch übersichtlich.

Steinitzer konstatiert zunächst bei Kapitalgesellschaften im allgemeinen und Aktiengesellschaften im besonderen die Möglichkeit des Auseinanderfallens der Interessenlagen der Personen, die vom wirtschaftlichen Schicksal der Unternehmung unmittelbar tangiert sind[3] ,und der Personen, die das wirtschaftliche Schicksal der Unternehmung bestimmen.[4] In der heute aktuellen Diskussion differenziert man analog in **Nutzungsinteressen** und **Verfügungsinteressen**.

Für die Beurteilung der Handlungsweisen der das wirtschaftliche Schicksal der Unternehmung bestimmenden Personen sind damals wie heute zwei Gesichtspunkte von ausschlaggebender Bedeutung:

- Die Interessenlagen **innerhalb** und **außerhalb** der Unternehmung.

- Die **Dauer** der Bindung an das Unternehmen.

Interessenlagen

Unter der Interessenlage innerhalb der Unternehmung versteht Steinitzer, in der heutigen Terminologie, das Interesse des Agenten, die Ziele und Vorstellungen des Prinzipals zu verwirklichen. Die Interessenlage außerhalb der Unternehmung kennzeichnet dagegen das Interesse, welches nicht aus dem Auftragsverhältnis mit dem Prinzipal resultiert.

Hinsichtlich der Interessenlagen innerhalb und außerhalb der Unternehmung kann man vier Fälle unterscheiden. Natürlich gibt es in der Realität viele Abstu-

---

[1] Vgl. hierzu z.B. die Ausführungen bei Franke/Hax (1990), Spremann (1990) und Süchting (1989).
[2] Vgl. Jensen/Meckling (1976) und Williamson (1988).
[3] Steinitzer (1908) spricht von Unternehmungsinteresse, S. 67.
[4] Steinitzer (1908) spricht von Unternehmensführungsinteresse, S. 65.

fungen; die vier Grundsituationen zeigen aber die prinzipiellen Zusammenhänge. Sie sind in der nachfolgenden Tabelle zusammengefaßt.

Fall	Interessenlage der Unternehmensführung	
	innerhalb der Unternehmung	außerhalb der Unternehmung
1	groß	klein
2	klein	klein
3	groß	groß
4	klein	groß

Tab. 1: Die Interessenlagen innerhalb und außerhalb der Unternehmung

Die Konstellationen lassen ziemlich genaue Schlüsse über die Verfolgung der Unternehmungsinteressen durch die Unternehmensführung zu. Fall 1 gewährleistet die Verfolgung der Unternehmungsinteressen durch die Geschäftsleitung in höherem Umfang als Fall 4. Auf die dazwischenliegenden Fälle 2 und 3 sei hier nicht weiter eingegangen.[1]

Durch entsprechende **positive** und **negative Anreize** sollte die Konstellation 1 **realisiert** und die Konstellation 4 **vermieden** werden. Ein positiver Anreiz kann z.B. die **erfolgsabhängige Entlohnung** der Unternehmensleitung sein.[2]

Allzugroße Interessen außerhalb des Unternehmens werden verhindert durch das **Verbot von ungenehmigten Nebentätigkeiten** und vor allem durch das Verbot der *Mitarbeit in dritten Firmen, die im alleinigen Eigentum des Managers stehen*. Das Fehlen entsprechender Passagen in den Geschäftsführerverträgen wird ohnehin die Ausnahme sein. Sie stellen auch Kunstfehler der Managementführung dar. Aus gutem Grund sieht § 88 Aktiengesetz ein prinzipielles Wettbewerbsverbot für Vorstandsmitglieder vor.

Beauftragt man einen außenstehenden Dritten mit der Erledigung der eigenen Angelegenheiten, dann ist mit dieser Erledigung durch Dritte ein Risiko verbunden. Man kann dieses Risiko anschaulich als **Vertrauensrisiko** bezeichnen, denn man vertraut auf eine ordentliche Geschäftsbesorgung. Das kann z.B. die Ge-

---

[1] Wird die Entlohnung unabhängig vom Erfolg der Unternehmung festgelegt und besitzt ein Manager keine lukrativen Beschäftigungsmöglichkeiten außerhalb der Unternehmung, dann liegt Fall 2 vor. Der Manager ergreift dann insgesamt wenig Initiative zum Wohl der Unternehmung. In manchen untergeordneten Positionen der Großunternehmen mag eine solche Persönlichkeitsstruktur partiell nicht unwillkommen sein. Führungspositionen jedoch verlangen eine andere Interessenkonstellation.

[2] Es bleibt jedoch anzunehmen, daß ein Manager bei Fehlen eines geeigneten Kontrollsystems trotz erfolgsabhängiger Entlohnung nicht bemüht sein wird, den Erfolg zu steigern. Einen Erfolgszuwachs werden sich nämlich Agent und Prinzipal teilen müssen, während der Nutzen aus einer Erhöhung der betrieblichen Konsumausgaben des Managers (z.B in Form eines Dienstwagens) dem Manager in voller Höhe zufließt. Vgl. in ähnlicher Darstellungsweise Süchting (1989), S. 284.

schäftsführung in einer Kapitalgesellschaft für die Eigenkapitalgeber sein. Auch die Vermögensverwaltung impliziert ein derartiges Vertrauensrisiko. Es ist vom **Geschäftsrisiko**, welches auch bei sorgfältiger Geschäftsführung vorliegt, zu unterscheiden.

Die Wirtschaftsgeschichte der letzten Jahrhunderte kennt genügend Beispiele, in denen durch Schwindelgeschäfte mit übergroßem Vertrauensrisiko Anleger um beträchtliche Vermögen betrogen wurden. Man kann geradezu von klassischen Konstellationen sprechen. Ihre Gefahr liegt insbesondere darin, daß sie sich immer wieder in einer neuen, der aktuellen Situation angepaßten Verkleidung zu präsentieren vermögen.[1]

Dauer der Interessenbindung

Ein externer Interessenschwerpunkt bildet in Verbindung mit einer **kurzen Dauer der Interessenbindung** eine brisante Kombination. Ein mit der Absicht eines schnellen Wiederverkaufs erworbenes Unternehmen erfährt keine **nachhaltige Stärkung der Ertragskraft**, sondern eine **vordergründige Steigerung der Wertschätzung**.[2]

Die **ordnungsgemäße** Geschäftsführung zur nachhaltigen Sicherung der Ertragskraft in einem Wirtschaftsunternehmen ist ebenfalls durch Disparitäten von Interessenlagen gefährdet. Jedoch existiert bei etablierten Unternehmungen ein System von **Interdependenzen** in den Interessenlagen, die den einzelnen Unternehmensleiter sowohl **stützt** als auch **kontrolliert**. Die Details der Interessenlagen und der Überwachung und Kontrollen sollen hier nicht im einzelnen angeführt werden.

Die den inneren Wert beeinflussenden Wechselwirkungen seien im folgenden in einem Schema zusammengefaßt:

---

[1] Vgl. hierzu z.B. Loistl (1978), S. 819 ff. Hier werden die seinerzeitigen Schwindelgeschäfte mit Abschreibungsgesellschaften in den historischen Kontext gestellt.
[2] Die Neugründungen vor mehr als 100 Jahren waren davon ebenso bedroht wie die Leverage Buyouts unserer Tage. Die größte einschlägige Transaktion von KJR Nabisco wurde von der Beratungsfirma KKR mit einem minimalen Einsatz eigenen Kapitals durchgeführt. Er betrug mit 18 Mio. $ nur einen Bruchteil der Provisionseinnahmen in Höhe von 400 Mio. $. Damit war die klassische Konstellation einer Unternehmensgefährdung durch Interessendisparitäten gegeben.

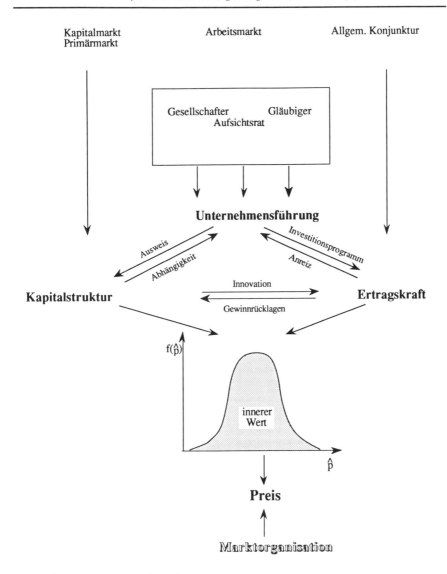

Abb. 1: Fundamentale Interdependenzen

Im Zentrum der Konstellation stehen die Interdependenzen zwischen **Unternehmensführung, Ertragskraft und Kapitalstruktur.**

Die Unternehmensführung bestimmt die Ertragskraft über die Festlegung des Investitionsprogrammes und die laufende Geschäftsführung. Eine niedrige Ertragskraft spornt die Unternehmensführung an; eine hohe Ertragskraft hingegen verführt zu allzu sorglosem Umgang mit dem Unternehmenspotential und zur **Gefährdung** der nachhaltigen Ertragskraft. Eine hohe Ertragskraft erlaubt allerdings eine **hohe Dotierung** der Gewinnrücklagen. Diese helfen das Risiko innovativer Investitionen, die letztlich die Ertragskraft auf Dauer sichern, abzufedern.

Die Kapitalstruktur beeinflußt das **Verhalten** des Managements. Hohe Eigenkapitalquanten, insbesondere die auf dem Wege der Gewinneinbehaltung erwirtschafteten, sind dem **Allokationswettbewerb des Kapitalmarktes entzogen** und können daher zu einer Minderverzinsung führen. Die Unternehmensführung kann innerhalb bestimmter Grenzen den offenen Ausweis des Gewinnes durch die Legung bzw. Auflösung stiller Reserven steuern. Solche Möglichkeiten bietet die deutsche Rechnungslegung insbesondere im **Konzernverbund**.

Kapitalstruktur und Ertragskraft bestimmen auch den Einfluß der drei weiteren involvierten Personengruppen von **Aufsichtsrat, Gesellschaftern** und **Gläubigern** auf die Unternehmensführung: Je höher die Ertragskraft, desto geringer ceteris paribus ihr Einfluß. Die Wechselwirkungen mit der Kapitalstruktur werden ebenfalls über Ertragskraftwirkungen gesteuert. Da der Zusammenhang zwischen Ertragskraft und Kapitalstruktur mehrdeutig ist, bleibt auch der Einfluß der Personengruppen mehrdeutig.

Kapitalstruktur und Ertragskraft werden auch von exogenen Faktoren beeinflußt: Die Höhe des **Aufgeldes** bei Kapitalerhöhungen bestimmt sich nach dem Kapitalmarktklima, die Ertragskraft auch nach der **allgemeinen Konjunktur**. Schließlich muß der Arbeitsmarkt mit seinen unterschiedlichen Segmenten noch berücksichtigt werden.

Ertragskraft und Kapitalstruktur bestimmen schließlich die schwankende Höhe des inneren Wertes. Es ist nach dem bisher Gesagten nicht angebracht, auf eine sichere Größe für den inneren Wert zu reflektieren. Wir gehen davon aus, daß die **Ertragskraft** zufälligen Schwankungen unterliegt und somit als **Zufallsgröße** zu behandeln ist. Damit unterstellen wir gleichzeitig eine **Konstanz in der Struktur und Zufälligkeiten in den einzelnen Ausprägungen**. Mangels besserer Informationen wird angenommen, daß die Ertragskraft jedes Jahr mit der gleichen Zufallsvariablen beschrieben werden kann. Wir extrapolieren damit die bestehenden Verhältnisse in die Zukunft, lassen aber gleichfalls Schwankungen zu. **Damit wird das going concern Prinzip zu einer realitätsnahen stochastischen Version präzisiert.**

1.4 Innerer Wert als Zufallsvariable

In den weiteren Ausführungen wird der innere Wert grundsätzlich als Barwert der künftigen Ertragskonstellationen aufgefaßt. Der stochastische Charakter der jährlichen Erfolgsgrößen ändert daran nichts.

Der innere Wert als Barwert von Zufallsvariablen selbst kann ebenfalls mehrere Werte annehmen. Von dieser Eigenschaft soll nicht durch die Verdichtung des Barwerts zu einem einzigen Wert abstrahiert werden.

Der Markt kann zwar nach der Auffassung von Muth[1] die Informationen effizient zu einer möglichst guten Schätzung verarbeiten. **Die Schätzung des Marktes ist mithin die beste Auswertung der verfügbaren Informationen.** Aber selbst die Marktschätzung führt nicht zu einer Punktschätzung, sondern nur zu einer **Häufigkeitsverteilung des inneren Wertes**. Diese Verteilung repräsentiert gleichzeitig die Punktschätzungen der einzelnen Marktteilnehmer. Zur Vereinfachung wird angenommen, daß die einzelnen Marktteilnehmer ihre individuellen Vorstellungen über den inneren Wert zu einer skalaren Größe verdichten können. *Die Handlungsfreiheit der einzelnen Marktteilnehmer wird damit nicht aufgegeben, wie dies bei der Annahme eines Gleichgewichtes bei rationalen Erwartungen der Fall wäre.* Im Gegenteil, die **Transformation individueller Wertvorstellungen in Preise und die Rückwirkungen der Preisnotizen** auf die Wertvorstellungen der anderen Marktteilnehmer kann gerade damit explizit angegeben werden. Es liegen jedoch insoweit **individuelle rationale Erwartungen** vor, als jeder einzelne Marktteilnehmer jeweils für sich **glaubt**, daß *seine spezielle Schätzung des inneren Wertes dem Marktpreis am Ende der Periode entsprechen wird, zu dem er dann eine Transaktion durchführen* kann.

Der tatsächlich am Ende des Planungszeitraumes notierte Preis wird allerdings nicht mit den meisten Schätzungen bzw. Erwartungen übereinstimmen und auch gar nicht übereinstimmen können. Insoweit liegen keine rationalen Erwartungen vor. Die **Preise sind das Ergebnis menschlichen Handelns, aber nicht zwangsläufig identisch mit den individuellen Entwürfen**. Da der Preis einer Transaktion immer aus der **Koordination** individueller Erwartungen stammt, ist eine **Revision der individuellen Pläne** damit zwangsläufig verknüpft. Über das Ausmaß der individuellen Revision wird damit jedoch noch nichts angesagt.

Nachstehend sei die Berechnung der Verteilung des inneren Wertes aus der jährlichen Ertragskraft an zwei Beispielen illustriert.

---

[1] Vgl. Muth (1961).

2. Zur Berechnung des inneren Wertes

2.1 Die Berechnung des inneren Wertes unter expliziter Berücksichtigung eines Konkursrisikos [1]

Wir unterstellen eine Kapitalgesellschaft und mithin beschränkte Haftung sowohl der Eigenkapital- als auch der Fremdkapitalgeber. In der nachfolgenden Modellentwicklung wird eine Ertragsgröße verwendet, aus der neben den Zahlungen an die Aktionäre auch die Zahlungen an die Gläubiger zu leisten sind.

Da wir die Ertragskraft als Zufallsvariable modellieren, sind grundsätzlich auch negative Werte möglich. Wir beschränken uns jedoch auf den positiven Bereich der Realisationen. Eine Realisation im negativen Bereich bedeutet, daß die Gesellschaft mit Verlust wirtschaftet. Die Ertragskraft als Zufallsvariable impliziert auch ein Konkursrisiko. Ohne weitere Modifikationen bedeutet ein Verlust den Konkurs der Unternehmung. Mit den nachstehend einzuführenden Anpassungen ist dies jedoch nicht zwingend. Zunächst sollen die grundlegenden Beziehungen vorgestellt werden. In der Notation werden Zufallsvariablen mit einer "~" charakterisiert.

Der Marktwert $\tilde{V}$ ist gleich der Summe der beiden Marktwerte des Fremdkapitals $\tilde{S}$ und des Eigenkapitals $\tilde{E}$. Sie werden nach folgenden Formeln berechnet:

$$\tilde{V} = \sum_{t=1}^{N} \tilde{X}_t^+ (1+k)^{-t}$$

$$\tilde{E} = \sum_{t=1}^{N} (\tilde{X}_t - CA\delta)^+ (1+k)^{-t}$$

$$\tilde{S} = \sum_{t=1}^{N} \tilde{S}_t (1+k)^{-t}$$

Da wir uns auf den Bereich positiver Realisierungen beschränken, wird der zulässige Bereich durch ein hochgestelltes $^+$ angegeben. Es gilt daher:

$$U^+ = \max\{U, 0\}$$

---

[1] Vgl. zum folgenden Landes/Loistl (1991). Unter bestimmten Annahmen kann man diesen Ansatz zur Bewertungsformel von Modigliani/Miller (1958) vereinfachen. Vgl. hierzu Loistl (1990), S. 49 ff.

Es gelten folgende Festlegungen:

$\tilde{V}$ = Marktwert der Unternehmung
$\tilde{S}$ = Marktwert des Fremdkapitals
$\tilde{E}$ = Marktwert des Eigenkapitals
$\tilde{X}_t$ = Jährliche Erträge, ausgedrückt als Zufallsvariable
A = Annuitätszahlungen an die Kreditgeber pro Einheit Kredit
S = Buchwert des Fremdkapitals
E = Buchwert des Eigenkapitals
C = Investiertes Kapital = Buchwert des Vermögens
$\tilde{S}_t$ = min $\{\tilde{X}_t^+, AS\}$ = Jährliche Annuitätszahlung an die Fremdkapitalgeber, ausgedrückt als Zufallsvariable
N = Konkurszeitpunkt

Der Fremdkapitalanteil δ wird anhand der Buchwerte berechnet. Es gilt daher die folgende Definition:

$$\delta = \frac{S}{C}$$

Mit diesen Definitionen können wir die Zusammenhänge weiter erläutern:

Aδ = Annuitätszahlungen pro 1 DM Bilanzsumme bei einem Fremdkapitalanteil von δ.
CAδ = Annuitätszahlungen in absoluten Größen bei gegebenem Fremdkapitalanteil δ.

Da das Arbeiten mit relativen anstelle von absoluten Größen zweckmäßig ist, werden die relativen Größen wie folgt definiert:

$$\tilde{R}_t = \frac{\tilde{X}_t}{C} = \text{jährliche Ertragskraft pro 1 DM Bilanzsumme}$$

$$\tilde{Y}_t = \frac{\tilde{S}_t}{C} = \min\{\tilde{R}_t^+, A\delta\} = \text{jährlicher Fremdkapitaldienst pro 1 DM Bilanzsumme}$$

Zu Zwecken der einfacheren Betrachtung normieren wir auch die Vermögenswerte auf 1 DM Bilanzsumme:

$$\frac{\tilde{V}}{C} = P\tilde{V}C = \sum_{t=1}^{N} \tilde{R}_t^+ (1+k)^{-t}$$

Entsprechend gilt für die normierten Marktwerte des Fremdkapitals P$\tilde{V}$S und des Eigenkapitals P$\tilde{V}$E:

$$P\tilde{V}S = \sum_{t=1}^{N} \tilde{Y}_t (1+k)^{-t} \qquad = \text{Marktwert des Fremdkapitals pro 1 DM Bilanzsumme}$$

182 Kapitel 4: Fundamentale Begründung der individuellen Wertpapierkurse

$$P\tilde{V}E = \sum_{t=1}^{N} (\tilde{R}_t - A\delta)^+ (1+k)^{-t} = \text{Marktwert des Eigenkapitals pro 1 DM Bilanzsumme}$$

Da wir fluktuierende Erträge und fixierte Auszahlungsverpflichtungen annehmen, besteht auch Konkursgefahr. Wir verwenden folgende Parameter zur Beschreibung der Konkurswahrscheinlichkeit:[1]

γ = Sanktionsfreie Unterdeckung
m = Anzahl der Moratorien
T = Vertragskonforme Laufzeit

Die Zusammenhänge seien an den Konzernjahresabschlußzahlen von zwei deutschen Großunternehmen illustriert.

Gesellschaft Positionen	Daimler	Siemens
Gez. Kapital	2.118,00	2.448,00
Kapitalrücklagen	370,00	4.815,00
Gewinnrücklagen	7.518,00	9.053,00
Konzerngewinn	691,00	539,00
Eigenkapital absolut in % der Bilanzsumme	11.323,00 21,80	17.634,00 29,58
Bilanzsumme	51.931,00	59.617,00
Umsatzüberschuß Ertragskraft in % der Bilanzsumme	5.615,00 10,812	7.550,00 12,664

Tab. 2: Konzernjahresabschlußzahlen von Daimler und Siemens
Quelle: Geschäftsberichte des Jahres 1988

Aus den singulären Zahlen der Jahresabschlüsse können die Verteilungen der Ertragskraft nur mit weiteren Annahmen konstruiert werden.[2]

Wir unterstellen zunächst den Typ einer Normalverteilung. Es sind dann die Verteilungsparameter sowie die weiteren Modellparameter zu spezifizieren. Zunächst nehmen wir an, daß beide Unternehmen langfristig die gleiche Ertragskraft aufweisen. Wir unterstellen daher den gleichen Mittelwert und nehmen aufgrund der für Siemens berechneten Ertragskraft einen Mittelwert von $\mu=13\%$ an.

---
[1] Zur ausführlichen Begründung siehe Loistl (1989).
[2] Nach der Novellierung des Bilanzrechtes ist der Rekurs auf frühere Zahlenwerte nicht mehr angemessen.

Die Schwankungen der Ertragskraft sollen auch von der Kapitalstruktur abhängen. Ein hohes Eigenkapital impliziert höhere Schwankungen der Ertragskraft als ein geringeres. Ehe die Standardabweichungen spezifiziert werden können, müssen die Kapitalstrukturkoeffizienten δ unter Beachtung der stillen Reserven bestimmt werden. Aufgrund des hohen Wertansatzes der Pensionsrückstellungen bei Daimler wird bei diesem Unternehmen ein real höherer Eigenkapitalanteil angenommen als bei Siemens. Hieraus kann auf eine leicht höhere Risikobereitschaft der Daimler Benz AG und damit auch auf eine leicht höhere Standardabweichung der Ertragskraft geschlossen werden. Die sanktionsfreie Unterdeckung richtet sich auch nach dem Bestand an liquiden Mitteln. Dieser bedarf bei Siemens keiner Erläuterung. Der Koeffizient γ ist daher bei Siemens höher als bei Daimler.

Insgesamt nehmen wir folgende Parameterkonstellation für die beiden Unternehmen an:

Unternehmen	Parameter			
	μ	σ	δ	γ
Siemens	.13	.05	.60	.25
Daimler	.13	.07	.50	.10

Tab. 3: Darstellung der Parameter

Für die restlichen Parameter wird einheitlich angenommen:

Kalkulationszinssatz k = 8%
Vertragskonforme Laufzeit T = 20 Jahre
Moratorien m = 2

In unseren Simulationsrechnungen wurden folgende Werte für die beiden Unternehmen evaluiert:

	Marktwerte Siemens			Marktwerte Daimler		
	$P\hat{V}E$	$P\hat{V}S$	$P\hat{V}C$	$P\hat{V}E$	$P\hat{V}S$	$P\hat{V}C$
Mittelwert	.689	.577	1.265	.757	.428	1.185
Standardabweichung	.122	.041	.148	.218	.086	.292
Schiefe	-.398	-5.096	-1.437	-.665	-1.751	-1.092

Tab. 4: Ergebnisse der Simulationsrechnung

184 Kapitel 4: Fundamentale Begründung der individuellen Wertpapierkurse

In einer abschließenden Überlegung sei der nun zu berechnende absolute Marktwert des Eigenkapitals den tatsächlichen Kursnotizen gegenübergestellt.[1] Hierzu müssen die Simulationswerte, den bilanziellen Relationen entsprechend, umgerechnet werden. Wir beschränken uns im folgenden auf die Mittelwerte der Simulationsergebnisse.

Aufgrund der durchgeführten Normierung gilt:

$\overline{P\tilde{V}E}\cdot$ Bilanzsumme $\triangleq$ Marktwert des Eigenkapitals

Um auf die Größenordnung der **Aktienstücknotiz** zu kommen, müssen wir eine weitere Umrechnung vornehmen.

Der Marktwert pro Stück sei mit $\bar{p}$ bezeichnet. Es gilt dann:[2]

$$\bar{p} = \frac{(\overline{PVE}\cdot \text{Bilanzsumme}) \cdot 50}{\text{Grundkapital}}$$

Wir erhalten mithin

	$\dfrac{\text{Bilanzsumme}}{\text{Grundkapital}}$	$\overline{PVE}$	$\bar{p}$	Kurse 2.1. - 2.11.1990 18.6.	Max.	Min.
Siemens	24.4	.689	840	711.5	815	514
Daimler	24.5	.757	927	800	955	566

Tab 5: Gegenüberstellung von berechnetem Marktwert $\bar{p}$ und tatsächlicher Kursnotiz

Die Berechnung zeigt, daß die Konzeption von der Größenordnung zu vergleichbaren Werten führt. Allerdings ist der Zusammenhang zwischen Werten und Preisen noch explizit zu modellieren. Hierauf wird an späterer Stelle näher einzugehen sein.[3]

---

[1] Auf die Marktwerte des Fremdkapitals und des gesamten Unternehmens sei hier nicht weiter eingegangen.

[2] $\overline{PVE} = E[P\tilde{V}E]$.

[3] Vgl. Kapitel 7.

2.2 Der fundamentale (Bar)wert einer Option - die Black/Scholes-Formel

2.2.1 Hedge Portfolio und Barwertberechnung als Ausgangspunkt

Die Leistungsfähigkeit des Barwertkonzeptes zur Bestimmung des heutigen Wertes künftiger Aktivitäten kann auch an der von Black/Scholes (1973) abgeleiteten Formel illustriert werden.

Black/Scholes haben die Formel unter der Hypothese,[1] daß durch die Kombination von Aktien und Optionen ein risikoloses Portfolio gebildet werden kann, abgeleitet. Aus dem Wert dieses Portfolios wird der Wert der Option bestimmt: Man unterstellt, daß die Rendite eines risikolosen Portfolios der Rendite eines sicheren Papiers entspricht. Daraus läßt sich dann der Wert errechnen, den eine Option nach diesem Konzept besitzen muß. Schematisch läßt sich das Konzept wie folgt beschreiben:

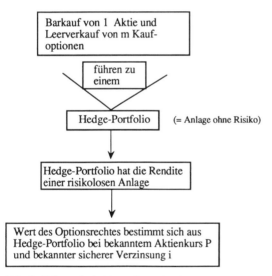

Abb. 2: Schematische Darstellung des Konzeptes zur Bestimmung des Optionspreises

Das Hedge-Portfolio erbringt die Verzinsung i einer sicheren Anlage. Da die Anzahl der Aktien und Optionen auf Grund der Hedge-Forderung festliegt, läßt sich mit Hilfe der sicheren Verzinsung i und des heutigen Aktienkurses P_0 der Wert des Optionsrechtes bestimmen. Bei dem Konzept von Black/Scholes ist die Bestimmung des Optionswertes nur über ein Hedge-Portfolio möglich. Dieser Weg bleibt auch bei späteren Vereinfachungen des Konzeptes, in denen man an Stelle eines kontinuierlichen stochastischen Prozesses z.B. den anschaulicheren

---

[1] Vgl. hierzu ausführlich Loistl e.a. (1990), S. 318 ff.

Binomial-Prozeß verwendet, erforderlich. Die auf einer Hedge-Vorstellung beruhende Bewertungsformel läßt sich bei bestimmten Spezifikationen auch als erwarteter Barwert des Wertes einer künftigen Optionsausübung ableiten. Die dabei notwendigen Voraussetzungen beleuchten außerdem Implikationen der Black/Scholes-Formel.

2.2.2 Der Barwert des Optionsrechtes

2.2.2.1 Allgemeiner Ansatz

Im folgenden wird die Formel von Black/Scholes als der erwartete Barwert der künftigen Zahlungsströme der Option abgeleitet.[1]

Bei einem beliebigen Aktienpreis x gilt für den Wert WOR_T^* der Option, eine Aktie zum Preis von c DM kaufen zu können, im Zeitpunkt der Ausübung T folgende bekannte Formel:

$$WOR_T^* = \begin{cases} x - c, & \text{falls } x > c \\ 0, & \text{falls } x \leq c \end{cases}$$

Wenn der Aktienkurs im Fälligkeitstermin durch eine Dichtefunktion f(x) beschrieben werden kann, dann gilt für den Erwartungswert $E[WOR_T^*] = WOR_T$:

$$E[WOR_T^*] = WOR_T = \int_c^\infty (x - c) f(x) \, dx = \int_c^\infty x f(x) \, dx - c \int_c^\infty f(x) \, dx$$

Diese Bewertungsformel läßt sich zur Black/Scholes-Formel präzisieren, wenn man die **Form der Dichtefunktion** spezifiziert und die **zeitliche Diskrepanz** zwischen **heutiger Bewertung** und **künftiger Optionsausübung** berücksichtigt.

2.2.2.2 Spezifikationen aufgrund der Lognormalverteilungsannahme

Um die Formel von Black/Scholes zu erhalten, unterstellen wir, daß der Aktienkurs zu jedem Zeitpunkt t einer Lognormalverteilung folgt. Für die Dichtefunk-

---

[1] Diese Idee stammt von Borch (1984). Wegen einiger Druckfehler und der kompakten Argumentation wird die Ableitung hier ausführlich dargestellt. Cox/Ross (1976) zeigen zwar bereits, daß dem Modell von Black/Scholes die gleichen ökonomischen Annahmen wie dem traditionellen Ansatz zugrundeliegen, sie nehmen jedoch die explizite Errechnung des Erwartungswertes nicht vor. Für den Übergang vom Wert zum Preis benötigen wir zusätzlich noch die Mikrostruktur des jeweiligen Marktsegmentes, vgl. hierzu Kapitel 7. Rekurrieren wir nicht auf den Erwartungswert der diskontierten Verteilung des Optionsrechtes, dann erhalten wir explizit eine Zufallsvariable, die den inneren Wert des Optionsrechtes angibt.

tion f(x) und Verteilungsfunktion F(x) dieser Verteilung gelten bekanntlich nachstehende Formeln:[1]

$$f(x) = \frac{1}{xs\sqrt{2\pi}} \exp\left(-\frac{1}{2}\left(\frac{\ln x - m}{s}\right)^2\right), \quad F(x) = \int_0^x \frac{1}{zs\sqrt{2\pi}} \exp\left(-\frac{1}{2}\left(\frac{\ln z - m}{s}\right)^2\right) dz$$

Dabei sind m der Erwartungswert und s^2 die Varianz der logarithmischen Werte.[2]

Der numerische Erwartungswert E[x] der Lognormalverteilung lautet

$$E[x] = \exp\left(m + \frac{s^2}{2}\right)$$

Unter der Annahme lognormalverteilter Aktienkurse läßt sich der erwartete Wert des Optionsrechtes im Zeitpunkt der Ausübung zu

$$WOR_T^{LN} = \int_c^\infty x f(x) \, dx - c \int_c^\infty f(x) \, dx =$$

$$\int_c^\infty x \frac{1}{xs\sqrt{2\pi}} \exp\left(-\frac{1}{2}\left(\frac{\ln x - m}{s}\right)^2\right) dx - c \int_c^\infty \frac{1}{xs\sqrt{2\pi}} \exp\left(-\frac{1}{2}\left(\frac{\ln x - m}{s}\right)^2\right) dx$$

präzisieren. Aus der **Lognormalverteilung der numerischen Werte x** läßt sich durch Transformation die **Standardnormalverteilung der logarithmischen Werte y** gewinnen. Diese Umformung soll explizit in mehreren Schritten durchgeführt werden. Es gilt zunächst, die Variablentransformation bei beiden Integralausdrücken vorzunehmen und anschließend die Spezifikation der Diskontierung durchzuführen. Wir erhalten dann die Black/Scholes-Formel.

Die Transformation des zweiten Integralausdrucks $-c\int_c^\infty f(x) \, dx$ erfolgt durch die Variable

$$y = \frac{\ln x - m}{s}$$

Für die zu ersetzenden Ausdrücke x und dx erhält man:

$$x = \exp(ys + m)$$
$$dx = xs \, dy = \exp(ys + m) \, s \, dy$$

---

[1] Vgl. hierzu auch die Abb. 3 auf S. 190.
[2] Folgt der Aktienkurs einer Lognormalverteilung, dann sind die Logarithmen der Aktienkurse normalverteilt. Die Dichte -und Verteilungsfunktion der logarithmischen Werte lauten also:

$$f(z) = \frac{1}{s\sqrt{2\pi}} \exp\left(-\frac{1}{2}\left(\frac{z-m}{s}\right)^2\right), \quad F(d) = \int_{-\infty}^d \frac{1}{s\sqrt{2\pi}} \exp\left(-\frac{1}{2}\left(\frac{z-m}{s}\right)^2\right) dz.$$

188   Kapitel 4: Fundamentale Begründung der individuellen Wertpapierkurse

Setzt man diese Werte in die explizite Dichtefunktion der Lognormalverteilung ein, so resultiert:

$$-c\int_{c}^{\infty} f(x)\,dx = -c \int_{\frac{\ln c - m}{s}}^{\infty} \frac{1}{\exp(ys+m)\,s\,\sqrt{2\pi}} \exp\left(-\frac{1}{2}y^2\right) \exp(ys+m)\,s\,dy$$

$$= -c \int_{\frac{\ln c - m}{s}}^{\infty} \frac{1}{\sqrt{2\pi}} \exp\left(-\frac{1}{2}y^2\right) dy = -c \int_{-\infty}^{\frac{m-\ln c}{s}} \frac{1}{\sqrt{2\pi}} \exp\left(-\frac{1}{2}y^2\right) dy$$

Diese letzte Umformung ist aufgrund der Symmetrie der Standardnormalverteilung um den Ursprung möglich.[1] Wir können nunmehr auch die gebräuchliche Abkürzung N(a) für die kumulierte Wahrscheinlichkeitsfunktion der Standardnormalverteilung verwenden:

$$-c\int_{c}^{\infty} f(x)\,dx = -c\,N(a)$$

$$\text{mit } N(a) = \int_{-\infty}^{a} \frac{1}{\sqrt{2\pi}} \exp\left(-\frac{1}{2}y^2\right) dy, \quad a = \frac{m - \ln c}{s}$$

$$\text{und } \frac{dN(a)}{da} = n(a) = \frac{1}{\sqrt{2\pi}} \exp\left(-\frac{1}{2}a^2\right)$$

Für den ersten Integralausdruck nehmen wir ebenfalls eine Transformation in die Standardnormalverteilung vor. Diesmal erfolgt die Transformation in zwei Schritten. Zunächst wird wieder auf die Variable $y = \frac{\ln x - m}{s}$ transformiert und dann nochmals eine Anpassung auf die Variable $z = y - s$ durchgeführt.

In der bereits bekannten Weise erhalten wir bei dem ersten Anpassungsschritt

$$\int_{c}^{\infty} x\,f(x)\,dx = \int_{\frac{\ln c - m}{s}}^{\infty} \frac{1}{\sqrt{2\pi}} \exp\left(-\frac{1}{2}y^2\right) \exp(ys+m)\,dy$$

$$= \int_{\frac{\ln c - m}{s}}^{\infty} \frac{1}{\sqrt{2\pi}} \exp\left(-\frac{1}{2}y^2 + ys\right) \exp(m)\,dy$$

$$= \int_{\frac{\ln c - m}{s}}^{\infty} \frac{1}{\sqrt{2\pi}} \exp\left(-\frac{1}{2}(y^2 - 2ys)\right) \exp(m)\,dy$$

---

[1] Es gilt $1 - F(\frac{\ln c - m}{s}) = F(-(\frac{\ln c - m}{s}))$, wobei $F(\cdot)$ die kumulierte Wahrscheinlichkeitsfunktion der Standardnormalverteilung darstellt.

In einem zweiten Anpassungsschritt nehmen wir eine quadratische Ergänzung der Exponentialausdrücke vor und erhalten:

$$\int_c^\infty x\, f(x)\, dx = \int_{\frac{\ln c - m}{s}}^\infty \frac{1}{\sqrt{2\pi}} \exp\left(-\frac{1}{2}(y^2 - 2ys + s^2)\right) \exp\left(m + \frac{s^2}{2}\right) dy$$

$$= \exp\left(m + \frac{s^2}{2}\right) \int_{\frac{\ln c - m}{s}}^\infty \frac{1}{\sqrt{2\pi}} \exp\left(-\frac{1}{2}(y - s)^2\right) dy$$

Diese Normalverteilung hat zwar bereits eine Varianz von 1, sie ist jedoch noch um den Wert s vom Ursprung verschoben. Um die Standardnormalverteilung zu erhalten, ist daher obige Verteilung noch um diesen Wert zu verschieben. Eine weitere Transformation auf die Variable z=y-s führt schließlich zu:

$$\int_c^\infty x\, f(x)\, dx = \exp\left(m + \frac{s^2}{2}\right) \int_{\frac{\ln c - m}{s} - s}^\infty \frac{1}{\sqrt{2\pi}} \exp\left(-\frac{1}{2} z^2\right) dz$$

$$= \exp\left(m + \frac{s^2}{2}\right) \int_{-\infty}^{\frac{m - \ln c}{s} + s} \frac{1}{\sqrt{2\pi}} \exp\left(-\frac{1}{2} z^2\right) dz$$

Mit der Notation N(a) erhalten wir

$$\int_c^\infty x\, f(x)\, dx = \exp\left(m + \frac{s^2}{2}\right) N(a)$$

mit $a = \dfrac{m - \ln c}{s} + s$

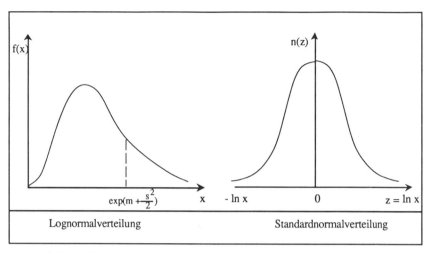

Abb. 3: Gegenüberstellung von Lognormalverteilung und Standardnormalverteilung

Unter der Annahme der Lognormalverteilung gilt also für den erwarteten Wert des Optionsrechtes WOR_T^{LN} im Zeitpunkt der Fälligkeit T:

$$WOR_T^{LN} = \exp\left(m + \frac{s^2}{2}\right) \int_{-\infty}^{\frac{m-\ln c}{s}+s} \frac{1}{\sqrt{2\pi}} \exp\left(-\frac{1}{2} y^2\right) dy - c \int_{-\infty}^{\frac{m-\ln c}{s}} \frac{1}{\sqrt{2\pi}} \exp\left(-\frac{1}{2} y^2\right) dy$$

bzw.

$$WOR_T^{LN} = \exp\left(m + \frac{s^2}{2}\right) N(a_1) - c\, N(a_2)$$

mit $a_1 = \dfrac{m-\ln c}{s} + s$ und $a_2 = \dfrac{m-\ln c}{s} = a_1 - s$

2.2.2.3 Spezifikationen aufgrund der zeitlichen Anpassung

Die bisher abgeleitete Formel berechnet den erwarteten Wert des Optionsrechtes **im Zeitpunkt der Ausübung T**. Wir benötigten jedoch den Wert des Optionsrechtes im Bewertungszeitpunkt t=0. Der Bezug auf den Zeitpunkt t=0 führt zu einer (stetigen) Diskontierung der Größe WOR_T^{LN} mit dem Faktor $\exp(-iT)$:

$$WOR_0^{LN} = WOR_T^{LN} \exp(-iT) = \exp(-iT) \exp\left(m+\frac{s^2}{2}\right) N(a_1) - c \exp(-iT) N(a_2)$$

mit $a_1 = \dfrac{m-\ln c}{s} + s$ und $a_2 = \dfrac{m-\ln c}{s}$

Es sollen zunächst die Annahmen über die Zufallsgröße "Aktienkurs" diskutiert werden: Die möglichen Ausprägungen des Aktienkurses lassen sich zu jedem Zeitpunkt t durch eine Zufallsvariable $\tilde{X}_t$, spezifiziert als Lognormalverteilung, beschreiben. Für die Parameter der Verteilung müssen folgende Vereinbarungen gelten:

Die Varianz der **logarithmischen Werte** steigt linear mit der Zeit. Es gilt daher für die Varianz der logarithmischen Verteilung des Aktienkurses im Zeitpunkt T:

$$\text{Var}(\ln\tilde{X}_T) = s^2 = Tv^2 \quad \text{Var}(\tilde{X}_0) = Tv^2$$

Wir betrachten nun die auf den Zeitpunkt t=0 **diskontierte Zufallsgröße**. Sie wird im folgenden mit $\tilde{X}_{T\to 0}$ bezeichnet. Es gilt: $\tilde{X}_{T\to 0}=\tilde{X}_T \exp(-iT)$. Für diese diskontierte Zufallsgröße sind der **Erwartungswert und die Varianz** aus den entsprechenden Parametern der Zufallsgröße $\tilde{X}_T$ zu bestimmen. Für die Varianz der Logarithmen der diskontierten Zufallsgröße $\tilde{X}_{T\to 0}$ gilt:

$$\text{Var}(\ln \tilde{X}_{T\to 0}) = \text{Var}(\ln(\tilde{X}_T \exp(-iT))) = \text{Var}(\ln \tilde{X}_T - iT) = \text{Var}(\ln \tilde{X}_T) = s^2 = Tv^2$$

Dies ist ein auf den ersten Blick vielleicht überraschendes Ergebnis: Die Varianz der Logarithmen der diskontierten Zufallsvariablen $\tilde{X}_{T\to 0}$ entspricht der Varianz der zeitbezogenen Logarithmen. Für den **Erwartungswert** gilt hingegen:

$$E(\ln \tilde{X}_{T\to 0}) = E(\ln(\tilde{X}_T \exp(-iT))) = E(\ln \tilde{X}_T - iT) = E(\ln \tilde{X}_T) - iT = m - iT$$

Der Erwartungswert der Logarithmen der diskontierten Zufallsgröße $\tilde{X}_{T\to 0}$ fällt somit proportional um den Faktor iT. Für den numerischen Erwartungswert der diskontierten Lognormalverteilung gilt:

$$E(\tilde{X}_{T\to 0}) = E(\tilde{X}_T \exp(-iT)) = \exp(-iT) E(\tilde{X}_T) = \exp(-iT) \exp\left(m + \frac{s^2}{2}\right)$$

Die beiden Größen m und s^2 sind wie bisher Erwartungswert und Varianz der Logarithmen. Mit $s^2 = Tv^2$ folgt

$$E(\tilde{X}_{T\to 0}) = \exp(-iT) \exp\left(m + \frac{Tv^2}{2}\right).$$

192 Kapitel 4: Fundamentale Begründung der individuellen Wertpapierkurse

Die nachstehende Aufstellung enthält die Spezifikationen der relevanten Variablen und ihre *zeitliche Verschiebungen*.

Variable	Bewertungszeitpunkt $t = 0$	Ausübungszeitpunkt $t = T$
Basispreis	$c \exp(-iT)$	c
Zufallsgröße Aktienkurs $\tilde{X}$		
· *Numerische Größe*		$\tilde{X}_T$
Erwartungswert	--	$\exp(m+\frac{s^2}{2})$
Varianz	--	--
· *Logarithmische Größe*		$\ln \tilde{X}_T$
Erwartungswert	--	m
Varianz	--	$s^2 = Tv^2$
Diskontierte Zufallsgröße $\tilde{X}_{t \to 0}$		
· *Numerische Größe*		$\tilde{X}_{T \to 0}$
Erwartungswert		$\exp(-iT) \exp(m+\frac{Tv^2}{2})$
Varianz		--
· *Logarithmische Größe*		$\ln \tilde{X}_{T \to 0}$
Erwartungswert		$m - iT$
Varianz		$s^2 = Tv^2$

Tab. 6: Spezifikation relevanter Variablen und ihre zeitliche Verschiebung

Die nicht angegebenen Parameter - insbesondere die Varianzen der numerischen Größen - können ohne weiteres aus den vorhandenen Angaben berechnet werden. Sie werden jedoch für die folgenden Ableitungen nicht benötigt und daher auch nicht weiter betrachtet. Mit den angegebenen Größen kann nun die zeitliche Verschiebung dergestalt vorgenommen werden, daß sich die Formel von Black/Scholes ergibt.

Wenn wir unterstellen, daß der **gegenwärtige Aktienkurs P_0 dem numerischen Erwartungswert** der diskontierten Zufallsvariablen $\tilde{X}_{T \to 0}$ entspricht, dann erhält man in unserem Szenario:

$$P_0 = E(\tilde{X}_{T \to 0}) = \exp(-iT) \exp\left(m + \frac{s^2}{2}\right) = \exp(-iT) \exp\left(m + \frac{v^2 T}{2}\right)$$

Lösen wir diese Formel außerdem nach m auf, dann können wir den logarithmischen Erwartungswert m substituieren:

$$m = \ln P_0 - \frac{v^2 T}{2} + iT$$

Setzen wir die obigen Größen nun in die bereits bekannte Definitionsformel

$$WOR_0^{LN} = WOR_T^{LN} \exp(-iT) = \exp(-iT) \exp(m + \frac{s^2}{2}) N(a_1) - c \exp(-iT) N(a_2)$$

$$\text{mit } a_1 = \frac{m - \ln c}{s} + s \text{ und } a_2 = \frac{m - \ln c}{s} = a_1 - s$$

ein, so erhalten wir die Standarddefinition der Black/Scholes-Formel:

$$WOR_0^{LN} = P_0 N(a_1) - c \exp(-iT) N(a_2)$$

$$\text{mit } N(a) = \int_{-\infty}^{a} \frac{1}{\sqrt{2\pi}} \exp\left(-\frac{1}{2} x^2\right) dx$$

$$\text{und } a_1 = \frac{\ln \frac{P_0}{c} + iT + \frac{1}{2} v^2 T}{v\sqrt{T}} \quad , \quad a_2 = \frac{\ln \frac{P_0}{c} + iT - \frac{1}{2} v^2 T}{v\sqrt{T}} = a_1 - v\sqrt{T}$$

mit: c   : Basispreis der Option
 P_0 : Aktienkurs im Bewertungszeitpunkt
 i   : Diskontierungszinssatz
 T   : Restlaufzeit der Option
 v^2 : Varianz der logarithmischen Verteilung des Aktienkurses im Bewertungszeitpunkt, d.h. in t=0

2.2.2.4 Prämissenvergleich

Die beiden kritischen Punkte dieser Ableitung sind vermutlich die mit der Diskontierung einer Zufallsvariablen verbundenen Fragen nach der adäquaten Höhe des Diskontierungszinssatzes und die Implikationen, den heutigen Aktienkurs als den Erwartungswert der diskontierten Lognormalverteilung des Aktienkurses im Fälligkeitszeitpunkt zu verwenden.

Sprechen diese beiden Annahmen nun (nur) gegen die hier praktizierte Methode der Ableitung oder führen sie zu einer Kritik an der Formel selbst? Ist sozusagen der übliche Weg der Ableitung der Königsweg, der die richtigen Implikationen offenlegt und sind die mit einer anderen Ableitung verknüpften Prämissen unbeachtlich? Oder ist es nicht vielmehr so, daß beide Wege gleichberechtigt zu behandeln sind und nur verschiedene Seiten eines Gebäudes zeigen, wobei der eine Weg die vielleicht strahlende Fassade beleuchtet, während der andere die wenig beeindruckende Rückseite bescheint? Oder zeigt sich bei der rückwärtigen Betrachtung erst der Charakter der Vorderfront deutlich? Hat nicht Fischer Black selbst kommentiert, ihn würde die Akzeptanz der Formel angesichts der realitätsfremden Prämissen schon sehr erstaunen? "I sometimes wonder why people still use the Black-Scholes formula, since it is based on such simple assumptions - unrealistically simple assumptions."[1] Hier seien nur die beiden wohl wichtigsten Prämissen herausgegriffen.[2]

Als großer Fortschritt wird häufig herausgestellt, daß ein sicherer gehedgter Portfoliowert die Verwendung eines sicheren Zinssatzes rechtfertigt und damit das leidige Problem der richtigen Höhe des Kalkulationszinssatzes einwandfrei löst. Die Annahme eines sicheren Portfoliobestandes setzt aber die Kenntnis der richtigen Varianz der Aktienkursbewegung des zugrundeliegenden stochastischen Prozesses voraus. Die zahlreichen Vorschläge zur Berechnung der Varianz und die bislang nicht überzeugend beantwortete Frage nach dem einen Aktienkurs beschreibenden bzw. steuernden Prozeß lassen berechtigte Zweifel an der Verläßlichkeit der Annahme aufkommen. Die Annahme eines sicheren Portfolios überzeugt nicht und damit ist die Frage nach der richtigen Höhe des Kalkulationszinssatzes ebenfalls nicht beantwortet.

Der zweite Einwand betrifft die Bedeutung **der instantanen Anpassung**. Es geht hierbei nicht nur um die technischen Möglichkeiten des konkreten Handels - sie sind zweifelsohne auch an einer Computerbörse nur schwer zu erfüllen -. Es geht vielmehr um die mit dem **instantanen Hedge** verwischten Implikationen hinsichtlich der Risikoneigung. Es scheint eine offene Frage zu sein, ob die instantane Betrachtungsweise tatsächlich die Risikoneutralität bewirkt oder ob sie andersartige Implikationen nur verwischt.

Insgesamt gesehen scheint die heute gängige Verwendung der Formel von Black/Scholes oder einiger Varianten davon eher der Verwendung einer black box zu entsprechen: Man steckt die individuellen Schätzungen z.B. der Varianz hinein und erhält dann ebenso individuelle Schätzungen des Optionswertes: Die Bezeichnung einer Options**preis**findung würde dieses Vorgehen erst bei Berücksichtigung der expliziten Marktgegebenheiten verdienen. Auf diese Möglichkeiten werden wir im 7. Kapitel zurückkommen. Zunächst soll die traditionelle Fragestellung einer statischen Wertpapierbewertung im Kontext weiterer Anlagemöglichkeiten untersucht werden.

---

[1] Vgl. Black (1990), S. 11.
[2] Vgl. ausführlicher Loistl e.a. (1990), S. 319 ff., S. 358 ff.

Literaturverzeichnis

Black, F. (1990): Living up to the Model, in: Risk, Vol. 3, No. 3, S. 11-13

Black, F./Scholes, M. (1973): The Pricing of Options and Corporate Liabilities, in: Journal of Political Economy, Vol. 81, S. 637-659

Borch, K. (1984): A Note on Option Prices, in: The Financial Review, Vol. 12, S. 124-127

Cox J.C./Ross, S.A. (1976): The Valuation of Options for Alternative Stochastic Processes, in: Journal of Financial Economics, Vol. 4, S. 145-166

Franke, G./Hax, H. (1990): Finanzwirtschaft des Unternehmens und Kapitalmarkt, 2. Aufl., Berlin

Jensen, M.C./Meckling, W.H. (1976): Theory of the Firm: Managerial Behaviour, Agency Costs and the Ownership Structure, in: Journal of Financial Economics, Vol. 3, S. 305-360

Landes, T./Loistl, O. (1991): Capital Structure, Principal/Agency-Relation and the Value of the Corporation, erscheint in Omega, Special Issue in Finance

Landes, T./Loistl, O./Reiß, W. (1989): The determinants of the fundamental value part of a share price, in: Landes,T./Loistl, O. (eds.): The Dynamic Pricing of Financial Assets, Hamburg

LeRoy, S.F. (1982): Expectations Models of Asset Prices: A Survey of Theory, in: Journal of Finance, Vol. 37, S. 185-217

LeRoy, S.F. (1989): Efficient Capital Markets and Martingales, in: Journal of Economic Literature, Vol. 27, S. 1583-1621

Loistl, O. (1978): Zur Regulierung des grauen Kapitalmarktes - Anmerkungen zum Regierungsentwurf eines Gesetzes über den Vertrieb von Anteilen an Vermögensanlagen, in: Zeitschrift für betriebswirtschaftliche Forschung, 30. Jg., S. 815-843

Loistl, O. (1989): Zur Verknüpfung von Zahlungs(un)fähigkeit und Überschuldung in der Kapitalstrukturdiskussion, in: Die Betriebswirtschaft, 49. Jg., S. 299-320

Loistl, O. (1990): Zur neueren Entwicklung der Finanzierungstheorie, in: Die Betriebswirtschaft, 50. Jg., S. 47-84

Loistl, O. u.d.M.v. Löderbusch, B./Schepers, N./Weßels, T. (1990): Computergestütztes Wertpapiermanagement, 3. neu bearb. u. erw. Aufl., München

Mishkin, F.S. (1983): A Rational Expectations Approach to Macroeconometrics, Chicago

Modigliani, F./Miller, M.H. (1958): The Cost of Capital, Corporation Finance, and the Theory of Investment, in: The American Economic Review, Vol. 48, S. 261-297

Möller, H.P. (1986): Bilanzkennzahlen und Ertragsrisiken des Kapitalmarktes, Tübingen

Muth, J.F. (1961): Rational Expectations and the Theory of Price Movements, in: Econometrica, Vol. 29, S. 315-335

Rathenau, W. (1918): Vom Aktienwesen, Berlin

Resolution (1623): Resolution und Bedencken der verordneten Vice Hofrichters/ und Beysitzern deß Hofgerichts/ auch Dechants/ Senioris und anderer Doctorum der Juristen Facultet hoher Schul Wittenberg. Desgleichen Ordinarii, Senioris, und anderer Doctorum der Juristen Facultet inn der Universität Leipzig. An Ihre Churfürstliche Gnaden zu Sachsen. Über etliche Münzfragen den 15. und 20. Julij/ 1622 abgangen. Gedruckt zu Augsburg/ Anbietern Johann Schultes/ In verlegung Sebastian Müllers Buchhändlers/ An. 1623.

Scott, L.O. (1985): The Present Value Model of Stock Prices: Regression Tests and Monte Carlo Results, in: The Review of Economics and Statistics, Vol. 47, S. 599-605

Shiller, R. (1981): Do Stock Prices Move Too Much to be Justified by Subsequent Changes in Dividends?, in: American Economic Review, Vol. 7, S. 421-436

Shiller, R. (1989): Comovements in Stock Prices and Comovement in Dividends, in: The Journal of Finance, Vol. 44, S. 719-729

Simon, H.V. (1899): Die Bilanzen der Aktiengesellschaften und der Kommanditgesellschaften auf Aktien, 3. Aufl., Berlin

Spremann, K. (1990): Investition und Finanzierung, 3. Auflage, München

Steinitzer, E. (1908): Ökonomische Theorie der Aktiengesellschaft, Leipzig

Süchting, J. (1989): Finanzmanagement - Theorie und Politik der Unternehmung, 5. Aufl., Wiesbaden

Williamson, O.E. (1988): Corporate Finance and Corporate Governance, in: The Journal of Finance, Vol. 43, S. 567-591

Kapitel 5: Bewertung einzelner Papiere im Kontext anderer Anlagen

1. Einleitung

Die Idee der **Risikominderung** durch den Besitz mehrerer (unsicherer) Wertpapiere bzw. Vermögensgegenstände ist sicherlich sehr alt. Sie fand auch ihren Eingang in die moderne Gesetzgebung zum Investmentwesen. Der Grundsatz der Risikominderung, das Gesetz spricht vom "Grundsatz der Risikomischung", dient zur Charakterisierung von Investmentfonds, die entweder dem *Gesetz über Kapitalanlagegesellschaften* (§ 1 Abs. 1 **KAGG**) oder dem *Gesetz über den Vertrieb ausländischer Investmentanteile und über die Besteuerung der Erträge aus ausländischen Investmentanteilen* (§ 1 Abs. 1 **Ausl.InvestmG**) unterliegen.

Nach der Begründung zu § 1 Ausl.InvestmG ist der Grundsatz der *Risikomischung* gegeben, wenn eine Gesellschaft die ihr zufließenden Gelder in einer Vielzahl von Wertpapieren anlegt. *Risikomischung bedeutet zugleich **Mischung möglicher Verlustrisiken** und **möglicher Gewinnchancen** in einem grösseren Rahmen. Darauf, ob das Schwergewicht im Einzelfall auf dem einen oder anderen Aspekt liegt, komme es nicht an. Es läge in der Natur der Investmentidee, beide Aspekte zusammenzufassen. So sehr auch die Investoren den einen oder anderen Gesichtspunkt (Minderung von Verlustgefahren oder Steigerung von Gewinnchancen) in den Vordergrund rücken mögen, letztlich würden immer beide Aspekte - wenn auch bei unterschiedlichen Mischungsverhältnissen - in unterschiedlichem Ausmaß gemeinsam auftreten.*

Es fallen demnach nicht nur die Anteile solcher Fonds unter die Regelung, bei denen die Minderung möglicher Verlustgefahren im Vordergrund steht, das Gesetz findet auch auf Wachstumsfonds Anwendung, bei denen die Wertsteigerung Hauptmotiv der Anlagepolitik ist. Die Erläuterungen zur Risikomischung im Ausl.InvestmG beschränken sich jedoch auf die mit der Risikomischung allgemein verfolgten Ziele. Im wesentlichen werden **Minimierung der Verlustgefahren** und **Maximierung der Ertragschancen** angesprochen.[1]

Konkrete Vorschriften zur Wertpapiermischung enthält das KAGG. § 8a Abs. 1 KAGG bestimmt, daß der Anteil der einzelnen Wertpapiere am Fondsvermögen nicht höher als 5% sein darf. Bis zu 10% darf der Anteil einzelner Papiere steigen, wenn es die Vertragsbedingungen vorsehen und der Gesamtwert der Wertpapiere mit erhöhtem Anteil 40% des gesamten Portfolios nicht übersteigt. Im Normalfall enthält demnach ein Portfolio nach KAGG mindestens

---

[1] Vgl. Flachmann u.a. (1970), 445 §1 Rz 25.

20 verschiedene Papiere, im Sonderfall immer noch 16 verschiedene Papiere (40% : 10% = 4, 60% : 5% = 12).

Eine Kapitalanlagegesellschaft darf außerdem Aktien einer Gesellschaft nur bis zur Höhe von 10% des Grundkapitals dieser Gesellschaft in ihr Portfolio aufnehmen (§ 8a Abs. 3 KAGG).

Zusammenfassend kann man zur juristischen Auffassung über die Risikomischung feststellen, daß sowohl Zielsetzung als auch Wirkung der Risikomischung richtig angesprochen werden, über beide Begriffe aber nur sehr ungenaue Vorstellungen bestehen. Mit Hilfe der Portfoliotheorie läßt sich das Wesen der Risikomischung konkreter beschreiben.

2. Theorie optimaler Wertpapierportfolios

2.1 Effiziente Portfolios

2.1.1 Fragestellung

Wie bereits aus den juristischen Überlegungen deutlich wurde, will man durch die Portfoliobildung ein Risiko vermeiden und gleichzeitig einen Ertrag realisieren. Diese Formulierung gilt es in zweierlei Hinsicht zu präzisieren:

- zum einen sind die Begriffe **Risiko** und **Ertrag** zu konkretisieren,

- zum anderen sind die simultane Risikovermeidung und Ertragserzielung in eine konsistente und operationale Zielsetzung umzuformen. In formalisierten Überlegungen kann man entweder bei **gegebenem Risiko** den **Ertrag maximieren** oder bei vorgegebenem Ertrag das Risiko minimieren. Diese Überlegung führt zu dem Begriff der effizienten Portfolios. Er kann an nachstehender Graphik erläutert werden.

Kapitel 5: Bewertung einzelner Papiere 199

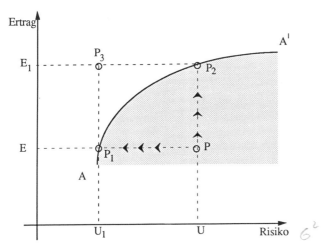

Abb. 1: Kurve effizienter Portfolios

Ausgangspunkt sei das in dem Ertrag-Risiko-System eingezeichnete Portfolio P, das bei einem Risiko von U einen Ertrag von E erbringt. Dieses Portfolio ist nicht effizient. Der Anleger kann entweder bei gegebenem Risiko U durch das Portfolio P_2 einen Ertrag von E_1 erzielen oder bei gleichem Ertrag E durch das Portfolio P_1 das Risiko auf U_1 vermindern. Leider kann er nicht beliebig hohe Erträge mit beliebig niedrigem Risiko kombinieren. Er kann z.b. nicht Portfolio P_3 mit dem niedrigen Risiko U_1 und dem hohen Ertrag E_1 realisieren. Der Anleger kann höchstens Ertrags-Risiko-Kombinationen realisieren, die auf bzw. unter der Kurve AA' liegen. Es gilt nun die Kurve AA' zu bestimmen.

Für die weitere Untersuchung müssen die Begriffe **Ertrag** und **Risiko** präzisiert werden. Unter dem Ertrag eines Portfolios bzw. eines Wertpapiers versteht man den erwarteten absoluten Wertzuwachs oder die **erwartete Rendite des eingesetzten Kapitals** am Ende einer Betrachtungsperiode. Mit Risiko bezeichnet man die **Varianz dieser Größen**.[1] Die Verwendung von absoluten Wertzuwächsen oder von Renditen als relative Größen hängt von der jeweiligen inhaltlichen Fragestellung ab. Grundsätzlich bestehen keine formalen Unterschiede, solange man nur einzelne Anleger betrachtet.

2.1.2 Renditen und Erträge

Wir wollen hier - wie allgemein üblich - von Renditegrößen ausgehen. Auf absolute Ertragsgrößen ist bei der Analyse des gesamten Kapitalmarktes mit einer Markträumungsbedingung zurückzugreifen. Darauf wird später zurückzukommen sein.[2]

---

[1] Auf die entscheidungstheoretischen Implikationen der Erwartungswert-Varianz-Entscheidungsregel wird hier nicht näher eingegangen. Vgl. hierzu z.B. Bamberg/Coenenberg (1989).
[2] Vgl. die Ausführungen in Kapitel 6.

Bei der Berechnung der Rendite einer Aktie i geht man in der Literatur üblicherweise von folgender Formel aus:[1]

$$r_{i,t} = \frac{K_{i,t} - K_{i,t-1}}{K_{i,t-1}}$$

mit $r_{i,t}$ = Rendite der Aktie i im Zeitraum (t-1, t)
und $K_{i,t}$ = Kurs der Aktie i im Zeitpunkt t

Die Rendite $r_{i,t}$ wird u.a. auch als die Differenz der Logarithmen berechnet:

$$r_{i,t} = \ln K_{i,t} - \ln K_{i,t-1} = \ln \left(\frac{K_{i,t}}{K_{i,t-1}} \right)$$

Diese Renditegröße stimmt mit der eingangs angegebenen Größe nicht genau überein. Für (vergleichsweise) kleine Kursänderungen liefert die logarithmische Berechnung annähernd die gleichen Werte wie die Ausgangsgleichung. Die Genauigkeit hängt dabei von der Höhe der Kursänderung ab. Hat $K_{i,t-1}$ den Wert 100, so erhält man für alternative Werte von $K_{i,t}$ nach der jeweils zugrundeliegenden Berechnungsformel folgende Renditen.

$K_{i,t}$	$r_{i,t}$ berechnet als	
	$\frac{K_{i,t} - K_{i,t-1}}{K_{i,t-1}}$	$\ln K_{i,t} - \ln K_{i,t-1}$
100.5	0.5 %	0.499 %
101	1.00 %	0.995 %
102	2.00 %	1.98 %
103	3.00 %	2.96 %
104	4.00 %	3.92 %
110	10.00 %	9.53 %
120	20.00 %	18.23 %
125	25.00 %	22.31 %

Tab. 1: Beispiel alternativer Renditeberechnung

Wie man sieht, ist die Annäherung der auf Basis der logarithmierten Werte berechneten Renditen umso genauer, je kleiner die relativen Kursänderungen sind. Da tägliche Kursänderungen in der Regel nicht allzu groß sind, ist die angenäherte Berechnung zumindest für kürzere Zeiträume vertretbar.

Die Techniken der Renditeberechnung differieren weiterhin in der Länge des zugrundeliegenden Betrachtungszeitraumes sowie in der Verwendung von sog. Bereinigungstechniken.

---

[1] Vgl. z.B. Fama (1976), S. 12.

Unterschiede in den Betrachtungszeiträumen

Grundsätzlich können den obigen Renditegrößen beliebige Zeitpunkte der Kursbeobachtung zugrundegelegt werden. Wie allgemein, ist jedoch auch hier die Kenngröße **Rendite** nur mit einem **doppelten zeitlichen Bezug** aussagefähig. Zum einen ist die **absolute Halteperiode** anzugeben, zum anderen ist ein Vergleich mehrerer auf unterschiedlich lange Halteperioden basierenden Renditen nur mit Bezug auf eine **standardisierte Vergleichsperiode** sinnvoll. Bei Renditen rechnet man üblicherweise mit einer **annualisierten** Vergleichsperiode. Die relative Änderung (bzw. die Differenz der Logarithmen) der tatsächlichen Halteperiode ist dann entsprechend auf die der Vergleichsperiode umzurechnen.

Im folgenden sei die Rendite als die relative Änderung der absoluten Kurswerte verstanden. Die Tabelle 2 zeigt dann annualisierte Renditeberechnungen bei alternativen Kursänderungen und Halteperioden.

relative Änderung in %	Annualisierte Renditen in % bei einer Halteperiode von			
	1 Tag	1 Woche	1 Monat	1 Jahr
0.02612	10.00	1.3671	0.07865	0.02612
0.18346	95.00	10.00	2.222	0.18346
0.7941	1715.60	51.13	10.00	0.7941
10.00	$1.28 \cdot 10^{17}$	14104.00	213.80	10.00

Tab. 2: Beispiel für anualisierte Renditeberechnungen bei alternativen relativen Änderungen und Halteperioden

In dieser Gegenüberstellung wurde ein Jahr mit 365 Tagen, 52 Wochen und 12 (gleichlangen) Monaten gerechnet und unterjährige Zinseszinsen angenommen. Sie zeigt die Bedeutung der zeitlichen Bezugsbasis bei unterschiedlich langen Halteperioden. Sie zeigt aber auch die Vervielfältigungen der Restungenauigkeiten bei rein schematischer Extrapolation. Diese Ungenauigkeiten werden geringer, wenn man Durchschnittswerte der z.B täglichen Veränderungen nimmt und diese dann extrapoliert.[1]

Bereinigungstechniken

Hat man den Betrachtungszeitraum einmal spezifiziert, dann gilt es, die der Renditegröße zugrundeliegenden Kurswerte zu bestimmen. Eine Kursbewegung kann u.U. durch systematische Kursveränderungen aufgrund von Zahlungen geprägt sein. Es liegt nahe, diese Veränderungen im Rahmen der Renditeberechnung zu eliminieren, d.h. die Größe $K_{i,t}$ ist entsprechend den systematischen Veränderungen zu korrigieren. Die Elimination von systematischen Kursverän-

---

[1] Eine durch Interpolation errechnete Rendite besitzt dann jedoch vergleichsweise geringe Aussagekraft. Die täglichen relativen Veränderungen sind tatsächlich wohl besser als stochastischer Prozeß zu interpretieren. Allerdings müssen hierzu systematische Veränderungen eliminiert werden. Sie würden dem Zufallscharakter der Zeitreihe von vornherein widersprechen.

derungen geschieht im Rahmen sog. Kursbereinigungsverfahren. Sie werden in Deutschland regelmäßig anders gehandhabt als in den USA. Die Unterschiede in der Bereinigung resultieren wohl eher aus unterschiedlichen institutionellen Gegebenheiten, die bei prinzipiell gleicher Intention zu einer unterschiedlichen Handhabung führen. Die wesentlichen Unterschiede ergeben sich hinsichtlich etwaiger Bezugsrechte und Dividendenzahlungen.

Beide Aspekte spielen in den USA eine weniger bedeutende Rolle. Es gibt dort keine - zumindest nicht in dem Umfange wie bei uns - Unter-Pari-Emissionen, die erst die Kodifizierung des Bezugsrechtes zum Verwässerungsschutz der Altaktionäre substantiieren. Bezugsrechte sind als Ausgleich gegen den **systematischen Kursabschlag bei Kapitalerhöhungen unter pari** gedacht. Die Bereinigung der Aktienkursnotiz im Zeitpunkt der Kapitalerhöhung sowie aller nachfolgenden Notizen um den Kursabschlag hat eine doppelte Funktion: Die eine erhält den **Zufallscharakter** des stochastischen Prozesses, da eine systematische Kursänderung eliminiert wird. Die andere Funktion zielt auf die **Performance** der Anlage. Die Performance-Betrachtung hat sämtliche zwischenzeitlichen Vermögensänderungen zu berücksichtigen. Ein Bezugsrechtsvorteil bei einer Kapitalerhöhung ist eine derartige Vermögensänderung.[1] Bei einer Kursbereinigung nach der **Operation Blanche** wird die Reinvestition des Bezugsrechtswertes weiter in Aktien unterstellt.

Analoges gilt für die Bereinigung bei Dividendenzahlungen. Sie beinhalten nicht nur einen **Liquiditätszufluß** bei Barausschüttung, sondern auch einen **Vermögensnachteil** in Höhe des Kursabschlages. Bei vierteljährlichen Dividendenzahlungen - wie in den USA üblich - fällt die systematische Änderung jedoch so gering aus, daß man glaubt auf eine Korrektur des Kurses verzichten zu können.[2] Bei der Ausschüttung der Jahresdividende als Einmalbetrag - wie in Deutschland üblich - kann auf die Korrektur dagegen nicht verzichtet werden.

Aus den oben dargestellten Gründen ist es in den USA üblich, eine Kursbereinigung nur bei Stock Splits vorzunehmen. Ein im Falle von Dividendenzahlungen und Bezugsrechtsvorteilen unbereinigter Kurs ist jedoch nicht mehr als **Indikator der Wertentwicklung** einer Anlage interpretierbar.

Im Gegensatz zu der Bereinigungstechnik in den USA ist in Deutschland die Bereinigung von Kapitalveränderungen und Dividendenzahlungen üblich. Die aus solcherart bereinigten Kursen berechneten Veränderungen sind somit als stochastischer Prozeß interpretierbar und als Indikator der Wertentwicklung verwendbar.[3]

---

[1] Auf den eventuell rechnerischen Charakter des Bezugsrechtes bei seiner Ansetzung sei hier nicht weiter eingegangen.
[2] Die Rendite r_{td} eines Dividendenzahlungstages wird berechnet nach der Formel
$$r_{td} = \frac{K_t - K_{t-1} + D_t}{K_{t-1}}.$$
[3] Zur Bereinigungstechnik vgl. Loistl e.a. (1990), S. 470 ff.

Wir wollen im folgenden die **erwartete Rendite** eines Papiers i als r_i und die zugehörige **Varianz** als σ_i^2 bezeichnen. Die Kovarianz zwischen der Rendite des i-ten und der des j-ten Papiers sei als s_{ij} bezeichnet. Die Größen r_i, σ_i^2 und s_{ij} werden üblicherweise in einer Näherungslösung aus den empirisch beobachtbaren Kursnotizen der Vergangenheit berechnet. Über die Genauigkeit dieser Näherungslösung gibt es im allgemeinen keine verläßlichen Überlegungen.

2.1.3 Kovarianzen und Korrelationen der Renditen

Die Theorie der Portfolio Selection will Entscheidungsregeln für eine optimale Risikopolitik liefern. Die von und im Anschluß an Markowitz[1] entwickelten Modellansätze minimieren die Varianz des Portfolios unter der Nebenbedingung eines bestimmten erwarteten Renditeniveaus.

Von entscheidender Bedeutung für die Gesamtvarianz des Portfolios sind die Varianzen der einzelnen Papiere pro Aktie sowie die Kovarianzen pro Aktie zwischen den Wertpapieren. Die Größe der Kovarianz und die hieraus abgeleitete Größe des Korrelationskoeffizienten seien nachstehend am Fall von zwei Wertpapieren erläutert.

Während die Kovarianz ein absolutes Maß für den Zusammenhang ist, gibt der Korrelationskoeffizient ρ die relative Stärke des Zusammenhangs an. Er kann zwischen $-1 \leq \rho \leq +1$ schwanken. Die nachstehenden Zeichnungen geben Wertepaare (x_i, y_i) der beiden Variablen x und y wieder, die bei unterschiedlichen Korrelationen zu erwarten sind.

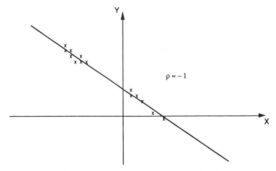

Abb. 2a: Gegenläufige Bewegungen der beiden Größen Y und X
Hohe negative Korrelation: $\rho \approx -1$

---

[1] Vgl. Markowitz (1952), (1959).

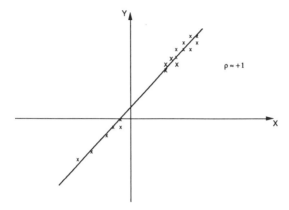

Abb. 2b: Gleichläufige Bewegungen der beiden Größen Y und X
Hohe positive Korrelation: $\rho \approx +1$

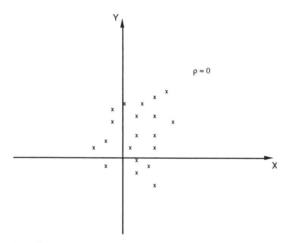

Abb. 2c: Unkorrelierte Bewegungen von Y und X:
$\rho \approx 0$

2.1.4 Risikominimale Kombination von zwei Wertpapieren

In diesem Abschnitt wollen wir am Beispiel von zwei Wertpapieren alternativ die Analyse für folgende Konstellationen durchführen.

$\rho = -1$: völlige gegenläufige Bewegung der beiden Wertpapierrenditen
$\rho = 0$: völlige Unkorreliertheit der beiden Wertpapierrenditen
$\rho = +1$: völlige gleichläufige Bewegung der beiden Wertpapierrenditen

Dabei bedeuten:

e : Erwartete Gesamtrendite des Portfolios.
n_1, n_2 : Anteile der Wertpapiere 1 und 2 am Portfolio, wobei $n_1 + n_2 = 1$ angenommen wird.
r_1, r_2 : Erwartungswerte der Renditen der Wertpapiere 1 und 2.
s_{12} : Kovarianz zwischen den Renditen der Wertpapiere 1 und 2.
σ^2 : Varianz der Portfoliorendite.
s_1^2, s_2^2 : Varianzen der Renditen der Wertpapiere 1 und 2.

Die Zusammenhänge seien nun im folgenden dargestellt. Der Erwartungswert der Portfoliorendite e ist gleich der Summe der gewichteten Einzelerwartungswerte:[1]

$$e = n_1 r_1 + n_2 r_2$$

Die Varianz der Portfoliorendite ist gleich der mit den quadrierten Anteilswerten n_1^2 und n_2^2 gewichteten Einzelvarianzen zuzüglich der doppelten, mit n_1 und n_2 gewichteten Kovarianz:[2]

$$\sigma^2 = n_1^2 s_1^2 + n_2^2 s_2^2 + 2n_1 n_2 s_{12}$$

Mit $n_2 = 1-n_1$ kann der Ausdruck für die Varianz weiter vereinfacht werden:

$$\sigma^2 = n_1^2 s_1^2 + (1-n_1)^2 s_2^2 + 2n_1(1-n_1) s_{12}$$

Die Kovarianz kann nach nachstehender Definition durch den Korrelationskoeffizienten ρ substituiert werden:

$$\rho = \frac{s_{12}}{\sqrt{s_1^2 s_2^2}}$$

Wir erhalten

$$s_{12} = \rho \sqrt{s_1^2 s_2^2} = \rho s_1 s_2,$$

wobei s_1 und s_2 jeweils die Standardabweichung der Renditen angeben. Mit Hilfe dieser letzten Beziehung läßt sich die Portfoliovarianz σ^2 wie folgt darstellen:

$$\sigma^2 = n_1^2 s_1^2 + (1-n_1)^2 s_2^2 + 2n_1(1-n_1) \rho s_1 s_2$$

Wir wollen nun den Einfluß der Höhe der Anteilswerte n_i auf die Varianz des Portfolios anhand eines numerischen Beispiels untersuchen.

---

[1] Es gilt: $E(aX + bY) = aE(X) + bE(Y)$, wobei die Größen X und Y Zufallsvariable und a und b Konstanten darstellen.
[2] Es gilt: $V(aX + bY) = a^2 V(X) + b^2 V(Y) + 2ab\,Kov(X,Y)$, wobei $Kov(X,Y)$ die Kovarianz zwischen den Zufallsvariablen X und Y angibt.

Ausgangswerte des Beispiels

Die Zusammenhänge seien für zwei Papiere mit den erwarteten Renditen $r_1=6$ und $r_2=10$ und den Varianzen der Renditen $s_1^2=12$ und $s_2^2=36$ veranschaulicht. Die Beziehungen zwischen den Anteilswerten n_1 und n_2 und der Standardabweichung der Portfoliorendite sind in nachstehender Graphik für drei verschiedene Korrelationswerte eingezeichnet.

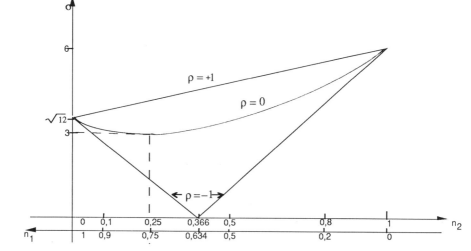

Abb. 3: Standardabweichung der Portfoliorendite in Abhängigkeit von den Anteilswerten bei alternativen Korrelationen

Wie man sieht, hängt der Verlauf der minimalen Varianz von der Stärke der Korrelation ab. Im folgenden sei dieser Zusammenhang für die drei Fälle $\rho=1$, $\rho=0$ und $\rho=-1$ auch analytisch untersucht.

1. $\rho = +1$: Vollkommen positiver Zusammenhang

Für $\rho = +1$ kann die Varianz σ^2 als Quadrat der gewichteten Summe der Einzelstandardabweichungen geschrieben werden:

$$\sigma^2 = n_1^2 s_1^2 + (1-n_1)^2 s_2^2 + 2n_1(1-n_1)s_1 s_2 = [n_1 s_1 + (1-n_1) s_2]^2$$

Um den die Varianz σ^2 minimierenden Anteil n_1 zu bestimmen, differenzieren wir zunächst die Varianzfunktion und setzen dann die Ableitung gleich Null:

$$\frac{d\sigma^2}{dn_1} = 2(n_1 s_1 + (1 - n_1) s_2)(s_1 - s_2) = 0$$

Es folgt:

$$n_1 s_1 + (1 - n_1) s_2 = 0,$$

$$n_1 = \frac{-s_2}{s_1 - s_2}$$

Mit obigen Beispielwerten gilt: $n_1 = 2{,}366$, $n_2 = 1 - n_1 = -1{,}366$

Hieraus kann man schließen, daß für $\rho = +1$ **kein lokales Minimum** existiert. Das (Rand)Minimum wird für $n_1 = 1$ angenommen, d.h. es gilt $\sigma_{min}^2 = s_1^2$.

Läßt man negative Anteilswerte zu, dann erhält man eine minimale Varianz in Höhe von 0 bei $n_1 = 2{,}366$ und $n_2 = -1{,}366$. Ein negativer Anteil kann als eine Short-Position aufgefaßt werden. Bei zwei vollständig positiv korrelierten Papieren kann somit eine vollständige Risikoausschaltung erreicht werden, wenn eine Short-Position[1] in dem einen Papier mit einer Long-Position im anderen Papier kombiniert wird. Es liegt dann ein **perfekter Hedge** vor. Bei einem perfekten Hedge ist die Varianz des gesamten Portfolios gleich Null. Das Verhältnis der Anteile der beiden Papiere, das **Hedge-Ratio**, richtet sich nach den Standardabweichungen, die man gemeinhin auch als **Volatilität** bezeichnet. Der Portfoliowert gleicht dann dem einer sicheren Anlage.[2]

2. $\rho = 0$: Vollkommene Unabhängigkeit

Für $\rho = 0$ ist die Portfoliovarianz durch die gewichtete Summe der Einzelvarianzen definiert:

$$\sigma^2 = n_1^2 s_1^2 + (1 - n_1)^2 s_2^2$$

Um den varianzminimalen Anteil zu bestimmen, differenzieren wir wiederum die Varianzfunktion und setzen die Ableitung gleich Null:

$$\frac{d\sigma^2}{dn_1} = 2n_1 s_1^2 + 2(1 - n_1) s_2^2 (-1) = 0$$

---

[1] Short-Positionen implizieren die Verpflichtung zur Lieferung des Kontraktinstrumentes im Fälligkeitstermin. Long-Positionen hingegen implizieren die Verpflichtung zur Abnahme des Kontraktinstrumentes und zur Bezahlung des seinerzeit im Vertragsabschlußzeitpunkt vereinbarten Kaufpreises.

[2] Ein perfekter Hedge aus Long- und Short-Positionen bildet auch die Basis der Optionspreistheorie von Black/Scholes (1973), vgl. hierzu auch die Darstellungen in Kapitel 4.

Wir erhalten für n_1:

$$n_1 = \frac{s_2^2}{s_1^2 + s_2^2}$$

Mit obigen Beispielwerten gilt hier:

$$n_1 = \frac{36}{48} = 0{,}75 \,, \quad n_2 = 1 - n_1 = 0{,}25$$

Für $\rho = 0$ erkennt man also, daß sich das Risiko durch Mischung der Papiere vermindern, nicht aber vollständig eliminieren läßt. (Wir sprechen von **Risikominderung durch Diversifikation**). Mit $n_1 = 0{,}75$ und $n_2 = 0{,}25$ erhält man die minimale Portfoliovarianz in Höhe von $\sigma_{min}^2 = 9$.

Die Risikominderung durch Mischung *unabhängiger* Papiere kann auch für mehrere Papiere anschaulich demonstriert werden. In der folgenden Tabelle sind verschiedene Anlagemöglichkeiten mit den zugehörigen erwarteten Renditen und Varianzen aufgeführt:

Anlageart i	erwartete Rendite r_i in %	Varianz σ_i^2 in $[\%]^2$
1. Sparbuch	4	0
2. Anleihe	8	9
3. Standardwert I	10	36
4. Standardwert II	11	64
5. Spekulative Aktie I	12	144
6. Spekulative Aktie II	15	324

Tab. 3: Anlagemöglichkeiten

Wird der Gesamtbetrag des Portfolios gleichmäßig auf die Anlagemöglichkeiten (N=6) aufgeteilt, so ergibt sich für den Erwartungswert der Portfoliorendite:

$$e = \sum_{i=1}^{N} n_i r_i = \frac{1}{6}(4 + 8 + 10 + 11 + 12 + 15) = 10$$

Falls die Anlagemöglichkeiten **unkorreliert** sind, d.h. $\rho_{ij}=0$ für alle $i \neq j$, dann beträgt das Risiko der Anlage (ausgedrückt als Varianz der Portfoliorendite):

$$\sigma^2 = \sum_{i=1}^{N} n_i^2 \sigma_i^2$$

Unterstellen wir gleichgroße Anteile der einzelnen Papiere im Portfolio, so gilt für die Varianz $\sigma^2 = \frac{1}{6^2}(0 + 9 + 36 + 64 + 144 + 324) = 16$.

Man erkennt sofort den Vorteil der Diversifikation in dieser Situation. Hätte unser Anleger seine gesamten Mittel mit dem Ziel 10% Rendite zu erreichen in den Standardwert I investiert, so hätte er ein spürbar höheres Risiko - ausgedrückt durch die Varianz in Höhe von 36 - in Kauf nehmen müssen.

3. $\rho = -1$: Vollkommen negative Korrelation

Für $\rho = -1$ kann die Portfoliovarianz als Quadrat der gewichteten Differenzen der Einzelstandardabweichungen geschrieben werden:

$$\sigma^2 = n_1^2 s_1^2 + (1 - n_1)^2 s_2^2 - 2n_1(1 - n_1)s_1 s_2 = [n_1 s_1 - (1 - n_1) s_2]^2$$

Es ist offensichtlich, daß für

$$n_1 s_1 = (1 - n_1) s_2$$

die Portfoliovarianz gleich Null wird.

Es folgt:

$$n_1 = \frac{s_2}{s_1 + s_2}$$

Mit den Werten des obigen Beispiels gilt: $n_1 = 0{,}634$, $n_2 = 1 - n_1 = 0{,}366$

Man erkennt, daß sich für $\rho = -1$ das Risiko der Anlage durch entsprechende Mischung der Papiere ganz beseitigen läßt, also σ^2_{min} gleich Null wird. (Wir sprechen von **Vollständiger Risikoausschaltung**). Das Minimum ist dadurch charakterisiert, daß das Verhältnis der Anteile gleich dem umgekehrten Verhältnis der Standardabweichungen der einzelnen Papiere ist, d.h. im Minimum gilt:

$$\frac{n_1}{n_2} = \frac{s_2}{s_1}.$$

2.2 Ermittlung der Kurve effizienter Portfolios

2.2.1 Prinzip der Berechnung

Wir haben bisher nur jeweils eine Beziehung zwischen Varianz und Anteilen bzw. Erwartungswert und Anteilen, jedoch noch keine unmittelbare Beziehung zwischen Varianz und Erwartungswert. Diese benötigen wir jedoch zur Bestimmung der Kurve effizienter Portfolios. Sie soll nun im folgenden abgeleitet werden.

Die Ermittlung der Kurve effizienter Portfolios beruht auf der Tatsache, daß die Portfoliovarianz und die erwartete Portfoliorendite über die Anteilswerte miteinander verknüpft sind. Wenn wir die Renditen der einzelnen Papiere durch den Spaltenvektor R und die Anteilswerte durch den Zeilenvektor X' abbilden, dann gilt im allgemeinen Fall:[1]

(1) $e = X'R = f(X)$

(2) $\sigma^2 = X'SX = g(X)$,

wobei S die Kovarianzmatrix der Wertpapierrenditen darstellt. Sie ist wie folgt definiert:

$$S = \begin{pmatrix} s_{11} = s_1^2 & s_{12} & \cdots & \cdots & s_{1N} \\ s_{21} & s_{22} = s_2^2 & \cdots & \cdots & s_{2N} \\ \cdots & \cdots & \cdots & \cdots & \cdots \\ \cdots & \cdots & \cdots & \cdots & \cdots \\ s_{N1} & s_{N2} & \cdots & \cdots & s_{NN} = s_N^2 \end{pmatrix} = (s_{ij})$$

Löst man (1) nach X auf, so erhält man

(3) $X = f^{-1}(e)$

Setzt man (3) in (2) ein, dann erhält man die gewünschte Beziehung zwischen Erwartungswert und Varianz eines Portfolios:

(4) $\sigma^2 = g(f^{-1}(e))$

Diese Relation sei zunächst für zwei Wertpapiere abgeleitet.

2.2.2 Die Berechnung für zwei Wertpapiere

Im Fall von zwei Papieren besteht wegen der Bedingung $n_1+n_2=1$ eine eindeutige Beziehung zwischen den Anteilswerten und dem Erwartungswert einerseits und den Anteilswerten und der Varianz andererseits. Somit kann der uns interessierende unmittelbare Zusammenhang zwischen Varianz und Erwartungswert sofort über den Wertpapieranteil n_1 oder n_2 abgeleitet werden. Für $n_1=1-n_2$ folgt:

$e = f(n_2) = (1 - n_2)r_1 + n_2 r_2$

$\sigma^2 = g(n_2) = (1 - n_2)^2 s_1^2 + n_2^2 s_2^2 + 2(1 - n_2)n_2 \rho s_1 s_2$

---

[1] In der folgenden Darstellung werden die einem Spaltenvektor entsprechenden Zeilenvektoren mit einem Apostroph versehen.

Wegen der eindeutigen Beziehung existiert auch die Umkehrung der Ertragsgleichung:

$$n_2 = f^{-1}(e) = \frac{e - r_1}{r_2 - r_1}$$

In die Varianzgleichung eingesetzt, erhält man die unmittelbare Abhängigkeit der Varianz vom Erwartungswert der Rendite:

$$\sigma^2 = g(f^{-1}(e)) = (1 - \frac{e - r_1}{r_2 - r_1})^2 s_1^2 + (\frac{e - r_1}{r_2 - r_1})^2 s_2^2 + 2(1 - \frac{e - r_1}{r_2 - r_1})(\frac{e - r_1}{r_2 - r_1}) \rho s_1 s_2$$

Mit den numerischen Werten des bisherigen Beispiels ($r_1=6$, $r_2=10$, $s_1^2=12$, $s_2^2=36$)

ergibt sich für die Bestimmungsgleichung der Portfoliovarianz:

$$\sigma^2 = g(n_2) = (1 - n_2)^2 \, 12 + n_2^2 \, 36 + 2(1 - n_2) n_2 \rho \sqrt{12} \; 6$$

Die Bestimmungsgleichung für den Erwartungswert der Portfoliorendite lautet:

$$e = f(n_2) = (1 - n_2) \, 6 + n_2 \, 10 = 4 n_2 + 6$$

Hieraus erhält man den Anteil n_2 in Abhängigkeit von der erwarteten Rendite e:

$$n_2 = f^{-1}(e) = \frac{1}{4} e - \frac{3}{2}$$

Setzt man diesen Ausdruck für n_2 in die Bestimmungsgleichung der Portfoliovarianz ein, dann erhält man einen unmittelbaren Zusammenhang zwischen Varianz und Erwartungswert. Dieser Zusammenhang hängt auch von der Höhe der Korrelation zwischen den beiden Papieren ab. Er soll wiederum für die bisher untersuchten Sonderfälle explizit abgeleitet werden.

- Die Bestimmungsgleichung der Portfoliovarianz **lautet bei** $\rho = +1$:

$$\sigma^2 = g(n_2) = (1 - n_2)^2 \, 12 + n_2^2 \, 36 + 2(1 - n_2) n_2 \sqrt{12} \; 6$$

$$= [(1 - n_2) \sqrt{12} + n_2 \, 6]^2$$

Setzt man nun die oben hergeleitete Größe für n_2 ein, so erhält man:

$$\sigma^2 = g(f^{-1}(e)) = [(1 - \frac{1}{4} e + \frac{3}{2}) \sqrt{12} + (\frac{1}{4} e - \frac{3}{2}) 6]^2$$

Nach einigen weiteren Vereinfachungen kommt man zu

$$\sigma^2 = [(\frac{3}{2} - \frac{\sqrt{12}}{4})e + \frac{5}{2}\sqrt{12} - 9]^2$$

Für die Standardabweichung σ folgt daraus

$\sigma = |\,0{,}634\,e - 0{,}340\,|$

- Die Bestimmungsgleichung für die Portfoliovarianz **lautet bei $\rho = 0$**:

$\sigma^2 = g(n_2) = (1 - n_2)^2\,12 + n_2^2\,36$

Unter Verwendung der Gleichung für n_2 erhält man hier

$\sigma^2 = g(f^{-1}(e)) = (1 - \frac{1}{4}e + \frac{3}{2})^2\,12 + (\frac{1}{4}e - \frac{3}{2})^2\,36$

Durch elementare Umformungen ergibt sich:

$\sigma^2 = 3e^2 - 42e + 156$

Für die Standardabweichung folgt daraus:

$\sigma = \sqrt{3e^2 - 42e + 156}$

- Die Bestimmungsgleichung für die Portfoliovarianz **lautet bei $\rho = -1$**:

$\sigma^2 = g(n_2) = (1 - n_2)^2\,12 + n_2^2\,36 - 2(1 - n_2)n_2\sqrt{12}\,6 = [(1 - n_2)\sqrt{12} - n_2\,6]^2$

Wiederum unter Hinzuziehung der Gleichung für n_2 erhält man

$\sigma^2 = g(f^{-1}(e)) = [(1 - \frac{1}{4}e + \frac{3}{2})\sqrt{12} - (\frac{1}{4}e - \frac{3}{2})\,6]^2$

und nach einigen Umformungen ergibt sich schließlich

$$\sigma^2 = [(-\frac{\sqrt{12}}{4} - \frac{3}{2})e + 9 + \frac{5}{2}\sqrt{12}\,]^2$$

Für die Standardabweichung folgt daraus:

$\sigma = |\,-2{,}366\,e + 17{,}660\,|$

Graphische Darstellung

Nachstehende Zeichnung verdeutlicht nochmals die Vorgehensweise. Im **vierten Quadranten** rechts unten (Numerierung entgegen dem Uhrzeigersinn) ist die bereits bekannte Beziehung zwischen der **Standardabweichung** σ **und dem Anteil** n_2 **des zweiten Papiers** für die drei Fälle $\rho=+1$, $\rho=0$ sowie für $\rho=-1$ eingezeichnet. In den beiden Extremfällen $n_2=1$ und $n_2=0$ weisen alle drei Portfolios den gleichen Wert der Standardabweichung auf, denn es ist jeweils nur ein Papier im Portfolio enthalten. Für $\rho=0$ liegt das Minimum der Standardabweichung mit $\sigma=3$ bei $n_2=0{,}25$. Bei $\rho=-1$ wird die Standardabweichung gleich Null, wenn $n_2=0{,}366$ gesetzt wird.[1]

Im **dritten Quadranten** wird aufgrund der Erwartungswertbeziehung durch die **Gerade** $e=4\,n_2+6$ jedem Anteil n_2 ein Ertrag zugeordnet. Für $n_2=1$ erhält man $e=10$, für $n_2=0$ hingegen $e=6$, für $n_2=0{,}25$ erhält man wiederum $e=7$ usw.

Im **zweiten Quadranten** schließlich werden die Werte für e anhand der 45° Linie auf die Ordinate des ersten Quadranten übertragen. Aus der Kombination der zu einem bestimmten n_2-Wert gehörenden Standardabweichung und des zu diesem Anteil ebenfalls gehörenden Erwartungswertes entsteht dann im **ersten Quadranten** die Beziehung zwischen **Erwartungswert** und **Standardabweichung** des Portfolios. Die graphische Darstellung ist jedoch insoweit spiegelbildlich zur analytischen Ableitung, **als in der Graphik im ersten Quadranten der** Erwartungswert *als die abhängige und die Standardabweichung als die unabhängige Größe fungiert; in der analytischen Darstellung war aber gerade die umgekehrte Abhängigkeit angenommen worden.* (Die Ableitung in der umgekehrten Relation liefert eine aufschlußreiche Übung.)

---

[1] Vgl. die Berechnungen weiter oben.

214 Kapitel 5: Bewertung einzelner Papiere

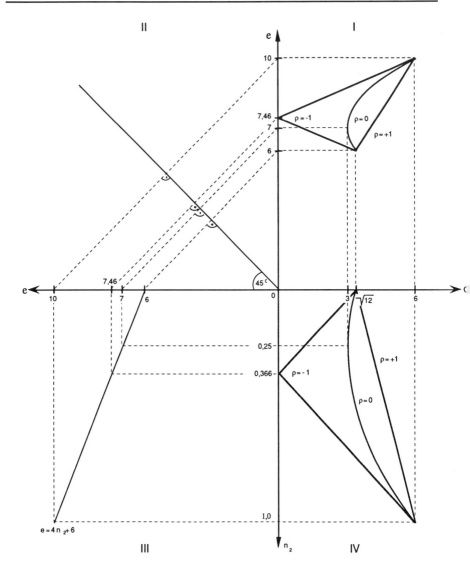

Abb. 4: Die Ableitung risikoeffizienter Portfoliokurven

2.2.3 Beispiel für die Berechnung der Kovarianz zweier Aktienkursverläufe

Gehen wir von bereinigten Kurszeitreihen zweier Aktien aus. Die Kursnotiz der Aktie A weist im gesamten Jahr nur die Ausprägungen 700 - 704, die der Aktie B nur solche von 180 - 184 auf. Die Häufigkeiten der jeweiligen Kursnotizkombinationen sind in der nachstehenden Tabelle zusammengestellt. Wir unterstellen ein Börsenjahr mit insgesamt 250 Beobachtungen. Damit können aus den absoluten Häufigkeiten auch die relativen Häufigkeiten berechnet werden. Sie dienen zur Bestimmung der Kovarianz und Korrelation zwischen den beiden Aktienkursverläufen.

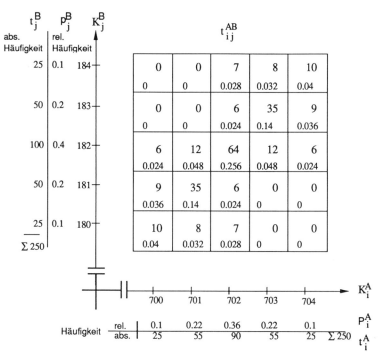

Abb. 5: Absolute und relative Häufigkeiten der Kurse zweier Wertpapiere während eines Jahres

K_i^A Kurs der Aktie A
K_j^B Kurs der Aktie B
t_i^A Anzahl der Tage mit dem Kurs K_i^A
t_j^B Anzahl der Tage mit dem Kurs K_j^B
t_{ij}^{AB} Anzahl der Tage mit dem Kurs K_i^A und K_j^B

$\dfrac{t_i^A}{250} = p_i^A \qquad \dfrac{t_j^B}{250} = p_j^B \qquad \dfrac{t_{ij}^{AB}}{250} = p_{ij}^{AB}$

Aus der Abbildung entnehmen wir z.B., daß die Aktie B insgesamt an 50 Tagen eine Kursnotiz von 181 hatte und daß an 9 (bzw. 35, bzw. 6) von diesen Tagen die Notiz der Aktie A auf 700 (bzw. 701, bzw. 702) lautete.[1]

Daraus ergeben sich die Erwartungswerte der Stichprobe beobachteter Kursnotizen:

---

[1] Damit wird die Varianz für tägliche Halteperioden berechnet. Wie bei der Rendite ist aber auch hier der Bezug auf 1 Jahr üblich. Man spricht von annualisierter Varianz bzw. Volatilität. Man erhält sie aus der täglichen Varianz durch Multiplikation mit der Anzahl der Börsentage, angenähert gleich 250, und aus der wöchentlichen Varianz durch Multiplikation mit 52 (= Anzahl der Wochen pro Jahr).

$$\bar{K}^A = \sum_{i=1}^{5} p_i{}^A K_i{}^A = \frac{25}{250} 704 + \frac{55}{250} 703 + \frac{90}{250} 702 + \frac{55}{250} 701 + \frac{25}{250} 700 = 702$$

$$\bar{K}^B = \sum_{j=1}^{5} p_j{}^B K_j{}^B = \frac{25}{250} 180 + \frac{50}{250} 181 + \frac{100}{250} 182 + \frac{50}{250} 183 + \frac{25}{250} 184 = 182.$$

Die Varianz für Papier A ist wie folgt definiert:[1]

$$\begin{aligned}s_A^2 &= \sum_{i=1}^{5} p_i^A (K_i^A - \bar{K}^A)^2 \\ &= \frac{25}{250}(704-702)^2 + \frac{55}{250}(703-702)^2 + \frac{90}{250}(702-702)^2 \\ &\quad + \frac{55}{250}(701-702)^2 + \frac{25}{250}(700-702)^2 \\ &= \frac{25 \cdot 2^2 + 55 \cdot 1^2 + 55 \cdot 1^2 + 25 \cdot 2^2}{250} \\ &= \frac{310}{250} = 1{,}24\end{aligned}$$

Entsprechend erhält man die Varianz für Papier B:

$$s_B^2 = 1{,}2$$

Für die Kovarianz ergibt sich:

$$s_{AB} = \sum_{i=1}^{5} \sum_{j=1}^{5} p_{ij}^{AB} \left(K_i^A - \bar{K}^A\right)\left(K_j^B - \bar{K}^B\right) =$$

$$= \frac{10}{250}(700-702)(180-182) + \frac{8}{250}(701-702)(180-182)$$

$$+ \frac{7}{250}(702-702)(180-182) + \frac{9}{250}(700-702)(181-182)$$

$$+ \frac{35}{250}(701-702)(181-182) + \frac{6}{250}(702-702)(181-182)$$

$$+ \frac{6}{250}(700-702)(182-182) + \frac{12}{250}(701-702)(182-182)$$

$$+ \frac{64}{250}(702-702)(182-182) + \frac{12}{250}(703-702)(182-182)$$

$$+ \frac{6}{250}(704-702)(182-182) + \frac{6}{250}(702-702)(183-182)$$

$$+ \frac{35}{250}(703-702)(183-182) + \frac{9}{250}(183-182)(704-702)$$

$$+ \frac{7}{250}(702-702)(184-182) + \frac{8}{250}(703-702)(184-182)$$

$$+ \frac{10}{250}(704-702)(184-182) = \frac{40+16+18+35+35+18+16+40}{250}$$

$$= \frac{218}{250} = 0{,}872$$

---

[1] Zu einem erwartungstreuen Schätzer vgl. z.B. Bamberg/Baur (1982), S. 147 ff.

Für den Korrelationskoeffizient ρ_{AB} resultiert:

$$\rho_{AB} = \frac{s_{AB}}{\sqrt{s_A^2 s_B^2}} = \frac{0{,}872}{\sqrt{1{,}2*1{,}24}} = 0{,}715$$

2.2.4 Effiziente Portfolios im Falle mehrerer Wertpapiere

2.2.4.1 Vorbemerkung und Definitionen

Auch bei mehr als zwei Wertpapieren ist die Kurve effizienter Portfolios der geometrische Ort derjenigen Wertpapierkombinationen, die bei **gegebenem Erwartungswert** eine **minimale Varianz** bzw. bei **gegebener Varianz** einen **maximalen Erwartungswert** aufweisen. Wir wollen zunächst die Kurve effizienter Portfolios für die **Kombination von unsicheren Papieren alleine** ableiten und im Anschluß hieran die Anlage in einem sicheren Papier berücksichtigen.

Die Kurve effizienter Portfolios bestimmt sich dergestalt, daß für einen gegebenen Ertrag des Portfolios die zugehörige Varianz minimiert wird. Die Summe der Anteilswerte soll außerdem gleich 1 sein.

Technisch gesehen, haben wir mithin den Wert einer Funktion (= der Varianz des Portfolios) in Abhängigkeit von mehreren unabhängigen Variablen (= den Anteilswerten der einzelnen Papiere) zu minimieren unter den Nebenbedingungen, daß der Erwartungswert des Portfolios einen bestimmten Wert annimmt und der verfügbare Betrag voll in das Portfolio investiert wird.

Graphisch läßt sich die Vorgehensweise wie folgt darlegen:

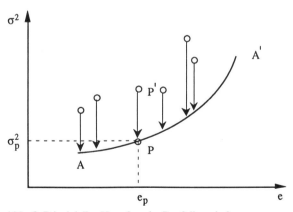

Abb. 6: Prinzipielles Vorgehen der Portfoliooptimierung

Wir beginnen mit einem beliebigen Portfolio P' und spezifizieren dann diejenige Kombination von Anteilswerten, welche bei konstant gehaltenem e_p die Varianz auf σ_p^2 reduziert. Die Kurve AA' gibt die (e,σ^2)-Kombinationen an, die unter den gegebenen Bedingungen realisierbar sind. Alle Portfolios, die oberhalb von AA' liegen sind ineffizient. Sie werden von anderen Portfolios mit höherer Rendite bei gegebenem Risiko dominiert.

Wir wollen im folgenden die Kurve AA' ohne Berücksichtigung von Nichtnegativitätsbedingungen ableiten.

In den weiteren Ausführungen bezeichnen Großbuchstaben grundsätzlich Matrizen bzw. Vektoren, Kleinbuchstaben dagegen skalare Größen.

$X' = (n_1,...,n_i,...,n_N)$ = Vektor der Anteilswerte der Wertpapiere i
$R' = (r_1,...,r_i,...,r_N)$ = Vektor der erwarteten Renditen der Wertpapiere i
$F' = (1_1,...,1_i,...,1_N)$ = Summierungsvektor (Eins-Vektor) entsprechender Dimension
$S = \{s_{ij}\}, i,j = 1,...,N$ = Kovarianzmatrix der Wertpapierrenditen
$e = X'R$ = Erwartungswert der Portfoliorendite bei einem Anteilsvektor X
$\sigma^2 = X'SX$ = Varianz der Portfoliorendite bei einem Anteilsvektor X

Zur Vereinfachung werden noch folgende Identitäten definiert:[1]

$a \equiv R'S^{-1}R$
$b \equiv R'S^{-1}F = F'S^{-1}R$
$c \equiv F'S^{-1}F$

2.2.4.2 Ermittlung der Kurve effizienter Portfolios im (e,σ^2)-System

Die Ermittlung der Kurve effizienter Portfolios basiert auf der **Verknüpfung von Erwartungswert und Varianz der Portfoliorendite über den Vektor X der Anteilswerte.**

Für einen gegebenen Ertrag wird jeweils die Varianz minimiert, wobei die Summe der Komponenten von X gleich 1 ist. Die zugehörige Lagrangefunktion L lautet:

$$L = X'SX + \lambda_1(e - X'R) + \lambda_2(1 - X'F) \to \min!$$

Nach einigen Umformungen[2] erhält man für die minimale Varianz:

$$\sigma^2 = \frac{ce^2 - 2be + a}{ac - b^2}$$

---

[1] Die Kovarianzmatrix S und mithin auch ihre Inverse S^{-1} sind symmetrisch. Für solche Matrizen ist die in b vorgenommene Umformung zulässig.
[2] Vgl. die Ableitung im Anhang I dieses Kapitels. Für ein Portfolio aus den DAX-Werten sind diese Effizienzkurven bei alternativer Kursbereinigung auf den Seiten 387 ff. dargestellt.

Dies ist die Gleichung für die Kurve effizienter Portfolios, die angibt, welche Varianz σ^2 der Rendite in Kauf genommen werden muß, wenn man einen bestimmten Erwartungswert e der Portfoliorendite erreichen will.

Aus allen Portfolios ist dasjenige mit der absolut geringsten Varianz $\sigma^{2*} = \sigma^2_{min}$ bemerkenswert. Für das *Minimalvarianzportfolio* gilt:[1]

$$\sigma^{2*} = \frac{1}{c}; \quad e^* = \frac{b}{c}$$

Die minimale Varianz, die mit einer Kombination der unsicheren Papiere erreicht werden kann, beträgt demnach $\frac{1}{c}$ und der zugehörige erwartete Ertrag $\frac{b}{c}$.

Setzt man den Lösungswert $e^* = \frac{b}{c}$ in die Gleichung für den Anteilsvektor X eines effizienten Portfolios ein, so erhält man für den Anteilsvektor X* des Portfolios mit minimaler Varianz:[2]

$$X^* = \frac{S^{-1}F}{c}$$

Der Anteilsvektor X für ein beliebiges effizientes Portfolio $P(e,\sigma^2)$ berechnet sich nach der Formel:[3]

$$X = \frac{ce - b}{ac - b^2} S^{-1}R + \frac{a - eb}{ac - b^2} S^{-1}F$$

Von Interesse ist noch die Gerade, die durch einen gegebenen Punkt P_1 mit den Koordinaten (e_1, σ^2_1) und dem Portfolio P* mit den Koordinaten $(\frac{b}{c}, \frac{1}{c})$ läuft.[4] Im Punkt

$$e_0 = \frac{be_1 - a}{ce_1 - b}$$

schneidet diese Gerade die Ertragsachse.[5]

---

[1] Man erhält diese Werte, indem man die Funktionsgleichung der Kurve effizienter Portfolios nach e differenziert und die Ableitung gleich Null setzt.
[2] Vgl. in diesem Zusammenhang die Tabelle der Anteilswerte der DAX-Unternehmen auf der Seite 386. Es gilt: $e = X'R \rightarrow b/c = X'R \rightarrow (R'S^{-1} F)/c = X'R \rightarrow R'X \rightarrow (S^{-1} F)/c = X$. Diese elementare Darstellung sieht von der Beschränkung auf nichtnegative Anteilswerte ab. Wegen der monotonen Beziehung zwischen Anteilswerten und Varianz wird bei Berücksichtigung der Nichtnegativitätsbeziehung die Formulierung komplexer, der Zusammenhang bleibt aber prinzipiell der Gleiche.
[3] Diese Gleichung ergibt sich aus Anhang I, Formeln (5), (9.1) und (9.2).
[4] Vgl. nachstehende Abbildung.
[5] Vgl. Anhang II.

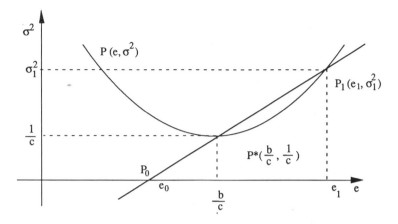

Abb. 7: Verbindungsgerade der Portfolios P_1 (e_1 σ_1^2) und P^* ($\frac{b}{c}, \frac{1}{c}$)

2.2.4.3 Separationstheorem und Kapitalmarktgerade im (e,σ)-System

Für die Kurve effizienter Portfolios im (e,σ)-System gilt folgende Gleichung:

$$\sigma = \frac{(ce^2 - 2be + a)^{\frac{1}{2}}}{(ac - b^2)^{\frac{1}{2}}}$$

Das Minimum dieser Kurve liegt im Punkt $P^*(\frac{b}{c}, \frac{1}{\sqrt{c}})$. Die minimale Standardabweichung entspricht also der Quadratwurzel der minimalen Varianz, die zugehörige erwartete Rendite beträgt $\frac{b}{c}$.

Unsere bisherige Analyse ist durch die alleinige Betrachtung riskanter Papiere gekennzeichnet. Erweitert man die Analyse um eine risikolose Anlage (Rendite = e_0, Standardabweichung = 0), dann kann jedes riskante Papier und auch jedes Portfolio aus riskanten Papieren mit der sicheren Anlage kombiniert werden. Die Kombination eines **riskanten Papiers** mit einer risikolosen Anlage führt stets zu einer linearen Beziehung zwischen der Portfoliorendite und der Portfoliostandardabweichung. Dies gilt auch für die Kombination eines **Portfolios aus riskanten Papieren** mit einer risikolosen Anlage.

Einem Anleger stehen unendlich viele Möglichkeiten offen, Portfolios aus riskanten Papieren und einer risikolosen Anlage zu bilden. Aus dem breiten Entscheidungsfeld des Anlegers ist jedoch nur das effiziente Portfolio aus riskanten Papieren in der Kombination mit der sicheren Anlage (e_0,0) interessant, welches die durch den Punkt (e_0,0) gehende Gerade tangiert. Nachstehende Abbildung verdeutlicht den Zusammenhang.

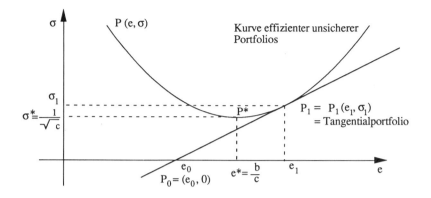

Abb. 8: Kurve effizienter Anlagemöglichkeiten

Die die Kurve effizienter unsicherer Portfolios tangierende Gerade kennzeichnet alle möglichen Positionen, die aus der Kombination des Portfolios P_1 mit der sicheren Anlage P_0 realisiert werden können. Diese Kombinationen dominieren bis auf die Position (e_1,σ_1) - man bezeichnet diese Position häufig als Marktportfolio - alle anderen Portfolios. Man spricht daher von der Gerade dominanter Portfolios. Die Bestimmungsgleichung dieser Geraden läßt sich aus den gegebenen Werten analytisch ableiten. Wir erhalten:[1]

$$\sigma = e \frac{\sigma_1}{e_1 - e_0} - \frac{e_0 \sigma_1}{e_1 - e_0}$$

Die Kurve dominanter Portfolios gibt die Kombinationen von erwarteter Rendite und zugehöriger Standardabweichung an, die durch eine Investition in der sicheren Anlage P_0 und in dem unsicheren Porfolio P_1 auf dem Kapitalmarkt erreichbar sind. Voraussetzung hierfür ist jedoch, daß unter den gegebenen Anlagebedingungen die beiden Ausgangsportfolios P_1 und P_0 selbst effizient sind.[2] Man spricht in diesem Zusammenhang auch von der **Kapitalmarktgeraden**.

Der Name **Kapitalmarktgerade** ist **historisch** bedingt. Er wurde von Sharpe (1964) eingeführt, um die Bewertungsfunktion für ein einzelnes Wertpapier abzuleiten, obwohl seinerzeit der explizite Funktionsverlauf der effizienten unsicheren Portfolios nicht bekannt war. Er benutzte zur Ableitung der Bewertungsfunktion ein fiktives **Kapitalmarktgleichgewicht**.[3] *In Wahrheit war sein untersuchtes Portfolio jedoch kein "Marktportfolio", sondern ein effizientes Portfolio.*

---

[1] Vgl. die Ableitung im Anhang III.
[2] Vgl. Merton (1972), Loistl/Rosenthal (1980).
[3] Vgl. zur Ableitung z.B. Fama (1976), S. 238 ff.; Franke/Hax (1990), S. 280.

Die Bedingungen für die **Effizienz von P_1 und P_0** sind bereits aus der graphischen Darstellung ersichtlich: Sie sind im (e,σ)-System durch **die Gerade** charakterisiert, die die Kurve effizienter Kombinationen unsicherer Papiere tangiert.[1]

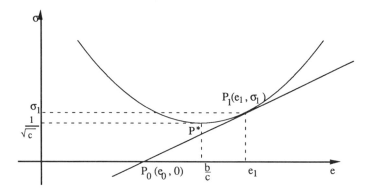

Abb. 9: Kapitalmarktgerade als Verbindungsgerade des Tangentialportfolios P_1 und der sicheren Anlage e_0

Wir können die Marktgerade noch weiter vereinfachen, indem wir e_1 eliminieren. Wir erhalten dann:[2]

$$\sigma = \frac{e - e_0}{\sqrt{ce_0^2 - 2be_0 + a}}$$

Da bei nichtsingulärer Kovarianzmatrix $ac > b^2$ gilt, muß mithin gelten:[3]

$$e_0 < \frac{b}{c}$$

Die sichere Rendite e_0 muß kleiner sein als die mit der minimalen Standardabweichung zu erreichende Rendite $\frac{b}{c}$ bei der Kombination unsicherer Papiere alleine.

Wie wir jedoch festgestellt haben, gehört zu einem gegebenen Portfolio P_1 nicht ein beliebiges sicheres Papier P_0, sondern nur dasjenige, das eine Rendite in Höhe von

$$e_0 = \frac{be_1 - a}{ce_1 - b}$$

---

[1] Vgl. nochmals nachstehende Abbildung.

[2] Vgl. Anhang IV.

[3] Die Bedingung folgt aus der Beziehung $\frac{b}{c} > \frac{be_1 - a}{ce_1 - b}$.

erbringt, wobei e_0 den Abszissenschnittpunkt der die Kurve effizienter Kombinationen unsicherer Papiere tangierenden Geraden darstellt.

Kennt man die Kurve effizienter Portfolios aus unsicheren Papieren nicht und kombiniert man trotzdem **ein unsicheres Portfolio mit einem sicheren Papier**, dann können folgende Probleme auftreten:

- Das Portfolio P_1 aus unsicheren Papieren ist nicht effizient. Weitere effiziente Portfolios lassen sich nicht als Linearkombinationen des unsicheren Portfolios mit dem sicheren Papier darstellen.

- Das Portfolio P_1 liegt zwar auf der Effizienzkurve, wird jedoch nicht mit dem zugehörigen sicheren Papier P_0 kombiniert. Auch hier können durch Linearkombination von P_1 und P_0 keine effizienten Portfolios erzeugt werden.

Die nachstehenden graphischen Darstellungen veranschaulichen dies.

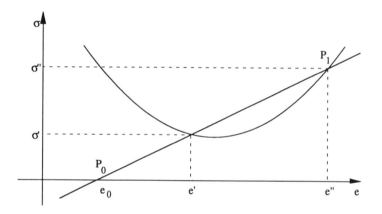

Abb. 10: Ineffiziente Kombination eines effizienten Portfolios mit einer sicheren Anlage

Die auf der Verbindungsgerade P_0P_1 liegenden (e,σ)-Kombinationen sind im Bereich e'e" gegenüber den Positionen, die in diesem Bereich aus der alleinigen Kombination unsicherer Papiere realisiert werden können, ineffizient. Die Verbindungsgerade bildet keine Tangente, sondern eine Sekante.

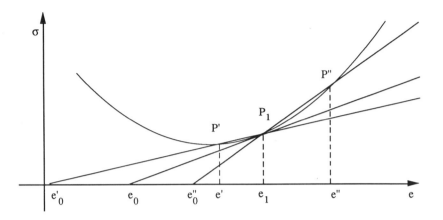

Abb. 11: Kombination eines effizienten unsicheren Portfolios mit verschiedenen sicheren Anlagen

Wird P_1 nicht mit der zu diesem Portfolio gehörenden sicheren Rendite e_0 kombiniert, sondern mit den *unpassenden* sicheren Renditen e_0' bzw. e_0'', dann schneidet die Verbindungsgerade von e_0' bzw. e_0'' und Portfolio P_1 die Kurve der effizienten Portfolios unsicherer Papiere. Liegt der unterstellte sichere Zinssatz e_0' unter e_0, dann ist die Anlage in dem festverzinslichen Papier teilweise ineffizient, denn jede erwartete Rendite zwischen e' und e_1 ist auf der zwischen P' und P_1 liegenden Geraden mit einer höheren Standardabweichung verbunden als diejenige, die bei der Kombination unsicherer Papiere alleine in Kauf genommen werden muß. Eine analoge Argumentation gilt bei einer eventuellen Rendite $e_0''>e_0$.[1]

In den obigen Ausführungen wurde gezeigt, daß für einen Anleger nur das effiziente Portfolio $P_1(e_1,\sigma_1)$ zur Kombination mit der risikolosen Anlage $P_0(e_0,0)$ geeignet ist. Die hieraus resultierenden Positionen dominieren alle anderen möglichen Portfolios. Jeder Anleger wird sich entsprechend seinen Risikopräferenzen für ein auf der Kapitalmarktgeraden liegendes Portfolio entscheiden.

Die Tatsache, daß die Struktur des relevanten effizienten Portfolios für alle Individuen unabhängig von deren Risikoneigung vorgegeben ist, wird als Separationstheorem bezeichnet.

Die Unabhängigkeit der Anteilsbestimmung von der Höhe des gesamten Anlagebetrages setzt die Kurve effizienter Portfolios als bekannt voraus. Diese ist jedoch empirisch kaum zu konstruieren, bzw. verwendete Hilfskonstruktionen

---

[1] Die auf der Geraden $P_1 P''$ liegenden Positionen werden durch Kreditaufnahme zum Zinssatz e_0'' und Investierung dieser zusätzlichen Mittel in P_1 realisiert.

für effiziente Portfolios sind auf ihre Effizienz hin empirisch kaum zu überprüfen. Dies ist auch das Hauptargument der Kritik von Richard Roll (1977) an der Portfoliotheorie und der aus ihr abgeleiteten Kapitalmarkttheorie. Neben der Separationseigenschaft spielt auch die Vereinfachung der Kovarianzmatrizen zu Indexmodellen eine entscheidende Rolle. Wir wollen diese nachstehend erläutern.

3. Wertpapiergerade und Indexmodelle

3.1 Effiziente Portfolios und Wertpapiergerade -das CAPM

Neben der soeben abgeleiteten Gleichung für die **Beziehung zwischen Ertrag und Risiko auf dem gesamten Markt** kann man auch aus effizienten Portfolios eine Bestimmungs- bzw. Bewertungsgleichung für die **erwartete Rendite r_i eines einzelnen Papieres** ableiten:

$$r_i = e_0 + (e_1 - e_0)\beta_i \text{ mit } \beta_i = \frac{\text{cov}(i,1)}{\sigma_1^2} = \text{Kovarianz der Rendite des i-ten Papiers mit der Rendite des Tangentialportfolios, normiert auf die Varianz des Tangentialportfolios.}$$

Diese Gleichung ist unter dem Namen Capital-Asset-Pricing-Model (CAPM) berühmt. Auch hier gilt ein linearer Zusammenhang zwischen der Rendite des einzelnen Papiers und der Rendite e_1 des Tangentialportfolios P_1.

Ausgangspunkt der Ableitung ist die Bedingung eines effizienten Portfolios:[1]

$$2SX - \lambda_1 R - \lambda_2 F = 0$$

Nach einigen Umformungen[2] erhält man für die erwartete Rendite r_i eines Wertpapiers i:

$$r_i = e_1 + \frac{ac - b^2}{ce_1 - b}(\text{cov}(i,1) - \sigma_1^2)$$

Aus dieser Bestimmungsgleichung für die erwartete Rendite r_i eines Papieres i läßt sich die bekannte **Wertpapiergerade für ein einzelnes Wertpapier ableiten**, *ohne auf die Annahme eines Kapitalmarktgleichgewichts abzustellen*. Da diese Annahme für die Herleitung der Wertpapiergerade häufig noch als notwendig angesehen wird, sei die weitere Umformung hier explizit durchgeführt. Die Rendite r_i eines Papieres i läßt sich schreiben als:

---

[1] Vgl. Anhang I und V.
[2] Vgl. die Ableitung im Anhang V.

$$r_i = e_1 + \frac{(ac - b^2)(e_1 - e_0)}{(ce_1 - b)(e_1 - e_0)} (\text{cov}(i,1) - \sigma_1^2).$$

Dabei bezeichnet e_0 die zu dem effizienten Portfolio P_1 gehörende sichere Anlage. Substituieren wir den Ausdruck e_0 im Nenner durch die Größe

$$e_0 = \frac{be_1 - a}{ce_1 - b},$$

so erhalten wir:

$$r_i = e_1 + \frac{(ac - b^2)(e_1 - e_0)}{(ce_1 - b)\frac{ce_1^2 - 2be_1 + a}{ce_1 - b}} (\text{cov}(i,1) - \sigma_1^2)$$

Unter Berücksichtigung der Definition für σ_1^2 können wir die Rendite r_i zu

$$\begin{aligned}
r_i &= e_1 + \frac{e_1 - e_0}{\sigma_1^2} (\text{cov}(i,1) - \sigma_1^2) \\
&= e_1 + (e_1 - e_0)(\frac{\text{cov}(i,1)}{\sigma_1^2} - 1) \\
&= e_0 + (e_1 - e_0) \frac{\text{cov}(i,1)}{\sigma_1^2}
\end{aligned}$$

vereinfachen. Setzen wir noch $\beta_i = \frac{\text{cov}(i,1)}{\sigma_1^2}$, so erhalten wir eine der gebräuchlichsten Formeln der Finanzierungstheorie:[1]

$$r_i = e_0 + (e_1 - e_0) \beta_i$$

Die **erwartete Rendite r_i eines Wertpapieres** i setzt sich zusammen aus
- der **sicheren Rendite** e_0, die sich als Tangentenschnittpunkt der Achse der erwarteten Renditen errechnet zuzüglich
- einer **Risikoprämie** $(e_1 - e_0) \beta_i$.

Die Risikoprämie wiederum setzt sich zusammen aus
- *der Differenz zwischen sicherer und erwarteter Rendite des riskanten Portfolios P_1, multipliziert mit*
- *der Kovarianz des Wertpapiers i mit dem Portfolio P_1 - normiert auf die Varianz des Portfolios P_1.*

---

[1] Vgl. z.B. Rudolph (1979), S. 125.

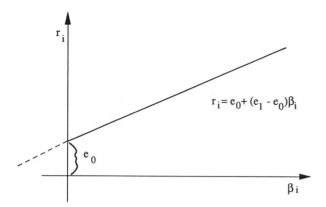

Abb. 12: Erwartete Rendite eines Wertpapieres in Abhängigkeit von β_i

Damit hängt die **erwartete Rendite eines Wertpapieres** nur von der **Rendite des sicheren Papieres** und der erwarteten Rendite des Portfolios P_1 sowie von der auf **die Varianz von P_1 normierten Kovarianz zwischen P_1** und dem einzelnen Papier i ab.

Voraussetzung für die Gültigkeit der Formel ist zunächst die **Effizienz des involvierten Portfolios** P_1. **Nur bei effizienten Portfolios kann die Umformung durchgeführt werden.** Des weiteren muß die Anlage mit der sicheren Rendite den gleichen Wert haben wie der Schnittpunkt der **Tangente mit der Renditenachse.** Die Größen e_0 und e_1 sind, wie bereits mehrfach betont, nicht unabhängig voneinander.

Gibt man die eine Größe vor, dann ist die andere automatisch festgelegt. Roll[1] geht in erster Linie davon aus, *daß die sichere Anlage e_0 bekannt ist, weil diese empirisch leichter zu finden wäre.* Im Grunde ist die empirische Identifikation der **sicheren Rendite** genauso schwierig wie die **Identifikation des zugehörigen Tangentialportfolios.**

Es stellt sich nun die Frage nach der Aussagefähigkeit der obigen Bestimmungsgleichung für die Rendite eines unsicheren Wertpapieres.

Die Interpretation und Verwendung hängt von der Art der Effizienz des Portfolios ab. Handelt es sich z.B. um ein Portfolio P_A, das *nur* die börsennotierten Aktiengesellschaften einbezieht und auf Erwartungswert und Varianz der vierzehntägigen ex-post-Renditen basiert, dann wird die erwartete Rendite r_i der Aktie i auch nur im Kontext der übrigen ex-post-Aktienrenditen bewertet. Daraus eine Hypothese über das reale ex-ante-Verhalten der Anleger abzuleiten ist aus zwei Gründen problematisch:

---

[1] Vgl. Roll (1977), S. 142.

- Zum einen basieren die Anleger ihre Entscheidungen über Kauf und Verkauf von Aktien auch auf **anderen Faktoren** als Erwartungswert und Varianz der ex-post- Kursschwankungen. Sie berücksichtigen neben dem Kursverlauf auch **fundamentale Daten der Unternehmung** ebenso wie die **allgemeine wirtschaftliche Entwicklung** und das generelle Börsenklima.[1]
- Zum anderen beziehen die meisten Anleger in ihren Überlegungen auch weitere Anlagemöglichkeiten ein. Im Durchschnitt der 70er Jahre wurde weniger als 1% der verfügbaren Mittel von den privaten Haushalten zum Kauf von Aktien verwendet.[2] Viel höher sind die Anlagen in festverzinslichen Papieren, seien es börsengehandelte Anleihen, seien es langfristige Bankguthaben.[3]

Aus Gründen der **geringen Repräsentanz** des Anlagespektrums in den untersuchten Modellen ist es auch problematisch, *in der obigen Gleichung eine allgemeine Bewertungsformel für unsichere Anlagen zu sehen, die den Risikoverbund sämtlicher Anlagen berücksichtigt und die alle Anleger anwenden.* Voraussetzung für die allgemeine Gültigkeit ist, daß die Anleger **übereinstimmend ein einziges effizientes Portfolio** auswählen und den zugehörigen Abszissenabschnitt als sichere Rendite unterstellen. Außerdem dürfen sie wiederum keine weiteren Anlagen betrachten als die im Portfolio enthaltenen.

Aus den bisherigen Überlegungen wird deutlich, daß es *das* Marktportfolio nicht gibt. Im Grunde kann jedes effiziente Portfolio als Marktportfolio dienen, es muß nur auch die zugehörige sichere Rendite festgelegt werden.

---

[1] Colson/Zeleny (1979), S. 7.
[2] Vgl. die Ausführungen in Kapitel 6.
[3] Vgl. auch die Statistik in Kapitel 1.

3.2 Wertpapierbewertung anhand von Indexmodellen

Die Wertpapierbewertung anhand von Marktrenditen geht im Grunde auf einen Vorschlag zur Rechenvereinfachung von Sharpe[1] zurück. Er basiert auf der Annahme, daß die Renditen der verschiedenen Wertpapiere nur über die gemeinsame Beziehung mit einem grundlegenden Faktor miteinander verbunden sind. Es bestehen keine unmittelbaren Beziehungen zwischen den einzelnen Wertpapieren. Insbesondere sind die **Kovarianzen zwischen den einzelnen Papieren** unbeachtlich.

Es gilt dann

$$r_i = a_i + \beta_i I + c_i$$

mit:
r_i = erwartete Rendite des Papieres i
a_i = Abschnittswert als Parameter
β_i = Parameter, der die Steigung angibt
I = Index, der für die Beziehung verwendet wird. Dies kann ein Aktienindex, das Bruttosozialprodukt, irgendein Preisindex oder ein anderer Faktor sein, von dem man annimmt, daß er die Wertpapierrendite gut erklären kann.
c_i = Ausgleichsterm als Zufallsgröße mit Erwartungswert Null und Varianz σ_i^2. Es wird außerdem angenommen, daß die Kovarianz zwischen den Ausgleichstermen c_i und c_j der beiden Wertpapiere i und j gleich Null ist.

Man benötigt gegenüber dem normalen Portfolioansatz beträchtlich weniger Daten, wie nachfolgende Gegenüberstellung zeigt.

Daten	Normaler Ansatz	Index-Modell
Varianz	N	N + 1
Kovarianz	$\frac{N(N-1)}{2}$	N
Erwartungswerte	N	N + 1
Insgesamt	$\frac{N(N+3)}{2}$	3N + 2

Tab. 4: Gegenüberstellung der benötigten Daten bei normalen Ansatz und Index-Modellen

Es lag nun nahe, diese Vereinfachung zur Festlegung eines Marktportfolios für empirische Untersuchungen heranzuziehen.

---
[1] Vgl. Sharpe (1963), Uhlir/Steiner (1986), Möller (1986), (1988).

230 Kapitel 5: Bewertung einzelner Papiere

Die nachstehenden Überlegungen zeigen die Unterschiede zur modellkonsistenten Bewertung nach dem CAPM. Im allgemeinen überprüft man in diesem Zusammenhang folgende Beziehung:

$$r_{it} = \alpha_i + \beta_i r_{mt} + \varepsilon_{it}$$

Hierbei bedeuten:

r_{it} = Rendite des Papieres i im Zeitpunkt t
α_i = Ordinatenabschnitt der Regressionsgeraden
r_{mt} = *Rendite* des Marktportfolios im Zeitpunkt t
  - entspricht der erwarteten Rendite eines effizienten Marktportfolios. In der Regel verwendet man einen Aktienindex als Näherungswert des Marktportfolios.
$\beta_i = \frac{Cov(i,1)}{Var(m)}$ = Ausdruck für das Marktrisiko des einzelnen Wertpapieres, gemessen an dem Verhältnis der Kovarianz des einzelnen Papieres mit dem Aktienindex, dividiert durch die Varianz der Marktrendite
ε_{it} = Ausgleichsterm

Damit hat man gegenüber der theoretischen Modellkonstruktion den zu überprüfenden Zusammenhang verändert: Ein linearer Zusammenhang unterstellt, daß der Achsenabschnitt α_i mit der Rendite r_i des einzelnen Wertpapieres i schwanken kann. In der theoretischen Modellbeziehung hingegen hängt der als sichere Rendite interpretierte Achsenabschnitt von dem gewählten effizienten Portfolio ab und ist mit diesem vorgegeben.

Die dem theoretisch postulierten Zusammenhang adäquate Testgleichung lautet demnach:

$$r_i = e_{0m} + \beta_i(e_m - e_{0m}) + \varepsilon_i$$

Die Größe e_{0m} soll verdeutlichen, daß auch die sichere Rendite e_0 vom gewählten Marktportfolio abhängt, denn es gilt der bekannte Zusammenhang:

$$e_{0m} = \frac{be_m - a}{ce_m - b}$$

Die CAPM-Bewertungsformel unterscheidet sich demnach vom Indexmodell dadurch, daß der Achsenabschnitt α_i in Höhe des Tangentenschnittpunktes e_{0m} vorgegeben werden muß und unabhängig von dem einzelnen Papier i ist.

Die Interpretation des Achsenabschnittes e_0 als durchschnittliche risikofreie Rendite unterstellt außerdem, daß das zu diesem Schnittpunkt gehörende effiziente Portfolio im Durchschnitt repräsentativ für die Portfolios sämtlicher Anleger ist.

Um die Gültigkeit des CAPM-Bewertungsmodelles zu testen, müßte man untersuchen, ob

- *das gewählte Marktportfolio repräsentativ für die Portfolios sämtlicher Anleger ist,*
- *der aus der empirischen Untersuchung ermittelte Achsenabschnitt dem sicheren Zinsfuß entspricht,*
- *der Zusammenhang zwischen r_i und β_i bei vorgegebenen Werten e_0 und e_1 linear ist.*

In den bisherigen empirischen Untersuchungen hat man eigentlich nur den Achsenabschnitt mit dem sicheren Zinssatz verglichen und die zwei anderen Fragen vernachlässigt.

Mit einem signifikanten Unterschied zwischen dem Achsenabschnitt und dem sicheren Zinssatz kann man jedoch **das CAPM noch nicht falsifizieren**, denn mit dem gleichen Recht kann man dann dagegen halten, daß die anderen Einflußfaktoren nicht berücksichtigt worden sind. Die Relevanz der empirischen Überprüfung bleibt damit für die theoretische Hypothese offen. Es ist z.B. ungeklärt, ob der gewählte Index dem Marktportfolio entspricht.[1]

Empirische Untersuchungen in den USA basieren auf verschiedenen Aktienindizes, die sich durch die Anzahl der zugrundegelegten Aktien und deren Gewichtung unterscheiden. Die einzelnen Indizes differieren teilweise beträchtlich in Erwartungswert und Varianz der Rendite, so daß die in empirischen Studien erzielten Ergebnisse nicht unbedingt vergleichbar sind.

Renditeberechnungen

In der folgenden Tabelle sind für einige US-amerikanische Aktienindizes das Risiko in Form der Varianz und der Erfolg in Form der erwarteten monatlichen Rendite dargestellt. Dabei wurde die Rendite nach der Formel

$$r_t = \frac{Index_t + Dividenden_t}{Index_{t-1}} - 1$$

berechnet. Es ist zu bemerken, daß die erwartete Rendite des Value-Line-Index keine Dividendenzahlungen enthält. Da dieser Index außerdem aus dem geometrischen Mittel berechnet wird, ist er mit den anderen Indizes nur bedingt vergleichbar.

---

1 Vgl. hierzu vor allem die Kritik von Roll (1977).

Index	Anzahl der Aktien	Berechnung	Erwartungswert	Varianz
Barron Stock Index	50	Gewichteter Durchschnitt	0,545	13,716
Dow Jones Industrial	30	Ungewichteter Durchschnitt	0,563	10,921
Standard and Poors	500	Gewichteter Durchschnitt	0,760	10,542
Value Line	1.400	Geometrischer Mittelwert	0,555	16,380

Tab. 5: Monatliche Rendite ausgewählter Indizes der USA
Quelle: Bawa/Brown/Klein (1979)

Wenn man sowohl Varianz und Erwartungswert der einzelnen Indizes vergleicht, so zeigt sich, daß die Ergebnisse wenig konsistent sind. Hier besitzt der Index von Standard & Poors sowohl den höchsten Erwartungswert der Renditen als auch die geringste Varianz. Erwartungswert-Varianz-effizient ist demnach nur dieser Index.

In Deutschland dürften die wohl wichtigsten Indizes

der DAX-Index,
der FAZ-Index
und der Index des Statistischen Bundesamtes

sein. Letzterer wird auch von der Deutschen Bundesbank publiziert und in ihren einschlägigen Analysen verwendet.

Der FAZ-Index hatte neben dem Börsenzeitungs-Index für viele Jahre eine führende Funktion als Indikator der Börsenentwicklung. Der DAX-Index übernimmt nunmehr zunehmend diese Aufgabe, nicht zuletzt deshalb, weil er auch als Basisinstrument für den Index-Future vorgesehen ist. Aus diesem Grund wurde er auch weiter vorne ausführlich erläutert.

Nachstehend soll anhand der täglich publizierten Daten die Bedeutung der in der Portfoliotheorie abgeleiteten Werte für die Börsenpraxis belegt werden. In der nachfolgenden Tabelle sind jeweils Volatilität, Korrelation und Beta der im DAX enthaltenen Wertpapiere angeführt. Das Beta ist jeweils die auf die Varianz des DAX normierte Kovarianz. Es gilt:

$$\beta_i = \frac{\text{Cov}(i,M)}{\text{Var}(M)} = \frac{\text{Korr}(i,M) \cdot \text{Vol}(i) \cdot \text{Vol}(M)}{(\text{Vol}(M))^2} = \frac{\text{Korr}(i,M) \cdot \text{Vol}(i)}{\text{Vol}(M)}$$

Aktie	Volatilität (30 Tage) p.a.	Volatilität (250 Tage) p.a.	Korrelation (30 Tage)		Korrelation (250 Tage)		Beta (30 Tage)	Beta (250 Tage)
DAX	18,76 %	22,82 %	1,0000		1,0000		1,0000	1,0000
ALV	28,12 %	25,85 %	0,5414	(28)	0,8167	(15)	0,8115	0,9241
BAS	14,43 %	20,52 %	0,7442	(18)	0,8433	(8)	0,5724	0,7582
BAY	16,08 %	21,65 %	0,7201	(19)	0,7486	(24)	0,6172	0,7103
BHW	21,31 %	28,20 %	0,7833	(16)	0,8094	(18)	0,8897	1,0002
BMW	25,31 %	27,48 %	0,8779	(7)	0,8407	(10)	1,1844	1,0125
BVM	23,38 %	28,50 %	0,7718	(17)	0,8324	(11)	0,9618	1,0396
CBK	21,58 %	27,83 %	0,8761	(10)	0,8561	(7)	1,0077	1,0439
CON	38,65 %	26,38 %	0,6730	(24)	0,5845	(29)	1,3865	0,6757
DAI	27,47 %	31,04 %	0,8767	(9)	0,9004	(3)	1,2837	1,2247
DGS	26,62 %	33,08 %	0,6838	(22)	0,7773	(20)	0,9702	1,1266
DBC	31,52 %	45,83 %	0,6107	(27)	0,6793	(25)	1,0260	1,3643
DBK	22,65 %	26,33 %	0,8889	(5)	0,9079	(2)	1,0732	1,0478
DRB	21,32 %	22,94 %	0,9314	(1)	0,8132	(17)	1,0585	0,8175
FDN	22,17 %	18,02 %	0,1294	(30)	0,1532	(30)	0,1529	0,1209
HEN3	22,47 %	28,65 %	0,6834	(23)	0,7556	(23)	0,8185	0,9486
HFA	11,87 %	20,73 %	0,6701	(25)	0,7748	(21)	0,4239	0,7039
KAR	27,35 %	35,33 %	0,7983	(14)	0,8199	(13)	1,1638	1,2695
KFH	28,07 %	31,92 %	0,7159	(20)	0,7911	(19)	1,0711	1,1067
LIN	29,00 %	25,05 %	0,8370	(11)	0,8185	(14)	1,2938	0,8987
LHA	35,37 %	30,23 %	0,6958	(21)	0,6793	(26)	1,3118	0,8999
MAN	33,01 %	40,25 %	0,7980	(15)	0,8261	(12)	1,4041	1,4568
MMW	33,44 %	37,72 %	0,9079	(4)	0,8413	(9)	1,6183	1,3906
NIX3	36,47 %	47,98 %	0,4838	(29)	0,6269	(28)	0,9405	1,3182
RWE	25,14 %	30,41 %	0,8273	(12)	0,8665	(6)	1,1086	1,1547
SCH	21,00 %	21,21 %	0,6179	(26)	0,6654	(27)	0,6916	0,6185
SIE	18,06 %	23,41 %	0,9272	(2)	0,9237	(1)	0,8926	0,9475
THY	28,29 %	27,68 %	0,8865	(6)	0,7702	(22)	1,3368	0,9345
VEB	19,43 %	30,89 %	0,8203	(13)	0,8923	(5)	0,8495	1,2078
VIA	22,68 %	33,95 %	0,8768	(8)	0,8137	(16)	1,0600	1,2106
VOW	26,43 %	32,90 %	0,9130	(3)	0,8980	(4)	1,2862	1,2944

Entnommen aus: Handelsblatt vom 07.05.1990; Beta 30 Tage: eigene Berechnung

Tab. 6: Deutscher Aktienindex

Die Volatilitäten und die Korrelationen werden für jeweils zwei unterschiedliche Stichprobenumfänge angegeben. Damit wird in Erinnerung gerufen, daß sich diese Stichprobengrößen im Zeitablauf ändern. Vergleicht man die Volatilitäten aufgrund der 30-Tage-Stichprobe mit denen der 250-Tage-Stichprobe, so könnte man den Eindruck gewinnen, daß die aus dem größeren Stichprobenzeitraum errechneten Volatilitäten höher liegen würden. Eine zwingende Überlegung ist dies jedoch nicht. Das Maximum der kurzen Volatilität erreicht mit 39% Continental, das Minimum mit 11% hingegen die Farbwerke Hoechst. Die 250-Tage Volatilität beträgt bei beiden Werten dagegen 26.38% bzw. 20.73%. Man könnte versucht sein, eine nivellierende Wirkung der langfristigen Stichprobenzeiträume zu vermuten. Die Extrema der langfristigen Volatilitäten, nämlich Nixdorf mit 47.98% und Feldmühle Nobel mit 18.02%, tendieren in den kurzfristigen Werten zur Nivellierung. Die nachstehenden Graphiken zeigen die Kursverläufe über die entsprechenden Zeiträume von *einer* der vier Aktien.

234　Kapitel 5: Bewertung einzelner Papiere

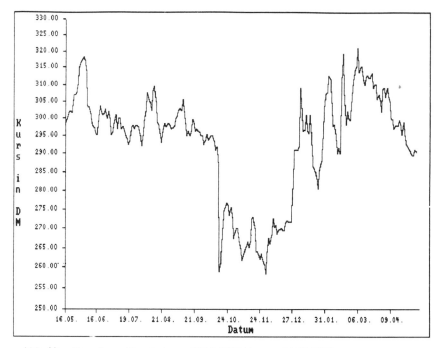

Abb. 13: Tageskurse Hoechst vom 16.05.1989 bis zum 04.05.1990

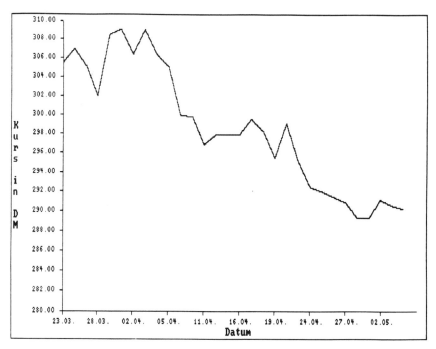

Abb. 14: Tageskurse Hoechst vom 23.03.1990 bis zum 04.05.1990

Die Illustrationen machen die Problematik von derartigen Stichprobenanalysen augenscheinlich: Kurze Zeiträume sind durch **eingeschränkte Repräsentativität** beeinträchtigt. Lange Stichprobenzeiträume unterliegen dem Einwand der **mangelnden Aktualität**: Weiter zurückliegende Kurswerte sind in ihren kausalen Wirkungsstrukturen nicht mehr mit den aktuellen Situationen vergleichbar: Das Problem der **Strukturbrüche** beginnt zu dominieren. Gleiches gilt insbesondere für die Korrelationswerte und für die daraus berechneten Beta-Werte.

Hier zeigt eine genauere Betrachtung jedoch ein beruhigenderes Bild: Sieht man einmal von der starken Differenz zwischen kurzfristigen und langfristigen Bewegungen bei Allianz Lebensversicherung ab, dann gibt es mehr oder weniger gleichlaufende Entwicklungen. *Unternehmen mit hoher kurzfristiger Korrelation weisen diese auch in der längerfristigen Betrachtung auf und umgekehrt haben Unternehmen mit niedriger kurzfristiger Korrelation diese auch in längerfristigen Betrachtungen.* Insoweit können die ausgewiesenen 250-Tage-Beta-Werte eine bestimmte Verläßlichkeit für sich beanspruchen. Sie wird jedoch durch die stark schwankenden Volatilitäten beeinträchtigt.

Die Ungenauigkeiten des Beta-Kriteriums zeigen sich im Vergleich der beiden auf unterschiedliche Stichproben errechneten Werte. Die Diskrepanz bei Contigummi ist sicherlich nicht zu verallgemeinern, zeigt aber die Problematik dieser Kennziffern. Das gilt insbesondere dann, wenn man sie für Risikoabsicherungszwecke verwendet.

Zu ziemlich gleichen Werten hingegen führt der Performance-Vergleich von DAX und FAZ, wie die nachstehende Auflistung zeigt.

	DAX	FAZ
1975	40,20%	35,70%
1976	-9,60%	-7,70%
1977	7,90%	8,40%
1978	4,70%	6,90%
1979	-13,50%	-11,60%
1980	-3,40%	-2,10%
1981	2,00%	-0,70%
1982	12,70%	14,40%
1983	40,00%	39,10%
1984	6,10%	8,30%
1985	66,40%	71,60%
1986	4,80%	3,40%
1987	-30,20%	-37,10%
1988	32,80%	29,30%
1989*	-0,40%	1,40%

* bis Stichtag 15.09.1989
Tab. 7: Performance im Vergleich:
Jahresreturns von FAZ- und DAX-Index[1]

---

1 Vgl. Schröder Münchmeyer Hengst (1989), S. 4.

Die Daten zeigen jedoch nicht die eventuell unterschiedlichen Entwicklungen innerhalb eines Jahres, d.h. zwischen den Zeitpunkten der Wertermittlung. Insbesondere wird aber die Problematik der Meßbarkeit der Modellparameter deutlich.

Die Schwierigkeiten der Kapitalmarktgleichgewichtsmodelle werden jedoch noch viel augenscheinlicher, wenn man die Modelle beim Wort nimmt und die modelltheoretischen Implikationen eines markträumenden Gleichgewichtes explizit analysiert. Das soll im nächsten Kapitel geschehen.

Anhang I: Ableitung der Kurve effizienter unsicherer Portfolios[1]

Die zu lösende Lagrangefunktion L lautet:

$$L = X'SX + \lambda_1(e - X'R) + \lambda_2(1 - X'F) \to \min!$$

Diese Funktion gilt es in Abhängigkeit von den Anteilswerten, die in den Vektor X zusammengefaßt sind, und den Lagrangemultiplikatoren λ_1, λ_2 zu minimieren. Die notwendigen Bedingungen lauten:

(1) $\quad \dfrac{\partial L}{\partial X} : 2SX - \lambda_1 R - \lambda_2 F = 0$

(2) $\quad \dfrac{\partial L}{\partial \lambda_1} : e = X'R$

(3) $\quad \dfrac{\partial L}{\partial \lambda_2} : 1 = X'F$

Multipliziert man (1) von links mit dem Vektor der Anteile X', dann erhält man:

$$2X'SX = \lambda_1 X'R + \lambda_2 X'F$$

Damit haben wir bereits eine Beziehung zwischen der Varianz des Portfolios σ^2 und dem jeweiligen Ertrag, der auf den varianzminimalen Anteilen basiert:

(4) $\quad \sigma^2 = \dfrac{\lambda_1}{2} e + \dfrac{\lambda_2}{2}$

Es müssen noch die Werte der Lagrangemultiplikatoren bestimmt werden.

Es wäre unvollständig, λ_1 entsprechend der Ableitung von (4),

$$\dfrac{d\sigma^2}{de} = \dfrac{\lambda_1}{2},$$

als Marktpreis des Risikos dergestalt zu interpretieren, daß diese Größe angibt, wie sich die Varianz des Portfolios verändert, wenn der Ertrag um eine Einheit erhöht wird.

Diese Interpretation läßt außer acht, daß λ_1 selbst auch wieder von e abhängt, wie die nachfolgenden Ableitungen zeigen.

Um die Lagrangemultiplikatoren aus (4) zu eliminieren, multiplizieren wir (1) von links mit S^{-1} und erhalten

---
[1] Vgl. die entsprechenden Ableitungen bei Roll (1977), S. 158 ff., Szegö (1980).

(5) $\quad X = \dfrac{\lambda_1}{2} S^{-1} R + \dfrac{\lambda_2}{2} S^{-1} F$

Setzen wir diese Gleichung für X in Gleichung (2) und (3) ein, so erhalten wir:

(6.1) $\quad e = X'R = \dfrac{\lambda_1}{2} R'S^{-1} R + \dfrac{\lambda_2}{2} F'S^{-1} R$

(6.2) $\quad 1 = X'F = \dfrac{\lambda_1}{2} R'S^{-1} F + \dfrac{\lambda_2}{2} F'S^{-1} F$

Benutzen wir die vereinbarten Vereinfachungen

$a = R'S^{-1}R$,
$b = R'S^{-1}F = F'S^{-1}R$,
$c = F'S^{-1}F$,

so erhalten wir:

(7.1) $\quad e = \dfrac{\lambda_1}{2} a + \dfrac{\lambda_2}{2} b$

(7.2) $\quad 1 = \dfrac{\lambda_1}{2} b + \dfrac{\lambda_2}{2} c$

Bei Auflösung nach λ_1 bzw. λ_2 gilt:

(8.1) $\quad \lambda_1 = \dfrac{2e - \lambda_2 b}{a} = \dfrac{2 - \lambda_2 c}{b}$

(8.2) $\quad \lambda_2 = \dfrac{2e - \lambda_1 a}{b} = \dfrac{2 - \lambda_1 b}{c}$

Aus (8.1) können wir λ_2 und aus (8.2) λ_1 errechnen:

(9.1) $\quad \lambda_1 = \dfrac{2(ce - b)}{ac - b^2}$

(9.2) $\quad \lambda_2 = \dfrac{2(a - eb)}{ac - b^2}$

Setzt man diese Werte in Gleichung (4) ein, so erhält man:

(10) $\quad \sigma^2 = \dfrac{ce^2 - 2be + a}{ac - b^2}$

Anhang II: Die Verbindungsgerade zwischen "Tangentialportfolio" P_1 und Minimalportfolio P^*

Die Geradengleichung ist durch die beiden Punkte P_1 und P^* bestimmt. Für den Ansatz nach der 2-Punkt-Formel gilt allgemein:

(11.1) $\dfrac{y - y_0}{x - x_0} = \dfrac{y_1 - y_0}{x_1 - x_0}$

In unserem Fall haben die Koordinaten folgende Werte:

$y_1 = \dfrac{ce_1^2 - 2be_1 + a}{ac - b^2} = \sigma_1^2 ; \quad y_0 = \dfrac{1}{c} ; \quad x_1 = e_1 ; \quad x_0 = \dfrac{b}{c}$

Eingesetzt erhält man:

(11.2) $\dfrac{\sigma^2 - \dfrac{1}{c}}{e - \dfrac{b}{c}} = \dfrac{\sigma_1^2 - \dfrac{1}{c}}{e_1 - \dfrac{b}{c}}$

Multiplikation der Gleichung mit $(e - \dfrac{b}{c})$ ergibt:

$(\sigma^2 - \dfrac{1}{c}) = \dfrac{(\sigma_1^2 - \dfrac{1}{c})(e - \dfrac{b}{c})}{e_1 - \dfrac{b}{c}}$

Ausmultiplizieren der rechten Seite ergibt:

$\sigma^2 - \dfrac{1}{c} = e \dfrac{\sigma_1^2 - \dfrac{1}{c}}{e_1 - \dfrac{b}{c}} - \dfrac{(\sigma_1^2 - \dfrac{1}{c})\dfrac{b}{c}}{e_1 - \dfrac{b}{c}}$

Übertragung von $\dfrac{1}{c}$ auf die rechte Seite und Übernahme auf den Bruch führt zu

$\sigma^2 = e \dfrac{\sigma_1^2 - \dfrac{1}{c}}{e_1 - \dfrac{b}{c}} - \dfrac{(\sigma_1^2 - \dfrac{1}{c})\dfrac{b}{c} - \dfrac{1}{c}(e_1 - \dfrac{b}{c})}{e_1 - \dfrac{b}{c}} = e \dfrac{c\sigma_1^2 - 1}{e_1 c - b} + \dfrac{-(c\sigma_1^2 - 1)\dfrac{b}{c} + (e_1 - \dfrac{b}{c})}{e_1 c - b}$

Ausmultiplikation des Zählers des zweiten Summanden ergibt

(12.1) $\sigma^2 = e \dfrac{c\sigma_1^2 - 1}{e_1 c - b} + \dfrac{e_1 - b\sigma_1^2}{ce_1 - b}$

Für den Abszissenabschnittpunkt gilt $\sigma^2 = 0$. Für e_0 erhalten wir somit

$$(12.2) \quad e_0 = \frac{b\sigma_1^2 - e_1}{c\sigma_1^2 - 1}$$

Den Wert für σ_1^2 eingesetzt, erhält man

$$e_0 = \frac{\dfrac{bce_1^2 - 2b^2 e_1 + ab - ace_1 + b^2 e_1}{ac - b^2}}{\dfrac{c^2 e_1^2 - 2bce_1 + ac - ac + b^2}{ac - b^2}} = \frac{bce_1^2 - b^2 e_1 + ab - ace_1}{c^2 e_1^2 - 2bce_1 + b^2}$$

Wir können den Ausdruck in Zähler bzw. Nenner zusammenfassen zu

$$\frac{(be_1 - a)(ce_1 - b)}{(ce_1 - b)^2}$$

Den gemeinsamen Term gekürzt, erhält man

$$(12.3) \quad e_0 = \frac{be_1 - a}{ce_1 - b}$$

Anhang III: Ableitung der Kapitalmarktgeraden

Die Steigung der Kurve effizienter Portfolios beträgt im Punkte P_1 entsprechend der ersten Ableitung der unsicheren Portfoliokurve:

$$(13.1) \quad \left.\frac{d\sigma}{de}\right|_{e = e_1} = \frac{\frac{1}{2}(ce_1^2 - 2be_1 + a)^{-\frac{1}{2}} (2ce_1 - 2b)}{(ac - b^2)^{\frac{1}{2}}}$$

Multiplizieren wir diesen Ausdruck mit $\dfrac{(ac - b^2)^{\frac{1}{2}}}{(ac - b^2)^{\frac{1}{2}}}$, so erhalten wir:

$$(13.2) \quad \left.\frac{d\sigma}{de}\right|_{e = e_1} = \frac{ce_1 - b}{(ac - b^2)\,\sigma_1}$$

Für die Ableitung der Kapitalmarktgeraden benötigen wir die Tangente an die Kurve Erwartungswert-Standardabweichungs-effizienter Portfolios im Punkte P_1 mit den Koordinaten (e_1, σ_1).

Die Tangente durch den Punkt P_1 lautet nach der Punkt-Richtungs-Formel für eine Gerade mit Punkt P_1 (x_1,y_1) und der Steigung m:

(14.1) $y - y_1 = m(x - x_1)$

In unserem Beispiel gelten die Werte:

$$y_1 = \sigma_1 = \frac{(ce_1^2 - 2be_1 + a)^{\frac{1}{2}}}{(ac - b^2)^{\frac{1}{2}}} \; ; \quad x_1 = e_1 \; ; \quad m = \frac{ce_1 - b}{(ac - b^2)\sigma_1}$$

Die Geradengleichung lautet somit:

(14.2) $\sigma - \sigma_1 = \dfrac{ce_1 - b}{(ac - b^2)\sigma_1}(e - e_1)$

Umgestellt und erweitert erhalten wir:

$$\sigma = e \frac{ce_1 - b}{(ac - b^2)\sigma_1} + \frac{\sigma_1^2(ac - b^2) - ce_1^2 + be_1}{(ac - b^2)\sigma_1}$$

Durch Einsetzen der Werte von σ_1^2 kommt man zu:

$$\sigma = e \frac{ce_1 - b}{(ac - b^2)\sigma_1} + \frac{\frac{(ce_1^2 - 2be_1 + a)(ac - b^2)}{ac - b^2} - ce_1^2 + be_1}{(ac - b^2)\sigma_1}$$

(14.3) $\sigma = e \dfrac{ce_1 - b}{(ac - b^2)\sigma_1} + \dfrac{a - be_1}{(ac - b^2)\sigma_1}$

Die Tangente durch den Punkt P_1 schneidet die Abszisse im Punkt e_0. Für den Abszissenschnittpunkt gilt $\sigma=0$. Für e_0 erhalten wir somit wiederum:

(14.4) $e_0 = \dfrac{be_1 - a}{ce_1 - b}$

Zur weiteren Umformung multiplizieren wir die Summanden der rechten Seite von (14.3) mit $\dfrac{\sigma_1}{\sigma_1}$ und erhalten somit

(14.5) $\sigma = e \dfrac{(ce_1 - b)\sigma_1}{(ac - b^2)\sigma_1^2} + \dfrac{(a - be_1)\sigma_1}{(ac - b^2)\sigma_1^2}$

und unter Berücksichtigung des Wertes für σ_1^2:

$$\sigma = e\frac{(ce_1 - b)\sigma_1(ac - b^2)}{(ac - b^2)(ce_1^2 - 2be_1 + a)} + \frac{(a - be_1)\sigma_1(ac - b^2)}{(ac - b^2)(ce_1^2 - 2be_1 + a)}$$

$$= e\frac{(ce_1 - b)\sigma_1}{ce_1^2 - 2be_1 + a} + \frac{(a - be_1)\sigma_1}{ce_1^2 - 2be_1 + a}$$

$$= e\frac{\sigma_1}{\frac{ce_1^2 - 2be_1 + a}{ce_1 - b}} + \frac{\frac{a - be_1}{ce_1 - b}\sigma_1}{\frac{ce_1^2 - 2be_1 + a}{ce_1 - b}}$$

Berücksichtigen wir obige Definition von e_0 und den Ausdruck

$$e_1 - e_0 = e_1 - \frac{be_1 - a}{ce_1 - b} = \frac{ce_1^2 - 2be_1 + a}{ce_1 - b}$$

so erhalten wir die Bestimmungsgleichung der Marktgeraden:

(15.1) $\sigma = e\dfrac{\sigma_1}{e_1 - e_0} - \dfrac{e_0\sigma_1}{e_1 - e_0}$

Löst man diese Gleichung nach e auf, so erhält man die Funktion:

(15.2) $e = e_0 + \sigma\dfrac{e_1 - e_0}{\sigma_1}$

Sie gibt die effizienten Ertrags-Risikokombinationen in einer linearen Beziehung zwischen Risiko und Ertrag eines Portfolios P_g an, das sich aus der sicheren Anlage P_0 und dem unsicheren Portfolio P_1 zusammensetzt.

Sämtliche (e,σ)-Kombinationen auf der Verbindungsgeraden e_0P_1 sind bis auf die Kombination (e_1,σ_1) günstiger als die durch die Mischung der unsicheren Papiere allein erreichbaren (e,σ)-Kombinationen auf der Kurve $P * P_1$.

Für die Erwartungswert-Varianz-effizienten Portfolios gilt folgendes 2-Fonds-Theorem: Der Anteilsvektor X_2 eines beliebigen Erwartungswert-Varianz-effizienten Portfolios P_2 ist eine lineare Kombination der Anteilsvektoren, z.B. X_1 und X_k, zweier anderer Erwartungswert-Varianz-effizienter Portfolios, z.B. P_1 und P_k:

(16.1) $X_2 = \alpha X_1 + (1 - \alpha) X_k$

Es gilt für den erwarteten Ertrag e_2 und die Varianz σ_2^2 des Portfolios P_2, wenn man sich **ausschließlich auf unsichere Papiere** bezieht:

(16.2) $e_2 = \alpha e_1 + (1-\alpha) e_k$
         $= \alpha X_1' R + (1-\alpha) X_k' R$

(16.3) $\sigma_2^2 = \alpha^2 \sigma_1^2 + (1-\alpha)^2 \sigma_k^2 + 2\alpha(1-\alpha)\sigma_{1k}$

mit σ_{1k} = Kovarianz zwischen Portfolio 1 und Portfolio k.

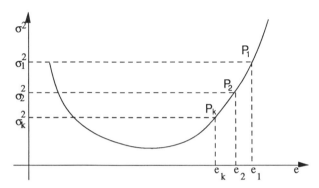

Abb. A1: Lineare Kombination effizienter Portfolios im (e,σ^2)-System

Unterstellen wir vereinfachend, daß das eine effiziente Portfolio P_k eine sichere Anlage ist, bei der die Varianz gleich Null und mithin auch die Kovarianz gleich Null ist, dann erhält man für Varianz und Standardabweichung des Kombinationsportfolios, nunmehr mit P_g bezeichnet:

(17.1) $\sigma_g^2 = \alpha^2 \sigma_1^2$

(17.2) $\sigma_g = \alpha \sigma_1$

Im Erwartungswert-Standardabweichungs-Koordinatensystem sind sowohl der Erwartungswert e_g als auch die Standardabweichung σ_g des neuen Portfolios P_g eine lineare Kombination der entsprechenden Werte der Ausgangsportfolios:

(17.3) $e_g = \alpha e_1 + (1-\alpha) e_0$

Stellt man die Ertragsgleichung nach α um und setzt diesen Wert in die Bestimmungsgleichung für die Standardabweichung ein, so erhält man:

(18) $\alpha = \dfrac{e_g - e_0}{e_1 - e_0}$

(19) $\quad \sigma_g = e_g \dfrac{\sigma_1}{e_1 - e_0} - \dfrac{e_0 \, \sigma_1}{e_1 - e_0}\quad$ bzw. allgemein

(20) $\quad e = e_0 + \sigma \dfrac{e_1 - e_0}{\sigma_1}$

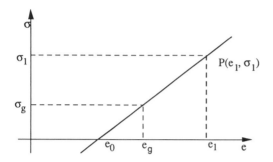

Abb. A2: Verbindungsgerade zwischen sicherer Anlage e_0 und dem unsicheren Portfolio P_1

Wir erhalten somit eine lineare Beziehung zwischen Erwartungswert und Standardabweichung eines Portfolios, das sich aus dem effizienten Portfolio P_1 und dem sicheren Papier P_0 zusammensetzt.

Bildet man die Ableitung von (15.2) bzw. (20),

$$\dfrac{de}{d\sigma} = \dfrac{e_1 - e_0}{\sigma_1},$$

so erhält man den sogenannten Marktpreis des Risikos.

Er besagt, daß eine Erhöhung des Risikos um eine Einheit eine Erhöhung des Ertrages um $\dfrac{e_1 - e_0}{\sigma_1}$ erlaubt.

Dieser Marktpreis des Risikos setzt sich zusammen aus

$e_1 - e_0$: Der Differenz zwischen Marktrendite und sicherer Rendite, bezogen auf
σ_1 : Die Standardabweichung des Marktportfolios

Anhang IV: Marktgerade in alleiniger Abhängigkeit von e_0

Im folgenden wird die Marktgerade in alleiniger Abhängigkeit von e_0 abgeleitet.

Aus 14.4 erhalten wir:

(14.6) $ce_0 e_1 - be_0 = be_1 - a$

Bringen wir die Ausdrücke mit e_1 auf die linke Seite und klammern wir e_1 aus, so erhalten wir

(14.7) $e_1 = \dfrac{be_0 - a}{ce_0 - b}$

und mithin für $e_1 - e_0$

(14.8) $\dfrac{be_0 - a}{ce_0 - b} - e_0 = \dfrac{be_0 - a - ce_0^2 + be_0}{ce_0 - b} = \dfrac{-ce_0^2 + 2be_0 - a}{ce_0 - b}$

Setzt man schließlich 14.7 in die Gleichung für σ_1^2 gem. (10) ein, so erhält man

(14.9) $\sigma_1^2 = \dfrac{c\left(\dfrac{be_0 - a}{ce_0 - b}\right)^2 - 2b\,\dfrac{be_0 - a}{ce_0 - b} + a}{ac - b^2}$

Wird aus dem Zähler der Wert $\dfrac{1}{(ce_0 - b)^2}$ ausgeklammert, so erhalten wir

$\sigma_1^2 = \dfrac{\dfrac{1}{(ce_0 - b)^2}\left[c(be_0 - a)^2 - 2b(be_0 - a)(ce_0 - b) + a(ce_0 - b)^2\right]}{ac - b^2}$

Ausmultiplizieren der eckigen Klammer ergibt

$\sigma_1^2 = \dfrac{cb^2 e_0^2 - 2abce_0 + a^2c - 2b^2 ce_0^2 + 2b^3 e_0 + 2abce_0 - 2ab^2 + ac^2 e_0^2 - 2abce_0 + ab^2}{(ce_0 - b)^2 (ac - b^2)}$

$= \dfrac{a^2 c - ab^2 - 2abce_0 + ac^2 e_0^2 + 2b^3 e_0 - b^2 ce_0^2}{(ce_0 - b)^2 (ac - b^2)}$

Diese einzelnen Terme lassen sich zusammenfassen zu

$\sigma_1^2 = \dfrac{(ce_0^2 - 2be_0 + a)(ac - b^2)}{(ce_0 - b)^2 (ac - b^2)}$

Den gemeinsamen Faktor gekürzt, gilt:

246 Kapitel 5: Bewertung einzelner Papiere

(14.10) $\quad \sigma_1^2 = \dfrac{ce_0^2 - 2be_0 + a}{(ce_0 - b)^2}$

(14.11) $\quad \sigma_1 = \dfrac{-(ce_0^2 - 2be_0 + a)^{\frac{1}{2}}}{ce_0 - b}$,

Minuszeichen im Zähler, da $e_0 < \dfrac{b}{c}$

Setzen wir 14.8 und 14.11 in 15.2 ein, so erhalten wir:

$$e = e_0 + \sigma \dfrac{(ce_0 - b)(-ce_0^2 + 2be_0 - a)}{-(ce_0^2 - 2be_0 + a)^{\frac{1}{2}}(ce_0 - b)}$$

$$= e_0 + \sigma \dfrac{(ce_0 - b)(ce_0^2 - 2be_0 + a)}{(ce_0^2 - 2be_0 + a)^{\frac{1}{2}}(ce_0 - b)}$$

Die gemeinsamen Ausdrücke gekürzt, erhalten wir:

(20) $\quad e = e_0 + \sigma \sqrt{ce_0^2 - 2be_0 + a}$

Löst man diese Gleichung nach σ auf, dann erhält man die bekannte lineare Beziehung zwischen Standardabweichung und Erwartungswert in Abhängigkeit von der sicheren Rendite:

(20.1) $\quad \sigma = \dfrac{e - e_0}{\sqrt{ce_0^2 - 2be_0 + a}}$

Anhang V: Ableitung der Wertpapiergeraden

Ausgangspunkt der Ableitung ist die Bedingung (1) eines effizienten Portfolios:

(21.1) $\quad 2\,SX - \lambda_1 R - \lambda_2 F = 0$ mit $\lambda_1 = \dfrac{2(ce - b)}{ac - b^2}$; $\lambda_2 = \dfrac{2(a - eb)}{ac - b^2}$

Ausgeschrieben lautet die Vektorgleichung:

(21.2) $\quad 2 \sum\limits_{j=1}^{n} x_j s_{ij} - \lambda_1 r_i - \lambda_2 = 0 \qquad$ für $i = 1, \ldots, n$

Diese Gleichung gilt für jedes Wertpapier i, also auch für Wertpapier k:

$$(21.3) \quad 2\sum_{j=1}^{n} x_j s_{jk} - \lambda_1 r_k - \lambda_2 = 0$$

Subtrahiert man beide Gleichungen voneinander, so erhält man:

$$(22) \quad 2\sum_{j=1}^{n} x_j s_{jk} - \lambda_1 r_k = 2\sum_{j=1}^{n} x_j s_{ij} - \lambda_1 r_i$$

Multipliziert man beide Seiten mit x_k und summiert über k, so gilt:

$$(23) \quad 2\sum_{k=1}^{n} x_k \sum_{j=1}^{n} x_j s_{kj} - \lambda_1 \sum_{k=1}^{n} x_k r_k = 2\sum_{k=1}^{n} x_k \sum_{j=1}^{n} x_j s_{ij} - \lambda_1 \sum_{k=1}^{n} x_k r_i$$

Die Ausdrücke auf der linken Seite ergeben gerade die Varianz σ_1^2 und Erwartungswert e_1 eines effizienten Portfolios P_1, genauer desjenigen effizienten Portfolios P_1, das zu dem Anteilsvektor X_1 mit den Komponenten $X_1 = (x_1,...,x_j,...,x_n)$ gehört. Auf der rechten Seite läßt sich wegen der Bedingung $\sum_{k=1}^{n} x_k = 1$ eine Vereinfachung vornehmen. Der Ausdruck

$$\sum_{j=1}^{n} x_j s_{ij} = \text{cov}(i,1)$$

ist gleich der Kovarianz des i-ten Papiers mit dem gesamten Portfolio P_1. Mit dieser Bezeichnung gilt:

$$2\left(\sigma_1^2 - \frac{\lambda_1}{2} e_1\right) = 2\left(\text{cov}(i,1) - \frac{\lambda_1}{2} r_i\right)$$

Und somit:

$$\frac{\lambda_1}{2}(r_i - e_1) = \text{cov}(i,1) - \sigma_1^2$$

Durch Auflösen nach r_i erhält man:

$$r_i = e_1 + \frac{2}{\lambda_1}(\text{cov}(i,1) - \sigma_1^2)$$

Durch Einsetzen für λ_1 führt dies schließlich zu

$$r_i = e_1 + \frac{ac - b^2}{ce_1 - b}(\text{cov}(i,1) - \sigma_1^2)$$

Literaturverzeichnis

Bamberg, G./Baur, F. (1982): Statistik, 2., überarb. Aufl., München

Bamberg, G./Coenenberg, A. (1989): Betriebswirtschaftliche Entscheidungslehre, 5. Aufl., München

Bawa, V.S./Brown, St.J./Klein, R.W. (1979): Estimation Risk and Optimal Portfolio Choice, Amsterdam

Black, F./Scholes, M. (1973): The Pricing of Options and Corporate Liabilities, in: Journal of Political Economy, Vol. 81, S. 637-659

Colson, G./Zeleny, M. (1979): Uncertain Prospects Ranking and Portfolio Analysis under the Conditions of Partial Information, Meisenheim 1980

Fama, E.F. (1976): Foundations of Finance, New York

Flachmann, K. u.a. (1970): Investment, Ergänzbares Handbuch für das gesamte Investmentwesen

Franke, G./Hax, H. (1990): Finanzwirtschaft des Unternehmens und Kapitalmarkt, 2. Aufl., Berlin

Loistl, O./Rosenthal, H. (1980): Risikominimierung bei der Portfolioplanung unter besonderer Berücksichtigung singulärer Kovarianzmatrizen, in: Zeitschrift für Operations Research, 24. Jg., S. 107-124

Loistl, O. u.d.M.v. Löderbusch, B./Schepers, N./Weßels, T. (1990): Computergestütztes Wertpapiermanagement, 3. neu bearb. u. erw. Aufl., München

Markowitz, H.M. (1952): Portfolio Selection, in: The Journal of Finance, Vol. 7, S. 77-91

Markowitz, H.M. (1959): Portfolio Selection, New York

Merton, R.C. (1972): An Analytic Derivation of the Efficient Portfolio Frontier, in: Journal of Financial and Quantitative Analysis, Vol. 7, S. 1851-1872

Möller, H.P. (1986): Bilanzkennzahlen und Ertragsrisiken des Kapitalmarktes, Stuttgart

Möller, H.P. (1988): Die Bewertung risikobehafteter Anlagen an deutschen Wertpapierbörsen, in: Zeitschrift für betriebswirtschaftliche Forschung, 40. Jg., S. 779-797

Roll, R. (1977): A Critique of the Asset Pricing Theory's Test, in: Journal of Financial Economics, Vol. 4, S. 129-176

Rudolph, B. (1979): Kapitalkosten bei unsicheren Erwartungen, Berlin 1979

Schröder Münchmeyer Hengst - Research (1989): DAX, FAZ und MSCI, Deutsche Aktienindizes im Vergleich, Heft 3, S. 1-5

Sharpe, W.F. (1963): A Simplified Model for Portfolio Analysis, in: Management Science, Vol. 9, S. 277-293

Sharpe, W.F. (1964): Capital Asset Prices: A Theory of Market Equilibrium under Conditions of Risk, in: Journal of Finance, Vol. 19, S. 425-442

Szegö, G.P. (1980): Portfolio Theory, With Application to Bank Asset Management, Academic Press, New York

Uhlir, H./Steiner, P. (1986): Wertpapieranalyse, Heidelberg

Kapitel 6: Die analytischen Implikationen des Marktportfolios

1. Problemstellung

Das **Marktportfolio** umfaßt nach der allgemeinen Auffassung **sämtliche am Markt** gehandelten Anlagen. Wir wollen hier vereinfachend unterstellen, daß nur börsennotierte Aktien vorliegen.

Das **Anfangsvermögen** v_m des Marktportfolios ist demnach die Summe der Börsenwerte w_j der einzelnen Unternehmen j:

(1) $\sum_j w_j = v_m$

Entsprechend ist dann das Endvermögen des Marktportfolios strukturiert: Der **Erwartungswert** μ_m **des Endvermögens** des Marktportfolios ist demnach die Summe der Erwartungswerte m_j der einzelnen Unternehmen j:

(2) $\sum_j m_j = \mu_m$

Entsprechend ergibt sich dann die **Varianz** σ_m^2 **des Marktportfolios** als die Doppelsumme der einzelnen Kovarianzen σ_{ij} zwischen dem Endvermögen der Unternehmen i und j:

(3) $\sigma_m^2 = \sum_i \sum_j \sigma_{ij}$

Für die **Standardabweichung** des Endvermögens gilt:

(3.1) $\sigma_m = \left(\sum_i \sum_j \sigma_{ij}\right)^{\frac{1}{2}}$

Die Beziehung zwischen Erwartungswert und Standardabweichung des Endvermögens läßt sich gemäß folgender Abbildung veranschaulichen:

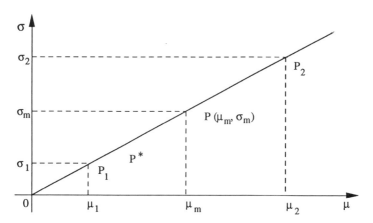

Abb. 1: Erwartungswert und Standardabweichung des Marktvermögens am Ende der Periode

In der obigen Abbildung sind neben dem **Marktportfolio P** noch weitere Portfolios zur Verdeutlichung eingezeichnet. P_1 und P_2 haben nicht nur das gleiche Verhältnis von Erwartungswert und Standardabweichung sondern auch die **gleiche Zusammensetzung** wie das Marktportfolio; sie unterscheiden sich nur im **Volumen**: Portfolio P_1 enthält einen **Bruchteil** des gesamten Marktportfolios, P_2 hingegen enthält **mehr** als das gesamte Marktportfolio. Aus der Definition des Marktportfolios als der Summe aller Anlagemöglichkeiten ist eine derartige Konstellation streng genommen ausgeschlossen. Enthält das Marktportfolio jedoch nicht alle Anlagen, dann ist der Punkt P_2 zu erreichen, wenn die zusätzlichen Anlagemöglichkeiten mit dem Marktportfolio vollständig korreliert sind. Die Verbindungsgerade $0P(\mu_m,\sigma_m)$ gibt diejenigen (μ,σ)-Kombinationen an, die realisiert werden, wenn bestimmte Bruchteile des Marktportfolios gehalten werden und keine weiteren Anlagemöglichkeiten mehr bestehen.

Kombinationen links und oberhalb dieser Verbindungsgeraden sind für den Anleger unattraktiv, weil er durch Halten eines Bruchteils des Marktportfolios (μ,σ)-Kombinationen realisieren kann, die auf der Geraden $0P(\mu_m,\sigma_m)$ liegen. Punkte rechts und unterhalb dieser Geraden - wie z.B. P^* - repräsentieren (μ,σ)-Kombinationen, die der Anleger zwar gegenüber der Anlage im Marktportfolio **präferieren** würde, die er aber nicht realisieren kann, solange das Marktportfolio die einzige Anlagemöglichkeit für ihn darstellt.

Das folgende Beispiel möge die Implikation des Marktportfolios erläutern:[1] Beträgt das Vermögen des Investors 10% des Marktportfolios, dann hält er in seinem Portfolio auch jeweils 10% der Kurswerte der im Marktportfolio enthaltenen Aktien. Vereinfacht soll es im Markt nur Daimler- und Siemens-Aktien geben. Beträgt das gesamte Anfangsvermögen am Markt z.B. 12 Mrd. DM

---

[1] Vgl. hierzu insbesondere Mossin (1973).

(Daimler = 8 Mrd., Siemens = 4 Mrd.), dann beträgt das Anfangsvermögen des Anlegers k 1,2 Mrd. DM (Daimler = 0,8 Mrd., Siemens = 0,4 Mrd.).

Wert des Marktportfolios: v_m	12,0 Mrd. DM	Anteil in %
Zusammensetzung des Marktportfolios		
Daimler w_1	8,0 Mrd. DM	66.66%
Siemens w_2	4,0 Mrd. DM	33.33%
Vermögen v_k des Anlegers k	1,2 Mrd. DM	Anteil in %
Zusammensetzung des Anlegerportfolios		
Daimler	0.8 Mrd. DM	66.66%
Siemens	0.4 Mrd. DM	33.33%

Tab. 1: Marktportfolio und Anlegerportfolio

Es gilt nun, neben den Anfangswerten auch die Werte des Vermögens am Ende der Periode, d.h. in der Regel nach einem Jahr, anzugeben. Der Vermögensendwert ist grundsätzlich nur als Zufallsvariable bekannt. Wir unterstellen, daß dieser durch Erwartungswert und Varianz beschrieben werden kann. Die unterstellten Erwartungswerte und Varianzen der Unternehmensendvermögen können der folgenden Tabelle entnommen werden. Aus den beiden letzten Spalten ist das sich aus diesen Werten ergebende Endvermögen des Markt- und Anlegerportfolios ersichtlich.

Statistik \ Anlage	Daimler	Siemens	Markt-Portfolio	Anleger-Portfolio
Erwartungswert	10 Mrd. DM	6 Mrd. DM	16 Mrd. DM	1,6 Mrd. DM
Varianz	36 Mrd. DM^2	12 Mrd. DM^2	64 Mrd. DM^2	0,64 Mrd. DM^2
Kovarianz	8 Mrd. DM^2			

Tab. 2: Einige statistische Größen für Unternehmens- und Portfolioendvermögen

Dabei ist zunächst abzuklären, ob in einer solchen Konstellation die Frage nach der Risikoeffizienz Sinn macht: In der Zusammensetzung des Portfolios muß bei einem erwarteten Endvermögen von 1,6 Mrd. DM eine Standardabweichung von 0,8 Mrd. DM hingenommen werden. Könnte eine andere Zusammensetzung nicht zu einer günstigeren Ertrags-Risiko-Kombination führen? Wie ist nun die Risikoeffizienz dieser Konstellation zu messen? In welcher Weise soll die **Risikoeffizienz des Marktportfolios** gemessen werden? Das Anfangsvermögen liegt fest. Erwartungswert und Varianz des Endvermögens scheinen im Gegensatz zum Portfolio des einzelnen Anlegers gleichfalls vollständig festzuliegen. Weder die Varianz des Marktportfolios noch der Erwartungswert lassen sich durch Variation der Anteile verändern, denn das Marktportfolio umfaßt ex definitione die **Börsenwerte sämtlicher Unternehmen**. Es läßt sich nur der **relative Anteil** der Börsenwerte der einzelnen Unternehmen am Gesamtportfolio feststellen. Einen Ausweg bietet die Annahme, daß die Beziehung zwischen Anfangsvermögen und Erwartungswert/Varianz des Endvermögens sich nur auf eine einzelne Aktie bezieht. Folgende Darstellung macht dies deutlich:

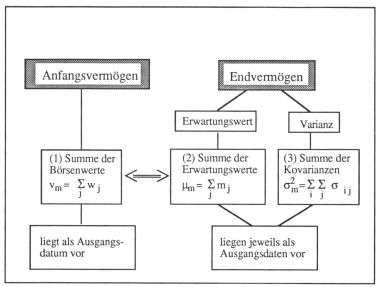

Abb. 2: Bestimmungsfaktoren des Marktportfolios

Um die Effizienz einer Zusammensetzung überprüfen zu können, müssen zwischen den Gleichungen (1), (2) und (3) Interdependenzen entsprechend dem Vorgehen bei einem individuellen Anleger bestehen. Bei einem einzelnen Anleger wird die Beziehung über die **Anteile der einzelnen Papiere** am Portfolio hergestellt. Eine analoge Beziehung gilt auch beim Marktportfolio, wenn Erwartungswerte und Kovarianzen der einzelnen Unternehmen nicht in absoluter Höhe, sondern nur in einer normierten Höhe gegeben sind. Die absolute Höhe der unternehmensspezifischen Erwartungswerte und Kovarianzen erhält man erst nach der **risikoeffizienten Aufteilung** des Anfangsbetrages auf die einzelnen Unternehmen. Insoweit steht der gesamte Umfang des Investitions- und Finanzierungsprogrammes einzelner Unternehmungen **nicht** fest. Bekannt ist nur, welche Erwartungswerte und Kovarianzen **pro verkaufte** Aktie zu erzielen sind.

Aus diesen Überlegungen folgt die nachfolgende Problemstellung und Datenkonstellation für die explizite Analyse des Kapitalmarktgleichgewichtes.

Ausgangssituation:

1. Der **gesamte Anlagebetrag** des Marktes steht fest. Die Anleger haben ihre *Konsum-Sparentscheidung* bereits getroffen.
2. Damit steht auch der **gesamte zu investierende Betrag** fest. Er entspricht dem Anlagebetrag.
3. Der Anlagebetrag v_k **des einzelnen** Investors k ist vorgegeben.
4. Der Erwartungswert des Endvermögens e_j einer Unternehmung steht fest, aber nur bezogen auf eine **einzelne Aktie** dieser Unternehmung.
5. Die Kovarianzen σ_{ij} der Unternehmensendvermögen sind gegeben, aber nur bezogen auf jeweils eine einzelne Aktie der Unternehmen j und i.
6. Bekannt und festgelegt ist mithin das **Investitionsprogramm** der einzelnen Unternehmung insoweit, als es **auf eine einzelne Aktie bezogen** ist. Man unterstellt somit **konstante Skalenerträge der Investitionen** bei einzelnen Unternehmen. Diese Prämisse führt zu Vermögensendwerten pro Anteil, die vom absoluten Umfang der Investitionen unabhängig sind.
7. Nicht bekannt ist hingegen das gesamte Investitionsvolumen der einzelnen Unternehmung. Dieses richtet sich nach der Anzahl der Aktien, die die Anleger bereit sind, bei dem gegebenen Risikoprofil einer einzelnen Unternehmung von dieser zu übernehmen.
8. Mithin ist auch nicht der Erwartungswert und die Varianz des Endvermögens des Marktportfolios vorgegeben. Dieses hängt auch von der Anzahl der Aktien ab, die die einzelne Unternehmung plazieren kann.

Problemstellung:

Es sind diejenigen Börsenkapitalien w_j der einzelnen Unternehmen j zu bestimmen, die zu **risikoeffizienten Kombinationen von Erwartungswert und Standardabweichung des Endvermögens des Marktportfolios** führen. Dabei sind die Plazierungsbedingungen für die einzelne Unternehmung j und die Budgetbedingung des einzelnen Anlegers k zu beachten.

Im folgenden sei noch einmal die verwandte Nomenklatur aufgeführt:

σ_m	=	Standardabweichung des Endvermögens des Marktportfolios
μ_m	=	Erwartungswert des Endvermögens des Marktportfolios
v_m	=	Börsenkapital des Marktes, d.h. der Unternehmen insgesamt
w_j	=	Börsenkapital der Unternehmung j
p_j	=	Emissionspreis der einzelnen Aktie der Unternehmung j
t_j	=	Anzahl der Aktien der Unternehmung j
e_j	=	Erwarteter Kurs einer Aktie der Unternehmung j am Ende des Planungszeitraumes
$t_j e_j$	= m_j =	Erwarteter Börsenwert der Unternehmung j am Ende der Periode

σ_{ij} = Kovarianz des Aktienkurses der Unternehmung j mit dem der Unternehmung i am Ende des Zeitraumes, bezogen auf jeweils eine einzelne Aktie
v_k = Anfangsvermögen des Anlegers k
μ_k = Erwartungswert des Endvermögens des Anlegers k
σ_k^2 = Varianz des Endvermögens des Anlegers k
n_{kj} = Anzahl der Aktien, die Anleger k von der Unternehmung j übernimmt.

Damit gelten folgende formale Beziehungen:

(I) $v_k = \sum_j n_{kj} p_j$ = *Börsenwert des Anlegervermögens k*
 = *Budgetbedingungen des Anlegers k*

(II) $\mu_k = \sum_j n_{kj} e_j$ = *Erwarteter Endwert des Anlegervermögens k*

(III) $\sigma_k^2 = \sum_j \sum_i n_{kj} \sigma_{ij} n_{ki}$ = *Varianz des Anlegerendvermögens k am Ende der Periode*

(IV) $\sigma_m^2 = \sum_j \sum_i t_j \sigma_{ij} t_i$ = *Varianz des Vermögensendwertes des Marktportfolios*

(V) $\mu_m = \sum_j m_j$ = *Erwartungswert des Vermögensendwertes des Marktportfolios*

Desweiteren sind noch die speziellen Bedingungen des Marktgleichgewichtes zu formulieren:

(VI) $\sum_k n_{kj} = t_j$ = *Plazierungsbedingung: sämtliche Aktien der Unternehmung werden am Markt bei den Anlegern k untergebracht*

(VII) $\sum_k v_k = \sum_j w_j = v_m$ = *Gleichheit der Marktbudgets: Das gesamte am Markt vorhandene anlagesuchende Kapital wird von den Unternehmen aufgenommen. Das Investitionsbudget des Marktes stimmt mit dem Anlagebudget insgesamt überein.*

Die Gleichheit der Marktbudgets folgt bereits aus den **Budgetbedingungen (I) für die Anleger** und **den Plazierungsbedingungen (VI) für die Unternehmen**.

Wegen der leichteren Handhabung werden wir auf die Formulierung (VII) zurückgreifen, wenn wir das Aggregationsproblem der Einzelportfolios zum Marktportfolio untersuchen.

Das **Aggregationsproblem** wird durch die beiden nachfolgenden Abbildungen veranschaulicht. Dabei wird zwischen der Marktebene und der Individualebene unterschieden. Das **Marktportfolio** ist die **Summe der Individualportfolios**. Ist die *risikoeffiziente Kurve des Marktportfolios* gemäß Abbildung 3a auch die *Summe der risikoeffizienten Kurven* der einzelnen Anleger k? Oder verläuft die Zusammenfassung der Individualportfolios in einer komplizierteren Weise?

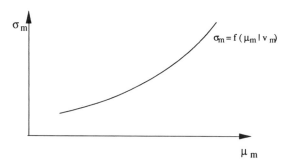

Abb. 3a: Marktportfolio: Abhängigkeit der Standardabweichung σ_m des Marktportfolios vom Erwartungswert μ_m bei gegebenem Anfangsvermögen v_m

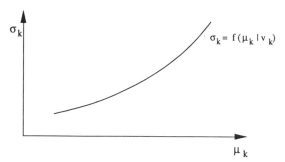

Abb. 3b: Individualportfolio des Anlegers k: Abhängigkeit der Standardabweichung des Individualportfolios vom Erwartungswert μ_k bei gegebenem Anfangsvermögen v_k

Die Standardabweichung und der Erwartungswert des Marktportfolios stehen im funktionalen Zusammenhang mit den entsprechenden Werten auf der Individualebene. Es gilt, diese *Aggregationsfunktionen* F und G zu bestimmen:

$$\sigma_m = F(\sigma_k) \quad k = 1,...,n$$

$$\mu_m = G(\mu_k) \quad k = 1,...,n$$

Zur Beantwortung der oben angesprochenen Frage, ob die risikoeffiziente Kurve des Marktportfolios die Summe der risikoeffizienten Kurven der einzelnen Anleger ist, müssen zunächst diese Kurven ermittelt werden. Abschließend ist dann zu prüfen, ob die Addition der Portfolios der einzelnen Anleger das Marktportfolio ergibt, wobei die Plazierungsbedingung berücksichtigt werden muß. Diese drei Schritte seien im folgenden noch einmal als *Programm* aufgezählt:

1) *Bestimmung der Kurve risikoeffizienter Marktportfolios bei gegebenem Gesamtbudget v_m.*
2) *Bestimmung der Kurven risikoeffizienter Individualportfolios bei gegebenem Individualbudget v_k.*
3) *Die Aggregation der Individualportfolios zum* **Marktportfolio**.

2. Bestimmung der Kurve risikoeffizienter Marktportfolios bei gegebenem Gesamtbudget

2.1 Ausschließlich unsichere Anlagen

Die Kurve risikoeffizienter Marktportfolios bei gegebenem Gesamtbudget und bei ausschließlich unsicheren Anlagen erhält man aus der Optimierung der folgenden Lagrangefunktion. Sie ist analog zu den in den vorhergehenden Ableitungen verwendeten aufgebaut:

$$L = (T'ST)^{\frac{1}{2}} + \lambda_1(\mu_m - F'ET) + \lambda_2(v_m - F'PT) \to \min!$$

Hierbei bedeuten:

$S = \{\sigma_{ij}\}$ Matrix der Kovarianzen der Aktienkurse am Ende des Zeitraums.
$T = \{t_j\}$ Spaltenvektor, dessen j-te Komponente die Aktienzahl der Unternehmung j ist.
$E = \{e_j\}$ Diagonalmatrix, deren j-tes Diagonalelement der Erwartungswert pro Aktie der Unternehmung j ist.
$F = \{1\}$ Summierungsvektor (Eins-Vektor) entsprechender Dimension.

Daraus folgt:

$ET = \{t_j e_j\}$ Vektor, dessen j-te Komponente das erwartete Endvermögen der Unternehmung j ist.

$F'ET = \sum_j t_j e_j$ Erwartetes Endvermögen des Marktportfolios.

Entsprechend gilt:

P = Diagonalmatrix, deren j-tes Diagonalelement der Emissionskurs p_j jeweils einer Aktie der Unternehmung j ist.
PT = $\{p_j t_j\}$ = Vektor, dessen j-te Komponente das Börsenkapital der Unternehmung j ist.
F'PT = $\sum_j p_j t_j$ = Heutiger Wert des Marktportfolios.

Gegeben sind die Werte für S, E, P und v_m. Es gilt, jeweils diejenigen Werte des Vektors T, d.h. Anzahlen von Aktien, zu bestimmen, die für parametrisch variierte Erwartungswerte des Marktportfolios die Varianz minimieren.

Die folgenden Notationen finden Verwendung (mit $S^{-1} = \{\sigma_{ij}^*\}$):

$$a = F'ES^{-1}EF = \sum_i \sum_j e_j \sigma_{ij}^* e_i$$
$$b = F'ES^{-1}PF = F'PS^{-1}EF = \sum_i \sum_j e_j \sigma_{ij}^* p_i$$
$$c = F'PS^{-1}PF = \sum_i \sum_j p_j \sigma_{ij}^* p_i$$

Man erhält für die **Varianz des Endvermögens** des Marktportfolios σ_m^2 folgende Bestimmungsgleichung:[1]

$$(4) \quad \sigma_m^2 = \frac{c\mu_m^2 - 2b\mu_m v_m + a v_m^2}{ac - b^2}$$

Die Varianz σ_m^2 hängt sowohl vom **anfänglichen Marktbudget** v_m als auch vom **erwarteten Endvermögen** μ_m des **Marktportfolios** ab. Bei konstant gehaltenem Marktbudget v_m gilt für die **absolut minimale Varianz** $\bar{\sigma}_m^2$, die bei der **Risikostruktur der Kovarianzen** in Kauf genommen werden muß:

$$(5) \quad \bar{\sigma}_m^2 = \frac{v_m^2}{c} \Leftrightarrow \bar{\sigma}_m = \frac{1}{\sqrt{c}} v_m$$

Das zugehörige erwartete Vermögen $\bar{\mu}_m$ lautet:

$$(6) \quad \bar{\mu}_m = \frac{b}{c} v_m$$

Sowohl die Standardabweichung als auch der Erwartungswert des Endvermögens hängen **linear vom Marktbudget** v_m **ab**. Aus den Gleichungen (5) und (6) kann man unmittelbar eine Beziehung zwischen minimaler Standardabweichung und dem erzielbaren Erwartungswert herstellen:

---

[1] Vgl. die Ableitung von Gleichung 13.1. im Anhang I.

(7) $\sigma_m = \frac{\sqrt{c}}{b} \bar{\mu}_m$

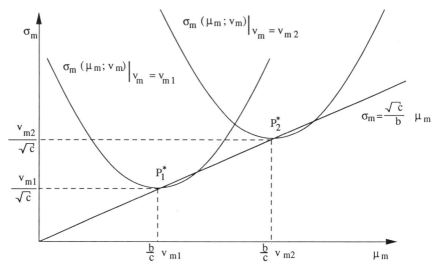

Abb. 4: Minimale Risikostruktur für alternative Marktbudgets v_m, hier v_{m1} und v_{m2}

In obenstehender Abbildung sind im μ_m-σ_m-Koordinatensystem die Effizienzkurven für zwei verschiedene Anfangsbudgets v_{m1} und v_{m2} angegeben. Die eingezeichnete Gerade verbindet die Punkte der Effizienzkurven, die die minimale Standardabweichung aufweisen. Dabei wird die minimale Standardabweichung und der zugehörige Erwartungswert bei alternativem Anfangsvermögen v_m durch den folgenden Punkt gegeben:

(8) $P^*(\bar{\mu}_m, \bar{\sigma}_m) = \left(\frac{b}{c} v_m, \frac{v_m}{\sqrt{c}} \right)$

Die Anzahl der Aktien $\bar{t}_j$ hängt linear vom vorhandenen Budget v_m ab:[1]

(9) $\bar{t}_j = \frac{v_m}{c} \sum_i \sigma_{ij}^* p_i$

Die Bedingung (9) enthält die bekannte **Separationseigenschaft**. Der absolute Anteil $\bar{t}_j$ der Aktien einer Unternehmung j wächst linear mit dem Anfangsvermögen v_m. Der relative Anteil bleibt hingegen konstant. Aus Gleichung (9) und der Abb. 4 wird jedoch auch die entscheidende Einschränkung dieser Separationseigenschaft riskanter Portfolios deutlich: **Die linear proportionale Abhängigkeit der Anteile t_j vom Anfangsvermögen v_m gilt**

---

[1] Vgl. Herleitung von Gleichung 16 im Anhang I. Vgl. hierzu auch Rudolph (1979), S. 33 ff.

dann, wenn auch ein linearer proportionaler Zusammenhang in der Form

(10) $\mu_m = \alpha v_m$

zwischen dem Anfangsvermögen v_m und dem erwarteten Endwert μ_m besteht.

Für den Anteilswert t_j der Unternehmung j erhält man daraus den bereits abgeleiteten linearen proportionalen Zusammenhang:[1]

(11) $t_j = v_m \left[\dfrac{\alpha c - b}{ac - b^2} \sum_i \sigma_{ij}^* e_i + \dfrac{a - \alpha b}{ac - b^2} \sum_i \sigma_{ij}^* p_i \right]$

Die Beziehung (10) impliziert **auch einen linearen Zusammenhang zwischen Erwartungswert und Standardabweichung des Endvermögens**. Löst man Gleichung (10) nach v_m auf, so erhält man $v_m = \frac{1}{\alpha} \mu_m$. Setzt man nun in Gleichung (4) ein, so erhält man:

(12) $\sigma_m^2 = \mu_m^2 \left(\dfrac{c - 2\frac{b}{\alpha} + \frac{a}{\alpha^2}}{ac - b^2} \right)$

Für die Standardabweichung σ_m gilt somit der lineare Zusammenhang:

(13) $\sigma_m = \sigma_m(\mu_m) = \mu_m \sqrt{\dfrac{c - 2\frac{b}{\alpha} + \frac{a}{\alpha^2}}{ac - b^2}}$

Substituiert man hingegen in (4) den Erwartungswert des Endvermögens μ_m, dann erhält man die folgende lineare Beziehung zwischen Standardabweichung und Marktbudget:

(14) $\sigma_m = \sigma_m(v_m) = v_m \sqrt{\dfrac{\alpha^2 c - 2b\alpha + a}{ac - b^2}}$

Bezeichnen wir den Wurzelausdruck in (14) zur Vereinfachung mit

(15) $\pi(\alpha) = \sqrt{\dfrac{\alpha^2 c - 2b\alpha + a}{ac - b^2}}$,

so lassen sich die funktionalen Zusammenhänge der Gleichungen (13) und (14) auch wie folgt darstellen:

---

[1] Gleichung (11) ergibt sich mit Hilfe von Gleichung (15) des Anhangs I, indem man μ_m durch αv_m gemäß Gleichung (10) ersetzt.

(16) $\sigma_m(v_m) = v_m \pi(\alpha)$

(17) $\sigma_m(\mu_m) = \mu_m \frac{1}{\alpha} \pi(\alpha)$

Wir können die folgenden Eigenschaften des Marktportfolios festhalten:

Bei einem linearen proportionalen Zusammenhang zwischen Anfangsvermögen und Erwartungswert des Endvermögens

- sind die relativen Anteile der einzelnen Unternehmung am Marktportfolio **unabhängig** vom absoluten Umfang des Marktportfolios,

- besteht ein **linearer** Zusammenhang zwischen Erwartungswert und Standardabweichung des Endvermögens.

Ein bemerkenswerter formaler Zusammenhang sei bereits hier anhand der nachstehenden Abbildung erläutert. Er wird bei Berücksichtigung einer sicheren Anlagemöglichkeit auch inhaltlich interpretierbar:

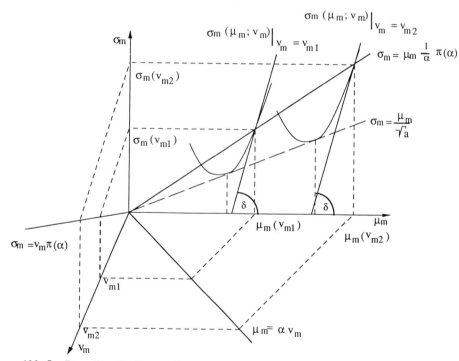

Abb. 5: Darstellung der linearen Zusammenhänge zwischen Anfangsvermögen und Erwartungswert des Endvermögens

Die Abbildung enthält folgende lineare Zusammenhänge:
1.) im μ_m-σ_m-Koordinatensystem rechts oben: $\sigma_m = \mu_m \frac{1}{\alpha} \pi (\alpha)$
2.) im μ_m-v_m-Koordinatensystem rechts unten: $\mu_m = \alpha v_m$
3.) im v_m-σ_m-Koordinatensystem links: $\sigma_m = v_m \pi (\alpha)$

Abb. 5 ist eine dreidimensionale Erweiterung der Abb. 4; nunmehr wird auch die Dimension Anfangsvermögen v_m berücksichtigt. In letzterer war nur die Verbindungsgerade zwischen erwartetem Endvermögen und minimaler Standardabweichung eingetragen worden. Sie basiert auf dem linearen Zusammenhang $\mu_m = \alpha v_m = \frac{b}{c} v_m$ und lautet $\sigma_m = \frac{\sqrt{c}}{b} \mu_m$.[1] Die lineare Beziehung zwischen v_m, μ_m und σ_m läßt sich wie folgt verallgemeinern: Für **jede lineare Beziehung zwischen** dem Anfangsvermögen v_m und dem Erwartungswert des Endvermögens μ_m in der folgenden Form $\mu_m = \alpha v_m$ läßt sich zeigen, **daß für die Standardabweichung** σ_m **des Endvermögens und dem Erwartungswert ebenfalls eine lineare Beziehung der folgenden Form gilt:**

$$\sigma_m = \mu_m \frac{1}{\alpha} \pi (\alpha)$$

Solche Geraden verbinden für jeweils unterschiedliche Werte von α diejenigen Punkte auf den Kurven $\sigma_m(\mu_m; v_m)|_{v_m}$ effizienter Portfolios verschiedener Anfangsvermögen miteinander, die die gleichen Steigungen $\left(\dfrac{d\sigma_m}{d\mu_m}\right)$ **aufweisen.** In der Abb. 5 wird der lineare Zusammenhang zwischen den drei Größen dargestellt. Hierzu wird das Koordinatensystem von μ_m und σ_m, wie es in Abb. 4 verwendet worden ist, um die Dimension des Anfangsvermögens v_m erweitert.

Die Achse v_m ist vorne nach links unten gerichtet. Bei einem Anfangsvermögen von v_m wird durch die Gleichung $\mu_m = \alpha v_m$ der Erwartungswert des Endvermögens μ_m errechnet. Auf der anderen Seite wird durch die Gleichung $\sigma_m = v_m \pi (\alpha)$ bei gegebenem Anfangsvermögen v_m die Standardabweichung des Endvermögens errechnet. Aus diesen beiden Gleichungen bestimmen sich dann auch die (μ_m, σ_m)-Kombinationen der effizienten Portfolios.

Wie in Abb. 4 ist auch in Abb. 5 die Standardabweichung auf der vertikalen Achse und der Erwartungswert des Endvermögens auf der horizontalen Achse abgetragen. An und für sich sind bei der gegebenen Portfoliostruktur diejenigen (μ_m, σ_m)-Kombinationen zu realisieren, die bei gegebenem Anfangsvermögen v_{m1} durch die Kurve $\sigma_m(\mu_m; v_m)|_{v_m = v_{m1}}$ gegeben sind. Entsprechendes gilt für die effizienten Kombinationen von Standardabweichung und Erwartungswert bei einem gegebenen Anfangsvermögen v_{m2}. Die **realisierbaren** (μ_m, σ_m)-Kombinationen sind für die alternativen Werte v_{m1} und v_{m2} angegeben. Sie stellen, um es nochmals hervorzuheben, einen **nichtlinearen** Kurvenzug dar.

---

[1] Diese Gerade ist der Überschaubarkeit wegen in Abb. 5 nicht nochmals eingezeichnet.

Die **lineare Beziehung zwischen Anfangsvermögen und Erwartungswert des Endvermögens**, $\mu_m = \alpha v_m$, impliziert jedoch auch eine lineare Beziehung zwischen dem Erwartungswert und der Standardabweichung des Endvermögens. Die lineare Beziehung zwischen Anfangsvermögen und Erwartungswert des Endvermögens legt fest, daß aus der Vielzahl der effizienten (μ_m, σ_m)-Kombinationen nur noch eine einzige ausgewählt werden kann, und zwar diejenige, die der Gleichung $\sigma_m = \mu_m \frac{1}{\alpha} \pi (\alpha)$ gehorcht. Diese Gerade verbindet diejenigen Punkte der Kurven effizienter Portfolios bei verschiedenen Anfangsvermögen v_m miteinander, die die gleiche Steigung aufweisen.

In Abb. 5 verbindet die eingezeichnete Gerade diejenigen Tangentialpunkte, bei denen die Steigung der Tangente dem **Winkel** δ entspricht. Darüber hinaus ist im (μ_m, σ_m) - Koordinatensystem noch eine weitere Gerade eingezeichnet, die ebenfalls Punkte gleicher Steigung miteinander verbindet. Es ist diejenige Gerade, die **sowohl durch den Ursprung läuft als auch die Kurven effizienter Portfolios tangiert**.

Bei dieser Geraden lautet die Beziehung zwischen Standardabweichung und Erwartungswert des Endvermögens:[1]

$$\sigma_m = \frac{\mu_m}{\sqrt{a}}$$

Aus der Eigenschaft $ac-b^2>0$ folgt, daß die aus dem Ursprung heraus die Kurven effizienter Ertrags-Risikokombinationen tangierende Gerade flacher verläuft als diejenige, die durch die die minimalen Standardabweichungen repräsentierenden Punkte läuft, denn es gilt:

$$\frac{1}{\sqrt{a}} < \frac{\sqrt{c}}{b}$$

Die Tangente hat mithin eine geringere Steigung als die Verbindungsgerade der Minimalvarianzen effizienter Portfolios. Sie gibt damit attraktivere Anlagemöglichkeiten an, als sie von den Portfolios mit minimaler Standardabweichung angegeben werden. Damit zeigt sich das im ersten Moment verblüffende Phänomen, daß es noch Anlagemöglichkeiten gibt, die zu einem gegebenen Erwartungswert des Endvermögens eine niedrigere Standardabweichung erlauben als das Portfolio mit der minimalen Standardabweichung. Die folgende Abbildung erklärt den Zusammenhang:

---

[1] Vgl. Anhang II.

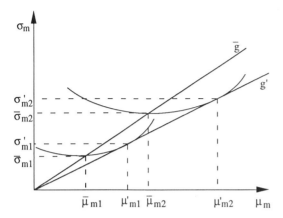

Abb. 6: Beziehung zwischen Tangentialportfolio P (μ'_m, σ'_m) und Minimalportfolio P $(\bar{\mu}_m, \bar{\sigma}_m)$.

In Abb. 6 sind wiederum die Kurven effizienter Kombinationen von Erwartungswert und Standardabweichung für unterschiedliche Anfangsvermögen v_{m1} und v_{m2} eingezeichnet. Die Gerade g' entspricht der in der (μ_m, σ_m)-Ebene eingezeichneten Geraden $\sigma_m = \mu_m (\sqrt{a})^{-1}$ aus Abb. 5.

Die Gerade $\bar{g}$ verbindet die Punkte der **absoluten minimalen Standardabweichung** für alternativ gegebene Anfangsvermögen v_{m1} und v_{m2}. Die Gerade g' hingegen verbindet diejenigen Punkte, bei denen das Verhältnis zwischen Standardabweichung und Erwartungswert minimal ist, mithin die **relative Standardabweichung minimal** ist.

Es gelten folgende Relationen zwischen den Werten beider Verbindungsgeraden:

	Tangentialportfolio	Minimalportfolio
μ_m	$\dfrac{a}{b} v_m$	$\dfrac{b}{c} v_m$
σ_m	$\dfrac{v_m \sqrt{a}}{b}$	$\dfrac{v_m}{\sqrt{c}}$
Gerade	g': $\sigma_m = \dfrac{\mu_m}{\sqrt{a}}$	$\bar{g}$: $\bar{\sigma}_m = \dfrac{\sqrt{c}}{b} \bar{\mu}_m$

Tab. 3: Relationen zwischen Tangentialportfolio und Minimalportfolio

Bei einem Anfangsvermögen v_{m1} liegt die absolut minimale Standardabweichung bei $\frac{v_{m1}}{\sqrt{c}}$, die relativ minimale Standardabweichung liegt bei $v_{m1}\frac{\sqrt{a}}{b}$ mit einem zugehörigen erwarteten Endvermögen von $\frac{a}{b} v_{m1}$.

Es lohnt demnach die auf der Geraden g' liegenden Tangentialportfolios und nicht die auf der Geraden $\bar{g}$ liegenden Minimalvarianzportfolios zu realisieren.

Abb. 6 verdeutlicht auch den Zusammenhang zwischen den beiden Gestaltungsparametern für die Realisierung einer bestimmten Kombination von Standardabweichung und Erwartungswert:

Zum einen hängt die Relation zwischen Standardabweichung und Erwartungswert des Endvermögens von **der Zusammensetzung des Portfolios** bei einem gegebenem Anfangsvermögen v_m ab. Die grundsätzlich erreichbaren alternativen Kombinationen liegen auf den eingezeichneten Parabeln, wobei aber auch **nichtlineare Beziehungen zwischen Anfangsvermögen und Erwartungswert des Endvermögens zugelassen werden müssen.**[1]

Zum anderen hängt die Relation zwischen Standardabweichung und Erwartungswert von der **Höhe des insgesamt eingesetzten Betrages** v_m ab. Ist der anzulegende Betrag vorgegeben, dann kann man nur Kombinationen von Erwartungswert und Standardabweichung des Endvermögens realisieren, die auf der entsprechenden Parabel liegen. Hat man die Möglichkeit, den **Anlagebetrag selbst zu variieren,** dann können Kombinationen von Erwartungswert/Standardabweichung realisiert werden, die auf der Geraden g' liegen. Die Gerade impliziert eine Beziehung zwischen Anfangsvermögen v_m und Erwartungswert μ_m der Form

$$\mu_m = \frac{a}{b} v_m .$$

Betrachtet man die auf der Geraden g' liegenden Kombinationen von Erwartungswert und Standardabweichung des Endvermögens, dann bestimmt sich das zugehörige Anfangsvermögen v_m nach der Formel:

$$v_m = \frac{b}{a} \mu_m$$

Bei dieser Betrachtung wird unterstellt, daß für einen eventuell verbleibenden Anlagebetrag **keine weitere Anlagemöglichkeit besteht.** Dies stimmt mit der Realität nicht überein. Die Portfoliotheorie kann bekanntlich ja auch derart ausgebaut werden, daß sichere Anlagen Berücksichtigung finden. Wir wollen

---

[1] Wie nachstehend gezeigt, werden solche Relationen im Kapitalmarktgleichgewichtsmodell nicht zugelassen.

dies tun und anschließend untersuchen, inwieweit dadurch die linearen Entscheidungsstrukturen erhalten bleiben.

2.2 Berücksichtigung einer sicheren Anlagemöglichkeit

Führt man eine zusätzliche sichere Anlagemöglichkeit ein, dann kann man in analoger Weise die Gerade effizienter (μ_m, σ_m)-Kombinationen konstruieren. Diese Konstruktion wird in Abb. 7 veranschaulicht:

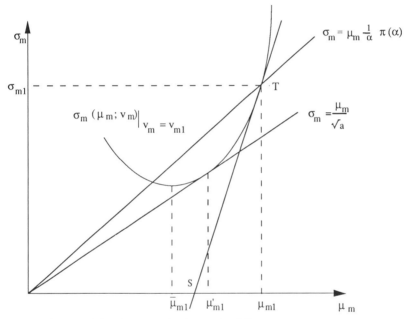

Abb. 7: Konstruktion der Kurve dominanter Portfolios

Wir wollen die Kurve effizienter (μ_m, σ_m)-Kombinationen unter Berücksichtigung einer sicheren Anlage als **dominante Portfolios** charakterisieren, um sie von den effizienten Portfolios ausschließlich unsicherer Wertpapiere zu unterscheiden. Die Darstellung erfolgt im (μ_m, σ_m) - Koordinatensystem. Auf der Abszisse, der μ_m - Achse, ist in Höhe von S das sichere Endvermögen aufgetragen, das bei einem Anlagebetrag von v_m und einem sicheren Zinssatz r erzielt werden kann. Mit $q = 1 + r$ gilt für das mit v_m erzielbare sichere Endvermögen S:

(17) $S = q \cdot v_m$

Die **Kurve effizienter Portfolios aus unsicheren Anlagen alleine** ist als Hyperbel für ein gegebenes Anfangsvermögen v_m eingezeichnet. Die Gleichung der Hyperbel lautet:

(18) $\sigma_m = \left[\dfrac{c\mu_m^2 - 2b\mu_m v_m + a v_m^2}{ac - b^2}\right]^{\frac{1}{2}}$ mit $v_m = v_{m1}$

Die **Kurve effizienter Anlagemöglichkeiten aus einer sicheren Anlage und dem unsicheren Portfolio** ergibt sich als Tangente aus dem Punkt S an die Kurve unsicherer Portfolios. Sie tangiert diese Kurve im Punkt T mit den Koordinaten (μ_{m1}, σ_{m1}).

Es läßt sich nun folgende Beziehung ableiten:[1]

(19) $\sigma_{m1} = \dfrac{\mu_{m1}}{|qb - a|} \sqrt{cq^2 - 2bq + a}$

In Gleichung (19) hängt sowohl der Ausdruck unter der Wurzel als auch unter dem Bruchstrich nicht von μ_{m1} ab, so daß sich σ_{m1} proportional zu μ_{m1} verändert. Die durch Gleichung (19) beschriebene Gerade ist in Abb. 8 als die durch den Ursprung gehende Gerade g' eingezeichnet. Wie die weitere Darstellung in Abb. 8 deutlich macht, verbindet diese Gerade die Punkte gleicher Steigung der riskanten Portfolios bei alternativen Anfangsvermögen. In Abb. 8 basiert die Gerade g' auf den Steigungen, die dem Winkel δ entsprechen.

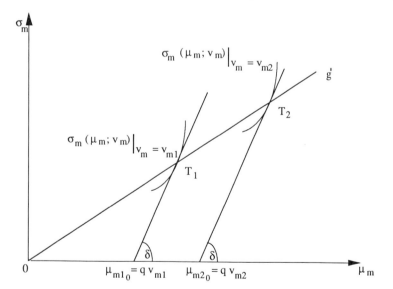

Abb. 8: Verbindungsgerade der Tangentialpunkte

Bei einem Anfangsvermögen von v_{m1} bzw. v_{m2} beträgt das sichere Endvermögen μ_{m1_0} bzw. μ_{m2_0}. Legt man von diesen Punkten jeweils die Tangente an die Kurve unsicherer Portfolios $\sigma_m = (\mu_m; v_m)$ eingeschränkt auf festes $v_m = v_{m1}$

---

[1] Vgl. Herleitung von Gleichung (3.2) im Anhang III.

bzw. $v_m = v_{m2}$, dann erhält man die Punkte T_1 bzw. T_2. Entsprechende Tangentialpunkte kann man für ein beliebiges Anfangsvermögen v_m konstruieren. Die **Verbindungsgerade dieser Tangentialpunkte** ergibt die Gerade g', die durch Gleichung (19) gegeben wird. Davon ist die **Kurve effizienter Anlagemöglichkeiten unter Berücksichtigung einer sicheren Anlage** zu unterscheiden. Hier gilt die Gleichung:[1]

$$(20) \quad \sigma_m = \frac{\mu_m - qv_m}{\sqrt{cq^2 - 2bq + a}}$$

Wir haben in (20) wiederum eine **lineare Beziehung** zwischen der Standardabweichung σ_m und dem Erwartungswert μ_m des Endvermögens, das bei effizienter Aufteilung des gesamten Anlagebetrages v_m in das unsichere Portfolio und die sichere Anlage zu erzielen ist. Bei einer Investition des gesamten Betrages v_m in die sichere Anlage beträgt der Endwert $S=qv_m$. Da nur sicher investiert wird, ist mithin die Standardabweichung des Endvermögens gleich Null. Die durch Gleichung (20) gegebene Gerade, schneidet im Punkt S bei $\mu_m=qv_m$ die Abszisse. Bei einer Investition des gesamten Betrages in das unsichere Portfolio hingegen beträgt der Erwartungswert bei einem Investitionsbetrag in Höhe von z.B. v_{m1}:[2]

$$(21) \quad \mu_{m1} = v_m \frac{qb - a}{qc - b}$$

Die zugehörige Standardabweichung σ_{m1} lautet gem. (19) bei dem Investitionsbetrag $v_m = v_{m1}$:

$$(22) \quad \sigma_{m1} = \frac{\mu_{m1}}{|qb - a|} \sqrt{cq^2 - 2bq + a}$$

Investiert man einen Prozentsatz u des gesamten Vermögens v_m in die unsichere Anlage, dann erhält man eine Kombination aus Erwartungswert und Standardabweichung, die auf der Verbindungsgeraden zwischen S und dem Tangentialportfolio T liegt. Die Kombination läßt sich anhand folgender Graphik darstellen:

---

[1] Vgl. Anhang IV.
[2] Vgl. hierzu auch die Gleichung (2.7) in Anhang III.

268 Kapitel 6: Die analytischen Implikationen des Marktportfolios

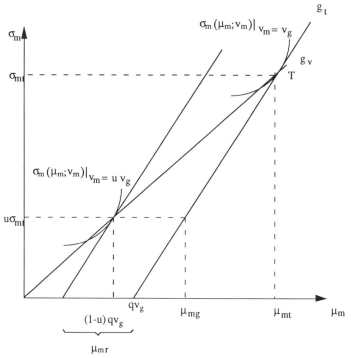

Abb. 9: Effiziente Portfolios aus der Kombination sicherer Anlage und unsicherem Portfolio

In Abb. 9 gibt die **Gerade g_t die Tangente** wieder, die vom Punkt $(qv_g;0)$ auf der Abszisse an die **Kurve effizienter Portfolios** $\sigma_m(\mu_m;v_m)|_{v_m=v_g}$ mit Anlagebetrag v_g gelegt wird. Sie gibt, wie ausgeführt, die (μ_m,σ_m)-Kombinationen an, die bei Aufteilung des gesamten Portfoliobetrages auf das unsichere Portfolio T einerseits und die sichere Anlage andererseits zu realisieren sind. Im Punkt T ist also das gesamte Anlagevermögen v_g ausschließlich in unsicheren Papieren angelegt. Im Punkt $(qv_g;0)$ hingegen ist der Gesamtbetrag nur in der sicheren Anlage investiert. Sämtliche Punkte der Geraden g_t zwischen diesen beiden Extremen beinhalten somit eine Aufteilung des Anlagebetrages v_g in sichere und unsichere Papiere. Die **Gerade g_v ist die Verbindungsgerade der Tangentialpunkte für alternative unsicher investierte Anfangsvermögen v.** Die Punkte auf der Geraden g_t lassen sich daher auch als kombiniertes Resultat aus der Anlage in dem unsicheren Portfolio, angegeben durch die Gerade g_v, und die sichere Anlage, angegeben als Differenzbetrag μ_{mr} auf der Abszisse alleine, konstruieren. Wird z.B. der Betrag uv_g in das unsichere Portfolio investiert, dann führt dies zu einer Standardabweichung in Höhe von $u\sigma_{mt}$. Der zugehörige Erwartungswert liegt bei $u\mu_{mt}$.

Wird andererseits der Differenzbetrag $(1-u)v_g$ in die sichere Anlage investiert, dann gilt für den Erwartungswert:

(23.1) $\mu_{mr} = qv_g - u\,qv_g = (1-u)\,qv_g$

Der Erwartungswert der Summe aus sicherer und unsicherer Anlage ist gleich der Summe der Erwartungswerte und mithin

(23.2) $\mu_{mg} = u\,\mu_{mt} + \mu_{mr}$

Die Standardabweichung der Summe aus sicherer und unsicherer Anlage ist gleich der **Standardabweichung der unsicheren Anlage** alleine:

(24) $\sigma_{mg} = u\sigma_{mt}$

Mit Hilfe der Gleichungen (23.1), (23.2) und der Gleichung (2.7) in Anhang III läßt sich folgende Beziehung zwischen dem Erwartungswert des kombinierten Portfolios und dem Anfangsvermögen herleiten:

(25) $\mu_{mg} = v_g \left[u\,\dfrac{qb - a}{qc - b} + (1-u)\,q \right]$

Diese Beziehung läßt sich auch als erwartete Renditegröße des insgesamt eingesetzten Betrages v_g bei alternativer Aufteilung in die sichere Anlage und das unsichere Portfolio interpretieren, denn es gilt:

(26) $\dfrac{\mu_{mg}}{v_g} = u\,\dfrac{qb - a}{qc - b} + (1-u)\,q$

Die erwartete Renditegröße ist somit unabhängig von der Höhe des eingesetzten Betrages v_g; der Ausdruck auf der rechten Seite enthält nicht v_g. Er hängt von der Aufteilung des Anfangsvermögens in die sichere und unsichere Anlage ab.

Die effiziente Anlage in das kombinierte Portfolio ist durch die erwartete Rendite

(27) $\dfrac{\mu_{mg}}{v_g} - 1 = \left[u\,\dfrac{qb - a}{qc - b} + (1-u)\,q \right] - 1$

charakterisiert.

Die bisherigen Ableitungen bezogen sich **alleine auf das Marktportfolio**. Sie haben aber deutlich gemacht, daß die allgemeine µ-σ - Effizienz von **linearen Entscheidungsstrukturen dominiert** wird, die insbesondere bei Berücksichtigung einer sicheren Anlage zum Tragen kommen. Es gilt nun zu untersuchen, ob diese linearen Entscheidungsstrukturen auch die Situation eines einzelnen Anlegers charakterisieren. Eine solche Parallelität der Entscheidungsstruktur ist zu erwarten. Sie dürfte Voraussetzung für eine unproblematische Aggregation der Einzelwerte zu einem Marktportfolio sein.

3. Kurve risikoeffizienter Portfolios eines einzelnen Anlegers k

3.1 Ausschließlich unsichere Anlagen

Nachdem im ersten Schritt die Kurven risikoeffizienter Anlagen am gesamten Markt bestimmt worden sind und zwar einmal mit und einmal ohne Berücksichtigung einer sicheren Anlage, gilt es nun, die **analogen Anlagemöglichkeiten für einen einzelnen Investor** abzuleiten. Zunächst sei hier wie bei dem Gesamtmarkt die Kurve effizienter Portfolios bei ausschließlich unsicheren Anlageformen bestimmt. Hierzu ist wiederum in der bekannten Fragestellung eine Lagrangefunktion dergestalt zu minimieren, daß bei **gegebenem erwarteten Endwert des Portfolios und gegebenem Vermögenseinsatz die Varianz bzw. die Standardabweichung minimiert** wird:

$$(28) \quad L_k = \sum_j \sum_i n_{kj} \sigma_{ij} n_{ki} + \lambda_1 \left[\mu_k - \sum_j n_{kj} e_j \right] + \lambda_2 \left[v_k - \sum_j n_{kj} p_j \right] \to \min!$$

Die Lösung dieser Aufgabe führt analog den bereits bekannten Ergebnissen[1] zur nachstehenden Bestimmungsgleichung erreichbarer (μ, σ^2)-Kombination:

$$(29) \quad \sigma_k^2 = \frac{c\mu_k^2 - 2b\mu_k v_k + a v_k^2}{ac - b^2}$$

mit den bekannten Abkürzungen:

$$a = F'ES^{-1}EF = \sum_i \sum_j e_j \sigma_{ij}^* e_i$$
$$b = F'ES^{-1}PF = F'PS^{-1}EF = \sum_i \sum_j e_j \sigma_{ij}^* p_i$$
$$c = F'PS^{-1}PF = \sum_i \sum_j p_j \sigma_{ij}^* p_i$$

Für die Anzahl n_{kj} der Aktien, die der Anleger k von der Unternehmung j hält, gilt:

$$(30) \quad n_{kj} = \frac{c\mu_k - bv_k}{ac - b^2} \sum_i \sigma_{ij}^* e_i + \frac{av_k - b\mu_k}{ac - b^2} \sum_i \sigma_{ij}^* p_i$$

Im allgemeinen Fall hängt auch hier die Anzahl n_{kj} von der Höhe des anzulegenden Betrages v_k als auch von der Höhe des erwarteteten Vermögens μ_k ab. Eine Vereinfachung läßt sich wiederum erreichen, wenn wir eine lineare Beziehung zwischen μ_k und v_k unterstellen, so z.B.

$$\mu_k = \frac{a}{b} v_k, \text{ die Beziehung bei den Tangentialportfolios.}$$

Setzt man diese Beziehung ein, so erhält man:

---
[1] Vgl. Anhang I.

(31) $\quad n_{kj} = \dfrac{v_k}{b} \sum_i \sigma_{ij}^* e_i$

Setzt man hingegen die Beziehung

(32) $\quad \mu_k = \dfrac{b}{c} v_k$

bei den Minimalportfolios ein, so erhält man:

(33) $\quad n_{kj} = \dfrac{v_k}{c} \sum_i \sigma_{ij}^* p_i$

In beiden Fällen sind die **relativen Anteile der Aktien am Portfolio unabhängig von der Höhe des insgesamt eingesetzten Betrages.**

3.2 Berücksichtigung einer sicheren Anlagemöglichkeit

Unter Berücksichtigung einer sicheren Anlagemöglichkeit gilt auch hier folgende Beziehung zwischen der Standardabweichung σ_k und dem Erwartungswert μ_k des Portfoliovermögens:[1]

(34) $\quad \sigma_k = \dfrac{\mu_k - q v_k}{\sqrt{cq^2 - 2bq + a}}$

$q = 1 + r$
$r = $ Zinssatz für sichere Anlagen

Diese Gerade gibt die (μ_k, σ_k)-Kombinationen aus sicherer Anlage und Tangenten-Portfolio wieder. Sie schneidet die Abszisse bei $\mu_k = q v_{k0}$ und tangiert im Punkte T die Kurve unsicherer Portfolios, der ein Anfangsvermögen in Höhe von v_{k0} zugrundeliegt.

---

[1] Diese Beziehung wird analog der Herleitungen in Anhang IV gewonnen.

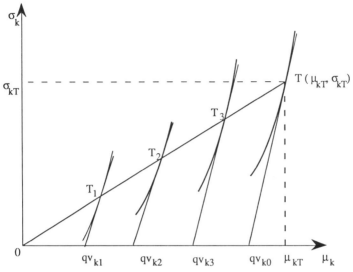

Abb. 10: Verbindungsgerade der Tangentialportfolios

Die Gerade 0T verbindet die **Tangentialpunkte alternativer unsicherer Portfoliokurven mit der zugehörigen Anlagegeraden**. Der Punkt qv_{k0} wird realisiert, wenn das gesamte Vermögen v_{k0} in der risikofreien Anlage investiert wird, der Punkt T hingegen, wenn der gesamte Betrag in das riskante Portfolio investiert wird.

Die Tangente $(qv_{k0})T$ gilt für einen **Anleger mit dem Vermögen** v_{k0}. Ein Anleger mit geringerem Vermögen, z.B. v_{k3}, kann die Kombinationen auf der Geraden $(qv_{k3})T_3$ realisieren. Entsprechendes gilt für die Anleger mit dem Anfangsvermögen v_{k1} bzw. v_{k2}. Grundsätzlich kann man feststellen, daß *die realisierbaren Kombinationen auf den Parallelen zur Gerade $(qv_{k0})T$ liegen, wobei das investierbare Anfangsvermögen den Abszissenabschnitt bestimmt.*

Die Kurve 0T ist der geometrische Ort, der die Punkte gleicher Steigung der Kurven riskanter Portfolios bei unterschiedlichen Anfangsvermögen v_k verbindet:[1]

$$(35) \quad \sigma_k = \frac{\mu_k}{|qb - a|} \sqrt{cq^2 - 2bq + a}$$

Der Punkt T ist durch den Schnittpunkt der beiden Geraden charakterisiert, die durch die Gleichungen (34) und (35) gegeben sind. Es gilt somit:

$$(36) \quad \frac{\mu_k}{|qb - a|} \sqrt{cq^2 - 2bq + a} = \frac{\mu_k - qv_k}{\sqrt{cq^2 - 2bq + a}}$$

---

[1] Diese Beziehung wird analog der Herleitungen in Anhang III gewonnen.

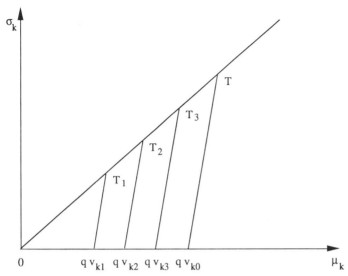

Abb. 11: Lineare Entscheidungsstruktur des Tangentenportfolios

Auch bei der Verbindungsgeraden 0T der Tangentialpunkte wird **eine lineare Beziehung zwischen Anfangsvermögen und erwartetem Endvermögen unterstellt.** Es gilt:[1]

$$(37) \quad \mu_k = v_k \frac{qb - a}{qc - b}$$

Diese Aussage ist trotz der Tatsache, daß das Tangentenportfolio nur bei einer vollständigen Investition des Anlagebetrages v_k in das unsichere Portfolio erreicht wird, richtig. Wird nur ein Bruchteil in das unsichere Portfolio investiert, weil der Rest in der sicheren Anlage festliegt, dann wird die realisierte (μ_k, σ_k)-Kombination des unsicheren Portfolios durch den entsprechenden Abschnitt auf der Geraden (0T) wiedergegeben.[2]

Es zeigt sich somit auch hier, daß die lineare Beziehung zwischen μ_k und σ_k auch eine lineare Beziehung zwischen Erwartungswert und Anfangsvermögen der Gestalt $\mu_k = \alpha v_k$ impliziert. Unterstellt man dagegen z.B. die Beziehung

$$\mu_k = v_k^{\frac{1}{2}},$$

dann gibt es **keine linearen Entscheidungsstrukturen mehr**, die auch eine lineare Beziehung zwischen Erwartungswert und Standardabweichung des Anlegerendvermögens unterstellen.

---

[1] Vgl. Anhang V.
[2] Vgl. hierzu auch die Abbildungen 10 und 11.

3.3 Die Aggregation der Individualportfolios zum Marktportfolio

Die lineare Beziehung zwischen μ_k und v_k impliziert, daß **ein beliebiger Anleger von allen Aktien jeweils den gleichen Prozentsatz hält**.[1] Mit Hilfe der Gleichungen (30) und (37) erhält man für den Anteilswert n_{kj} des k-ten Anlegers an der j-ten Unternehmung:

$$(38) \quad n_{kj} = \frac{v_k}{qc - b} \left[q \sum_i \sigma_{ij}^* p_i - \sum_i \sigma_{ij}^* e_i \right]$$

Summiert man über alle Anleger k, dann erhält man die Gesamtzahl t_j der Aktien der Unternehmung j:

$$(39) \quad t_j = \sum_k n_{kj} = \sum_k v_k \frac{1}{qc - b} \left[q \sum_i \sigma_{ij}^* p_i - \sum_i \sigma_{ij}^* e_i \right]$$

Der Anteil ε_{kj}, den der Anleger k am Kapital der Unternehmung j hält, ist durch

$$(40) \quad \frac{n_{kj}}{t_j} = \frac{v_k}{\sum_k v_k} = \varepsilon_{kj}$$

gegeben. Diese Formel gilt für alle Unternehmen. Folglich hält der Anleger k an jeder Unternehmung j einen Prozentsatz ε_{kj}, der **dem Anteil seines Anfangsvermögens am Gesamtvermögen entspricht**.

Es gilt:

$$(41) \quad \varepsilon_{kj} = \frac{n_{kj}}{t_j} = \varepsilon_k \quad \text{für } j = 1,..., J$$

Diese Gleichung ist wiederum eine Konsequenz der Linearitätshypothese.

Aus diesen Relationen wird auch das gesamte Aggregationsproblem transparent, um nicht zu sagen trivial.

Ohne **lineare Beziehung zwischen Anfangsvermögen, Erwartungswert und Standardabweichung des Endvermögens** ist eine **Separation nicht möglich**. Diese Separation impliziert aber auch gleichzeitig, daß die Allokation des Vermögens unter der Markträumungsbedingung in der sehr einfachen Form realisiert wird, daß jeder **Anleger vom Grundkapital aller Unternehmen den gleichen Anteil hält**. Auch diese Konsequenz läßt das Marktgleichgewichtsmodell in einem sehr problematischen Licht und seinen Realitätsgehalt als sehr fragwürdig erscheinen.

---

[1] Vgl. Mossin (1973), S. 69 ff. Diese im ersten Moment vielleicht überraschende Konsequenz hängt nicht von der Beschränkung auf unsichere Anlagen ab. Entscheidend ist vielmehr die explizite Annahme eines markträumenden Gleichgewichtes. Mossin spricht in diesem Zusammenhang von "perfectly balanced portfolios". Vgl. Mossin (1977), S. 73 ff. In dieser Veröffentlichung werden Voraussetzungen und Implikationen ausführlich abgehandelt.

4. Zur kritischen Würdigung der Kapitalmarktgleichgewichtstheorie

4.1 Entwicklungslinien

Mißt man die Portfoliotheorie bzw. das CAPM nicht an den zahlreichen theoretischen Argumenten, deren logischer bzw. empirischer Wahrheitsgehalt mitunter schwer zu durchschauen ist, sondern an den konkreten empirischen Untersuchungen, so kann man feststellen, daß die **ex-post-Schwankungen der Aktienkurse** verglichen werden mit den ex-post-Schwankungen eines, in der Regel bekannten, Aktienindex. Aus dem Vergleich der beiden Schwankungen werden Anlageempfehlungen abgeleitet.[1] Die Finanzierungstheorie hat mit dem Paradigma des CAPM eine Fülle von wesentlichen Erkenntnissen und konzeptionellen Instrumenten abgeleitet, die bei dem Aufbau einer realen Finanzierungstheorie von großem Nutzen sein können. Sie hat jedoch andererseits mit der Konzentration auf das CAPM das gesamte Problem etwas aus dem Auge verloren und damit die Fähigkeit verringert, die erzielten Erkenntnisse bei der Behandlung konkreter Fragen einzusetzen. Mit der Setzung der Prämisse des Kapitalmarktgleichgewichtes hat die Finanzierungstheorie die Fähigkeit eingebüßt, den Blick objektiv und unmittelbar auf die realen Probleme zu richten.

Dabei sollte auch in den Wirtschaftswissenschaften jene Erkenntnis der Atomphysiker aus der Diskussion der Blasenkammerexperimente in den 20er Jahren Eingang finden, die Heisenberg in seinen Memoiren Einstein formulieren läßt: "Erst die Theorie entscheidet darüber, was man beobachten kann".[2]

Beurteilt man die Portfoliotheorie oder die Theorie des CAPM nach dieser Maxime, dann muß man wohl feststellen, daß viele Untersuchungen extra theoriam, wenn nicht gar contra theoriam erfolgten. In den letzten Jahren ist jedoch eine Konvergenz von Untersuchungen und theoretischen Hypothesen zu beobachten, wobei man mehr auf die Inhalte abstellen muß denn auf die gewählten Bezeichnungen. Die Bewertung von Finanztiteln wird heute jedoch durchweg mit einem anderen Design als vor 25 Jahren betrieben.

Die Behauptung, "das Marktportfolio sei nicht beobachtbar",[3] erschütterte die unangefochtene Stellung des CAPM und trug zur Förderung der Arbitrage-Theorie bei. Die Antwort bilden die sog. Mehrfaktorenmodelle. Sie werden de facto sowohl vom CAPM als auch von der Arbitrage-Preis-Theorie getestet.[4] Ob jedoch von der statistischen Seite die nun propagierte Faktoren-Analyse das geeignete Instrumentarium zur Lösung der gestellten Aufgaben ist, muß abgewartet werden. Tatsächlich gehört die Faktoren-Analyse nicht zu den Techniken, die ein Statistiker von vornherein zur Lösung der angesprochenen Fragen heran-

---
[1] Vgl. z.B. Fogler/Ganapathy (1982) und die dort angegebenen Untersuchungen, Grant (1978).
[2] Heisenberg (1969), S. 89.
[3] Roll (1977), S. 129 f.
[4] Möller (1988), Chen/Copeland/Mayers (1987).

ziehen würde. Methoden wie Mehrgleichungsregressionen und/oder die Technik von Box-Jenkins bzw. das Berliner-Verfahren scheinen hier eher geeignet zu sein.[1] Die Faktoren-Analyse in verschiedenen Varianten ist deswegen nicht besonders geeignet zur Behandlung von Mehrfaktorenmodellen, weil in beiden Wortkombinationen der Begriff des Faktors vorkommt.

4.2 Aktienkursverlauf und Anlagestrategie

Ausgangspunkt für die Diskussion der Anlagestrategien soll die grundlegende Bestimmungsgleichung eines Aktienkurses P_t aus Kapitel 3 sein:

$$P_t = f(G_t, Z_t, U_t).$$

Der Aktienkurs P_t resultiert aus dem Zusammenwirken von folgenden Komponenten:

G_t : langfristige Trendkomponente
Z_t : zyklische Komponente
U_t : stochastische Komponente

Die Komponenten sind in der Regel linear oder multiplikativ miteinander verknüpft; letztere Form kann durch Logarithmieren wieder auf eine additive Verknüpfung umgeformt werden. Wir wollen von einer additiven Verknüpfung ausgehen.

Über die **Höhe des Einflusses** lassen sich theoretische Vermutungen anstellen, die es dann empirisch zu untermauern gilt. Insbesondere hinsichtlich der Bedeutung **des stochastischen Terms U_t unterscheiden sich die Ansichten: Die Dow-Theorie**[2] **als Archetyp der Chart-Analyse mißt den zufälligen Schwankungen nur sehr geringe Bedeutung bei**; sie sind unbedeutend und haben eigentlich keinen Informationsgehalt; Aktienkursbewegungen besitzen erst dann Aussagekraft, wenn sich Trendkanäle erkennen lassen, wobei dann zwischen lang- und kurzfristiger Schwankung zu differenzieren ist. Die **Random-Walk-Hypothese** hingegen behauptet, daß der Aktienkurs zu einem Zeitpunkt ausschließlich die Ausprägung eines Zufallsprozesses ist, mithin keine systematischen Komponenten vorliegen. Eine Mittelstellung nimmt die Auffassung ein, daß der Aktienkurs einem Random-Walk mit Trend gehorcht. Dieser Kompromiß ist zwar theoretisch sehr einleuchtend, praktisch jedoch nur sehr schwer zu identifizieren.

---

[1] Zum Berliner Verfahren vgl. z.B. Haskamp (1985), zum Box-Jenkins-Verfahren vgl. z.B. Löderbusch (1985), zu den Mehrgleichungsverfahren vgl. z.B. Press (1972).
[2] Diese Ansicht spielt eine zentrale Rolle in der technischen Aktienanalyse. Vgl. hierzu die Darstellung bei Loistl e.a. (1990), S. 70 ff. Wir werden an dieser Stelle nicht näher darauf eingehen.

Trend und zyklische Komponenten werden z.B. simultan nach dem Berliner-Verfahren bestimmt. Die Koeffizienten werden so bestimmt, daß nur noch eine Restschwankung übrig bleibt, der eigentlich kein Erklärungswert mehr zukommt. Sie besitzt nur noch den Charakter eines Ausgleichsterms. Dabei ist die Kenntnis der Bedeutung der einzelnen Einflußgrößen von entscheidender Bedeutung für die Wahl der Anlagestrategie. Zunächst sei zur Verdeutlichung der Zusammenhänge unterstellt, daß die Einflüsse mit Sicherheit bekannt sind und sich isolieren lassen.[1]

Gehorcht der Aktienkurs einem **Trend**, $P_t = h(G_t)$, dann wird man die Aktie kaufen, die bis zum Planungsende die höchste Wertsteigerung aufweist. Sind keine Marktreaktionen zu erwarten, d.h. beeinflußt der einzelne Anleger mit seinem Anlagebetrag nicht den Aktienkurs, dann wird er zweckmäßigerweise den gesamten Anlagebetrag allein in dieser Aktie anlegen. Die Verteilung des gesamten Anlagebetrages auf mehrere Aktien bedeutet den Verzicht auf ein maximales Endvermögen. Für Diversifizierung besteht kein Anlaß.

Folgt der Aktienkurs einer **zyklischen Bewegung**, $P_t = g(Z_t)$, dann ist Umschichten die richtige Strategie: Bei maximalen Kursen sind die Aktien zu verkaufen, bei minimalen zu kaufen. Aktien sind um so attraktiver, je größer die zyklischen Schwankungen sind. Berechnet man aus diesen Schwankungen die Varianz, dann sind Aktien um so attraktiver, je höher die Varianz der Kursschwankungen ist. Damit liegt augenscheinlich ein Widerspruch zur $\mu-\sigma$ - Entscheidungsregel vor. Wir werden darauf gleich zurückkommen. Grundsätzlich gilt aber auch bei zyklischen Schwankungen, daß die Konzentration auf jeweils ein einziges Papier zweckmäßig ist und keine Diversifikation vorgenommen werden sollte.

Diversifikation sollte hingegen vorgenommen werden, wenn die Kursentwicklungen der Aktien Zufallsprozessen gehorchen und mithin Kursschwankungen aus der stochastischen Komponente stammen: $P_t = f(U_t)$. Der Aktienkurs folgt keinem exakten funktionalen Zusammenhang. Die jeweilige Ausprägung ist die Realisation eines Zufallsprozesses, wobei aber das Realisationsgesetz genau bekannt ist. Durch die Mischung der einzelnen Papiere in einem Portfolio läßt sich insgesamt eine günstigere Verteilung erreichen als bei der Anlage in einem Papier alleine.

Bei exakter Kenntnis der funktionalen Abhängigkeit, einschließlich der Kenntnis der Wahrscheinlichkeitsverteilung des Zufallsmechanismus, gelten zusammenfassend jeweils folgende Strategien:

---

1 Zum Einfluß des Schätzrisikos vgl. weiter unten.

Aktienkursentwicklung	Anlagestrategie
Trend	Kaufen-Halten
Zyklus	Umschichtung
Zufall	Diversifizierung

Tab. 4: Optimale Anlagestrategien in Abhängigkeit der dominierenden Komponente

Diese Zuordnung von **Anlagestrategien und Kursverläufen** ist jedoch bei Existenz eines **Schätzrisikos** zu modifizieren. Das Schätzrisiko ist nicht zu verwechseln mit dem Zufallsrisiko, welches nur im Rahmen der Diversifizierung verringert werden kann. Das Schätzrisiko resultiert aus der Ungenauigkeit der Vorhersagen und kann durch entsprechende Informationsverbesserung sowohl hinsichtlich der Trend-, Zyklus- und Zufallskomponenten als auch über deren Verknüpfung verringert werden. Die Identifikation bzw. Zuordnung des Schätzrisikos ist schwierig. Auch bei der Anwendung der ausgeklügelten statistischen Verfahren kann man das Risiko einer falschen Einschätzung der künftigen Entwicklung nicht vollständig eliminieren. Das gesamte Risiko einer Anlage setzt sich demnach aus dem Zufalls- und dem Schätzrisiko zusammen.

Diese statistische Modellbildung ist mit dem hier vorgestellten Konzept, das Zufallsrisiko in der Zufallskomponente zu konzentrieren, kompatibel. Bei allem Respekt vor der Leistungsfähigkeit der modernen statistischen Verfahren enthalten jedoch die so ermittelten Trend- und Zykluskomponenten ein Schätzrisiko, das durch die Sammlung weiterer Informationen noch weiter verringert werden könnte. Während das Zufallsrisiko nur durch Diversifizierung zu einem gewissen Grad ausgeschaltet werden kann - vgl. die Unterscheidung in diversifizierbares und nicht diversifizierbares Risiko -, läßt sich das Schätzrisiko auch noch durch Verbesserung des Informationsstandes bzw. durch Umschichtung der gehaltenen Wertpapiere beeinflussen. Eine effiziente Anlagestrategie muß daher alle Arten des Risikomanagements umfassen:

- Zunächst Informationsgewinnung und Meinungsbildung über die künftige Entwicklung der Aktien.
- Anschließend Diversifikation auf Papiere mit Kurschancen.
- Sodann weitere Marktbeobachtung und Informationssammlung, ob die ausgewählten Papiere die in sie gesetzten Erwartungen erfüllen.
- Schließlich Umschichtung, wenn die prognostizierte Kursentwicklung sich zu sehr von den beobachteten Kursen entfernt.
Auf diese Weise werden die möglichen Verluste begrenzt.

Markowitz selbst hat in seinem historischen Aufsatz von 1952 den Prozeß der Auswahl eines Portfolios auf die ersten beiden Stufen beschränkt und sich bei seinen Ausführungen auf die zweite Stufe konzentriert.[1] Die Bedeutung der einzelnen Stufen des Portfoliomanagements hängt von der Stärke der einzelnen Risiken ab: Existiert kein Informationsrisiko, dann konzentriert sich das Portfoliomanagement auf die Stufen 1 und 2, die Stufen 3 und 4 entfallen. Ob eine Diversifikation überhaupt vorgenommen wird, hängt von Form und Bedeutung der drei Einflußgrößen Trend, Zyklus und Zufall ab: Nachstehende Abbildung soll den Zusammenhang verdeutlichen:

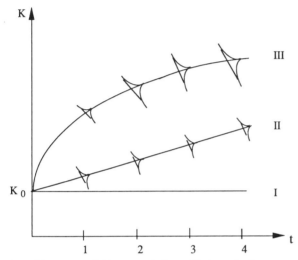

Abb. 12: Kursentwicklung von drei verschiedenen Papieren

In dieser Graphik sind die Kursentwicklungen von drei verschiedenen Papieren eingetragen, wobei zur Vereinfachung von der zyklischen Komponente abgesehen wird.

Bei Papier I sind **Zufallsterm und Trendkomponente** gleich Null. Papier II besitzt einen **ausgeprägten linearen Trend mit einer stationären Zufallskomponente**. Der Kurs von Papier III folgt einem ausgesprochen **exponentiellen Trend mit einer leicht steigenden Varianz der Zufallskomponente**. Nach der Portfoliotheorie ist eine Diversifizierung vorzunehmen, da die einzelnen Papiere jeweils nicht dominierte Kombinationen von Erwartungswert und Varianz aufweisen.

---

[1] "The process of selecting a portfolio may be divided into two stages. The first stage starts with observation and experience and ends with beliefs about the future performances of available securities. The second stage starts with the relevant beliefs about future performances and ends with the choice of portfolio. This paper is concerned with the second stage." Markowitz (1952), S. 77.

Papier	Trendkomponente	Erwartungswert	Varianz
I	$K_{It} = K_0$	$\mu_{It} = K_0$	$s_{It}^2 = 0$
II	$K_{IIt} = K_0 (1 + tr)$	$\mu_{IIt} = K_0 (1 + tr)$	$s_{IIt}^2 = s_{II}^2$
III	$K_{IIIt} = K_0 (1 + r)^t$	$\mu_{IIIt} = K_0 (1 + r)^t$	$s_{IIIt}^2 = ts_{III}^2$

Tab. 5: Charakterisierung der drei Papiere anhand unterschiedlicher Größen

Aus der Kursentwicklung der drei Aktien über die ersten vier Perioden wird aber deutlich, daß zweckmäßigerweise der gesamte Anlagebetrag in Aktie III investiert wird, denn deren möglichen Kursausprägungen liegen über den möglichen Kursen von Aktie II und Aktie I. Sei im Zeitpunkt t=3 folgende Konstellation für Aktie II und III gegeben, die zweifelsohne extrem konstruiert ist, aber in dieser Überzeichnung das Problem verdeutlicht.

Aktie	Erwartungswert	Varianz
II	200	9
III	500	16

Tab. 6: Beispielswerte

Die Kovarianz von Aktie II und III betrage 0 (Kovarianz $S_{II,III}=0$). Durch Kombination der beiden Papiere läßt sich die Varianz des Portfolios verringern entsprechend der Formel

$$\sigma^2_{min} = \frac{s_1^2 \cdot s_2^2}{s_1^2 + s_2^2} = \frac{9 \cdot 16}{25} = 5,76 \ .$$

Bei diesem risikominimalen Portfolio werden 36% in Aktie III und 64% des Anlagebetrages in Aktie II investiert, der erwartete Portfolioertrag liegt bei 308 RE.

Diese Diversifikation ist jedoch als ineffizient anzusehen. Es ist zweckmäßig, nur in Aktie III zu investieren; die Varianz beträgt dann zwar 16 und die Standardabweichung 4, jedoch liegt der Erwartungswert bei 500. Unterstellen wir eine Abweichung in Höhe von 10 vom Erwartungswert, dann beträgt der Vermögensendwert immer noch 460. Dieser Wert ist fast sicher[1] zu erzielen bei alleiniger Anlage im Papier III. Damit ist auch die Konzeption des diversifizierbaren Risikos zu relativieren. Nach der Portfoliotheorie ist bei einer Mischung der beiden Papiere immer noch ein Risiko in Höhe von 5,76 zu tragen, das sog. nicht diversifizierbare Risiko. In der soeben aufgestellten Rechnung hingegen ist das Risiko ohne Diversifikation bei einem Ertrag von 460 ausgeschaltet.

---

[1] Die Irrtumswahrscheinlichkeit bei beliebiger Verteilung beträgt nach Tschebyscheff höchstens 1%.

Damit wird deutlich, daß Diversifikation nicht in jedem Fall zweckmäßig ist. Sie wird tendenziell um so unvorteilhafter, je stärker die Unterschiede in der Steigerung des Aktienkurses sind und je kleiner die Varianzen, d.h. die Zufallsrisiken sind.[1] Aufschluß über die Vorteilhaftigkeit der Diversifikation vermag eher das Kriterium der stochastischen Dominanz zu geben:

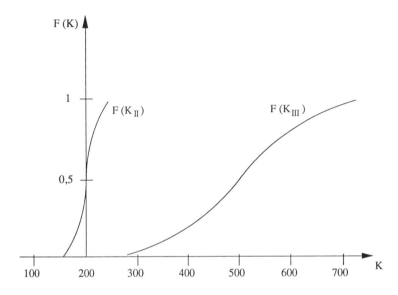

Abb. 13: Beispiel für stochastische Dominanz

Ein Vergleich der beiden Kurven macht deutlich, daß Papier III dominiert. Die Fragwürdigkeit der völligen Risikoelimination durch Kombination von zwei vollständig negativ korrelierten Werten kann ebenfalls an diesem Beispiel demonstriert werden. Unterstellen wir eine Korrelation von -1, dann wird die Varianz des gemeinsamen Portfolios gleich Null, wenn man 42,86% in Aktie III und 57,14% in Aktie II investiert. Der erwartete Wert beträgt dann 328,57 und ist damit um einiges geringer als der Wert, der fast mit Sicherheit bei einer Anlage in Alternative III allein zu erzielen ist. Ehe man daher eine Diversifikationsstrategie überlegt, sollte man zuerst überprüfen, ob nicht einzelne Aktien stochastisch dominiert werden und damit auch eine im Portfolio-Sinne effiziente Diversifikation zu einer ökonomisch ineffizienten Lösung führt. Das wird im allgemeinen zunächst dann der Fall sein, wenn der um einen Risikoabschlag verringerte Erwartungswert eines einzelnen Papiers über dem Erwartungswert des Portfolios mit minimaler Varianz liegt.[2]

---

[1] Die Formulierung von Markowitz (1952), S. 77, "Diversification is both observed and sensible; a rule of behavior which does not imply the superiority of diversification must be rejected both as a hypothesis and as a maxim", stellt auf das Vorherrschen von Zufallsrisiko ab.

[2] Zu den Möglichkeiten, stochastische Dominanz und Diversifikation zu verknüpfen, vgl. Colson/Zeleny (1980), S. 30 ff., Whitmore/Findlay (1978) und die dort wiedergegebenen Beiträge.

Hohe Varianzen können aus **hohem Zufallsrisiko** und/oder **hohem Schätzrisiko** resultieren. Die Portfoliotheorie empfiehlt in beiden Fällen Diversifikation in ein Portfolio aus mehreren Wertpapieren zu Beginn des Planungszeitraums. Das mag noch angehen, wenn nur Zufallsrisiko vorliegt, obgleich optimale Verkaufsstrategien der Papiere auch bei Zufallsrisiko vorgeschlagen werden.[1] In der Regel wird die Unsicherheit über den künftigen Kurs wenigstens teilweise auch aus der ungenauen Kenntnis der Einflußfaktoren resultieren. Wäre dem nicht so und würden die Risiken der Kursprognose nur aus dem Zufallsrisiko resultieren, dann wäre in der Tat die Aktienanlage als eine Lotterie anzusehen. Die Strategien sowohl der Unternehmen als auch der Anleger wären darauf auszurichten.[2]

Für Anleger und Unternehmer von besonderem Interesse wären primär die **durchschnittlich zu erwartenden Auszahlungen pro DM Einsatz und die maximalen Gewinne bzw. Ausschüttungen.** Die maximalen Ausschüttungen verkörpern das Liquiditätsrisiko der Unternehmung als Veranstalter der Lotterie und stellen gleichzeitig ein wesentliches Kriterium für die Attraktivität der Lotterie in den Augen der Anleger dar. Die durchschnittliche Ausschüttung pro DM Einsatz,[3] verkörpert die Rentierlichkeit der Lotterie für den Veranstalter. Die Differenzen zwischen Einsatz und erwarteter Auszahlung sind bei verschiedenen Glücksspielen unterschiedlich. Das Lotteriegesetz schreibt als Mindestausschüttung 25% der Einnahmen vor. Sehr viel höher ist die Wiederausschüttung offensichtlich beim Roulettespiel, sie liegt je nach der gewählten Kombination bei ca. 95 - 97% des Einsatzes.[4] Eine ähnliche Auszahlungscharakteristik scheint der Aktienanlage zuzuordnen zu sein, wenn der Aktienkurs einem Random Walk folgt. Hier geht man zwar in der üblichen Form von einer **fairen Bruttoauszahlungscharakteristik** in dem Sinne aus, daß der heutige Kurs dem Erwartungswert des künftigen Kurses entspricht und mithin an der Börse im Durchschnitt bzw. à la longue weder etwas gewonnen noch verloren werden kann.[5]

---

[1] Vgl. z.B. Finster (1983) und die dort angegebene Literatur.
[2] Das Auflegen einer Lotterie zur Beschaffung von liquiden Mitteln hat immerhin eine lange Tradition und war bereits im 17./18. Jahrhundert üblich; die berühmtesten Wahrscheinlichkeitstheoretiker dieser Zeit beschäftigten sich mit der Ausgestaltung der Lotterien und im Grunde genommen entsprang auch das Bernoulli-Theorem über den Erwartungswert des Nutzens dieser praxisbezogenen Fragestellung. Dieser Weg der Kapitalbeschaffung verläuft jedoch im allgemeinen nur für den Veranstalter der Lotterie erfolgreich, nicht für den Käufer eines Loses. Der Bereich Kapitalbeschaffung innerhalb der Finanzierungstheorie würde sich in diesem Falle primär auf die optimale Gestaltung von Lotterien konzentrieren; eine Fragestellung allerdings, die bislang bei der Finanzierung von Unternehmen kaum eine Rolle spielte.
[3] Der Kaufpreis eines Lotterieloses ist gleich dem Einsatz in der Definition von Schneeweiß bzw. Raiffa: der Verkaufspreis eines Loses für den Losbesitzer ist gleich dem Sicherheitsäquivalent der Lotterie. Wie Schneeweiß und Raiffa zeigten, stimmen die Preise nur bei exponentieller und linearer Nutzenfunktion überein, nicht jedoch z.B. bei logarithmischer Nutzenfunktion. Die Unterscheidung zwischen Sicherheitsäquivalent und Einsatz ist somit gerade bei der Diskussion des Petersburger Spiels zu beachten. Das Sicherheitsäquivalent beträgt 4 DM, der Einsatz hingegen 2 DM. Ein nach dem Bernoulli-Prinzip handelndes Wirtschaftssubjekt wird demnach für das Recht der Teilnahme am Spiel nur 2 DM ausgeben, es jedoch für 4 DM verkaufen wollen. Zu Sicherheitsäquivalent und Einsatz vgl. Schneeweiß (1967), S. 85 ff. und Raiffa (1970), S. 90 ff.
[4] Die Gewinne der Spielbanken resultieren demnach primär aus der hohen Anzahl von Spielen und nicht aus der hohen Gewinnträchtigkeit der einzelnen Spiele.
[5] Berücksichtigt man Transaktionskosten von ca. 1,35% je Transaktion, dann hat man netto, d.h. abzüglich 2 · 1,35% für Kauf und Verkauf eine Auszahlungscharakteristik, die der Auszahlungs-

Wie bei diesem hat man dann auch bei Aktienanlagen normalerweise keine Möglichkeit, durch systematische Strategien die Gewinnchancen günstig zu beeinflussen.[1] Systematische Spielstrategien erweisen sich als wirkungslos; es sei denn, die Rouletteschüssel besitzt eine Unwucht, die das Auftreten bestimmter Zahlen systematisch begünstigt. Die Spielbank sucht, derartige berechenbare Regelmäßigkeiten wegen der damit verknüpften systematischen Gewinnmöglichkeiten der Spieler zu vermeiden. Hat demnach ein Systemspieler signifikante Häufungen bestimmter Ziffern aus der Vergangenheit festgestellt, dann kann er nicht davon ausgehen, daß dies auch in der Zukunft der Fall sein wird, denn regelmäßig werden diese Rouletteschüsseln ausgewechselt. Bei den Aktien liegen in Trend und Zyklus diese systematischen Gewinnmöglichkeiten, die voll genutzt werden können, wenn kein Schätzrisiko vorliegt und keine Diversifikation vorgenommen wird. Schätzrisiko kann auch bei der Schätzung des Zufallsrisikos vorkommen.[2] Diversifizierung ist bei Zufallsrisiko angebracht, nicht jedoch bei Schätzrisiko, das in erster Linie durch Informationsgewinnung verringert werden kann. Die **Existenz der zahlreichen Börseninformationsdienste unterschiedlichster Couleur** deutet darauf hin, daß ein durch Informationssammlung verringerbares Schätzrisiko existiert. Ob diese Informationsdienste das Schätzrisiko allerdings tatsächlich verringern, sei dahingestellt. Amerikanische Untersuchungen zeigen, daß die Anlageempfehlungen von Wertpapieranlagediensten die Basis für außergewöhnliche Renditen liefern.[3]

Mit dieser Systematik der Einflußfaktoren auf den Aktienkurs läßt sich die Konzeption der Portfoliotheorie von Markowitz im Rahmen von Anlagestrategien einordnen. Es zeigte sich, daß es Konstellationen von unsicheren Wertpapiererträgen gibt, bei denen eine Diversifikation nicht empfehlenswert ist. Es zeigte sich auch, daß es Formen der Unsicherheit gibt, denen man zweckmäßigerweise nicht durch einmalige Diversifikation, sondern durch laufende Marktbeobachtungen mit entsprechenden Umschichtungen des Portfolios begegnet.[4]

Diese Problematik macht sich auch besonders bei der empirisch statistischen Umsetzung des Konzeptes in eine Anlagestrategie bemerkbar. Für das Portfolio-Konzept ist es unerläßlich, Erwartungswert und Varianz der künftigen Kursentwicklung festzustellen und zwar eigentlich zum Ende des Planungszeitraumes, denn schließlich konkretisiert sich die Portfolio-Theorie üblicherweise in ein Ein-Periodenmodell. Man könnte grundsätzlich durch die Befragung der An-

---

charakteristik des Roulettespieles weitgehend entspricht. Wenn die Aktienkursbewegungen einem normalen Random-Walk gehorchen, dann entsprechen die Gewinnchancen einer Aktienanlage in etwa denen des Roulettespieles.

[1] Der oben zitierte Ansatz von Finster (1983), S. 564, geht von einem Random-Walk mit einem positiven Erwartungswert aus. Diese Annahme trifft hier für den Aktienanleger in dem einfachen Fall nicht zu.
[2] Hiermit beschäftigen sich insbesondere die Beiträge in dem Sammelband von Bawa/Brown/Klein (1979).
[3] Copeland/Mayers (1982) zeigen die Erfolgsträchtigkeit des Value-Line-Klassifikationssystems.
[4] Vgl. Schmidt (1976), Chen/Jen/Zionts (1971), Samuelson (1967). Der Nachweis von Samuelson, daß Diversifikation zweckmäßig ist, stellt auf den Fall ab, in dem Zufallsrisiko vorliegt.

leger deren Vorstellung über die künftige Kursentwicklung eruieren.[1] Die Anleger selbst ziehen zur Beurteilung von Wertpapieren auch weitere Informationen heran, wie nachstehende Aufstellung zeigt.

Rang	Informationen über ...	Mittelwert auf der fünfwertigen Skala
1	Erwartete künftige Kurssteigerung	4.46
2	Künftige wirtschaftliche Aussichten der Gesellschaft	4.34
3	Qualität des Managements	4.13
4	Künftige wirtschaftliche Aussichten der Branche	4.05
5	Erwartetes künftiges Umsatzwachstum	3.93
6	Finanzielle Stärke der Gesellschaft	3.81
7	Erwartetes prozentuales Wachstum der Gewinne pro Aktie	3.78
8	Ansehen der Gesellschaft	3.76
9	Allgemeine wirtschaftliche Aussichten	3.67
10	Risiko, mit der Aktie Geld zu verlieren	3.62
11	Kursverhalten der Aktie während der letzten 12 Monate	3.58
12	Momentanes Kurs-Gewinn-Verhältnis	3.56
13	Vergangenes Wachstum des Kurs-Gewinn-Verhältnisses	3.36
14	Stabilität des Gewinns pro Aktie	3.29
15	Verzinsung des eingesetzten Vermögens	3.27
16	Stabilität des Aktienkurses	3.15

Tab. 7 : Bedeutung von Informationen über Wertpapiere nach dem Urteil amerikanischer Anleger N= 1623
Quelle: Baker/Chendall/Haslem/Juchau (1977), S. 1-18

Natürlich besitzen dabei Informationen über die **erwartete künftige Kurssteigerung** eine große Bedeutung, schließlich will der Anleger durch Kurssteigerungen den Vermögenswert seiner Anlage vermehren. Das Kursverhalten der Aktie während der **vergangenen** letzten 12 Monate steht jedoch erst an elfter Stelle. Die Prognose der künftigen Aktienkurse bzw. der künftigen erwarteten Rendite des Papiers basiert in der Portfoliotheorie aber auf den ex-post-Schwankungen des Aktienkurses bzw. der Aktienrendite; natürlich wird der Aktienindex in den Vergleich der Schwankung miteinbezogen.

---

[1] Vgl. Bart (1978), S. 1095 ff.

Über Erwartungswert und Standardabweichung der ex-post-Kursschwankungen von Aktien gibt es sehr viele Untersuchungen, wobei dann die Standardabweichung der ex-post-Schwankungen mit dem Risiko gleichgesetzt wird. Unterschiede bestehen primär hinsichtlich der Länge des Zeitintervalles zwischen den jeweils betrachteten Kursen und des zum Vergleich herangezogenen Index.

Das Informationsbedürfnis der Anleger und der Portfolio-Manager wird damit nicht vollständig befriedigt.[1] Zusammenfassend können wir am Ende dieses Abschnittes festhalten, daß die von Markowitz geforderte Diversifikation das statistische Zufallsrisiko behandelt. Bei veränderlichen Marktgegebenheiten hingegen empfiehlt sich die laufende Marktbeobachtung mit der Umsetzung neuer Informationen in eine Revision des Portfolios. Insbesondere eventuelle Trend- und Zykluskomponenten sollten identifiziert werden.

4.3 Theorie des CAPM und Realität des Marktgeschehens

Am zweckmäßigsten, wenn auch nicht ganz wörtlich, könnte man das Capital-Asset-Pricing-Model mit *Finanztitel-Bewertungs-Modell* übersetzen. Eine Übersetzung ist jedoch nicht üblich, man spricht abgekürzt auch im deutschen Sprachraum nur noch von CAPM. Verbunden wird es regelmäßig mit den Namen von Sharpe/Lintner/Mossin, manchmal auch mit dem von Treynor und selten dem von Fama. Das CAPM leitet die Bewertung eines einzelnen Wertpapiers aus dem Kontext eines Portfolios ab; sie wurde von den oben angeführten Autoren ziemlich gleichzeitig und gleichartig, aber offensichtlich unabhängig voneinander vorgeschlagen.

Der quantitativen Implikationen des Kapitalmarktgleichgewichts wurde man sich jedoch erst richtig bewußt, als man explizit eine Markträumungsbedingung einfügte. Es stellte sich auch hier, wie **bei aggregierten mikroökonomischen Gleichgewichten** allgemein, heraus, daß das System **überbestimmt** bzw. linear homogen nullter Ordnung ist: Nicht mehr die absoluten Werte können festgelegt werden, sondern nur noch die **relativen Anteile: Mithin ist der relative Anteil eines Papieres an einem Portfolio unabhängig von der Höhe des insgesamt anzulegenden Betrages.** Diese Separationseigenschaft war in Verbindung mit dem Kapitalmarktgleichgewicht jedoch so angenehm wieder nicht. Im Kapitalmarktgleichgewicht hält nämlich jeder Anleger den **Bruchteil des Marktportfolios, der seinem Anlagebetrag entspricht.**[2] Damit nun das Portfolio der einzelnen Anleger und mithin auch das Marktportfolio als die Summe aller Anlegerportfolios effizient im Sinne von Erwartungswert-Standardabweichung (bzw. Varianz) war, mußte **eine lineare Beziehung auch zwischen dem eingesetzten Betrag zu Beginn der Periode und dem erwarteten Vermö-**

---

[1] Vgl. auch Fuller/Metcalf (1978), Belkaoui/ Kahl/Peyrad (1977), Chang/Most (1981). Diese Untersuchungen bestätigen, daß die Anleger und Finanzanalytiker besonderen Wert auf andere Informationen als die Standardabweichung der ex-post-Schwankungen legen.
[2] Vgl. weiter oben in diesem Kapitel.

gen am Ende der Periode gelten bzw. wegen der linearen Beziehung zwischen Erwartungswert und Standardabweichung des Endvermögens auch eine lineare Beziehung zwischen Anlagebetrag und Standardabweichung des Endvermögens. Damit zeigte auch hier wiederum die Separabilität ihr Janusgesicht: Auf der einen Seite erlaubt sie die Aufspaltung komplexer Probleme in isoliert behandelbare Teilaufgaben. Auf der anderen Seite führen die damit verbundenen linearen Entscheidungsstrukturen zu Ergebnissen, die für den Einzelfall sehr unrealistisch sind. Selbst wenn man unterstellen würde, daß sich die Großaktionäre verschiedener Unternehmen zu einem sog. **Großanleger aggregieren lassen**, weil vielleicht Großaktionäre eine einheitliche Einstellung zu z.B. Investitionen und Gewinnen haben, so läßt sich damit nicht der **unterschiedliche Streubesitz** bei einigen Gesellschaften erklären. Diese mengenmäßige Konsequenz ist. z.B. bereits von Mossin[1] aufgezeigt worden, ohne die Realitätsferne dieser Implikation zu diskutieren. Sie wird noch größer, wenn man das Marktportfolio um andere Vermögensanlageformen erweitert. Empirische Untersuchungen belegen, daß der Anteil der einzelnen Vermögensanlagen große Unterschiede aufweist.[2] Über die Verhältnisse in Deutschland liefert die Einkommens- und Verbrauchsstichprobe 1978 Unterlagen, die vom Statistischen Bundesamt erhoben wurde und deren Ergebnisse laufend bekannt gegeben wurden.[3] Übereinstimmend verdeutlichen die einzelnen Untersuchungen die unterschiedlichen Anteile der einzelnen Wertpapierarten am Gesamtvermögen und an den Geldvermögensarten, die sich auch noch im Zeitablauf ändern. So verschob sich die Verbreitung einzelner Anlageformen zwischen den Jahren 1974 und 1980 wie folgt:

Anlageform	Anteil an der Gesamtbevölkerung	
	1974	1980
Sparkonto	84 %	92 %
Prämienbegünstigtes Sparkonto	43 %	40 %
Lebensversicherung	40 %	53 %
Bausparvertrag	29 %	33 %
Haus- u. Grundbesitz	24 %	38 %
Sparbriefe	4 %	8 %
Festverzinsliche Wertpapiere	8 %	11 %
Aktien	7 %	5 %

Tab. 8: Verbreitung und Veränderung einzelner Anlageformen
Quelle: Goedecke (1982), S. 34

---

[1] Mossin (1973), (1977).
[2] Vgl. hinsichtlich der Verhältnisse in den USA die Untersuchung von Cohn/Lewellen/Lease/Schlarbaum (1975), S. 606 ff.
[3] Vgl. z.B. Euler (1981), (1982a), (1982b), vgl. außerdem Goedecke (1982), Hornung-Draus (1989).

Die weitere Aufgliederung nach Altersgruppen, Haushaltseinkommen, Berufsgruppen zeigt dann noch größere Unterschiede.[1] Insbesondere zeigt sich, daß die **unterschiedlichen Kombinationen** der einzelnen Wertpapiere sehr **unterschiedlich verteilt** sind. Der Anteil der Aktien an den Vermögensanlagen privater Haushalte hat abgenommen, unter den einzelnen Aktionärsgruppen folgte eine wesentliche Umschichtung bei etwas längerfristiger Betrachtung.

Aktionärsgruppe	Anteil am Aktienbesitz zu Tageskursen		
	1950	1965	1980
Unternehmen	22,0 %	35,3 %	40,0 %
Privathaushalte	42,0 %	26,1 %	17,6 %
Ausland	20,6 %	16,4 %	18,2 %
öffentliche Haushalte	12,7 %	12,4 %	9,8 %
Kreditinstitute	2,0 %	6,1 %	8,0 %
Versicherungen	0,7 %	3,7 %	6,4 %

Tab. 9: Anteil am Aktienbesitz nach Aktionärsgruppen
Quelle: Hansen (1982), S. R281

Hinsichtlich der quantitativen Bedingung eines Kapitalmarktgleichgewichtes läßt sich sicherlich festhalten, daß die Voraussetzung der **gleichen Anteile** der einzelnen Haushalte nicht erfüllt ist. Die genauen Determinanten eines Kapitalmarktgleichgewichtes werden wir gleich ausführlicher analysieren. Zunächst sei aber die qualitative Bedingung der risikoeffizienten Diversifikation nochmals angesprochen.

Sie ist die Voraussetzung für die Bewertungsformel eines Papiers. Nicht erforderlich für die Durchführung der Ableitung bzw. Umformung ist jedoch die Existenz eines Kapitalmarktgleichgewichtes, wie man zwischenzeitlich weiß.[2]

Die Bewertungsformel ist mithin individuell für jeden Anleger und ein spezielles effizientes Portfolio gültig, das der Anleger aus den ihn interessierenden Anlagen zusammenstellte. Bei unterschiedlicher Auswahl von Anlagen und/oder unterschiedlicher Vorstellung von **Erwartungswert und Kovarianzen** der in die Betrachtung einbezogenen Anlagenendwerte wird dann vermutlich jeder Anleger auch zu unterschiedlichen **Wertvorstellungen** für die einzelne Anlage kommen. Gehen wir von gleichen Vorstellungen über Erwartungswert und Kovarianzen aus, dann resultieren die Bewertungsunterschiede aus dem unterschiedlichen Marktsegment, daß der Anleger seiner Strategie zugrunde legt. Die Bewertungen werden nur **bei gleichen Marktsegmenten** übereinstimmen.[3]

---
[1] Vgl. Goedecke (1982), S. 36 ff., Euler (1982b), S. 398 ff.
[2] Sharpe (1964) bezog seine Ableitung noch unmittelbar auf ein Kapitalmarktgleichgewicht.
[3] Charakteristika von Portfolios unterschiedlicher Marktsegmente auf dem amerikanischen Markt untersucht Blume (1980).

Zwei Anleger, die z.B. die an der Frankfurter Wertpapier-Börse notierten Wertpapiere ihrem Portfolio zugrundelegen, werden bei der Bewertung eines einzelnen Papiers zu den gleichen Ergebnissen kommen, wenn sie bei den Periodenendwerten gleiche Vorstellungen über Erwartungswert und Varianz haben. Unterschiede ergeben sich, wenn die beiden Anleger **unterschiedliche Marktsegmente** betrachten: Wenn z.B. der eine nur die notierten Aktien und der andere nur die notierten festverzinslichen Papiere betrachtet oder ein dritter schließlich nur Aktienoptionen. Die Palette relevanter Anlagen läßt sich noch erweitern auf z.B. alle an deutschen Börsen notierten Wertpapiere und die von Anlageberatern vertriebenen weiteren Anlageformen. Das Sortiment der relevanten Anlagen läßt sich jedoch auch weiter verringern auf z.b. deutsche Aktien, die auf dem variablen Markt fortlaufend notiert werden. Andere Einschränkungen sind jedenfalls denkbar. Ehe mit der Diversifizierung aufgrund der Portfoliotheorie begonnen wird bzw. werden kann, ist zunächst der **relevante Markt** zu definieren, auf dem der Anleger sich engagieren will. In den konkreten empirischen Untersuchungen hängt der relevante Markt vom Umfang der verfügbaren Daten ab bzw. vom als Näherungswert herangezogenen Index. In einer systematischen Analyse muß jedoch gerade die Abgrenzung des Marktsegmentes in
- örtlicher
- sachlicher
- zeitlicher

Ausdehnung vorgenommen werden.

In örtlicher und sachlicher Hinsicht ist die Abgrenzung des relevanten Marktsegments oben bereits angedeutet worden. Auch in zeitlicher Hinsicht ist der relevante Markt einzugrenzen: Gilt der Kauf- bzw. Verkaufsauftrag nur für einen Tag oder soll die Ausführung eines limitierten Auftrags bis Ultimo versucht werden. Schließlich kann der zeitlich relevante Markt einen längeren Zeitraum umfassen. Er kann z.B. mindestens 6 Monate betragen, wenn man die Besteuerung eventueller Spekulationsgewinne vermeiden will. Er kann z.B. die gesamte Laufzeit einer Optionsanleihe umfassen oder sich bis zur Pensionierung in ferner Zukunft erstrecken. Will z.B. jemand ein Aktienpaket an der Börse erwerben, dann wird er an mehreren Börsenplätzen und über einen längeren Zeitraum Kaufaufträge plazieren. An diesem solchermaßen abgegrenzten Marktsegment kommt es laufend zu partiellen Marktgleichgewichten zwischen Käufern und Verkäufern.

Deutlich wird das partielle Kapitalmarktgleichgewicht bei der Feststellung des **börsentäglichen Einheitskurses an einer deutschen Wertpapierbörse. Das Meistausführungsprinzip ermittelt Gleichgewichtspreis und -menge als den Schnittpunkt der Angebots- und Nachfragekurve durch die Aggregation der unterschiedlichen limitierten Kauf- und Verkaufsaufträge.** Dieses Gleichgewicht ist jedoch nicht allgemein gültig und nicht von Dauer. Es gilt jeweils strenggenommen nur für die Einheitskursbildung an einer einzelnen Börse, wobei jedoch die Arbitrage zwischen den einzelnen Börsen größere Abweichungen verhindert. Das Gleichgewicht gilt demnach nur für einen bestimmten Zeitpunkt und nur für eine bestimmte Aktie, als Gleichgewichtspreis strahlt der festgestellte Einheitskurs dennoch auf die Einheitskurse der künftigen Tage und bei anderen Aktien aus. Die Kursentwicklung zwischen den Aktien einer Branche sind in der Regel hoch miteinander korreliert.

Aufgrund von Kreuzspektralanalysen kommt Stier allerdings zu dem Schluß, daß sich die Kurse der verschiedenen Papiere unabhängig voneinander entwikkeln und daß insbesondere keinerlei gesicherte lead-lag-Beziehungen zu entdecken sind.[1] Erweitert man die zeitlichen Interdependenzen um die Beziehung zwischen Termin- und Kassapreisen, dann läßt sich bei den Preisen von Rohstoffen feststellen, daß die Terminpreise neue Informationen zunächst verarbeiten, ehe sie sich in Veränderungen der Kassapreise niederschlagen.[2] Die Definition eines Marktgleichgewichtes hat demnach die Ausstrahlungen auf bzw. Einwirkungen von örtlichen, zeitlichen und sachlichen Alternativanlagen zu berücksichtigen. In den bislang vorherrschenden Modellen werden diese Interdependenzen dadurch *berücksichtigt*, daß sie mit der **Annahme einer vollkommenen Separation der Teilmärkte** in zeitlicher Hinsicht und der Annahme einer **vollkommenen Arbitrage innerhalb eines Teilmarktes** in örtlicher und sachlicher Hinsicht eher ausgeschaltet denn integriert werden.

Damit wird der Erklärungsgehalt der Gleichgewichtsmodelle hinsichtlich des realen Geschehens problematisch. Zur Erklärung der Realität unvollkommener Kapitalmärkte ist auch nur eine Theorie unvollkommener Kapitalmärkte geeignet, die bislang fehlt. Damit werden Theorien zum vollkommenen Kapitalmarkt nicht wertlos. **Als idealtypische Vorstellungen im Sinne Euckens[3] erlauben sie die Beschreibung grundlegender Wirkungszusammenhänge.** Darüber hinaus haben die expliziten Angaben der Bedingungen für einen vollkommenen Markt auch ordnungspolitische Relevanz hinsichtlich eines Anlegerschutzes, der bekanntlich bei vollkommenem Markt mit vollkommener Informationseffizienz am besten sein soll. In den formalen Modellbedingungen der letzten Jahre wurde die Prämisse des vollkommenen Marktes laufend abgeschwächt. Es kommt zu einer fortschreitenden Integration von Interdependenzen zwischen Teilmärkten. Wir werden diese Weiterentwicklung der analytischen Modelle hier nicht ausführlicher darstellen können, sondern kehren zurück zur Betrachtung des CAPM. Zusammenfassend wird man jedoch feststellen können, daß nicht statische Gleichgewichtsmodelle der Realität entsprechen, sondern Ungleichgewichtsmodelle mit dynamischen Angebots- bzw. Nachfragepotentialen, von denen jeweils ein bestimmter Teil zu temporär, sachlich und lokal konkreten Angebots- bzw. Nachfragefunktionen diffundiert.

---

[1] Stier (1971), S. 677. Epps (1979) untersucht die Aktienkursbewegungen der vier größten Automobilhersteller in den USA - AMC, Chrysler, Ford und GM - auf gleichartige Bewegungen während unterschiedlicher Intervalle von 10 Minuten bis zu 3 Tagen und kommt zu dem Schluß, daß die Vorhersagekraft in der Kursveränderung einer Aktie nicht viel mehr als eine Stunde anhält.
[2] Garbade/Silber (1983), S. 295 ff., Jennings/Starks/Fellingham (1981), S. 143.
[3] Eucken (1965), zur Definition: Anm. 66, S. 268 ff., zur Intention des Begriffes: S. 41 ff.

4.4 Alternative Ansätze zur Bestimmung des Aktienkurses auf dem vollkommenen Kapitalmarkt

4.4.1 Arbitrage-Pricing-Theorie und Faktorenmodelle

Das Portfolio-Konzept und das CAPM führen demnach mit dem Marktportfolio und dem Kapitalmarktgleichgewicht zu einer durch tautologische Immunisierungen gefährdeten Fragestellung. In den letzten Jahren wurden deshalb auch Alternativen entwickelt.

Der älteste dieser Vorschläge datiert allerdings aus der Zeit vor der Konjunktur des CAPM und stammt bemerkenswerterweise von einem der Väter des CAPM. Sharpe machte 1963 den Vorschlag, den Umfang der für die Portfoliotheorie benötigten Daten dadurch zu reduzieren, daß man für die Portfolioplanung nicht mehr auf alle Kovarianzen zwischen den einzelnen Wertpapieren zurückgreifen, sondern nur noch die Kovarianzen mit einem einzigen Faktor betrachten sollte. Dieser gemeinsame Faktor könnte ein Aktienindex oder eine andere aggregierte Größe, z.B. eine gesamtwirtschaftliche Größe sein.[1] Damit hatte Sharpe eine empirisch überprüfbare Testhypothese vorgeschlagen, das sog. **Index-Modell**. In der einfachen Version als Einzel-Index-Modell, in der komplexeren Variante als Multi-Index-Modell. Bei letzterem schlug er vor, mehrere (gesamtwirtschaftliche) Faktoren zu betrachten oder neben allgemeinen Einflußfaktoren noch z.B. branchenspezifische Determinanten zu berücksichtigen. Damit war allerdings die Beziehung zum Erwartungswert-Streuungs-Ansatz effizienter Portfolios weitgehend gelöst. In einer der nächsten Veröffentlichungen gelang es ihm scheinbar jedoch, die Beziehung wieder herzustellen, indem er auf ein Kapitalmarktgleichgewicht rekurrierte und daraus das sogenannte Marktportfolio ableitete. Es übernahm im neuen Ansatz nun die Rolle des allgemeinen Index.[2] Mit dem seinerzeitigen Rekurs auf ein Kapitalmarktgleichgewicht umging Sharpe die Schwierigkeit, mit der Kurve effizienter Portfolios zu argumentieren, ohne deren analytischen Aufbau zu kennen. Der wurde erst im Jahre 1972 veröffentlicht.[3]

Die von Ross[4] propagierte **Arbitrage-Pricing-Theorie** greift ähnlich dem Index-Modell von Sharpe nicht auf **das** Kapitalmarktportfolio zurück. Im Prinzip kann jedes effiziente Portfolio die Rolle des **erklärenden Marktfaktors** übernehmen.[5] Die Brücke zu dem Ansatz von Sharpe aus dem Jahre 1963 wird im Ausbau des Einfaktoren-Ansatzes zum Mehrfaktoren-Ansatz offensichtlich. Zur empirischen Überprüfung der Mehrfaktoren-Ansätze wird auf die Faktoren-Analyse zurückgegriffen. Die theoretische Basis liefert die

---

[1] Sharpe (1963), S. 277.
[2] Roll/Ross (1980), S. 1074, sehen in dem Index-Modell von Sharpe aus dem Jahre 1963 die intuitive graue Eminenz hinter dem CAPM.
[3] Merton (1972), Szegö (1980).
[4] Ross (1976), (1977). Eine ausführliche Darstellung findet sich bei Müller (1985) und Wilhelm (1985).
[5] Roll/Ross (1980), S. 1080.

Arbitrage-Preis-Theorie (ATP). Der Name des Arbitrage-Modells läßt sich auch aus dem Konzept des CAPM ableiten:[1]

Stellt man nicht auf Renditegrößen ab, sondern auf absolute Ertragsgrößen, dann hängt die Varianz des Endvermögens auch von der Höhe des eingesetzten Anfangsvermögens ab und es gilt für die Kurve effizienter Portfolios mit den obigen Symbolen:[2]

$$\sigma^2 = \frac{\mu^2 c - 2b\mu v + av^2}{ac - b^2}$$

Bei einem Arbitrageportfolio wird davon ausgegangen, daß es keinen Geldeinsatz erfordert und mithin gilt:

$v = 0$

Damit erhält man für die Varianz eines Arbitrage-Portfolios

$$\sigma^2 = \frac{\mu^2 c}{ac - b^2}$$

Die Problematik des Arbitrage-Portfolios wird auch mit dieser Darstellung unterstrichen, wenn man bedenkt, daß für effiziente Portfolios bei einem gegebenen Anfangsvermögen v eine proportionale lineare Beziehung zum erwarteten Endvermögen gilt:[3]

$\mu = \alpha \cdot v$

Setzt man v=0, dann hat man automatisch bei effizienten Portfolios auch μ=0. Bei effizienten Portfolios sind Arbitrage-Portfolios dadurch charakterisiert, **daß sie zwar keinen Geldeinsatz erfordern, aber auch damit kein Endvermögen erwirtschaften können.** Das Fehlen von Arbitrage-Portfolios charakterisiert mithin die effizienten Märkte. Hinsichtlich der Erklärung der Aktienkurse lautet der Kerngedanke der Arbitrage-Pricing-Theorie: Es gibt nur einige wenige systematische Komponenten des Risikos. Daraus folgt, daß viele Portfolios nahezu Substitutionsgüter sind, die konsequenterweise auch den gleichen Wert haben müssen.[4] Hier zeigt sich wiederum eine Parallele zur Idee des Sharpeschen Index-Modells.

Die Frage ist nun, welches die gemeinsamen bzw. systematischen Faktoren sind. Falls es nur einige wenige systematische Risikokomponenten gibt, so wird man annehmen können, daß diese mit fundamentalen ökonomisch aggregierten

---

[1] Diese Darstellung findet sich bei Szegö (1980), S. 32 ff.
[2] Vgl. hierzu Abschnitt 2.1. dieses Kapitels.
[3] Vgl. hierzu Abschnitt 2.1. dieses Kapitels.
[4] Roll/Ross (1980), S. 1077.

Größen, so z.B. dem Bruttosozialprodukt oder Zinssätzen verknüpft sind. Roll/ Ross beschäftigen sich jedoch nicht mit der zentralen Frage, welche gesamtwirtschaftlichen allgemeinen Faktoren nun die Aktienkurse bestimmen, sondern mit der vorgelagerten Frage, ob und gegebenenfalls wieviele Faktoren die Aktienkurse beeinflussen. Damit ist natürlich für die eigentliche Bestimmungsgleichung noch nicht sehr viel gewonnen, denn es ist ohnehin eine weit verbreitete Maxime, **daß ein guter Theoretiker in der Lage sein sollte, einen weiten Bereich von Phänomenen und Tatsachen mit einfachen Modellen erklären zu können, die nur wenige Parameter enthalten.**

4.4.2 Zur empirischen Überprüfung mit Hilfe der Faktorenanalyse und Regressionsanalyse

Um solche Hypothesen zu formulieren, bedarf es eigentlich keiner Faktorenanalyse, sondern einiger theoretischer Vorüberlegungen. Beispielgebende Modellansätze und deren empirische Überprüfung gibt es ebenfalls schon genug,[1] so daß man sich fragen muß, welche neuen Erkenntnisse mit dem empirischen Überprüfen der APT eigentlich gewonnen werden können, wenn **damit theoretisch und empirisch hinter den Stand der Diskussion zurückgegriffen wird.** Die Problematik der Ableitung von gemeinsamen erklärenden Faktoren aus der gleichzeitigen Untersuchung der Aktienkursbewegung macht folgende Untersuchung deutlich: Aus einer Anzahl von 181 börsennotierten Aktiengesellschaften werden zufällig 11 Gesellschaften herausgegriffen. In einer Regression wird der Aktienkurs der ersten Gesellschaft durch die Kursbewegungen der 10 folgenden Gesellschaften erklärt.[2] Diese Untersuchung wurde insgesamt siebenmal mit verschiedenen Zufallsstichproben wiederholt. In allen sieben zufällig ausgewählten Regressionsbeispielen lag der erklärte Varianzanteil, gemessen am Bestimmtheitsmaß[3] R^2, zwischen 86 und 99% (bei den bereinigten Kursen) wie nachstehende Tabelle zeigt:

---

[1] Vgl. die Zusammenstellung amerikanischer Untersuchungen bei Keenan (1970) sowie die deutschen Untersuchungen von Hansmann (1980), Loistl/Landes (1989), S. 128 ff, Möller (1988), außerdem Uhlir/Steiner (1986).
[2] Der Regression liegt der Beobachtungszeitraum von 1966-1980 mit insgesamt 3782 täglichen Kursnotierungen pro Gesellschaft zu Grunde. Roll/Ross verwenden bei ihren Untersuchungen ebenfalls tägliche Kursnotierungen.
[3] Das Bestimmtheitsmaß gibt das Verhältnis von erklärter Streuung zur Gesamtstreuung an.

Regression No.	Bereinigte Kurse			Unbereinigte Kurse		
	R^2	Einfaches R Min	Max	R^2	Einfaches R Min	Max
1	98.1	65.7	97.7	29.3	0.3	18.8
2	97.2	61.7	95.1	8.5	-0.3	6.6
3	98.4	80	96.1	11.8	-0.2	9.4
4	99	80.8	97.9	38.1	2.8	26.9
5	86.0	68.3	84.0	4.8	0.5	2.5
6	98.1	81.6	97.5	8.8	1.3	7.1
7	98.3	60.5	92.3	7.8	-0.1	4.6

Tab. 10: Ergebnisse der Regressionsanalyse

Bei einem weiteren Versuch mit der multiplen Regression wird noch eine andere Problematik offenkundig: Die Ergebnisse fallen sehr unterschiedlich aus, je nachdem, ob mit bereinigten oder unbereinigten Kursen gearbeitet wird: Bei der Verwendung von bereinigten Kursen erhält man eine fast vollständige, bei der Verwendung von unbereinigten Kursen liegt fast keine Korrelation vor. Dies wird mit den Ergebnissen der multiplen Korrelation dokumentiert, die einmal mit bereinigten und einmal mit unbereinigten Kursen durchgeführt wurde.

Es handelt sich um **relative Kursveränderungen**, so daß man eigentlich hätte annehmen können, daß keine Autokorrelationen vorliegen. Die Kursbereinigung scheint jedoch eine sehr hohe Korrelation der Kurse zu bewirken. Ebenfalls durchgeführte Faktorenanalysen mit drei verschiedenen Aktiengruppen bestätigen das Bild der multiplen Regression: Bei den bereinigten relativen Kursen gibt es eine Konzentration auf den ersten Faktor, bei Verwendung der unbereinigten relativen Kursveränderungen verteilt sich die Varianz auf sehr viele Faktoren. Die Bereinigung bewirkt jedoch einen ziemlich ausgeprägten Trend in dem absoluten Wert, der sich dann besonders in einer hohen Korrelation der einzelnen Variablen zeigt.

Eigentlich ist jede Kombination von 10 beliebig ausgewählten Aktienkursen geeignet, den Kurs einer anderen beliebigen Aktie zu erklären. Damit wird die Gefahr der Tautologisierung deutlich, wenn man mit statistischen Methoden die einen Aktienkursverlauf bestimmenden Faktoren aus den Verläufen anderer Aktien ableiten will. Dieser Gefahr sind insbesondere Untersuchungen mit Hilfe der Faktorenanalyse ausgesetzt. So scheint die Vorgehensweise von Roll/Ross, auf die durchschnittliche Rendite einer Aktie[1] als abhängige Variable eine Regression mit den Faktorladungen und der Standardabweichung der jeweiligen Aktienrenditen durchzuführen, nicht ganz unproblematisch. Es fehlt, unbeschadet der statistischen Kraftakte, eine ökonomische Begründung bzw. Erklärung für diese Beziehung. Dies wäre aber um so notwendiger, da weder die Faktor-

---

[1] Roll/Ross (1980) sprechen zwar von "estimates of expected returns", S. 1093, tatsächlich aber verwenden sie die durchschnittlichen ex-post-Renditen als abhängige Variable.

ladungen noch die Standardabweichung der ex-post-Schwankungen Größen sind, deren ökonomischer Bedeutungsgehalt augenscheinlich ist.[1] Skeptisch gegenüber der **theoretischen** Basis der Arbitrage-Pricing-Theorie ist auch Wilhelm.[2]

4.4.3 Identifikation der Einflußfaktoren und der Portfoliogröße

Trotz der kritischen Einwände hilft die APT und das Faktorenmodell, zwei neuralgische Punkte des CAPM weiter abzuklären, nämlich die Frage nach der Anzahl der zu berücksichtigenden **erklärenden Daten einerseits** und nach der Anzahl der zu berücksichtigenden **Wertpapiere andererseits**. Die Anzahl der zu berücksichtigenden erklärenden Daten betrifft die **Bewertungsfunktion** und mithin auch die mögliche Prognostizierbarkeit der Aktienkursverläufe. Die zweite Frage verlangt die Vorauswahl von Wertpapieren, die in das Portfolio aufgenommen werden sollen und damit die Reduzierung des ursprünglichen Portfolioproblemes. Beide Aufgaben scheinen über die Faktorenanalyse miteinander zusammenzuhängen. Zum besseren Verständnis seien die beiden Fragestellungen der Faktorenanalyse differenziert: Die Hauptkomponentenmethode einerseits und die Faktorenanalyse im engeren Sinne andererseits. Bei der Hauptkomponentenmethode werden die Koordinatenachsen so gedreht, daß sie mit den Hauptachsen des mehrdimensionalen Varianzkegels übereinstimmen. Die Transformation auf die Hauptachsen ist nichts anderes als eine Eigenwertoperation, die **Faktoren sind den Eigenvektoren der Korrelationsmatrix proportional**.[3] Diese Koordinatentransformation ist auch im Zusammenhang von Portfolioproblemen nicht neu; sie erleichtert die Argumentation.[4] Die Beziehung zwischen Eigenvektoren und Faktoren erlaubt zwar die Identifikation der Richtungen, in der die jeweils maximale Varianz extrahiert wird, nicht **jedoch die Zuordnung der extrahierten Varianz auf bestimmte Variable**. Hier liegt ein typisches Beispiel unzulänglicher Adäquation vor.[5] Das gleiche Problem ergibt sich auch bei der sog. Faktorenanalyse im engeren Sinne, bei der gemeinsame Faktoren zu bestimmen sind und die restliche Varianz als Einzelrestfaktor verbleibt.[6] Auch hier lassen sich gemeinsame Faktoren feststellen.[7] Das Problem liegt jedoch in der Quantifizierung der Faktoren und in der mehr oder weniger **willkürlichen Identifikation einzelner Faktoren**. Es bleibt daher als Maxime für die Anwendung der Faktorenanalyse im engeren Sinne festzuhalten, daß diese ein **heu-**

---

[1] Kritisch gegenüber der empirischen Überprüfung der Arbitrage-Pricing-Theory mit Hilfe der Faktorenanalyse auch Franke (1984), S. 109 ff, außerdem Dhrymes/Friend/Gultekin (1984).
[2] Wilhelm (1981), S. 900, der von "schwer zu durchschauenden Annahmen über die Störterme des Erklärungsmodells und die Anwendung des Gesetzes der großen Zahl spricht".
[3] Vgl. Überla (1971), S. 99 ff., Cooper (1983), S. 141 ff., Franke (1984), S. 109 ff.
[4] Vgl. Loistl/Rosenthal (1980), S. 109 ff. Allerdings ist sicherzustellen, daß die im neuen Koordinatensystem erzielten Ergebnisse auch in dem ursprünglichen gelten. In dieser Hinsicht entstehen weniger Probleme bei der Analyse der Kovarianzmatrix allein als bei zusätzlicher Berücksichtigung des Erwartungswertvektors. Vgl. auch Szegö (1980), S. 94 ff. insbesondere S. 102.
[5] Vgl. zu diesem Begriff vor allem im nächsten Kapitel.
[6] Vgl. zu Einzelheiten Überla (1971), S. 155 ff.
[7] Vgl. z.B. Loistl/Hühne(1980).

ristisches Konzept zur Auffindung von Hypothesen darstellt und kaum geeignet ist, aufgestellte Hypothesen zu testen. Man muß sich jedoch die Frage stellen, ob es nicht zweckmäßiger ist, Hypothesen aufgrund von theoretischen Vorüberlegungen abzuleiten. Bei dem Konzept der Faktorenanalyse besteht die Gefahr, daß die vielfältigen Einflußgrößen, die bei dem Bilden von Hypothesen zu berücksichtigen sind, entsprechend dem Leistungsvermögen der Faktorenanalyse strukturiert werden bzw. die Modellierung allzusehr in eine bestimmte Richtung gedrängt wird, die die Technik der Faktorenanalyse bestimmt.[1] Über die Faktorenanalyse lassen sich demnach weder die Anzahl der Variablen operational reduzieren noch eine Anzahl von Faktoren inhaltlich konkretisieren.

Diese vorliegenden Anmerkungen sollten spezielle Überlegungen der Portfoliotheorie und des CAPM im Kontext des gesamten Wertpapieranlageproblems relativieren. Darüber hinaus sollte durch kritische Anmerkungen zu den statistischen Methoden und den Ergebnissen empirischer Untersuchungen auch hier das Problembewußtsein geschärft werden. Die kritischen Einwände belegen die Unzulänglichkeit der Versuche, das Geschehen auf dem Kapitalmarkt unter der Prämisse des Gleichgewichtes zu modellieren. Die zunehmende Diskussion über die Mikrostruktur des Kapitalmarktes zeigt das Bemühen um alternative Ansätze. Mit solchen Versuchen beschäftigt sich das nächste Kapitel.

---

[1] Mißt man daran die Vorgehensweise von Roll/Ross, dann leiten sie die Hypothese ab, daß die erwartete Rendite von Faktoren und der Standardabweichung der Rendite abhängt. Diese Hypothese wird ja dann auch getestet. Es ist allerdings nicht ganz deutlich geworden, in welcher Weise die "Faktoren" für die Regression numerisch bestimmt worden waren. Vgl. Roll/Ross (1980), S. 1094, vgl. auch die Untersuchung von Kryzanowsky/Chau (1983).

Anhang I: Bestimmung der Kurve risikoeffizienter Marktportfolios

Die notwendigen Bedingungen liefern die ersten Ableitungen:

(1) $\dfrac{\partial L}{\partial T}$: $\dfrac{ST}{\sigma_m} = \lambda_1 EF + \lambda_2 PF$

(2) $\dfrac{\partial L}{\partial \lambda_1}$: $F'ET = \mu_m$

(3) $\dfrac{\partial L}{\partial \lambda_2}$: $F'PT = v_m$

Multiplizieren wir (1) von links mit T', dann haben wir bereits eine Beziehung zwischen Standardabweichung und Erwartungswert. Multiplizieren wir (1) von links mit S^{-1}, dann haben wir bereits eine Bestimmungsgleichung für den Vektor der Grundkapitalien T.

(4) $\dfrac{T'ST}{\sigma_m} = \lambda_1 T'EF + \lambda_2 T'PF = \lambda_1 F'ET + \lambda_2 F'PT$

(5) $\dfrac{T}{\sigma_m} = \lambda_1 S^{-1} EF + \lambda_2 S^{-1} PF$

In beiden Gleichungen sind noch die Werte für die Lagrangemultiplikatoren λ_1 und λ_2 zu bestimmen. Hierzu multiplizieren wir (5) von links einmal mit F'E und zum anderen mit F'P und erhalten dann unter Berücksichtigung von Gleichung (2) und (3):

(6) $F'ET = \mu_m = \sigma_m \lambda_1 F'ES^{-1}EF + \sigma_m \lambda_2 F'ES^{-1}PF$

(7) $F'PT = v_m = \sigma_m \lambda_1 F'PS^{-1}EF + \sigma_m \lambda_2 F'PS^{-1}PF$

Wir führen nun folgende Abkürzungen ein ($S^{-1} = \{\sigma_{ij}^*\}$):

(8) $a = F'ES^{-1}EF = \sum_i \sum_j e_j \sigma_{ij}^* e_i$

(9) $b = F'PS^{-1}EF = F'ES^{-1}PF = \sum_i \sum_j e_j \sigma_{ij}^* p_i$

(10) $c = F'PS^{-1}PF = \sum_i \sum_j p_j \sigma_{ij}^* p_i$

Sie entsprechen den Größen bei den Individualportfolios.

Wir erhalten somit folgende Gleichungen für die Lagrangemultiplikatoren:

(11.1) $\dfrac{\mu_m}{\sigma_m} = \lambda_1 a + \lambda_2 b$

(11.2) $\quad \dfrac{v_m}{\sigma_m} = \lambda_1 b + \lambda_2 c$

Aus der Gleichung (11.1) und (11.2) ergeben sich die Bestimmungsgleichungen für λ_1 und λ_2:

(12.1) $\quad \lambda_1 = \dfrac{(\mu_m c - v_m b)}{\sigma_m (a c - b^2)}$

(12.2) $\quad \lambda_2 = \dfrac{(v_m a - \mu_m b)}{\sigma_m (a c - b^2)}$

Setzt man die Werte von (12.1) und (12.2) in (4) und (5) unter Berücksichtigung von (2) und (3) ein, so erhält man:

(13.1) $\quad \sigma_m^2 = \dfrac{\mu_m c - v_m b}{a c - b^2} \mu_m + \dfrac{v_m a - \mu_m b}{a c - b^2} v_m$

(13.2) $\quad \sigma_m = \left[\dfrac{c \mu_m^2 - 2b\, v_m \mu_m + a v_m^2}{a c - b^2}\right]^{\frac{1}{2}}$

Für den Vektor T der effizienten Anteilswerte erhält man:

(14) $\quad T = \dfrac{\mu_m c - v_m b}{a c - b^2} S^{-1} EF + \dfrac{v_m a - \mu_m b}{a c - b^2} S^{-1} PF$

Für den einzelnen Anteilswert t_j der Unternehmung j gilt:

(15) $\quad t_j = \dfrac{\mu_m c - v_m b}{a c - b^2} \sum_i \sigma_{ij}^* e_i + \dfrac{v_m a - \mu_m b}{a c - b^2} \sum_i \sigma_{ij}^* p_i$

Setzen wir die Werte gem. Abschnitt 2.1, d.h. $\mu_m = \dfrac{b}{c} v_m$, in (15) ein, so erhalten wir für die Anzahl $\bar{t}_j$ der Aktien der Unternehmung j beim Anfangsvermögen v_m:

(16) $\quad \bar{t}_j = \dfrac{v_m}{c} \sum_i \sigma_{ij}^* p_i$

Für $\mu_m = \dfrac{a}{b} v_m$ erhält man aus Gleichung (15):

$t_j = \dfrac{v_m}{b} \sum_i \sigma_{ij}^* e_i$

Anhang II: Ableitung der Verbindungsgeraden der Tangentialpunkte

Es folgt aus Gleichung (13.2) in Anhang I:

(1) $\dfrac{d\sigma_m}{d\mu_m} = \dfrac{c\,\mu_m - b\,v_m}{\sigma_m\,(ac - b^2)}$

Setzen wir den Wert $\mu_m = \alpha v_m$ ein, dann erhalten wir:

(2) $\left.\dfrac{d\sigma_m}{d\mu_m}\right|_{\mu_m = \alpha v_m} = \dfrac{d\pi\,(\alpha)}{d\alpha}$

Diese Steigung hängt nicht mehr vom Erwartungswert μ_m, sondern nur noch vom Faktor α ab, der die Proportionalität zwischen Anfangsvermögen und erwartetem Endvermögen angibt.

Wie aus Abb. 5 ersichtlich, ist die Steigung der Effizienzkurve mit der Steigung der Geraden, die diese Punkte verbindet, nicht identisch.

Für die Steigung der Verbindungsgeraden gilt:

$$\dfrac{d\sigma_m}{d\mu_m} = \dfrac{1}{\alpha}\,\pi\,(\alpha)$$

Für die Tangente aus dem Ursprung an die Kurven effizienter Ertrags-Risikokombinationen gilt die Bedingung gleicher Steigung. In diesem Punkt muß die Steigung des Fahrstrahls aus dem Ursprung mit der Steigung der Portfoliotangente übereinstimmen. Die Steigung des Fahrstrahls entspricht aber dem Verhältnis der absoluten Größen. Es müssen mithin die Relationen der absoluten Größen mit den Relationen der Veränderungen übereinstimmen.

$$\dfrac{\sigma_m}{\mu_m} = \dfrac{d\sigma_m}{d\mu_m}$$

Setzen wir die Werte ein, so erhalten wir

$$\dfrac{\left[\dfrac{c\,\mu_m^2 - 2b v_m \mu_m + a\,v_m^2}{ac - b^2}\right]^{\frac{1}{2}}}{\mu_m} = \dfrac{c\mu_m - b v_m}{[\,]^{\frac{1}{2}}\,(ac - b^2)}$$

Stellen wir um, so erhalten wir

(3.1) $\sigma_m^2 = \dfrac{c\,\mu_m^2 - b v_m \mu_m}{ac - b^2}$

Bedingung (3.1) läßt sich weiter vereinfachen, wenn wir die lineare Beziehung zwischen μ_m und v_m im Tangentialportfolio berücksichtigen:

(3.2) $\quad v_m = \dfrac{b}{a} \mu_m$

Unter Verwendung von (3.2) vereinfacht sich Gleichung (3.1) zu

$\sigma_m = \dfrac{\mu_m}{\sqrt{a}}$.

Für die Steigung gilt schließlich:

(3.3) $\quad \dfrac{d\sigma_m}{d\mu_m} = \dfrac{1}{\sqrt{a}}$

Anhang III: Konstruktion von Tangenten und ihren Verbindungsgeraden

Zur Konstruktion der Tangente wählt man gewöhnlich folgenden Weg: Man gibt den Tangentialpunkt T mit der zugehörigen Steigung an und bestimmt sodann den Schnittpunkt mit der μ_m - Achse als die Anlage zu dem sicheren Zinssatz r. Diesen Weg wollen wir auch gehen:

Die Gleichung der Geraden bestimmt sich anhand der Punkt-Richtungs-Formel nach folgender Gleichung:

(1) $\quad y - y_1 = m(x - x_1)$, wobei m die Steigung im Punkte (x_1, y_1) angibt.

Für unsere Fragestellung gelten folgende Werte:

(2.1) $\quad y_1 = \sigma_{m1} = \dfrac{[c\,\mu_{m1}^2 - 2bv_m\mu_{m1} + a\,v_m^2]^{\frac{1}{2}}}{[ac - b^2]^{\frac{1}{2}}}$

(2.2) $\quad x_1 = \mu_{m1}$

(2.3) $\quad m = \left.\dfrac{d\sigma_m}{d\mu_m}\right|_{\mu_m = \mu_{m1}} = \dfrac{c\,\mu_{m1} - b\,v_m}{\sigma_{m1}\,(ac - b^2)}$

Setzen wir die Werte gem. (2.1), (2.2), (2.3) in Gleichung (1) ein, so erhalten wir:

$\sigma_m - \sigma_{m1} = \dfrac{c\,\mu_{m1} - b\,v_m}{\sigma_{m1}\,(ac - b^2)} (\mu_m - \mu_{m1})$

Den Subtrahenden σ_{m1} auf die rechte Seite gebracht und auf den gemeinsamen Bruch gestellt, erhält man:

$$\sigma_m = \mu_m \frac{c\,\mu_{m1} - b\,v_m}{\sigma_{m1}(ac - b^2)} - \frac{c\,\mu_{m1}^2 - bv_m\mu_{m1} - \sigma_{m1}^2(ac - b^2)}{\sigma_{m1}(ac - b^2)}$$

Setzt man den Wert für σ_{m1}^2 ein, so erhält man:

(2.4) $\qquad \sigma_m = \mu_m \dfrac{c\,\mu_{m1} - b\,v_m}{\sigma_{m1}(ac - b^2)} + \dfrac{a\,v_m^2 - b\,\mu_{m1}\,v_m}{\sigma_{m1}(ac - b^2)}$

Den Schnittpunkt mit der μ_m-Achse als die sichere Anlage μ_{m0} erhält man durch Nullsetzen von (2.4):

(2.5) $\qquad \sigma_m = 0\,;\ \mu_{m0} = \dfrac{b\,\mu_{m1}\,v_m - a\,v_m^2}{c\,\mu_{m1} - b\,v_m}$

Aus (2.5) läßt sich auch eine unmittelbare Beziehung zwischen dem erwarteten Endwert μ_{m1} und dem eingesetzten Vermögenswert v_m gewinnen, wenn wir die Beziehung $\mu_{m0} = qv_m$ berücksichtigen.

(2.6) $\qquad qv_m = \dfrac{v_m(b\,\mu_{m1} - a\,v_m)}{c\,\mu_{m1} - b\,v_m}$

Lösen wir (2.6) nach μ_{m1} auf, dann erhalten wir folgende Beziehung:

(2.7) $\qquad \mu_{m1} = v_m \dfrac{qb - a}{qc - b}$

Gleichung (2.7) gibt an, wie sich der Erwartungswert des Tangentialportfolios ändert, wenn man den einzusetzenden Betrag v_m variiert und eine sichere Anlagemöglichkeit unterstellt.

Es liegt eine proportionale lineare Beziehung zwischen Anfangsvermögen und Erwartungswert des Endvermögens vor.

Löst man (2.7) nach v_m auf und setzt den Ausdruck, den man auf diese Weise gewinnt in (2.1) ein, so erhält man eine lineare Beziehung zwischen Standardabweichung und Erwartungswert des Endvermögens für alternativ gegebenes Anfangsvermögen v_m.

(3.1) $\qquad \sigma_{m1} = \dfrac{\left[c\,\mu_{m1}^2 - 2b\mu_{m1}^2 \dfrac{(qc-b)}{(qb-a)} + a\,\mu_{m1}^2 \dfrac{(qc-b)^2}{(qb-a)^2}\right]^{\frac{1}{2}}}{(ac - b^2)^{\frac{1}{2}}}$

Ausmultipliziert und vereinfacht erhält man

(3.2) $\quad \sigma_{m1} = \dfrac{\mu_{m1}}{|qb - a|} \sqrt{cq^2 - 2bq + a}$

Anhang IV: Ableitung der Kurve effizienter Anlagen unter Berücksichtigung einer sicheren Anlage

Die Kurve effizienter Anlagemöglichkeiten unter Berücksichtigung einer sicheren Anlage bestimmt sich wiederum nach einer Lagrangeform

(1) $\quad L = (T'ST)^{\frac{1}{2}} + \lambda_1 (\mu_m - F'ET - qv_{m0}) + \lambda_2 (v_m - F'PT - v_{m0}) \to \min$

Außerdem gilt noch für die sichere Anlage:

v_{m0} = derjenige Betrag, der in die sichere Anlage investiert wird
v_m = insgesamt angelegter Betrag
qv_{m0} = sicheres Endvermögen aus der sicheren Investition
μ_m = insgesamt erzielbarer Erwartungswert des Endvermögens

Die ersten Ableitungen liefern die notwendigen Bedingungen

(2.1) $\quad \dfrac{\partial L}{\partial T} : \dfrac{ST}{\sigma_m} = \lambda_1 \, EF + \lambda_2 \, PF$

(2.2) $\quad \dfrac{\partial L}{\partial \lambda_1} : F'ET = -qv_{m0} + \mu_m = \mu$

(2.3) $\quad \dfrac{\partial L}{\partial \lambda_2} : F'PT = v_m - v_{m0} = v$

(2.4) $\quad \dfrac{\partial L}{v_{m0}} : \lambda_2 = -q \, \lambda_1$

Multiplizieren wir in der üblichen Prozedur (2.1) mit T' bzw. S^{-1}, dann erhalten wir:

(3.1) $\quad \dfrac{T'ST}{\sigma_m} = \lambda_1 \, F'ET + \lambda_2 \, F'PT$

(3.2) $\quad T = \sigma_m \, \lambda_1 \, S^{-1} \, EF + \lambda_2 \, \sigma_m \, S^{-1} \, PF$

Zur Bestimmung der Lagrangemultiplikatoren multiplizieren wir (3.2) einmal mit F'E und zum anderen mit F'P und erhalten somit:

302 Kapitel 6: Die analytischen Implikationen des Marktportfolios

(3.3) $\quad F'ET = \mu_m - qv_{m0} = \sigma_m \lambda_1 F'ES^{-1}EF + \sigma_m \lambda_2 F'ES^{-1}PF$

(3.4) $\quad F'PT = v_m - v_{m0} = \sigma_m \lambda_1 F'PS^{-1}EF + \sigma_m \lambda_2 F'PS^{-1}PF$

Unter Benutzung der in Anhang I eingeführten Definitionen (8), (9), (10) gilt

(3.5) $\quad \mu_m - qv_{m0} = \sigma_m \lambda_1 a + \sigma_m \lambda_2 b$

(3.6) $\quad v_m - v_{m0} = \sigma_m \lambda_1 b + \sigma_m \lambda_2 c$

Aus diesen beiden Gleichungen ermitteln wir die Unbekannten λ_1, λ_2 und v_{m0}.

Für die Ermittlung des Lagrangemultiplikators λ_1 gilt unter Beachtung von (2.4):

(3.7) $\quad \mu_m - qv_{m0} = \sigma_m \lambda_1 (a - qb)$

(3.8) $\quad v_m - v_{m0} = \sigma_m \lambda_1 (b - qc)$

Es folgt:

$$v_{m0} = v_m - \sigma_m \lambda_1 (b - qc)$$

Eingesetzt in (3.7) gilt:

$$\mu_m - qv_m = \lambda_1 \sigma_m (a - 2bq + q^2 c)$$

Daraus erhält man für λ_1:

$$\lambda_1 = \frac{\mu_m - qv_m}{\sigma_m (q^2 c - 2bq + a)}$$

In analoger Weise erhält man für λ_2:

$$\lambda_2 = \frac{q^2 v_m - q\mu_m}{\sigma_m (q^2 c - 2bq + a)}$$

Für v_{m0} resultiert:

$$v_{m0} = v_m - \frac{(\mu_m - qv_m)(b - qc)}{q^2 c - 2bq + a}$$

Nach weiteren Umformungen erhält man:

$$v_{m0} = \frac{v_m(a - bq) + \mu_m(qc - b)}{q^2c - 2bq + a}$$

Wir setzen nun die Werte für λ_1 und λ_2 in Gleichung (3.1) ein und erhalten somit unter Berücksichtigung von (2.2) und (2.3):

(4.1) $\quad \dfrac{T'ST}{\sigma_m} = \dfrac{\mu_m - qv_m}{\sigma_m(q^2c - 2bq + a)} F'ET + \dfrac{q^2v_m - q\mu_m}{\sigma_m(q^2c - 2bq + a)} F'PT$

(4.2) $\quad T'ST = \sigma_m^2 = \dfrac{(\mu_m - qv_m)(\mu_m - qv_{m0})}{q^2c - 2bq + a} + \dfrac{(q^2v_m - q\mu_m)(v_m - v_{m0})}{q^2c - 2bq + a}$

Nach einigen Umformungen erhält man:

$$\sigma_m^2 = \frac{\mu_m^2 - 2qv_m\mu_m + q^2v_m^2}{q^2c - 2bq + a} = \frac{(\mu_m - qv_m)^2}{q^2c - 2bq + a}$$

Im (μ_m, σ_m) System gilt mithin

$$\sigma_m = \frac{\mu_m - qv_m}{\sqrt{q^2c - 2bq + a}}$$

Anhang V: Ableitung der Tangentialbeziehung zwischen Erwartungswert μ_k des Endvermögens und Anfangsvermögens v_k des Einzelanlegers

Bei einer linearen proportionalen Beziehung zwischen Erwartungswert des Endvermögens und Anfangsvermögen der Form $\mu_k = \alpha v_k$ gilt für die Beziehung zwischen Standardabweichung und Erwartungswert des Endvermögens allgemein:

(1) $\quad \sigma_k = \mu_k \dfrac{1}{\alpha} \sqrt{\dfrac{\alpha^2 c - 2b\alpha + a}{ac - b^2}}$

In unserem Falle gilt explizit für die Beziehung zwischen Standardabweichung und Erwartungswert:

(2.1) $\quad \sigma_k = \dfrac{\mu_k}{|qb - a|} \sqrt{cq^2 - 2bq + a}$

Aus beiden Bestimmungsgleichungen läßt sich der Wert für α ausrechnen, es gilt dann:

(2.2) $\quad \alpha = \dfrac{qb - a}{qc - b}$

Literaturverzeichnis

Baker, H.K./Chendall, R.H./Haslem, J.A./Juchau, R.H. (1977): Disclosure of Material Information: A Cross National Comparison, in: The International Journal of Accounting, Vol. 13, S. 1-18

Bart, J.T. (1978): The Nature of the conflict between transactors' Expectations of Capital Gain, in: Journal of Finance, Vol. 33, S. 1095-1107

Bawa, V.S./Brown, St.J./Klein, R.W. (1979): Estimation Risk and Optimal Portfolio Choice, Amsterdam

Belkaoui, A./Kahl, A./Peyrard, J. (1977): Information Needs of Financial Analysts: An International Comparison, in: The International Journal of Accounting, Vol. 13, S. 18-27

Blume, M.E. (1980): The Relative Efficiency of Various Portfolios: Some Further Evidence, in: Journal of Finance, Vol. 35, S. 269-281

Chang, L.S./Most, K.S. (1981): An International Comparison of Investor Uses of Financial Statements, in: The International Journal of Accounting, Vol. 17, S. 43-60

Chen, N.-F./Copeland, T. E./ Mayers D. (1987): A Comparison of Single and Multifactor Portfolio Performance Methodologies, in: Journal of Financial and Quantitative Analysis, Vol. 22, S. 401-417

Chen, A.H.Y./Jen, F.C./Zionts, St. (1971): The Optimal Portfolio Revision Policy, in: Journal of Business, Vol. 44, S. 51-61

Cohn, R.A./Lewellen, W.G./Lease, R.C./Schlarbaum, G.G. (1975): Individual Investor Risk Aversion and Investment Portfolio Composition, in: Journal of Finance, Vol. 30, S. 605-629

Colson, G./Zeleny, M. (1980): Uncertain Prospects Ranking and Portfolio Analysis under the Conditions of Partial Information, Anton Hain, Meisenheim

Cooper, J.C.B. (1983): Factor Analysis: An Overview, in: American Statistician, Vol. 37, S. 141-147

Copeland, T.E./Mayers, D. (1982): The Value Line enigma (1965-1978). A case study of performance evaluation issues, in: Journal of Financial Economics, Vol. 10, S. 289-321

Dhrymes, P.J./Friend, I./Gultekin, N.B. (1984): A Critical Reexamination of the Empirical Evidence on the Arbitrage Pricing Theory, in: Journal of Finance, Vol. 39, S. 323-350

Epps, T.W. (1979): Comovements in Stock Prices in the Very Short Run, in: American Statistical Association/Journal, Vol. 74, S. 291-298

Eucken, W. (1965): Die Grundlagen der Nationalökonomie, 8. Aufl., Berlin

Euler, M. (1981): Ausgewählte Vermögensbestände und Schulden privater Haushalte, in: Wirtschaft und Statistik, S. 395-403

Euler, M. (1982a): Wertpapiervermögen privater Haushalte 1978, Ergebnis der Einkommen- und Verbrauchsstichprobe 1978, in: Wirtschaft und Statistik, S. 395-403

Euler, M. (1982b): Budgets ausgewählter privater Haushalte 1981, in: Wirtschaft und Statistik, S. 404-412

Fama, E.F. (1976): Foundations of Finance: Portfolio Decisions and Securities Prices, New York

Finster, M. (1983): Optimal Stopping in the Stock Market when the Future is Discounted, in: The Annals of Statistics, Vol. 11, S. 564-568

Fogler, H.R./Ganapathy, S. (1982): Financial Econometrics for Researchers in Finance and Accounting, Englewood Cliffs

Franke, G. (1984): On Tests of the Arbitrage Pricing Theory, in: OR Spektrum, Bd. 6, S. 109-118

Fuller, R.J./Metcalf, R.W. (1978): Management Disclosures: Analysts Prefer Facts to Management's Predictions, in: Financial Analyst's Journal, Vol. 34, S. 55-57

Garbade, K.D./Silber, W.L. (1983): Price Movements and Price Discovery in Futures and Cash Markets, in: The Review of Economics and Statistics, Vol. 65, S. 289-297

Goedecke, K. (1982): Eine Untersuchung über Einstellungen zum Geld und den Besitz von Konten, Wertpapieren, Lebensversicherungen und Bausparverträgen. Analyse und Kommentar, in: Soll und Haben, Hamburg, S. 7-46

Grant, D. (1978): Market Timing and Portfolio Management, in: Journal of Finance, Vol. 33, S. 1119-1131

Hansen, H. (1982): Die Aktie im Spiegel der Marktwirtschaft, in: Die Aktiengesellschaft, 27. Jg., R 280-R 282

Hansmann, K.W. (1980): Dynamische Aktienanlage-Planung, Wiesbaden

Haskamp, C.H. (1985): Aktienkursprognose auf Grundlage der Identifikation von Trend- und Saisonkomponente, Krefeld

Heisenberg, W. (1969): Der Teil und das Ganze: Gespräche im Umkreis der Atomphysik, München

Hornung-Draus, R. (1989): Das Vermögen der privaten Haushalte in der Bundesrepublik Deutschland: Bestand, Entwicklung und Verteilung, in: Jahrbücher für Nationalökonomie und Statistik, Bd. 206, S. 18-47

Jennings, R.H./Starks, L.T./Fellingham, J.C. (1981): An Equilibrium Model of Asset Trading with Sequential Information Arrival, in: Journal of Finance, Vol. 36, S. 143-161

Keenan, M. (1970): Models of Equity Valuation: The Great Serm Bubble, in: Journal of Finance, Vol. 25, S. 243-373

Kryzanowski, L./Chau To, M. (1983): General Factor Models and the Structure of Security Returns, in: Journal of Financial and Quantitative Analysis, Vol. 18, S. 31-52

Löderbusch, B. (1985): Modelle zur Aktienkursprognose auf der Basis der Box/Jenkins-Verfahren, Krefeld

Loistl, O. u.d.M.v. Löderbusch, B./Schepers, N./Weßels, T. (1990): Computergestütztes Wertpapiermanagement, 3. neu bearb. u. erw. Aufl., München

Loistl, O./Landes, Th. (eds.) (1989): The Dynamic Pricing of Financial Assets, Hamburg

Loistl, O./Hühne, S. (1980): Die Auswirkungen einer überbetrieblichen Vermögensbeteiligung auf Aktienwert und Unternehmensfinanzierung, Forschungsberichte des Landes Nordrhein-Westfalen, Nr. 2906, Fachgruppe Wirtschafts- und Sozialwissenschaften, Opladen

Loistl, O./Rosenthal, H. (1980): Risikominimierung bei der Portfolioplanung unter besonderer Berücksichtigung singulärer Kovarianzmatrizen, in: Zeitschrift für Operations Research, 24. Jg., S. 107-124

Markowitz, H.M. (1952): Portfolio Selection, in: Journal of Finance, Vol. 7, S. 77-91

Merton, R.C. (1972): An analytic derivation of the efficient portfolio frontier, in: Journal of Financial and Quantitative Analysis, Vol. 7, S. 1851-1872

Möller, H.P. (1988): Die Bewertung risikobehafteter Anlagen an deutschen Wertpapierbörsen, in: Zeitschrift für betriebswirtschaftliche Forschung, 40. Jg., S. 779-797

Mossin, J. (1973): Theory of Financial Markets, Englewood Cliffs

Mossin, J. (1977): The Economic Efficiency of Financial Markets, Lexington

Müller, S. (1985): Arbitrage Pricing of Contigent Claims, Berlin

Press, S.J. (1972): Applied Multivariate Analysis, New York

Raiffa, H. (1970): Decision Analysis, Introductory Lectures on Choices under Uncertainty, Massachusetts

Roll, R. (1977): A Critique of the Asset Pricing Theory's Tests, in: Journal of Financial Economics, Vol. 4, S. 129-176

Roll, R./Ross, S.A. (1980): An Empirical Investigation of the Arbitrage Pricing Theory, in: Journal of Finance, Vol. 35, S. 1073-1103

Ross, S.A. (1976): The arbitrage theory of capital asset pricing theory, in: Journal of Economic Theory, Vol. 13, S. 341-360

Ross, S.A. (1977): Risk, return and arbitrage, in: Friend, I./Bicksler, J.L. (eds.): Risk and Return in Finance, Cambridge (Mass.), Vol. 1, S. 189-218

Rudolph, B. (1979): Kapitalkosten bei unsicheren Erwartungen, Berlin

Samuelson, P.A. (1967): General Proof that Diversification Pays, in: Journal of Financial and Quantitative Analysis, Vol. 2, S. 201-229

Schmidt, R.H. (1976): Empirische Kapitalmarktforschung und Anlageentscheidungen, in: Zeitschrift für die gesamte Staatswissenschaft, Bd. 132, S. 649-678

Schneeweiß, H. (1967): Entscheidungskriterien bei Risiko, Berlin

Sharpe, W.F. (1963): A Simplified Model for Portfolio Analysis, in: Management Science, Vol. 9, S. 277-293

Sharpe, W.F. (1964): Capital Asset Prices: A Theory of Market Equilibrium under Conditions of Risk, in: Journal of Finance, Vol. 19, S. 425-442

Stier, W. (1971): Spektralanalytische Untersuchungen von Aktienkursentwicklungen, in: Proceedings in OR, Würzburg

Szegö, G.P. (1980): Portfolio Theory, With Application to Bank Asset Management, New York

Überla, K. (1971): Faktorenanalyse, Berlin

Uhlir, H./Steiner, P. (1986): Wertpapieranalyse, Heidelberg

Whitmore, G.A./Findlay, M.C. (1978): Stochastic Dominance, An Approach to Decision-Making under Risk, Massachusetts

Wilhelm, J. (1981): Zum Verhältnis von Capital Asset Pricing Model, Arbitrage Pricing Theory und Bedingungen der Arbitragefreiheit von Finanzmärkten, in: Zeitschrift für betriebswirtschaftliche Forschung, 33. Jg., S. 891-905

Wilhelm, J. (1985): Arbitrage Theory, Berlin

Kapitel 7: Der unvollkommene Kapitalmarkt

1. Gleichgewichtsmodelle und Ungleichgewichtsrealität

1.1 Die verschiedenen Gleichgewichtsbegriffe

Die wirtschaftswissenschaftliche Theorie der letzten 100 Jahre wird vom **Konzept der Preisbestimmung im Gleichgewicht** beherrscht. Schumpeter sieht darin sogar das fundamentale Problem der Wirtschaftswissenschaften. Seine Entdeckung wurde "erst von Walras gemacht, dessen System von Gleichungen, das das (statische) Gleichgewicht in einem System interdependenter Größen definiert, die Magna Charta der ökonomischen Theorie ist."[1]

Man kann in diesem Sinne die Ökonomie als die **Wissenschaft von Preissystemen**,[2] genauer als die **Wissenschaft von den relativen Preisen**, bezeichnen. Marktpreise sind **Signale** für die **relative Knappheit** einzelner Güter und damit für die Chance, **Arbitragegewinne** auf Märkten zu erzielen.[3] Marktpreise sind vereinfachend die einzigen Informationen, die für einen **Wettbewerbsprozeß** zum Gleichgewicht hin benötigt werden.[4] **Die Unterscheidung von Preisen und Werten** ist für die **Analyse** des eventuell zum Gleichgewicht führenden **Prozesses** von entscheidender Bedeutung. Erst in einer idealen Gleichgewichtssituation sind sie nicht mehr unterscheidbar. Es wird daher den **Marktwirkungen** nicht gerecht, wenn man die beiden Begriffe so nah zusammenbringt, daß man sie als **gleichbedeutend mißverstehen** könnte: "a refined version of Walrasian theory survives today as our best expression of the forces that determine relative *value*."[5]

Die **Gleichsetzung von Werten und Preisen ist wohl nur dem Szenario eines effizienten Marktes bei Gleichgewicht der rationalen Erwartungen** angemessen. Ehe auf die Zweckmäßigkeit dieses Szenarios weiter eingegangen wird, seien die verschiedenen Gleichgewichtsbegriffe kurz vorgestellt:

- Eine Gleichgewichtssituation liegt vor, wenn zu den gegebenen Preisen Angebotsmenge und Nachfragemenge zum Ausgleich kommen. Hier wollen wir von einem **markträumenden** Gleichgewicht sprechen.

- Eine Gleichgewichtssituation liegt vor, wenn die Wirtschaftssubjekte keine Veranlassung sehen, ihre Dispositionen zu ändern. Hier wollen wir von einem **plankonstanten** Gleichgewicht bzw. Gleichgewichtspfad sprechen.

---

1 Schumpeter (1965), S. 312, nochmals S. 1177.
2 Vgl. Frey/Gygi (1988), S. 519.
3 Vgl. Schneider (1987), S. 511.
4 Vgl. v. Hayek, zitiert nach D. Schneider (1987), S. 511, FN 31.
5 Duffie/Sonnenschein (1989), S. 567, Sperrung nicht im Original.

- Eine Gleichgewichtssituation liegt vor, wenn keine Arbitragegelegenheiten mehr gegeben sind. Wir wollen dann von einem **arbitragefreien** Gleichgewicht sprechen.

- Eine Gleichgewichtssituation kann schließlich vorliegen, wenn die diversen Entwicklungen gegen einen oder mehrere alternativ erreichbare Fixpunkte konvergieren. Wir wollen dann von **Fixpunktgleichgewichten** sprechen.[1]

Üblicherweise artikuliert man die ersten drei Gleichgewichtsbegriffe.[2] Die vierte Variante ist nicht neu, solange nur **ein** Fixpunkt vorliegt. Sie wurde bereits von Schumpeter (1965) beschrieben und bewertet: *"Jedes der vier [von Schumpeter bereits beschriebenen; O.L.] Probleme wird somit zweifach gelöst: In jedem Fall haben wir erstens einen Beweis für die Existenz einer Gleichgewichtslösung und zweitens den Beweis, daß diese Lösung diejenige ist, die der Marktmechanismus bei seinem Wettbewerb zu erreichen tendiert, oder, etwas technischer ausgedrückt, wir haben in jedem der vier Fälle zwei verschiedene Beweise (oder Versuche einer Beweisführung): Einen für die Existenz einer Gleichgewichtslösung und einen für die Tendenz auf diese Lösung hin. Da der zweite Beweis die Feststellung einschließt, daß, sobald die Gleichgewichtslösung erreicht ist, ohne die Einwirkung einer zusätzlichen Kraft keine Abweichungen mehr auftreten, setzen wir den Beweis einer Gleichgewichtstendenz dem Beweis der Stabilität der Gleichgewichtslösung gleich".*[3] Die Analyse von **Verlaufsgleichungen** gestaltet sich relativ einfach im deterministischen linearen Fall. Sie führt entweder zu einem einzigen oder gar keinem Gleichgewichtspfad. Die Frage alternativ möglicher Gleichgewichtssituationen wurde lange ignoriert; erst seit kurzem werden die Bedingungen für die Existenz mehrerer möglicher Lösungen untersucht.[4] Zahlreiche **reale dynamische Bewegungen** der Märkte, wie nichtlineare und stochastische Verläufe, münden vermutlich in **alternativ stabile Zustände**. Das Handling dieser Prozesse gestaltet sich ungleich schwieriger.

Walras hat bereits die Bewegungen zu einem Gleichgewicht zu modellieren versucht und damit die Bewunderung Schumpeters gefunden.[5] Dieser hat zwar die Schwächen des Ansatzes, insbesondere die des Tâtonnement Prozesses, gesehen, sie jedoch mit großer Nachsicht nur angedeutet.[6]

---

[1] Für die Darstellung der ersten beiden Gleichgewichtsbegriffe vgl. z.B. Loistl/Reiß (1989), S. 13 ff., aber auch Duffie/Sonnenschein (1989), S. 565 ff., und die dort angegebene Literatur.
[2] Vgl. Schneider (1987), S. 180 ff., insbes. S. 511 ff.
[3] Schumpeter (1965), S. 1217 f., FN 107.
[4] Vgl. hierzu die Betrachtungen von Arthur (1990), S. 122, und die dort angegebene Literatur.
[5] Vgl. die oben zitierte Anmerkung.
[6] "Ich möchte mich nicht mit der Darlegung der auf der Hand liegenden Argumente aufhalten, die zur Abschwächung solch heroischen Theoretisierens (Gemeint ist der Reaktionsmechanismus zur Erreichung eines Gleichgewichtspreises; O.L.) angeführt werden können." (Schumpeter (1965), S. 1218 f.) Andere Autoren waren mit ihrer Kritik hingegen deutlicher: "The famous tâtonnements, by the way are a swindle, rigorously speaking, and I suspect Walras knew it." (Solow (1956), S. 88, vgl. auch in Schneider (1987), S. 506).

1.2 Die Aggregationsproblematik

Es besteht in der Tat heutzutage kein Zweifel, daß der von Walras herangezogene **Preisanpassungsmechanismus keine hinreichend genaue Beschreibung** des realen Sachverhaltes darstellt. Er basiert jedoch auf der richtigen Vorstellung, daß auf die Verhaltensweisen der **einzelnen Marktteilnehmer**, die im Rahmen einer konkreten Marktordnung agieren, abzustellen ist. Erst aus dieser mikrokosmischen Fundierung heraus kann die makrokosmische Preisbewegung des Gesamtmarktes erläutert werden.[1]

Dieser Zusammenhang zwischen Makrokosmos und Mikrokosmos in der Preisfindung wurde bereits von Rieger anschaulich beschrieben:

"Angebot und Nachfrage sind es also, die die Produktion regeln: Nur was begehrt wird, kann auf Dauer erzeugt werden. Hier haben wir den Magneten, der die scheinbare Willkür der Moleküle in ein planvolles und systematisches Zusammenwirken und Ineinandergreifen verwandelt."[2] Er sah darin auch die Instanz, die regelnd eingreift und die Atome der Einzelwirtschaften zum Organismus der Volkswirtschaft sinnvoll fügt.[3]

Der Markt führt die Teilnehmer mit Kauf- und Verkaufsabsichten zusammen. **Ihre subjektiven Wertvorstellungen werden in dem aus dem Ausgleich der unterschiedlichen Interessenlagen resultierenden Preis objektiviert.** Insoweit ist jede Preisvereinbarung als objektivierter Wert zu interpretieren

Damit ist jedoch die Frage nach dem **Informationsgehalt** einer einzelnen **Preisnotiz** nicht beantwortet. Schwanken die einzelnen Notizen nicht allzusehr, so **verdichten sich die subjektiven Werturteile zum Einheitspreis, der dann als allseitig verbindliches, in Geld ausgedrücktes, Werturteil akzeptiert wird.** Man kann dann zu Recht von einem Börsen- und Marktpreis sprechen. *"Das einzelne Wirtschaftssubjekt wirkt an seiner Festsetzung nur noch mit, bestimmt ihn nicht mehr souverän; es hat nur noch eine Stimme in dem tausendfältigen Chorus der Beteiligten. ... Angebot und Nachfrage sind zu Kollektiverscheinungen geworden, in denen die Meinung aller am Markte Beteiligten enthalten ist."*[4]

Damit ist die Fundierung der Makroebene des Marktgeschehens durch die einzelnen Aktivitäten der einzelnen Marktteilnehmer auf der Mikroebene nochmals anschaulich beschrieben. Lange Zeit führten Mikro- und Makroebene eine weitgehend isolierte Existenz nebeneinander, wie die Differenzierung der Volkswirtschaftslehre in Makrotheorie und Mikrotheorie belegt. Die Verknüpfung beider Ebenen wurde stiefmütterlich behandelt und im Rahmen der Aggregations-

---

[1] So auch sinngemäß Schumpeter (1965), S. 1214.
[2] Rieger (1928), S. 5.
[3] Vgl. Rieger (1928), S. 4.
[4] Rieger (1928), S.9 f.

diskussion auf eine primär zahlenmäßige Verringerung der Variablen reduziert. Eine Verdichtung des Geschehens auf der Mikroebene zu Zusammenhängen in anderen Qualitäten auf der Makroebene wurde vernachlässigt. *"Die Kernaussagen über konsistente Aggregationen sind bekanntlich weitgehend Unmöglichkeitstheoreme: Sie besagen, daß eine konsistente Aggregation eines mikroökonomischen Gleichgewichtsmodells zu einem Makromodell nur in wenigen Spezialfällen möglich, im allgemeinen aber unmöglich ist."*[1] Unter Aggregation versteht man *"üblicherweise die simultane Zusammenfassung von Zeilen und Spalten einer Tabelle."*[2]

Diese herkömmliche Auffassung von der Aggregation läßt jedoch **andere mögliche Verdichtungen von mikrokosmischem Geschehen zu Aussagen auf der makrokosmischen Ebene außer acht**. In der neueren Zeit wird intensiv an den Aggregationsmöglichkeiten unter weniger restriktiven Annahmen gearbeitet. Das gilt für die mikroskopische Fundierung der Konjunkturtheorie,[3] für die mit dynamischen Bewegungen einhergehenden Veränderungen der Strukturen der relativen Preise[4] und auch für Strukturveränderungen bei Input-Output-Modellen.[5] Diese Bemühungen sind angesichts der Notwendigkeit, makroökonomische Theorien auf dem Verhalten der Individuen aufzubauen und insofern auch mikroökonomisch zu begründen,[6] nicht überraschend. Wir wollen nachstehend zur Bewältigung des qualitativen Aggregationsproblemes ein Konzept heranziehen, das in den letzten Jahren in den Naturwissenschaften zunehmend Beachtung gefunden hat, die sog. **Synergetik**. Es scheint für die Verknüpfung von Mikro- und Makrogeschehen gerade von wirtschaftswissenschaftlichen Problemen geeignet. Zuvor sollen die Schwierigkeiten der empirischen Messung theoretischer Konzepte unter dem Stichwort Adäquation noch diskutiert werden.

1.3 Das Problem der Adäquation

Die synthetischen Konstrukte der Makroanalyse sind ohne **expliziten Bezug zu realen Phänomenen** nur ungenau zu spezifizieren. Das Problem der **Adäquation**, d.h. das der **Meßbarkeit theoretischer Konstrukte anhand der realiter verfügbaren Daten**,[7] wurde weitgehend ignoriert.[8] Das gilt insbesondere für das sog. **Marktportfolio der Kapitalmarktgleichgewichtstheorie**. Es gibt keine statistische Datenbasis, die explizit gepflegt wird, um Informationen über das sog. Marktportfolio zu liefern. Der Versuch, eine solche Datenbasis zu

---

[1] Wenig (1987), S. 149.
[2] Holub/Tappeiner (1988), S. 398.
[3] Vgl. Hillinger/Weser (1988).
[4] Vgl. Gahlen (1985), Gerhäusser (1988).
[5] Vgl. Holub/Tappeiner (1988).
[6] Vgl. Wenig (1987), S. 150.
[7] Vgl. hierzu z.B. Menges (1981), Bott (1981).
[8] Eine ausführliche Dokumentation der möglichen Fehlerquellen in diesem Zusammenhang bringen Strecker/Wiegert (1989), S. 487 ff., anhand der Datenerhebung der jüngsten Volkszählung.

konstruieren, ist auch deshalb vom Scheitern bedroht, weil eine **operationale, allgemein anerkannte Definition des Marktportfolios** nicht existiert.

Das Problem der Adäquation ist sicherlich geringer bei den **Aktivitäten auf der Mikroebene**. Eine verläßliche ökonomische Theorie sollte daher auch auf den Größen der Mikrowelt aufbauen. In zunehmendem Maße wird sich gerade die Finanzierungstheorie dieser Bedeutung bewußt: Die aktuelle Diskussion wird im Moment durch das Schlagwort von der **Mikrostruktur des Kapitalmarktes** beherrscht. Die meisten Ansätze bieten jedoch **keine** analytische Strukturierung des konkreten Geschehens auf dem Kapitalmarkt, sondern beschränken sich entweder auf eine **deskriptive Darstellung unter Berücksichtigung elementarer statistischer Methoden**[1] oder stellen wiederum auf die **Modellierung unter den Bedingungen eines Gleichgewichtes** ab.[2] Die Gleichgewichtsbedingung soll hier nicht als solche kritisiert werden. Sie ist für die Analyse grundlegender (man ist versucht zu sagen "zeitloser") Wirkungszusammenhänge ein probates Instrumentarium. Elementare Voraussetzung für die **Übereinstimmung von individuellen Wertvorstellungen und objektiven Preisnotizen können damit in einem statischen Szenario erforscht werden**. Es wird jedoch schon schwieriger, die **Marktaktivitäten realiter zu beschreiben, die zu einem derartigen Gleichgewicht führen könnten**. Ohne die explizite Berücksichtigung der **institutionellen Besonderheiten** wird die Beschreibung kaum gelingen. Das enorme Interesse an der Ökonomie der Institutionen belegt deren Bedeutung ebenso wie die Unzulänglichkeiten der bisherigen traditionellen Gleichgewichtshypothesen.[3]

Bei der Explikation konkreter Entwicklungen ist man mehr auf Vermutungen angewiesen, als daß man konkrete Beweise führen kann.[4] Für die analytische Modellierung des Kapitalmarktgeschehens auf der Mikroebene ist es heutzutage üblich, eine bestimmte Struktur von Preisen und Werten aus gegebenen Ausstattungen der Wirtschaftssubjekte ohne explizite Berücksichtigung der Marktorganisationen zu berechnen. Die Bedeutung institutioneller Gegebenheiten und entsprechende Rückkopplungseffekte wird zwar neuerdings, wie z.B. von Hellwig[5], verbal artikuliert, aber (noch) nicht in das Modell analytisch integriert.

Aus **statistischen Anomalien der Aktienkursverläufe** kann man nur bedingt auf eventuell zugrunde liegende **kausale Strukturen** schließen.[6] Solange man auf eine vergleichsweise globale Betrachtung abstellt, kann man auf die Analyse der einzelnen Stimme im tausendfachen Chor aller Marktteilnehmer

---

[1] Vgl. z.B. Cohen/Maier/Schwartz/Whitcomb (1986), insbesondere S. 16 ff.
[2] Vgl. z.B. Garman (1976), Cox/Ingersoll/Ross (1985), Grossman/Miller (1988).
[3] Vgl. hierzu die deutlichen Ausführungen bei Myhrman (1989), S. 39 ff.
[4] Vgl. als aktuelles Beispiel die Vermutungen bei Hellwig (1986). Er stellt zwar auf die Rückwirkungen von Risikoverteilungen der Märkte auf die Preise und Produktionsentwicklungen ab. Die Vagheit der verbalen Argumentation charakterisiert jedoch den Stand der Diskussion.
[5] Hellwig (1986).
[6] Einen ausführlichen Überblick über die diversen, am Kapitalmarkt festgestellten Unregelmäßigkeiten enthält der von E. Dimson (1988) herausgegebene Sammelband

verzichten und sich mit ungefähren Tendenzaussagen, wie Hellwig, begnügen. Er konzidiert aber selbst die Unzulänglichkeiten dieses Vorgehens.

Die allenthalben seit **Adam Smith** behauptete **unsichtbare Hand**, die zum Gleichgewicht führen soll,[1] ist bislang **explizit nicht sichtbar** gemacht worden. Selbst v. Hayek kann zur Existenz eines Gleichgewichtes in der Ökonomie und zu seiner Bedeutung nur ungenaue Vermutungen äußern.[2] Krelle[3] identifizierte jüngst **Gleichgewichtsbereiche im Oligopol auch bei unvollständiger Information**.

1.4 Zur Unvollständigkeit der Märkte: Handelsmöglichkeiten vs. Anzahl von Kapitalgütern

Die **Vollständigkeit der Märkte** ist ein Konzept der klassischen Gleichgewichtstheorie von Arrow (1953) und Debreu (1959): Sind mindestens soviele linear unabhängige (Kapital)Güter wie Umweltzustände vorhanden, dann kann durch Kombination der einzelnen (Kapital)Güter eine beliebige Risikoposition, also auch eine sichere Position, erreicht werden. Solche Märkte nennt man vollständig, anderenfalls heißen sie unvollständig.[4]

Laffont nennt folgende Ursachen für unvollständige Märkte:[5]

1. Unvorhersagbare Ereignisse

Eine entscheidende Voraussetzung für die Berücksichtigung zukünftiger Ereignisse bei der Modellierung vollständiger Märkte wäre die **vollständige Kenntnis aller möglichen künftigen Ereignisse** und die **Zuordnung bestimmter Konsequenzen zu diesen Ereignissen**. Die Formalisierung, daß insgesamt $N < \infty$ **mögliche** (heutige und künftige) **Umweltzustände** unterschieden werden, löst dieses Problem nicht, denn es geht ja um die **inhaltliche Ausgestaltung der Ereignisse und ihrer Konsequenzen**. Davon ist Laffonts zweiter Grund zu unterscheiden:

2. Zuviele Ereignisse

Selbst wenn die Ereignisse und ihre Konsequenzen genau vorhergesagt werden können, führen sie nicht immer zur Einrichtung eines eigenständigen Marktsegmentes. Es würde den von der **menschlichen Intelligenz erfaßbaren Komplexitätsgrad** übersteigen.

---

[1] Vgl. hierzu z.B. Böhm (1986).
[2] Die verschiedenen Stellungnahmen werden ausführlich gegenübergestellt bei Loy (1988).
[3] Vgl. Krelle (1989b).
[4] Die Literatur hierzu ist kaum noch zu übersehen. Es sei auf die Übersichtsartikel von Duffie/ Sonnenschein (1989), Laffont (1989) und die dort angegebene Literatur verwiesen. Ross (1989) beschäftigte sich mit der Unvollständigkeit des Kapitalmarktes, insbesondere im Hinblick auf die Bedürfnisse der institutionellen Anleger. Die Existenz nicht ausgenutzter Arbitragemöglichkeiten belegt die Untersuchung von Moser (1981).
[5] Laffont (1989), S. 55.

3. **Kostenträchtige Marktorganisationen**

Die Kosten für **zustandsabhängige Marktsegmente** sind höher als die von **unbedingten einfachen Märkten**. Die Kosten z.b. der **Erfüllungsüberwachung** von Optionsgeschäften sind sicher höher als die entsprechenden Kosten auf Kassamärkten, auf denen Zug um Zug erfüllt wird.

4. Fehlen eines **internationalen Gerichtshofes** mit entsprechender Kompetenz

Die **effiziente Regelung der Erfüllungsprobleme** erfordert gegebenenfalls das Einschalten eines internationalen Gerichtshofes, der die allgemein akzeptierte Kompetenz zur Lösung solcher Fragen besitzt.

5. **Nicht gerichtsfeste Informationen**

Beide Vertragsparteien verfügen in diesem Fall zwar über die **gleichen Informationen**, nicht jedoch außenstehende Dritte, z.B. ein Gericht. In einem Streitfall ist es für das Gericht schwer, ein gerechtes Urteil zu treffen, da der **wahre Sachverhalt**, wenn überhaupt, nur durch großen Aufwand **identifiziert** werden kann.

6. **Adverse Auswahl oder verdeckte Informationen**

Hier besitzt **nur einer der Marktteilnehmer** die wahre Information, z.B. über die richtige Qualität einer Ware. Verdeckte Informationen führen zum **Austrocknen eines Marktes**.

7. **Moral Hazard**

Häufig wird dieser Terminus nicht übersetzt, sondern übernommen. Hellwig[1] schlägt die Übersetzung mit "**moralischem Risiko**" vor. Es spielt insbesondere auf dem Versicherungsmarkt eine Rolle. Es entsteht, wenn "Agenten" die **Wahrscheinlichkeiten von Zufallsereignissen**, mit denen sie konfrontiert sind, **durch Aktionen beeinflussen können,** die nicht von anderen beobachtet werden können.[2]

Damit sind einige **Unzulänglichkeiten des Marktsystems und damit auch des Preismechanismus** aufgezeigt. Jedoch erst eine eingehende Auseinandersetzung mit den **Grenzen des Preismechanismus als Informationssystem kann** im Grunde die endogene Entstehung von Institutionen zur Reduktion des Informationsbedarfs klären.[3]

Der Marktmechanismus kann in seiner Komplexität nicht erfaßt werden, solange man ihn als eine Frage der **Anzahl der Güter und Umweltzustände** betrachtet. Es müssen auch die Handelsmöglichkeiten explizit einbezogen werden.

---

[1] Vgl. Hellwig (1986), S. 240.
[2] Vgl. Laffont (1989), S. 56.
[3] Vgl. Loy (1988), S. 172.

Mit dem Konzept der Wiedereröffnung der Märkte wird ein Lösungsweg in die richtige Richtung gesucht.

Der Zusammenhang zwischen **Anzahl der Umweltzustände, der Handelsmöglichkeiten, der Wertpapiere und der Risikosteuerung** wird von Kreps[1] in der Diskussion des Modelles von Black/Scholes modelliert: Black/Scholes[2] unterstellen **instantane Anpassungsmöglichkeiten** der Portfoliozusammensetzung und können daher mit **nur zwei Wertpapieren** ein sicheres Portfolio bei beliebig **vielen Umweltzuständen** erreichen. Kreps skizziert den Zusammenhang bei **zeitdauernden Umweltveränderungen und der erforderlichen Anzahl von Wertpapieren bzw. Handelsmöglichkeiten.** Diese Zusammenhänge werden dann noch von Duffie[3] weitergeführt. Er stellt allerdings nicht mehr explizit auf die Handelsaktivitäten ab, sondern konzentriert sich auf die Bedeutung der Informationsverarbeitung als Handelsauslöser. Zentral ist in diesem Zusammenhang das Konzept der Filtration, eine wahrscheinlichkeitstheoretisch definierte Art der Informationsverarbeitung.[4]

Diesen bisher geschilderten formalen Ansätzen ist gemeinsam, daß sie auf ein arbitragefreies Gleichgewicht abstellen. Damit gelten auch die entsprechenden Einwände weiter. Als Vorschlag zur Lösung dieser Probleme wird nachstehend ein Ansatz nach dem **Konzept der Synergetik** vorgestellt. Zum Vergleich sind die hier diskutierten Ansätze nochmals in einem Tableau zusammengestellt:

	Wertpapiere	Umweltzustände	Umschichtungen	Gestaltungsprinzip	Informationsverarbeitung
Arrow/Debreu (1953/1959)	n	m	0	Gleichgewicht	A/D - Papiere
Black/Scholes (1973)	2	∞	∞	Gleichgewicht, Arbitragefreiheit	Effizienter Markt
Binomial Cox/Ross/Rubinstein (1979)	2	2^t 1	t - 1	Gleichgewicht, Arbitragefreiheit	Effizienter Markt
Kreps (1982)	r	z	Kardinalität (r,z)	Gleichgewicht, Arbitragefreiheit	Effizienter Markt
Duffie (1988)	r	z	Filtration	Gleichgewicht, Arbitragefreiheit	Martingal
Synergetik Loistl/Landes (1989)	r	z	Institutionelle Regelung	Ungleichgewicht, Arbitragegelegenheiten	Verhaltensparameter

Abb. 1: Wesentliche Charakteristika verschiedener Kapitalmarktmodelle

Der Synergetik-Ansatz unterscheidet sich von den anderen Modellen: **Er läßt ebenfalls Umschichtungen zu, der Handel geschieht aber innerhalb der explizit modellierten institutionellen Regelungen. Die Möglichkeiten zu profitablen Aktivitäten und ihr potentielles Ausmaß hängen von den**

---
[1] Vgl. Kreps (1982).
[2] Vgl. Black/Scholes (1973).
[3] Vgl. Duffie (1988), S. 104 ff.
[4] Vgl. Duffie (1988), S. 130 ff.

Marktgegebenheiten ab, wie auch die Auswirkungen dieser Aktivitäten: Je nach den Marktgegebenheiten können **profitable Aktivitäten zur Preisstabilisierung bzw. zur -destabilisierung führen**. Die **Verhaltensweisen der Marktteilnehmer** werden mit Verhaltensparametern, die ihre Risikofreudigkeit bzw. -abneigung, ihr Vertrauen in die eigene Schätzung, die Verarbeitung der Marktinformationen etc. modellieren, explizit beschrieben.

1.5 Problemsicht der Synergetik

Ehe die oben angesprochenen Details beschrieben werden, soll das **Konzept der Synergetik dargestellt** werden. Es wurde von Hermann Haken[1] im Rahmen seiner Beschäftigung mit der Laserphysik konzipiert und dann in der Beschreibung analoger Phänomene der Naturwissenschaften weiter entwickelt.

Der Grundgedanke ist jedoch **zentrales ökonomisches Gedankengut**; es war schon mehrmals angesprochen worden: Das **Marktsystem ist ein (umwelt)offenes System**, das permanent die von der **Umwelt neu gestellten** Probleme entdecken und durch **vielfältige Anpassungsprozesse** lösen muß.[2]

Die **Anpassungsprozesse beruhen auf den Interaktionen von Millionen von Individuen**.[3] Der Anpassungsprozeß als Makrogröße ist das Resultat zahlreicher Aktivitäten auf der Mikroebene.[4] Krelle formuliert den Sachverhalt anschaulich: *"Eine dynamische Markttheorie [steht] sozusagen 'hinter' der makroökonomischen Theorie ... und letztere [ist] aus ersterer abzuleiten [...] ähnlich wie 'hinter' dem Altersaufbau einer Bevölkerung eine Fülle von Geburts- und Sterbevorgängen verborgen ist. Individuelle und soziale Verhaltensweisen, Schicksalsschläge wie Kriege und Katastrophen, Zufälle der verschiedensten Art bestimmen den dynamischen Geschichtsablauf und die sich laufend ändernde personelle Zusammensetzung der Bevölkerung."*[5]

In unserem Zusammenhang geht es um die Modellierung des Kapitalmarktgeschehens, konkret um die Existenz und Ausnutzung profitabler Anlagemöglichkeiten. **Ob diese Aktivitäten dann zu einem Gleichgewicht - in welcher Definition auch immer - führen oder auch nur die Tendenz zu einem solchen aufweisen, kann dann als Konsequenz des egoistischen Handelns der einzelnen Teilnehmer beobachtet werden.**

---

[1] Vgl. Haken (1983).
[2] Vgl. Hoppmann (1980), S. 28 f., Loy (1988), S. 28 f.
[3] Vgl. Loy (1988), S. 17.
[4] Ein Laser beginnt auch erst zu strahlen, wenn alle Atome entsprechend ausgerichtet sind. Es überrascht daher im Nachhinein nicht, daß die Beschäftigung mit dieser Fragestellung zum Ausgangspunkt der Synergetik-Betrachtung wurde.
[5] Krelle (1989a), S. 283. Seine Beschreibung ist auf Marktsysteme mit Produktionsunternehmen, nicht auf Kapitalmärkte speziell bezogen.

Damit kann auch der von D. Schneider im Anschluß an Hurwicz aufgeworfenen Frage weiter nachgegangen werden: *"Wenn ein "Allokationsmechanismus", wie der "Markt" selbst, knappe Mittel für das Auffinden optimaler Lösungen braucht, kann dann die Suche nach einem Optimum noch optimal sein? Hinzu kommt, daß jedes Markthandeln zu Ungleichgewichtspreisen Einkommenseffekte schaffen kann, welche die für das Gleichgewicht notwendige Neutralität des Geldes vor Erreichen des Gleichgewichts stören."*[1] In einer solchen Allokationsbetrachtung würde auch die Möglichkeit der Existenz von **mehr als einem Optimum** stören. Angesichts **der heute aktuellen Analyse nichtlinearer dynamischer Systeme**,[2] ist die gute alte Welt, in der Wirtschaftssubjekte wie **Automaten** im Sinne einer eindeutigen **gesamtwirtschaftlich optimalen Allokation** agieren, heutzutage nicht mehr das Thema.

Allerdings bedürfen auch nichtlineare dynamische Modelle auf der Makroebene der Fundierung durch Untersuchungen auf der Mikroebene. Es ist eine offene Frage, ob es auf der Makroebene überhaupt Kausalstrukturen gibt. Kein geringerer als Johann von Neumann war in dieser Hinsicht skeptisch. Sein Urteil bezieht sich zwar auf die naturwissenschaftlichen Probleme, für die wirtschaftswissenschaftlichen Fragestellungen dürfte es nicht minder gelten: *"Die Kausalität der makroskopischen Welt kann allenfalls durch die bei vielen gleichzeitig zusammenwirkenden Elementarprozessen fühlbar werdende nivellierende Wirkung des "Gesetzes der großen Zahlen" vorgetäuscht werden."*[3]

Die von H. Haken entwickelte Problemsicht der Synergetik strebt eine differenzierende Betrachtung an: Deshalb soll H. Haken hier mit einem ausführlichen Zitat zu Wort kommen:

"In vielen naturwissenschaftlichen Problemen, aber auch denen anderer Disziplinen, behandeln wir makroskopische Erscheinungen, z.B. Flüssigkeiten, elektrische Netze, makroskopische Gehirnaktivitäten, gemessen durch ein EEG. Es ist ganz natürlich, diese durch makroskopische Größen zu beschreiben. Z.B. in einem Netzwerk sind solche Variablen makroskopische elektrische Ladungen und Stromstärken. Man darf jedoch nicht vergessen, daß alle diese makroskopischen Prozesse das Ergebnis vieler, mehr oder weniger kohärenter mikroskopischer Prozesse sind. In einem elektrischen Netz, z.B. wird der Strom letztlich befördert durch die individuellen Elektronen, oder die elektrischen Hirnströme werden letztlich von individuellen Neuronen erzeugt. Die mikroskopischen Freiheitsgrade manifestieren sich in der Form der Fluktuationen, die dadurch beschrieben werden können, daß zu den ansonsten deterministischen Gleichungen für die makroskopischen Quantitäten weitere Ausdrücke hinzugefügt werden. Da jedoch im allgemeinen die mikroskopischen Prozesse auf einer sehr viel kürzeren Zeitskala ablaufen als die makroskopischen Prozesse, finden diese, die Unterwelt der individuellen Teile

---

[1] Schneider (1987), S. 513.
[2] Vgl. z.B. Scheinkman (1990).
[3] v. Neumann (1932), S. 109.

des Systems repräsentierenden Fluktuationen, auch auf einer sehr viel kürzeren Zeitskala als die des makroskopischen Prozesses statt. Die Theorie der stochastischen Differentialgleichungen behandelt diese Fluktuationen in einer gewissen mathematischen Idealisierung.

Im Falle praktischer Anwendungen darf man jedoch nicht zu überprüfen vergessen, ob diese Idealisierung sinnvoll bleibt. Falls dabei Resultate abgeleitet werden, die denen widersprechen, die man aufgrund physikalischer Überlegungen erhalten würde, so sollte man sorgfältig prüfen, ob die idealisierten Annahmen zutreffen." [1]

Analog versucht der nachstehend beschriebene Ansatz die explizite Modellierung des **Marktgeschehens auf der Mikroebene,** um damit die Basis für eine problemadäquate Verdichtung zu Größen der Makroebene zu schaffen.

Hierzu wird **der konkrete Ablauf des Handels zwischen einzelnen Individuen formalisiert:** Die einzelnen Marktteilnehmer können entsprechend ihren Präferenzen **Gebote abgeben** oder **welche annehmen.** Sie können **verhandeln, die Preisgebote revidieren und sie können ihre eigene individuelle Wertvorstellung aufgrund des Marktgeschehens revidieren.**

Der Ansatz basiert entscheidend auf der **Differenzierung zwischen subjektiven Wertvorstellungen, die nicht allgemein bekannt sind, und objektiven Preisnotizen, die allgemein beobachtet werden können.** Es werden die Arbitrageprozesse explizit formuliert und ihr zeitlicher Ablauf im Detail modelliert. Die Durchführung der Arbitrage nimmt bestimmte Zeit in Anspruch. Die Zeitpunkte jedoch, zu denen Ereignisse stattfinden, **sind nicht exogen vorgegeben.** Der zeitdauernde Entscheidungsprozeß entwickelt sich entsprechend den endogenen Gesetzmäßigkeiten. Der Prozeß kann zu einem im Prinzip beliebigen Zeitpunkt abgeschlossen sein. Die Zeitpunkte des Auftritts der Aktivitäten sind nicht äquidistant. Das erschwert zwar die Analyse mit Hilfe statistischer Methoden, entspricht jedoch den ökonomischen Gegebenheiten. **Die Zeit ist nur Beobachter und Berichterstatter der kausalen Prozesse, nicht jedoch selbst verursachender Faktor.** Zu diesem wird sie erst durch die nur scheinbar harmlose Vereinfachung, die Entwicklung ökonomischer Größen anhand der Zeit zu beschreiben.

Ein weiterer Aspekt ist die Kombination von **deterministischen und stochastischen Elementen in der Modellierung.** Das Börsengeschehen vollzieht sich innerhalb festgelegter institutioneller Regelungen. Sie sind bekannt und differieren im Prinzip an jeder Börse. **Die unterschiedlichen institutionellen Regelungen sind daher auch bei der analytischen Modellierung des Börsengeschehens zu berücksichtigen.** Die bislang übliche Darstellung des Börsengeschehens durch **globale stochastische Prozesse** wird diesem Sachverhalt nicht gerecht. Nach allgemeiner weitverbreiteter Ansicht ist die **Model-**

---

[1] Haken (1983), S. 143, eigene Übersetzung, O. Loistl.

lierung durch Wahrscheinlichkeiten dort angebracht, wo mangels exakter Kenntnisse die Kausalitäten nicht genau bekannt sind. Partiell, d.h. in Gestalt der organisatorischen und institutionellen Regelungen, liegen beim Kapitalmarktgeschehen aber wohlbekannte deterministische **Einflußfaktoren** vor. Eine Beschreibung durch einen globalen stochastischen Prozeß ist daher durch eine **Kombination von stochastischen und deterministischen Elementen** zu ersetzen. Für ein derartiges Vorgehen ist dieser Ansatz prädestiniert. Er kann zur Modellierung einer **Market Maker-Börse** genau so spezifiziert werden wie für die **Modellierung einer Auktionsbörse**.

Er ist insbesondere geeignet zur Modellierung einer Computerbörse. Die einzelnen Prozeduren zum **Matching von Aufträgen** unterschiedlicher Ausprägung können nicht nur explizit spezifiziert werden, sie müssen es sogar, wenn in der Weiterentwicklung des Ansatzes verschiedene Handelsformen differenziert werden. Die Realitätsnähe des Ansatzes muß noch wegen der Möglichkeiten einer **adäquaten Abbildung simultaner Vorgänge** hervorgehoben werden: Ein Markt ist durch die **Gleichzeitigkeit der Entscheidungsprozesse der einzelnen Marktteilnehmer** charakterisiert. Die adäquate Abbildung verlangt nach **paralleler Modellierung** der Vorgänge. Die Bedeutung einer derartigen Strukturierung wird noch unterstrichen durch die nunmehr vermehrt genutzte Möglichkeit der Programmierung in parallelen Strukturen: Über die **quantitative** Verbesserung der Rechengeschwindigkeit hinaus erlaubt die parallele Strukturierung der Programmierung eine **qualitative** Verbesserung im Hinblick auf die adäquate Abbildung der realen Gegebenheiten.

Die damit eröffneten Anwendungsmöglichkeiten sind nicht auf die Modellierung der Börsen als ein Segment des Kapitalmarktes beschränkt. Grundsätzlich lassen sich damit alle Fragen behandeln, bei denen das Geschehen auf der Makroebene durch Aktivitäten auf der Mikroebene bestimmt wird. Das gilt z.B. insbesondere für den in den USA besonders bedeutsamen Markt von Hypothekendarlehen.

2. Preisfindung und Mikrostruktur des Kapitalmarktes[1]

2.1 Grundlegende Bemerkungen und Annahmen

In dem ersten Ansatz zur Modellierung der Mikrostruktur des Kapitalmarktes unterstellen wir einen Markt, auf dem **ein Finanztitel fortlaufend gehandelt wird**.[2] Formal liegt dem Modell ein stochastischer Prozeß, genauer ein **zeitlich**

---

[1] Vgl. zum folgenden Loistl/Landes (eds.) (1989), insbesondere Landes/Loistl/Reiß (1989).
[2] Die reale Zeitdimension kann wenige Stunden betragen, wie bei dem variablen Handel an einer Börse, oder eine ganze Saison, wie bei dem Sekundärmarkt für Hypothekendarlehen.

homogener Markov-Prozeß $\{Z_t, t\geq 0\}$ mit stetiger Zeit und diskretem Zustandsraum Z, zugrunde.[1]

Ein Markov-Prozeß ist dadurch ausgezeichnet, daß zukünftiges Systemverhalten unabhängig von dem realisierten Verlauf der Vergangenheit, wohl aber eine Funktion der Gegenwart ist. Die Realisation der Zufallsgröße Z_t beschreibt das augenblickliche Kapitalmarktgeschehen zum Zeitpunkt t. Sie wird durch den mehrdimensionalen Marktzustandsvektor z - dessen Komponenten noch im einzelnen zu erläutern sind - dargestellt. Die Variable z unterliegt laufenden Veränderungen. Eine Transformation dieser Variable erfolgt durch die Realisation der potentiellen Aktivitäten der Marktteilnehmer. Deren Entscheidungsprozesse wiederum werden entsprechend der Markov-Eigenschaft aus dem augenblicklichen Marktzustand z gesteuert.

Die Einbeziehung bestimmter, die Vergangenheit betreffende Informationskomponenten im Marktzustandsvektor z erlaubt im Rahmen der Modellierung der individuellen Entscheidungsprozesse die Berücksichtigung vergangenheitsorientierter Informationen. Eine solche Formulierung des Marktprozesses erlaubt die Abschwächung der restriktiven Markov-Eigenschaft.

In dem Modell agieren N Individuen auf dem Kapitalmarkt, die von jetzt an als Agenten bezeichnet werden. Jeder Agent i, $i \in I=\{1,...,N\}$, besitzt zu Beginn des **Marktprozesses eine subjektive Werteinschätzung** $\hat{p}_i^{ext}$ **bezüglich des zugrundeliegenden Papiers**, die auf dessen inneren Wert gründet und von externen Faktoren, wie z.B. erwarteten Dividendenzahlungen, Geschäftslage des Unternehmens, gesamtwirtschaftliche Rahmendaten etc., beeinflußt wird.[2] Diese extern determinierte Wertvorstellung überprüft und revidiert jeder Agent anhand der beobachtbaren Ereignisse auf dem Markt.

Die Anpassung anhand des Marktgeschehens sei als *interne Wertkorrektur* bezeichnet, da sie auf den Interna des Marktes basiert. Die **augenblickliche Wertvorstellung** $\hat{p}_i$ eines Agenten i ergibt sich somit aus der extern bedingten Bewertung $\hat{p}_i^{ext}$ zuzüglich einer bestimmten positiven oder negativen Korrektur $D\hat{p}_i^{int}$:

$$\hat{p}_i = \hat{p}_i^{ext} + D\hat{p}_i^{int}.$$

Die Zusammensetzung individueller Wertvorstellungen macht deutlich, daß die Marktteilnehmer die Finanztitel sowohl unter fundamentalen, vom Marktgeschehen unabhängigen Gesichtspunkten als auch unter Berücksichtigung des unmittelbaren Geschehens auf dem Kapitalmarkt bewerten.

---

[1] Zur Erläuterung von Markov-Prozessen vgl. die Ausführungen in Kapitel 3.
[2] Zur Berechnung des inneren Wertes vgl. die Ausführungen in Kapitel 4.

Der Agent besitzt im Prozeßablauf insgesamt folgende Handlungsalternativen:

- **die Abgabe einer Kaufofferte, (demand (d))**
- **die Abgabe einer Verkaufsofferte, (supply (s))**
- **die Annahme einer Kauf- bzw. Verkaufsofferte, (acceptance (a))**
- **die Revision der subjektiven Wertvorstellung, (value adjustment (v))**.

Die Annahme einer Kauf- oder Verkaufsofferte führt zu einem Handel und zu einer entsprechenden **Preisnotierung**. Sie ist ebenso wie die Abgabe einer Kauf- bzw. Verkaufsofferte ein von **allen Agenten beobachtbares Ereignis**. Die Ereignisse d, s und a konstituieren den **explizit beobachtbaren Marktprozeß**. Er besteht somit aus einer Sequenz von Kaufofferten d, Verkaufsofferten s und Annahmen a. Dabei ist jede dieser Aktionen auf die ihr unmittelbar vorhergehende bezogen. Es ist daher ausgeschlossen, daß z.B. zwei Ereignisse vom Typ a direkt aufeinander folgen können, denn die Annahme eines Gebotes setzt die Abgabe dieses Gebotes voraus.

Die **Annahme** einer Offerte findet zu den **Konditionen der zugrundeliegenden Offerte** statt. Vereinfachend[1] wird in diesem ersten Ansatz unterstellt, daß **Gebote jeweils nur um eine Einheit vom vorhergehenden Gebot abweichen können**. Gehandelt wird ebenfalls nur eine Mengeneinheit. Dies bedeutet jedoch keine unbedingte Monotonie des Marktgeschehens. Die **Variabilität des Marktes** erfolgt über die **Variation der Handelsgeschwindigkeit**.

Analoge Beschränkungen gelten für die **Revision der subjektiven Preisvorstellungen**. Sie hängt sowohl von den am Markt beobachtbaren Ereignissen und den extern gegebenen Wetvorstellungen als auch von der individuellen Informationsverarbeitung ab. Der Vorgang sei als der **nicht explizit beobachtbare Prozeß der individuellen Wertkorrekturen** bezeichnet. Dieser Prozeß besteht aus einer Sequenz von Wertkorrekturen v. Die Interdependenz von Information und Aktivität impliziert Interaktionen der Marktteilnehmer. Die folgende Darstellung möge den beschriebenen Sachverhalt verdeutlichen.

---

[1] Diese Einschränkungen werden in den weiteren Modellentwicklungen aufgehoben. Die hier intendierte Darstellung des Grundprinzips wird durch die Vereinfachung dank besserer Überschaubarkeit sogar erleichtert.

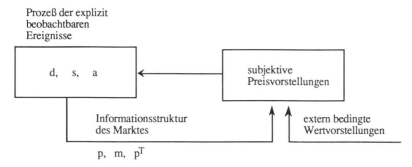

Abb. 2: Interdependenz von Information und Aktivität

Die aus dem Marktgeschehen extrahierbare Information wird durch den gegenwärtigen **Preis p, das Marktpotential m und den Preistrend** p^T beschrieben. Der **gegenwärtige Preis p** ist der Preis, zu dem zuletzt eine Kauf- bzw. Verkaufsofferte abgegeben oder eine bestehende Kauf- oder Verkaufsofferte angenommen wurde. Das Marktpotential m beschreibt anhand eines Angebots- oder Nachfrageüberhangs das am Markt vorherrschende Klima. In dem Preistrend p^T findet die gegenwärtige Richtung einer Preisbewegung ihren Niederschlag.

Der Preistrend p^T, der gegenwärtige Preis p, das Marktpotential m, die subjektiven Wertvorstellungen $\hat{p}_i$, die extern determinierten Wertvorstellungen $\hat{p}_i^{ext}$ und bestimmte andere dem Marktgeschehen noch zugeordnete Variablen werden zu einem **mehrdimensionalen Marktzustandsvektor z** zusammengefaßt. Diese den **Zustand des Marktes charakterisierende Größe unterliegt laufenden Veränderungen.** Eine Zustandsänderung, ein Übergang von einem Zustand in einen anderen, wird durch die Durchführung einer der Handlungen d, s, a oder v herbeigeführt. Die Auswahl der zu realisierenden Aktionen (und damit eine Zustandsänderung) wird sowohl von **deterministischen als auch stochastischen Komponenten** beeinflußt.

Nachstehende Skizzierung der Prozeßdynamik soll den Zusammenhang verdeutlichen. Wir wollen den Prozeß zu irgend einem **Zeitpunkt s** betrachten. Jeder Agent kann zu diesem Zeitpunkt eine aus **maximal fünf möglichen Handlungsalternativen** durchführen. Nicht mit Sicherheit, nur mit Wahrscheinlichkeit kommt diejenige Aktivität zum Tragen, von der der handelnde Agent am meisten stimuliert wird. Die Größe zur Messung der Stimulation bezeichnen wir mit **Motivationspotential.**[1] Es stimmt mit dem herkömmlichen Nutzenbegriff inhaltlich nicht überein, hat aber die gleiche Funktion, die attraktivste Alternative bestimmen zu helfen. Zum Zeitpunkt t erfährt der Zustandsvektor z entsprechend der **ausgewählten Aktivität** eine Transformation, d.h. es findet ein Übergang von z nach z' statt. Der Markt verweilt also über einen Zeitraum t-s im Zustand z. Handelt es sich bei der die Transformation bedingenden Aktivität um eine **explizit am Markt beobachtbare Aktion, dann überdenken alle**

---

[1] Zur inhaltlichen Definition siehe S. 334 ff.

Agenten entsprechend der wahrgenommenen Veränderung erneut ihre potentiellen Handlungen.

Hat dagegen ein Agent eine **Revision seiner Wertvorstellung**, d.h. eine von den übrigen Agenten nicht beobachtbare Aktivität vorgenommen, so überprüft **nur der die Wertkorrektur vornehmende Agent** seine Handlungsalternativen erneut. Die zeitdauernden Entscheidungsprozesse der anderen Agenten laufen weiter. Es ist wiederum der Zeitpunkt und die Art der als nächstes auszuführenden Aktivität zu bestimmen. Der Prozeß nimmt entsprechend dem beschriebenen Prinzip seinen weiteren Lauf mit den Schritten: Transformation des Zustandsvektors z', Neukalkulation aller individuellen Aktivitäten bei einem Ereignis vom Typ d, s oder a bzw. Neukalkulation nur bei dem die Wertkorrektur vornehmenden Agenten, (zufällige) Auswahl der nächst auszuführenden Aktivität und Bestimmung des Zeitpunktes, zu dem diese ausgeführt wird. Eine detaillierte Betrachtung der Prozeßdynamik erfolgt in Abschnitt 2.2.4.

2.2 Marktstruktur und Marktdynamik

2.2.1 Die Marktstruktur, beschrieben in dem Zustandsvektor z

In Kapitel 3 wurde ein stochastischer Prozeß als eine Menge von Zufallsvariablen $\{X_t, t \in T\}$ definiert, die auf einem bestimmten Wertebereich variieren.[1] Hinsichtlich des Wertebereichs wurde zwischen diskretem Zustandsraum und stetigem Zustandsraum unterschieden. Ein k-dimensionaler Prozeß ist dadurch charakterisiert, daß der Zustandsraum des Prozesses durch $\mathbb{R}^k$ gegeben ist. Eine **Realisation der k-dimensionalen Zufallsvariablen X_t wird durch einen k-Vektor** abgebildet.

Dem hier zu entwickelnden Kapitalmarktmodell liegen die Zufallsvariablen $\{Z_t, t \geq 0\}$ zugrunde. Die Realisation der Zufallsgröße Z_t beschreibt die augenblickliche Situation, in der sich der Kapitalmarkt zum Zeitpunkt t befindet. Sie wird durch den Vektor z dargestellt, dessen Komponenten nunmehr ausführlich zu erläutern sind.

Der Zustandsvektor z umfaßt die folgenden Dimensionen:

$$z = (p, \omega, m, p^T, x, y, \hat{p}, \hat{p}^{ext}) \in P \times \Omega \times M \times P^T \times X \times Y \times \hat{P} \times \hat{P}$$

Die verschiedenen Größen seien nun im einzelnen beschrieben:

---

[1] Vgl. S. 93 ff.

1. Der gegenwärtige Preis p

Der Preis p∈ P={1,2,...} ist der Preis, zu dem **zuletzt eine Kauf- oder Verkaufsofferte am Markt abgegeben wurde**. Diese Aussage gilt auch für einen Handel. Die zum Handel führende Annahme einer Offerte findet zu den gleichen Konditionen eben dieser Offerte statt. Somit signalisiert die Größe p eine **augenblickliche Kauf- bzw. Verkaufsbereitschaft** zu diesem Preis oder sie zeigt an, **daß zu diesem Preis eine Transaktion stattgefunden hat**, wenn die letzte Aktivität in der Annahme einer bestehenden Offerte liegt.

2. Die Marktstatus-Komponente ω

Die Variable $\omega=(i_\omega,c_\omega)\in \Omega=I\times C$ enthält weitere Informationen hinsichtlich der **zuletzt** explizit am Markt beobachteten Aktivität. Die Komponente $c_\omega\in C=(d,s,a)$ kennzeichnet **die Art dieser Aktivität** und $i_\omega\in I=\{1,...,N\}$ **den Agenten**, der diese Aktion ausgeführt hat. Eine Offerte, $c_\omega=d$ oder $c_\omega=s$, bleibt solange gültig, d.h. steht zur Disposition aller übrigen Agenten, solange sie nicht angenommen oder von einer neuen Offerte storniert wird. Wenn z.B. p=500 und $\omega=(48,s)$ ist, dann signalisiert dies, daß die zuletzt am Markt beobachtete Aktivität in einer von Agent Nr. 48 abgegebenen Verkaufsofferte zu einem Preis von 500 Geldeinheiten liegt. Nur diese Aktion legen alle übrigen Agenten bei der Kalkulation ihrer potentiellen Handlungen zugrunde. Die dieser Aktion vorhergehende Aktivität wird in der noch zu beschreibenden einfachen Version storniert.
Es sei nochmals ausdrücklich betont, daß die hier angeführten Aktionen s, d oder a den Prozeß der explizit beobachtbaren Ereignisse konstituieren.

3. Das Marktpotential m

Die Komponente $m\in M=(-\infty,+\infty)$ signalisiert durch einen **Angebots- oder Nachfrageüberhang** das augenblickliche Marktklima. Kaufaufträge erhöhen ein positives oder negatives Marktpotential, Verkaufsaufträge verringern hingegen das Marktpotential um jeweils eine Einheit. Die Annahme einer Offerte verändert das Marktpotential in der Richtung, die der Wirkung der Offerte entgegengesetzt ist. Die Dynamik des Marktpotentials kann durch Parameter gesteuert werden.[1]

4. Der Preistrend p^T

In der Komponente $p^T\in P^T=\{...,-1,0,+1,...\}$ findet die gegenwärtige Richtung einer Preisbewegung ihren Niederschlag. **Steigende Preise manifestieren sich in einem positiven, fallende Preise** in einem **negativen Preistrend**. Eine Trendumkehrung findet jeweils dann statt, wenn eine Aufwärtsbewegung bzw. Abwärtsbewegung durch eine Verkaufsofferte bzw. Kaufofferte unterbrochen wird.

---

[1] Vgl. die Formel unter Punkt 3 auf S. 328.

5. Die Verteilung des Wertpapiervermögens x

Der Vektor $x \in X = \{0,1,2,...\}^I$ enthält Informationen bezüglich der augenblicklichen Verteilung des Wertpapiervermögens auf die Marktteilnehmer. Es wird angenommen, daß jedes Individuum i zu Beginn des Marktprozesses eine bestimmte Menge $x_i \in \{0,1,2,...\}$ an Papieren hält; diese **Anfangsausstattung** wird in dem Vektor $x = (x_1, x_2,...,x_N)$ abgespeichert. Jede Transaktion verursacht nun im Prozeßablauf eine **Transformation dieses Vektors**. Das Wertpapiervermögen x_i des jeweiligen Käufers i erfährt einen Zuwachs in Höhe von einer Einheit, der Bestand an Papieren $x_{i'}$ des Verkäufers i' verringert sich um eine Einheit.

6. Die Verteilung des Geldvermögens y

Der Vektor $y \in Y = \{...,-1,0,1,...\}^I$ enthält die Verteilung des Geldvermögens auf die einzelnen Marktteilnehmer. Jeder Agent i erhält zu t=0 ein bestimmtes Geldvermögen y_i zugewiesen, welches im Prozeßablauf jeweils durch eigene Transaktionen positive oder negative Veränderungen erfährt. Das Geldvermögen y_i des jeweiligen Käufers i vermindert sich, das des Verkäufers $y_{i'}$ erhöht sich um p. Die **augenblickliche Verteilung** des Geldvermögens wird in dem Vektor $y = (y_1, y_2,...,y_N)$ festgehalten.

7. Die Verteilung der extern gegebenen Preisvorstellungen $\hat{p}^{ext}$

Es wird angenommen, daß jeder **Agent i zu Beginn** des Marktprozesses eine eigene, auf fundamentalen Daten gründende Vorstellung $\hat{p}_i^{ext}$ über den Wert des gehandelten Papiers besitzt. **Die extern bedingten Wertvorstellungen aller Agenten werden zu t=0 in dem Vektor $\hat{p}^{ext} \in \hat{P} = \{0,1,2,...\}^I$ festgehalten.** Er entspricht der Stichprobe aus einer vorgegebenen Wahrscheinlichkeitsverteilung. **Diese Wahrscheinlichkeitsverteilung verkörpert die Wertvorstellung des gesamten Marktes.** Selbst wenn unterstellt wird, daß der Markt die beste Informationsauswertung vornimmt, so kann vermutlich auch er die verfügbaren Informationen nicht in eine einzige Punktschätzung, sondern nur in eine Verteilung verdichten. Diese Häufigkeitsverteilung beschreibt die Einschätzung zu **Beginn** der Marktaktivität.

8. Die Verteilung der subjektiven Preisvorstellungen $\hat{p}$

In dem Vektor der subjektiven Preisvorstellungen $\hat{p} \in \hat{P} = \{0,1,2,...\}^I$ manifestieren sich die **augenblicklichen Wertvorstellungen** der Agenten hinsichtlich des gehandelten Papiers **zu einem bestimmten Zeitpunkt**. Jeder Agent paßt seine eigene, zu Beginn des Prozesses vorhandene Wertvorstellung durch permanente Veränderungen $D \hat{p}_i^{int}$, entsprechend seinem Informationsverarbeitungsverhalten, dem Marktgeschehen an. Formal läßt sich die

Komponente der individuellen Wertvorstellungen $\hat{p}_i \in \{0,1,2,...\}$ wie folgt darstellen:

$$\hat{p}_i = \hat{p}_i{}^{ext} + D\,\hat{p}_i{}^{int}$$

In dem Vektor $\hat{p}=(p_1,p_2,...,p_N)$ werden die **augenblicklichen Wertvorstellungen aller Agenten erfaßt**. Der Bewertungsprozeß der Agenten ist somit durch die Verarbeitung von externen, vom Marktgeschehen unabhängigen, sowie internen, aus dem Marktgeschehen heraus resultierenden Informationen charakterisiert. Aus der formalen Darstellung der Komponente $\hat{p}_i$ ist ersichtlich, daß zu **Beginn des Marktprozesses die Vektoren $\hat{p}$ und $\hat{p}^{ext}$ übereinstimmen**.
Die subjektive Bewertung des Papiers beeinflußt den Prozeß zur Auswahl der explizit beobachtbaren Aktivitäten s, d und a. Man erkennt hieraus die **bestehende Interdependenz zwischen dem explizit beobachtbaren Marktprozeß und dem im Verborgenen stattfindenden Prozeß der individuellen Wertkorrekturen**. Die individuellen Wertkorrekturen gründen auf der Informationsträchtigkeit des Marktgeschehens, das sich in den explizit beobachtbaren Ereignissen s, d und a manifestiert. Diese wiederum werden in zentraler Weise von den subjektiven Wertvorstellungen gesteuert.

2.2.2 Die Veränderung der Marktstruktur

2.2.2.1 Explizit beobachtbare Preisnotizen

Wir wollen die explizit beobachtbaren Ereignisse durch die Größe $e=(i_e,c_e,p_e)$ abbilden. Dabei kennzeichnet $i_e \in \{1,...,N\}$ den eine **augenblickliche Aktivität durchführenden Agenten**, $c_e \in \{d, s, a\}$ die **Art dieser Aktivität** und p_e den ihr zugeordneten Preis. Die mit dem Ereignis e einhergehende Transformation des Zustandsvektors sei wie folgt dargestellt:

$$z = (p, \omega, m, p^T, x, y, \hat{p}, \hat{p}^{ext}) \to z'(e) = (p', \omega', m', p^{T'}, x', y', \hat{p}, \hat{p}^{ext})$$

Die im neuen Zustand mit einem Apostroph versehenen Variablen wurden geändert. Die Übergänge der einzelnen Variablen seien im folgenden beschrieben:

1. Der Übergang von p nach p'

Die Variable p notiert den **Kurs, zu dem zuletzt eine Kauf- oder Verkaufsofferte** abgegeben wurde oder zu dem ein Handel stattgefunden hat. Die Variable des gegenwärtigen Preises nimmt daher durch das Ereignis e den Wert p_e an, d.h. $p'=p_e$.

2. Der Übergang von ω nach ω'

Analog der Aktualisierung der Variablen des gegenwärtigen Preises erfährt die Marktstatus-Komponente einen Übergang von $\omega=(i_\omega,c_\omega)$ zu $\omega'=(i_e,c_e)$. **Agent i_e ist nun der Marktteilnehmer**, von dem zuletzt eine Aktion am Markt beobachtet wurde. Die Variable c_e kennzeichnet dabei die Art dieser Aktivität.

3. Der Übergang von m nach m'

Die Variable m erfaßt die Veränderung des Marktpotentials. Beobachten wir den **Marktprozeß in dem Zeitintervall** [0,t], dann wird dieser durch eine bestimmte **Sequenz von Kaufofferten d, Verkaufsofferten s und Annahmen a geprägt** sein. Die in dem Zeitintervall [0,t] liegende Folge von explizit beobachtbaren Ereignissen birgt u.a. Informationen hinsichtlich des Verhältnisses von **Effektennachfrage zu Effektenangebot**. In der Informationsvariablen m wird dieses Verhältnis erfaßt. Der das Ereignis e begleitende Übergang des Marktpotentials wird nach folgender Formel bestimmt. Es gilt:

$$m \to m' = T^{mp}_{c_\omega,c_e} m = (1-\lambda)m + \begin{cases} \text{sign}(c_e) & \text{falls } c_e \neq a \\ -\varepsilon\,\text{sign}(c_\omega) & \text{falls } c_e = a \end{cases}$$

wobei sign(d) = 1 und sign(s) = -1 ist. Der Parameter λ, $0 \leq \lambda \leq 1$, erlaubt eine **unterschiedliche Gewichtung** des Einflusses **vergangener Aktivitäten** auf dieses Potential, während die Größe ε, $\varepsilon \geq 0$, den Einfluß der Annahme einer Kauf- oder Verkaufsofferte reflektiert. Bei $\varepsilon > 0$ kompensiert die Annahme einer Kauf- oder Verkaufsofferte deren Einfluß auf das Marktpotential entsprechend den Werten von λ und ε. Eine völlige Kompensation liegt bei $\varepsilon = (1-\lambda)$ vor. Mit $\varepsilon < (1-\lambda)$ erfolgt eine teilweise Kompensation und mit $\varepsilon > (1-\lambda)$ sogar eine Überkompensation.

4. Der Übergang von p^T nach $p^{T'}$

In der Variablen p^T werden die einer gegenwärtigen Preisbewegung entnehmbaren Informationen komprimiert. Der durch das Ereignis e bedingte Übergang der Variablen p^T bestimmt sich wie folgt:

$$p^T \to p^{T'} = T^{trd}_{c_e,p_e-p} p^T = \begin{cases} 1 & \text{falls } p^T < 0,\ c_e = d,\ p_e - p = 1 \\ -1 & \text{falls } p^T > 0,\ c_e = s,\ p_e - p = -1 \\ p^T + p_e - p & \text{sonst} \end{cases}$$

Die Formulierung des Preistrends macht deutlich, daß eine durch **steigende Preise** charakterisierte Folge von d, s und a einen positiven Trend impliziert, während ein durch **fallende Preise** gekennzeichneter Marktprozeß mit einem negativen **Trend einhergeht**. Eine Trendumkehrung findet jeweils statt, wenn eine Aufwärtsbewegung ($P^T>0$) bzw. Abwärtsbewegung ($P^T<0$) durch eine Verkaufsofferte s bzw. Kaufofferte d unterbrochen wird. Die Verkaufsofferte bzw. Kaufofferte muß zu einem Preis p_e erfolgen, der um eine Einheit niedriger bzw. höher als der Preis des unmittelbar vorhergehenden Ereignisses ist. Aus der Formulierung der Bedingung der Trendumkehrung wird ebenfalls deutlich, daß eine Trendumkehrung bei einem positiven Trend (noch) nicht durch eine **Kaufofferte** d mit $p_e-p=-1$ bzw. bei einem negativen Trend durch eine **Verkaufsofferte** s mit $p_e-p=1$ impliziert wird. Diese Konstellation stellt noch keine Umkehrung einer positiven bzw. negativen Tendenz des Preises dar.

5. Der Übergang von x nach x'

Der Variablenvektor x notiert den Effektenbesitz der Marktteilnehmer. Eine Transformation des Vektors x findet jeweils statt, wenn die dem Ereignis e zugrundeliegende Aktivität die **Annahme einer unmittelbar vorhergehenden Offerte** darstellt, d.h. $c_\omega=d$ bzw. $c_\omega=s$ und $c_e=a$. Ist $c_\omega=d$ und $c_e=a$, dann vermindert sich der Effektenbesitz x_{i_e} des Verkäufers i_e, der Bestand an Papieren x_{i_ω} des Käufers i_ω erhöht sich um eine Einheit. Ist $c_\omega=s$ und $c_e=a$, dann gelten die analogen Buchungen. Formal wird dieser Sachverhalt wie folgt dargestellt:

$$x \rightarrow x' = T^{stock}_{\omega,e} x = \begin{cases} x & \text{falls } c_e \neq a \\ x + \text{sign}(c_\omega)[u^{i_\omega} - u^{i_e}] & \text{falls } c_e = a \end{cases}$$

Analog der Eingangsdarstellung, in der der Vektor x als Zeilenvektor abgebildet wurde, stellt die Größe $u^{i\cdot}$ den i-ten Einheitszeilenvektor dar, dessen Komponentenanzahl durch N gegeben ist. Der Vektor u^{i_ω} hat also als i_ω-te Komponente eine Eins und sonst nur Nullen als Komponenten. Der Vektor u^{i_e} wird entsprechend definiert.

6. Der Übergang von y nach y'

Der Variablenvektor y notiert die Geldbestände der Marktteilnehmer. Analog der Transformation von x wird der Vektor y ebenfalls nur dann von einem Ereignis e berührt, wenn $c_\omega=d$ bzw. $c_\omega=s$ und $c_e=a$ ist. Ist $c_\omega=d$ und $c_e=a$, dann erhöht sich das Geldvermögen y_{i_e} des Verkäufers i_e um den Betrag p, das Geldvermögen y_{i_ω} des Käufers i_ω verringert sich um den gleichen Betrag. Formal wird der durch das Ereignis e bedingte Übergang von y nach y' wie folgt dargestellt:

$$y \rightarrow y' = T^{cash}_{\omega,e} y = \begin{cases} y & \text{falls } c_e \neq a \\ y - \text{sign}(c_\omega) p_e [u^{i_\omega} - u^{i_e}] & \text{falls } c_e = a \end{cases},$$

wobei die Größe $u^{i\cdot}$ entsprechend den Ausführungen unter 5) zu interpretieren ist.

Der Vektor $\hat{p}^{ext}$ bleibt von den **explizit beobachtbaren Ereignissen unberührt**. Der Vektor $\hat{p}$ bleibt zunächst unberührt. Das Element $\hat{p}_i$ wird geändert, wenn Agent i im Prozeßablauf seine subjektive Preiserwartung revidiert. Die diese Transformation bedingenden Ereignisse werden im nächsten Abschnitt näher betrachtet.

2.2.2.2 Nicht beobachtbare Wertrevisionen

Wir wollen die nicht **explizit beobachtbaren Ereignisse** mit dem in der Größe $v=(i_v,\delta_v)$ zusammengefaßten Wertepaar charakterisieren. Die Variable $i_v \in \{1,...,N\}$ kennzeichnet den **augenblicklich eine Wertkorrektur durchführenden Agenten** und $\delta_v \in \{-1,+1\}$ die Art dieser Wertanpassung. Ein Ereignis vom Typ $v=(i_v, \delta_v)$ impliziert somit, daß der Agent i_v seine subjektiven Preisvorstellungen um **eine Einheit in positiver oder negativer Richtung korrigiert**. Die das Ereignis v begleitende Transformation des Zustandsvektors sei wie folgt abgebildet:

$$z = (p, \omega, m, p^T, x, y, \hat{p}, \hat{p}^{ext}) \rightarrow z'(v) = (p, \omega, m, p^T, x, y, \hat{p}', \hat{p}^{ext})$$

Aus dieser Darstellung ist ersichtlich, daß ein Ereignis vom Typ v lediglich den Vektor der subjektiven Preisvorstellungen $\hat{p}$ berührt.

Dieser Vektor beinhaltet die Komponenten $\hat{p}_i$, die jeweils durch

$$\hat{p}_i = \hat{p}_i^{ext} + D\,\hat{p}_i^{int}$$

definiert sind. Ein Ereignis vom Typ $v=(i_v,\delta_v)$ zum Zeitpunkt t erhöht bzw. verringert entsprechend dem Wert von δ_v die Größe $\hat{p}_{i_v}$ um eine Einheit. Mit anderen Worten, die bis zum Zeitpunkt t aus dem Marktgeschehen heraus resultierenden Bewertungsänderungen $D\,\hat{p}_{i_v}^{int}$ des Agenten i_v werden nunmehr um eine weitere Einheit nach oben bzw. unten korrigiert. Die Größe $D\,\hat{p}_i^{int}$ gibt alle bis zum Zeitpunkt t durchgeführten Wertanpassungen eines Agenten i an.

2.2.2.3 Einschränkungen

Die Ereignisse d, s, a und v unterliegen bestimmten ökonomischen Restriktionen: Wir betrachten hierzu den Marktprozeß zu einem beliebigen Zeitpunkt t. Der Einfachheit halber sei unterstellt, daß der Zustandsvektor z zum Zeitpunkt t eine Transformation zu

$$z = (p, \omega, m, p^T, x, y, \hat{p}, \hat{p}^{ext})$$

erfahren hat. Es liege dieser Transformation ein explizit beobachtbares Ereignis e zugrunde. Die zu der Größe ω gehörenden Variablen $i_\omega \in \{1,...,N\}$ und $c_\omega \in \{d,s,a\}$ kennzeichnen erstens den die Transformation bewirkenden Agenten und zweitens die Art der von ihm durchgeführten Handlung, wobei die Variable p den dieser Handlung zugehörenden Preis wiedergibt. Das Ereignis e beobachten alle Agenten und beziehen es in die Bewertung ihrer potentiellen Aktivitäten ein. Kauf- sowie Verkaufsofferten werden nur zu einem Preis abgegeben, **der um eine Einheit höher, niedriger oder gleich dem gegenwärtigen Preis p ist. Die Annahme einer Offerte erfolgt grundsätzlich zu deren Konditionen.**

Zunächst sei angenommen, daß die Variable ω den Wert (i_ω, d) besitzt: Der Agent i_ω fragt eine Einheit des gehandelten Papiers zu einem Preis p nach. Die möglichen Handlungsalternativen eines darauf reagierenden Agenten i_e folgen aus der Relation seiner subjektiven Preisvorstellung $\hat{p}_{i_e}$ zum Preis p. Der Agent i_e kommt für die Annahme der Kaufofferte d in Betracht, wenn seine subjektive Wertvorstellung $\hat{p}_{i_e}$ kleiner als der Wert von p ist. Die Agenten gehen davon aus, daß am Ende des Planungszeitraums die tatsächliche Kursnotiz ihrer individuellen momentanen Wertvorstellung gleicht. Insofern haben die Marktteilnehmer **subjektiv rationale individuelle** Preiserwartungen. Der Ansatz entspricht jedoch insoweit **nicht** dem Modell des Marktgleichgewichts bei rationalen Erwartungen, als **realiter die Kursnotiz von den meisten Wertvorstellungen abweichen wird.**

Agenten mit $\hat{p}_{i_e} < p$ wollen verkaufen. Sie können die bestehende Kaufofferte annehmen oder eine eigene Verkaufsofferte s abgeben. Der Preis p_e ihrer Verkaufsofferte s liegt sinnvollerweise um eine Einheit höher als der bisherige Preis p. Für $p_e = p$ könnte nämlich der Agent i_e den gewünschten Wertpapierverkauf durch die Aktion (a,p) unmittelbar realisieren. Für $p_e = p-1$ und $\hat{p}_{i_e} = p-1$ fehlt es dem Agenten i_e an einem entsprechenden Anreiz für eine Verkaufsofferte.

Diejenigen Agenten, deren subjektive Preisvorstellung jeweils größer als p+1 ist, werden als Nachfrager auftreten. Sie haben jedoch unter der angenommenen Marktsituation nur die Möglichkeit, eine Kaufofferte d zum Preis $p_e = p+1$ abzugeben. Ein Agent kann nicht erwarten, daß am Markt eine von ihm abgegebene Kaufofferte zum Preis $p_e \leq p$ angenommen wird, wenn eine in ihren Konditionen äquivalente oder sogar noch vorteilhaftere Kaufofferte besteht.

Sind die subjektiven Preisvorstellungen $\hat{p}_{i_e}$ eines Agenten i_e gleich p+1, dann stehen diesem Agenten unter der Bedingung $\omega = (i_\omega, d)$, d.h. Vorliegen einer Kaufofferte, keine Handlungsalternativen offen. Die Annahme der Kaufofferte d ist nicht konsistent mit seinen subjektiven Wertvorstellungen $\hat{p}_{i_e}$, während die Abgabe einer Kaufofferte zum Preis $p_e = p-1$ bzw. $p_e = p$, mangels Aussicht auf Erfüllung, und eine Aktion vom Typ (d,p+1) bzw. (s,p+1), mangels Anreiz, von ihm nicht in Betracht gezogen werden.

Ein Agent i_e, für den $\hat{p}_{i_e}=p$ gilt, kann bei Vorliegen eines Kaufgebotes ein Verkaufsgebot zum Preis p+1 abgeben.

Analog den obigen Ausführungen wird bei Vorliegen eines Verkaufsgebotes eine entsprechende Eingrenzung der Handlungsalternativen aller Agenten vorgenommen. Dabei kann der Agent i_ω in allen Fällen grundsätzlich eine eigene Kauf- oder Verkaufsofferte nicht annehmen.

War die letzte Marktaktivität ein Abschluß durch Annahme eines Gebotes, d.h. $\omega=(i_\omega,a)$, dann stehen ihnen entsprechend der Relation ihrer subjektiven Preisvorstellungen zu dem gegenwärtigen Marktpreis p jeweils bis zu drei Handlungsalternativen vom Typ d oder s offen. Ein Agent i_e mit $\hat{p}_{i_e}>p+1$ wird kaufen wollen. Er kann seine Offerte zum Preis p$\pm$1 abgeben. Entsprechend hat ein Agent i_e, für den $\hat{p}_{i_e}<p-1$ gilt, die Handlungsmöglichkeiten (s,p+1), (s,p) und (s,p-1). Gilt $\hat{p}_{i_e}=p+1$ bzw. $\hat{p}_{i_e}=p-1$, dann folgen für den Agenten i_e die Alternativen (d,p) und (d,p-1) bzw. (s,p) und (s,p+1). Die Aktionen (d,p+1) bzw. (s,p-1) werden nicht in Erwägung gezogen, da diese Fälle keine profitablen Aktionen darstellen. Für $c_\omega=a$ und $\hat{p}_{i_e}=p$ stehen dem Agenten die Aktivitäten (d,p-1) und (s,p+1) offen.

Wir haben gesehen, daß eine Aktion nur dann als Handlungsalternative eines Agenten zugelassen wird, wenn der dieser Aktion zugeordnete Preis von der subjektiven Wertvorstellung des entsprechenden Agenten abweicht. Des weiteren wird in diesem elementaren Ansatz gefordert, daß ein das Papier anbietender Agent dieses auch besitzt. Wertpapierkauf auf Kredit ist hingegen möglich. Die Kreditinanspruchnahme wird allerdings dadurch begrenzt, daß die dem Agenten gehörenden Papiere nur bis zu einem bestimmten Prozentsatz σ_c beliehen werden dürfen. Die augenblickliche Verschuldungskapazität eines Agenten i ist somit durch σ_c*p*x_i determiniert.

Ein Agent i_e, der seinen Wertpapierbestand um eine Einheit erhöhen will, wird im Rahmen der Kalkulation seiner potentiellen Handlungen eine maximale Verschuldungsgrenze in absoluter Höhe von $\sigma_c*p_e*(x_{i_e}+1)$ berücksichtigen können. Er wird dann einen Effektenkauf tätigen können, wenn sein Geldvermögen y_{i_e}, abzüglich des Preises p_e der Kaufaktion c_e ($c_e=d$ oder $c_\omega=s$ und $c_e=a$), die maximale Verschuldungsgrenze nicht übersteigt. Formal gilt:

$$y_{i_e} - p_e \geq -\sigma_c*p_e*(x_{i_e}+1)$$

Für $\sigma_c=0$ resultiert $y_{i_e} \geq p_e$ und für $\sigma_c=1$, $y_{i_e} \geq -p_e*x_{i_e}$.

Kapitel 7: Der unvollkommene Kapitalmarkt

Eine Zusammenstellung der bisher besprochenen Bedingungen findet sich in der Tabelle 1.[1] Eine Handlung c_e gilt nur dann als potentielle Handlung eines Agenten i_e, wenn die unter der Sequenz $c_\omega c_e$ angeführten Bedingungen ausnahmslos erfüllt sind.

c_e \ c_ω	a	d	s	Variable
a	unmögliches Ereignis	$\neq i_\omega$ $<p_e$ $=0$ keine Bedingung >0	$\neq i_\omega$ $>p_e$ $=0$ $\geq p_e(1-\sigma_c(x_{i_e}+1))$ keine Bedingung	i_e $\hat{p}_{i_e}$ $p_e - p$ y_{i_e} x_{i_e}
d	keine Bedingung $>p_e$ $\in \{-1,0,1\}$ $\geq p_e(1-\sigma_c(x_{i_e}+1))$	keine Bedingung $>p_e$ $=1$ $\geq p_e(1-\sigma_c(x_{i_e}+1))$	$\neq i_\omega$ $>p_e$ $=-1$ $\geq p_e(1-\sigma_c(x_{i_e}+1))$	i_e $\hat{p}_{i_e}$ $p_e - p$ y_{i_e}
s	keine Bedingung $<p_e$ $\in \{-1,0,1\}$ >0	$\neq i_\omega$ $<p_e$ $=1$ >0	keine Bedingung $<p_e$ $=-1$ >0	i_e $\hat{p}_{i_e}$ $p_e - p$ x_{i_e}

Tab. 1: Mögliche Abfolge von Zuständen

Verletzt ein Agent durch im Prozeßablauf fallende Preise seine maximale Verschuldungsgrenze, so gilt die Abgabe einer Verkaufsofferte oder die Annahme einer bestehenden Kaufofferte auch dann als potentielle Handlung, wenn diese mit den subjektiven Wertvorstellungen des Agenten inkonsistent ist. Er wird somit gezwungen, seine Kreditlimitüberschreitung zu bereinigen.

Es stehen somit, wie die Tabelle 2 zeigt, allen Agenten, entsprechend der Realisation der Variablen ω, p und $\hat{p}_i$, bis zu jeweils drei Handlungsalternativen vom Typ d, s oder a offen, sofern deren Geld- bzw. Effektenvermögen keine Einschränkungen erfordert.

---

[1] Vgl. zu Tabelle 1 und Tabelle 2 Landes/Loistl/Reiß (1989), S. 60 f.

$\hat{p}_{i_e}$ \ c_ω	a	d	s
> p+1	(d, p+1) (1) (d, p) (1) (d, p-1) (1)	(d, p+1) (1)	(a, p) (1, 3) (d, p-1) (1, 3)
= p+1	(d, p) (1) (d, p-1) (1)		(a, p) (1, 3) (d, p-1) (1, 3)
= p	(s, p+1) (2) (d, p-1) (1)	(s, p+1) (2, 3)	(d, p-1) (1, 3)
= p-1	(s, p+1) (2) (s, p) (2)	(s, p+1) (2, 3) (a, p) (2, 3)	
< p-1	(s, p+1) (2) (s, p) (2) (s, p-1) (2)	(s, p+1) (2) (a, p) (2)	(s, p-1) (2)

(1) $y_{i_e} - p_e \geq -\sigma_c (x_{i_e} + 1) p_e$
(2) $x_{i_e} > 0$
(3) $i_e \neq i_\omega$

Tab. 2: Mögliche Revisionen der Wertstellungen

Unabhängig von der konkreten Ausprägung der Variablen c_ω haben alle Agenten grundsätzlich die Möglichkeit, eine positive oder eine negative Wertkorrektur als potentielle Aktivität in ihren Entscheidungsprozeß mit einzubeziehen. Allerdings können die subjektiven Preisvorstellungen der Agenten nicht kleiner als Null werden, d.h. das Ereignis $(i_v, -1)$ wird ausgeschlossen, wenn $\hat{p}_{i_v} = 0$ ist. Jedem Agenten stehen mithin bis zu fünf potentielle Handlungen offen. Wir wollen diese potentiellen Handlungen eines Agenten i zum Zeitpunkt t mit A_{ij} bezeichnen, wobei der Index $j \in \{1,...,5\}$ jeweils die entsprechenden Handlungsalternativen spezifiziert.

2.2.3 Die Übergangsintensitäten des Marktgeschehens

Dem hier vorgestellten Kapitalmarktmodell liegt formal, wie bereits ausgeführt, ein zeitlich homogener Markov-Prozeß $\{Z_t, t \geq 0\}$ mit stetiger Zeit und diskretem Zustandsraum Z zugrunde. Aufgrund der Eigenschaften der zeitlichen Homogenität hängen die Übergangswahrscheinlichkeiten $P_{s,t}(z,z')$ nicht von s und t, sondern nur von der Zeitdifferenz t-s ab:

$P(Z_t = z' \mid Z_s = z) = P_{t-s}(z,z')$, $t \geq s \geq 0$, $z, z' \in Z$.

Die Übergangsfunktionen $P_t(z,z')$ müssen, um als Übergangswahrscheinlichkeiten fungieren zu können, die sog. Chapman-Kolmogorov Gleichungen erfüllen:

$$P_{t+s}(z,z'') = \sum_{z'} P_t(z,z') P_s(z',z'').$$

Die Spezifizierung aller Übergangswahrscheinlichkeiten erlaubt in Verbindung mit der Anfangsverteilung von Z_0 die Angabe aller n-dimensionalen Verteilungsfunktionen.

In Kapitel 3, Abschnitt 3.2.3, wurde gezeigt, daß die Übergangswahrscheinlichkeiten eines Markovschen Prozesses durch Lösung eines Systems von Differentialgleichungen hergeleitet werden können. Ihnen liegen sog. Übergangsintensitäten, in unserem Modell $q(z,z')$, zugrunde.[1]

Es gelten die folgenden Beziehungen:

1) $z \neq z'$ $\lim\limits_{t \to 0} \dfrac{P_t(z,z')}{t} = q(z,z') < \infty$,

2) $z = z'$ $\lim\limits_{t \to 0} \dfrac{P_t(z,z) - 1}{t} = q(z,z) \geq -\infty$.

Die Ausdrücke $q(z,z') \cdot t$ bzw. $1 + q(z,z) \cdot t$ geben folglich für hinreichend kleines t die bedingten Wahrscheinlichkeiten $P_t(z,z')$ bzw. $P_t(z,z)$ näherungsweise an.

Die dem Marktmodell zugrundeliegenden Differentialgleichungen orientieren sich **nicht an den globalen bedingten Wahrscheinlichkeiten** $P_t(z,z')$, sondern an **den eindimensionalen Randwahrscheinlichkeiten** $P_t(z) = P(Z_t = z)$.

Werden in diesem System von Differentialgleichungen, der sog. **Mastergleichung bzgl. der absoluten Wahrscheinlichkeiten** $P_t(z)$,

$$\frac{dP_t(z)}{dt} = \sum_{z' \neq z} q(z',z) P_t(z') - \sum_{z' \neq z} q(z,z') P_t(z),$$

alle Übergangsintensitäten spezifiziert, dann ist es - zumindest theoretisch - möglich, alle eindimensionalen Randwahrscheinlichkeiten anzugeben. Die Komplexität der Mastergleichung zeigt allerdings, daß es praktisch unmöglich ist, *eine*

---

[1] Die Übergangsintensität von z nach z' erhält man unter der Annahme, daß die Übergangsfunktion $P_t(z,z')$ an der Stelle t=0 differenzierbar ist, d.h. $\lim\limits_{t \to 0} P_t(z,z') = \begin{cases} 1 & z = z' \\ 0 & z \neq z' \end{cases}$.

explizite analytische Lösung des Systems zu finden. Aus diesem Grund wird nachstehend der Prozeß simuliert, um zumindest eine approximative Lösung zu finden. Hierzu werden ebenfalls die Übergangsintensitäten q(z,z') spezifiziert.[1]

Zu jedem Übergang von z nach z' gehört eine diesen Übergang bedingende Aktivität eines Agenten. Der Ausdruck

q(z,z')·t

gibt somit für hinreichend kleines t die Wahrscheinlichkeit der Ausführung der die Transformation bewirkenden Aktivität in dem Zeitraum t näherungsweise an.

In Anlehnung hieran wollen wir die Bezeichnung q(z,z') durch den Term $w(A_{ij},z)$ ersetzen, wobei die Größe $z'=z'(A_{ij})$ nun implizit durch die die Transformation des Zustandsvektors bedingende Aktion A_{ij} gegeben ist:

q(z,z') $\Rightarrow$ w(A_{ij},z)

Die **zeitliche Homogenität** besagt, daß sich die beschriebenen Wahrscheinlichkeiten bei fixiertem z im Zeitablauf nicht ändern, d.h. die "wahrscheinlichkeitstheoretische Entscheidungsregel" der Agenten bleibt im Prozeßverlauf konstant. Dieses elementare Modell der Mikrostruktur des Kapitalmarktes beschränkt sich auf die elementaren Übergänge des Systems. Der komplexe Mechanismus der Übergangsintensitäten wird somit auf die Menge der elementaren Übergänge reduziert. Eine solche Reduktion ist keinesfalls so restriktiv wie sie auf den ersten Blick vielleicht auszusehen vermag; teilt man nämlich das kleine Zeitintervall [t,t+τ] in sehr viele kleine Intervalle der Länge τ/N, N>>1, dann wird deutlich, daß keine Übergänge in dem Intervall [t,t+τ] a priori ausgeschlossen sind. Im folgenden seien die den potentiellen Aktivitäten zugeordneten Intensitäten beschrieben.

2.2.3.1 Übergangsintensitäten von Preisnotizen

Die Übergangsintensitäten von explizit beobachtbaren Ereignissen e lassen sich formal wie folgt beschreiben:

w(e,z) = W_E exp (Φ_E (e,z))

wobei die **Größe** $\Phi_E(e,z)$ das mit dem Übergang z $\to$ z'(e) verbundene **Motivations-** bzw. **Intensitätspotential** und **W_E** den **Reagibilitätsfaktor des explizit beobachtbaren Marktprozesses** darstellt. Die mit dem Faktor W_E verbundenen Implikationen werden an späterer Stelle erörtert. Aus der o.a.

---

[1] Vgl. Landes/Loistl/Reiß (1989), S. 93 ff. und Berger/Landes/Loistl (1989), S. 109.

Definition ist ersichtlich, daß die **Höhe des Motivationspotentials einer Aktion die Höhe der Übergangsintensität** bestimmt. Wie weiter unten gezeigt, wird damit die Wahrscheinlichkeit der Ausführung der dem Ereignis e entsprechenden Aktion A_{ij} bestimmt.

Die Größe $\Phi_E(e,z)$ ist als Summe von insgesamt vier Teilpotentialen definiert. Diese Teilpotentiale sind der Verarbeitung der im Marktgeschehen liegenden Informationen nachgebildet. Es wird dabei in erster Linie auf die markttechnische kurzfristige Auswertung der Kursentwicklungen abgestellt. Die längerfristigen fundamentalen Aspekte werden in der Verteilung der extern bedingten Wertvorstellungen erfaßt. Angesichts der Vielfalt von möglichen markttechnischen Analyseinstrumenten kann die nachstehende Modellierung der Motivationspotentiale nur den Charakter eines vorläufigen Ansatzes haben. Die entscheidende Neuerung liegt in der Umsetzung von Informationen in Motivationspotentiale, die wiederum über die Übergangsraten die Realisierung konkreter Aktionen mit Änderung des Marktzustandes bewirken:

$$\Phi_E(e,z) = \Phi_E^{ip}(e,z) + \Phi_E^{mc}(e,z) + \Phi_E^{cl}(e,z) + \Phi_E^{gt}(e,z)$$

1. Das individuelle Präferenzpotential $\Phi_E^{ip}(e,z)$

Diese Komponente beruht auf der **absoluten Abweichung der subjektiven Preisvorstellung** $\hat{p}_{i_e}$ des Agenten i_e von dem der potentiellen Aktion zugeordneten Preis p_e. Je stärker die subjektive Preisvorstellung vom Preis p_e divergiert, desto stärker ist für den Agenten die Motivation, seine potentielle Handlung am Markt zu realisieren. Da er davon ausgeht, daß seine Preisschätzung dem tatsächlichen Preis am Ende des Planungszeitraumes entspricht, ist seine subjektive Gewinnerwartung bzw. Verlusterwartung umso größer, je größer die Differenz zwischen $\hat{p}_{i_e}$ und p_e ist. Es gilt:

$$\Phi_E^{ip}(e,z) = \begin{cases} 0 & \text{falls } y_{i_e} < -\sigma_c p_e x_{i_e},\ \text{sign}(c_\omega c_e) = -1,\ \hat{p}_{i_e} \geq p_e \\ \alpha_{c_\omega c_e} \left| \hat{p}_{i_e} - p_e \right| & \text{sonst} \end{cases}$$

Der Parameter $\alpha_{c_\omega c_e} \geq 0$ mißt das **individuelle Vertrauen** in die **eigene Werteinschätzung des Papiers**. Dieser Faktor kann, wie aus seiner Formulierung ersichtlich ist, von der jeweils zugrundeliegenden Sequenz $c_\omega c_e$ abhängen. Im Rahmen der Simulation wird dem Parameter $\alpha_{c_\omega c_e}$ allerdings ein von der speziellen Folge $c_\omega c_e$ unabhängiger Wert zugewiesen, d.h. $\alpha_{c_\omega c_e} = \alpha$.

2. Das Marktklimapotential Φ_E^{mc} (e,z)

Diese Komponente gründet auf dem **Marktpotential m**. Ein positives Marktpotential, d.h. ein mehr nachfrage- als angebotsorientierter Kapitalmarkt, wird eine **weitere Effektennachfrage** der Agenten **favorisieren**, ein **potentielles Effektenangebot** wird **unterdrückt**. Analog wird ein negatives Marktpotential ein Effektenangebot begünstigen und solche Handlungen, die zu einer Effektennachfrage führen, unterdrücken. Das Marktklimapotential wird nach folgender Formel berechnet:

$$\Phi_E^{mc}(e,z) = \gamma_{c_\omega c_e} \left\{ 1 - e^{-\beta_{c_\omega c_e} |m|} \right\} \text{sign}(c_\omega c_e) \, \text{sign}(m)$$

$$\text{sign}(c_\omega c_e) = \begin{cases} \text{sign}(c_e), & \text{falls } c_e \neq a \\ -\text{sign}(c_\omega), & \text{falls } c_e = a \end{cases}$$

$$\text{sign}(m) = \begin{cases} +1, & \text{falls } m > 0 \\ -1, & \text{falls } m < 0 \end{cases}$$

Diese Formulierung impliziert **abnehmende Zuwächse des Marktklimapotentials**. Der **Parameter** $\beta_{c_\omega c_e} \geq 0$ determiniert das **Wachstumstempo** und $\gamma_{c_\omega c_e} \geq 0$ das **Sättigungsniveau** des Marktklimapotentials. Diese Faktoren können von der speziellen Sequenz $c_\omega c_e$ abhängen. Im Rahmen der Simulation wird diesen Parametern, analog der Festlegung eines Wertes für den Parameter $\alpha_{c_\omega c_e}$, ebenfalls ein von der speziellen Folge $c_\omega c_e$ unabhängiger Wert zugewiesen, d.h. $\beta_{c_\omega c_e} = \beta$ und $\gamma_{c_\omega c_e} = \gamma$.

3. Das Kreditlimitationspotential Φ_E^{cl} (e,z)

Es bezieht sich auf den Fall, daß ein Agent i_e im Prozeßablauf sein Verschuldungslimit überschreitet, d.h. $y_{i_e} < -\sigma_c * p_e * x_{i_e}$. In diesem Fall wird die Abgabe einer Verkaufsofferte oder die Annahme einer bestehenden Kaufofferte über das **Kreditlimitationspotential** forciert, und dies umso stärker, je höher die augenblickliche Verschuldung des Agenten i_e über seiner maximalen Verschuldungsgrenze liegt. Es gilt:

$$\Phi_E^{cl}(e,z) = \begin{cases} -\theta\,[y_{i_e} + \sigma_c p_e x_{i_e}] & y_{i_e} < -\sigma_c p_e x_{i_e} \wedge \text{sign}(c_\omega c_e) = -1 \\ 0 & \text{sonst} \end{cases}$$

Der Parameter $\theta > 0$ erlaubt **unterschiedliche Einflußgrade des Kreditlimitationspotentials**.

4. Das allgemeine Tendenzpotential $\Phi_E^{gt}(e,z)$

Diese Komponente entspricht dem Parameter $\xi_{c_\omega c_e} \in \mathbb{R}$. Sie beeinflußt die Eintrittswahrscheinlichkeit bestimmter Ereignisfolgen. Es kann z.B. forciert werden, daß einem **Kaufangebot eine Kaufannahme** folgt. Es gilt mithin:

$$\Phi_E^{gl}(e,z) = \xi_{c_\omega c_e}$$

2.2.3.2 Übergangsintensitäten von Wertrevisionen

Die Übergangsintensitäten von Wertkorrekturen v werden wie folgt definiert:

$$w(v,z) = W_v \exp(\Phi_v(v,z))$$

Analog den Intensitäten der explizit beobachtbaren Aktivitäten ist die Größe $\Phi_v(v,z)$ als das mit dem **Übergang** $z \to z'(v)$ verbundene Motivations- bzw. Intensitätspotential und W_v als Reagibilitätsfaktor des Wertkorrekturprozesses zu interpretieren. Es gilt ebenfalls, je **höher das Motivationspotential, desto höher die Übergangsrate und desto höher die Wahrscheinlichkeit der Ausführung der das Ereignis v bewirkenden Aktion A_{ij}**. Das Motivationspotential $\Phi_v(v,z)$ setzt sich allgemein aus den folgenden Komponenten zusammen:

$$\Phi_v(v,z) = \Phi_v^{ext}(v,z) + \Phi_v^{inf}(v,z) + \Phi_v^{trd}(v,z) + \Phi_v^{pot}(v,z)$$

Die einzelnen Komponenten wiederum werden wie folgt berechnet:

1. Das externe Potential $\Phi_v^{ext}(v,z)$

Jeder Agent i besitzt zu Prozeßbeginn eine auf fundamentalen Daten gründende Vorstellung $\hat{p}_i^{ext}$ über den Wert des gehandelten Papiers. Er paßt sie aufgrund der Beobachtung des Marktgeschehens laufend an. Der Umfang der Anpassung hängt von der individuellen Einstellung ab. Experten mit hohem Insiderwissen werden sich in ihrer Einschätzung vom Marktgeschehen kaum beeinflussen lassen. Chartisten werden ihrer eigenen fundamentalen Einschätzung kaum vertrauen und sich weitgehend an der Marktbewegung orientieren. Die Bereitschaft zur Anpassung steuert dieses externe Potential. Es ist wie folgt definiert:

$$\Phi_v^{ext}(v,z) = \delta_v \, \eta_{ext}(\hat{p}_{i_v}^{ext} - \hat{p}_{i_v})^\kappa$$

Der Parameter $\eta_{ext} \geq 0$ **mißt den Einfluß des externen Potentials**, während der Parameter $\kappa > 0$ den funktionalen Zusammenhang der Größen $\Phi_v^{ext}(v,z)$ und D $\hat{p}_i^{int}$ bestimmt.

2. Das Marktinformationspotential $\Phi_v^{inf}(v,z)$

Diese Größe **favorisiert Wertkorrekturen in Richtung des gegenwärtigen Preises** p und unterdrückt solche in entgegengesetzter Richtung. Der **absolute Wert des Marktinformationspotentials** und damit die Neigung zur Anpassung ist dabei umso **größer, je weiter die subjektiven Preisvorstellungen der Agenten vom Preis p abweichen.** Es gilt:

$$\Phi_v^{inf}(v,z) = \delta_v \, \eta_{inf}(p - \hat{p}_{i_v})$$

Der Einfluß der Komponente $\Phi_v^{inf}(v,z)$ wird durch den Parameter $\eta_{inf} \geq 0$ gemessen.

3. Das Markttendenzpotential $\Phi_v^{pot}(v,z)$

In der Größe $\Phi_v^{pot}(v,z)$ wird der Einfluß **des Marktpotentials m** auf den Wertkorrekturprozeß erfaßt. Ein **positives Marktpotential wird positive Wertkorrekturen begünstigen** und negative unterdrücken. Ein **negatives Marktpotential hingegen negative Wertanpassungen** favorisieren und positive unterdrücken. Die Neigung wird umso stärker, je höher der absolute Wert des Marktpotentials ist. Formal gilt für das Markttendenzpotential:

$$\Phi_v^{pot}(v,z) = \delta_v \, \eta_{pot} \, m$$

wobei der Parameter $\eta_{pot} \geq 0$ den Einfluß des Markttendenzpotentials mißt.

4. Das Preistrendpotential $\Phi_v^{trd}(v,z)$

Der letzte Bestandteil des Motivationspotentials $\Phi_v(v,z)$ beschreibt den Einfluß des **Preistrends** p^T. Wird der Marktprozeß von einem positiven Preistrend begleitet, dann werden preissteigernde Ereignisse favorisiert und die preismindernde unterdrückt. Ein negativer Preistrend bewirkt genau den entgegengesetzten Effekt. Formal ergibt sich:

$$\Phi_v^{trd}(v,z) = \delta_v \eta_{trd} p^T$$

Der Parameter $\eta_{trd} \geq 0$ mißt den Einfluß des Preistrendpotentials. Hierin kommt die alte Börsianerregel zum Ausdruck: Die Hausse nährt die Hausse, die Baisse nährt die Baisse.

2.2.4 Die Prozeßdynamik

Im folgenden wird die Dynamik des Prozesses im Überblick erläutert.

Hierzu sei der Marktprozeß zu einem beliebigen Zeitpunkt t betrachtet. Der Zustandsvektor z sei durch ein explizit beobachtbares Ereignis $e=(i_e, c_e, p_e)$ in den jetzigen Zustand transformiert worden. Zu diesem Zeitpunkt t werden nun die möglichen Handlungen A_{ij} der Agenten i ermittelt. Wie oben dargelegt, hat ein Agent bis zu fünf Handlungsalternativen. Die **Handlungen A_{ij} bekommen die Intensitäten $w(A_{ij}, z)$ zugewiesen**:

$$A_{ij} \Rightarrow w(A_{ij}, z)$$

Die Ausführung einer beliebigen Handlung A_{ij} führt zu einer **entsprechenden Transformation des Zustandsvektors z**. Der Prozeß geht dann von dem Zustand z in den mit der **Ausführung der Aktion A_{ij} verbundenen Zustand** $z'(A_{ij})$ über. Es sind nun **der Zeitpunkt des Zustandswechsels** und der Zustand z' des Prozesses nach Verlassen von z zu bestimmen.[1]

Hierzu führen wir die Zufallsvariable T_z ein. Sie gibt die **Verweilzeit in Zustand z** an. Die Zufallsvariable Y_z hingegen beschreibt den nächsten Zustand nach Verlassen von z. Sie beschreibt gleichzeitig auch die als nächstes auszuführende Aktion. Die Wahrscheinlichkeitsverteilungen der Zufallsgrößen T_z und Y_z werden aus den **Intensitätsfunktionen** des Prozesses abgeleitet.

---

[1] Zu den folgenden Ausführungen vgl. Breiman (1969), S. 211 ff.

342   Kapitel 7: Der unvollkommene Kapitalmarkt

Der Prozeß befinde sich zum Zeitpunkt t in Zustand z. Die Wahrscheinlichkeit, diesen Zustand in dem Intervall [t,t+τ] zu **verlassen**, ist näherungsweise durch $\sum_{ij} w(A_{ij},z)\tau$ gegeben. Der Prozeß **verbleibt** in diesem Zustand mit Wahrscheinlichkeit $1-\sum_{ij} w(A_{ij},z)\tau$. Wir wollen annehmen, daß sich der Prozeß zum Zeitpunkt t+τ noch immer im Zustand z befindet. Er verläßt diesen Zustand in dem Intervall [t+τ,t+2τ] mit Wahrscheinlichkeit $\sum_{ij} w(A_{ij},z)\tau$ und verweilt in ihm mit der Wahrscheinlichkeit $1-\sum_{ij} w(A_{ij},z)\tau$.

Das Prozeßverhalten in dem Intervall [t+τ,t+2τ] ist aufgrund der Markov-Eigenschaft nur von der Zustandsrealisation zum Zeitpunkt t+τ abhängig. Somit sind die oben beschriebenen Ereignisse unabhängig voneinander. Wir können die Wahrscheinlichkeit, in dem Intervall [0,2τ] in Zustand z zu verweilen, durch das Produkt der Einzelwahrscheinlichkeiten angeben. Betrachten wir k Intervalle der Länge τ, dann gilt für die Wahrscheinlichkeit, in Zustand z zu verweilen:

$$P(T_z \geq t) = (1-\sum_{ij} w(A_{ij},z)\tau)^k$$

bzw. mit k=t/τ

$$P(T_z \geq t) = (1-\sum_{ij} w(A_{ij},z)\tau)^{t/\tau} = \left[(1-\sum_{ij} w(A_{ij},z)\tau)^{1/\tau}\right]^t$$

Führen wir nun eine Grenzwertbetrachtung für τ→0 durch, dann ergibt sich:

$$\lim_{\tau \to 0} \left[(1-\sum_{ij} w(A_{ij},z)\tau)^{1/\tau}\right]^t = \exp\left(-\sum_{ij} w(A_{ij},z)t\right)$$

Die **Verweilzeit** in einem Zustand z ist also **exponentialverteilt** mit Parameter $\sum_{ij} w(A_{ij},z)$. Für die entsprechende Dichte- und Verteilungsfunktion gilt:

$$f(t) = \sum_{ij} w(A_{ij},z) \exp\left(-\sum_{ij} w(A_{ij},z)t\right); \quad F(t) = 1 - \exp\left(-\sum_{ij} w(A_{ij},z)t\right)$$

Die Verteilung der Zufallsvariablen Y_z läßt sich wie folgt bestimmen:[1]

$$P(z,z'(A_{ij})) = \frac{w(A_{ij},z)}{\sum_{ij} w(A_{ij},z)}$$

---

[1] Man kann sich diese formale Definition auf einfache Weise veranschaulichen, indem man den Bruch um τ erweitert und Zähler sowie Nenner entsprechend ihrer Definiton als bedingte bzw. Summe von bedingten Wahrscheinlichkeiten interpretiert.

Wir wollen die Größen $w(A_{ij},z)$ als **Einzelreaktionsraten** der potentiellen Aktionen A_{ij} und die Größe $w(z) = \sum_{ij} w(A_{ij},z)$ als **Marktreaktionsrate** bezeichnen.

Die Wahrscheinlichkeit, von einem Zustand z in einen Zustand $z'(A_{ij})$ überzugehen, ist somit durch das Verhältnis der Einzelreaktionsrate zur Marktreaktionsrate gegeben. Die Wahrscheinlichkeit einer möglichen Aktivitätswahl bestimmt sich also nach der zugehörigen Übergangsintensität: Je **höher die Intensität**, desto **wahrscheinlicher ist** das Eintreten des entsprechenden Ereignisses.

Die Zufallsvariablen T_z und Y_z sind unter den gegebenen Annahmen voneinander unabhängig sind.[1] Die Prozeßdynamik läßt sich dann wie folgt darstellen:

Der Prozeß verweilt gemäß einer exponentialverteilten Zufallsvariablen mit Parameter $w(z) = \sum_{ij} w(A_{ij},z)$ in dem Zustand z. Er geht dann mit der Wahrscheinlichkeit $w(A_{ij},z)/\sum_{ij} w(A_{ij},z)$ in den Zustand $z'(A_{ij})$ über. Mit anderen Worten, es wird mit der Wahrscheinlichkeit $w(A_{ij},z)/\sum_{ij} w(A_{ij},z)$ die Aktion A_{ij} ausgeführt. Handelt es sich bei der die Transformation des Zustandsvektors bedingenden Aktion A_{ij} um ein explizit beobachtbares Ereignis, dann werden für alle potentiellen Handlungen, bei Berücksichtigung der Realisation $z'(A_{ij})$, erneut die Übergangsintensitäten kalkuliert. Besteht dagegen die ausgeführte Aktion in einer Wertkorrektur, dann werden nur für die potentiellen Handlungen des die Wertkorrektur vornehmenden Agenten, gemäß dem Zustand $z'(A_{ij})$, neue Übergangsintensitäten berechnet. Der beschriebene Bewegungsablauf wiederholt sich nun für den Zustand $z'(A_{ij})$.

Die Prozeßsimulation kann völlig analog der hier beschriebenen Dynamik erfolgen.

---

[1] Vgl. Breiman (1969), S. 212.

2.3 Die Illustration des Marktgeschehens durch Simulationsstudien

2.3.1 Die Datengewinnung und -aufbereitung

2.3.1.1 Aufbereitung der Simulationsergebnisse

Das jeweilige Kapitalmarktszenario wird bestimmt durch die **Marktorganisation**, die **Verhaltensparameter**, die **Verteilung der exogenen Preisvorstellungen**, die Höhe des **Eröffnungskurses** sowie die **Verteilung** von Aktien und liquiden Mitteln auf die Marktteilnehmer. Wir unterstellen in einer leicht idealisierten Form den variablen Markt einer deutschen Börse. Die Organisationsform bleibt für alle Simulationsstudien konstant. Die Anfangsausstattung wird jeweils durch eine Zufallsauswahl bestimmt und wird nicht besonders protokolliert.

In den folgenden Simulationsrechnungen bilden jeweils die Werte der Verhaltensparameter, die Verteilung der exogenen Preisvorstellungen und die Höhe der Eröffnungsnotiz eine Marktkonstellation. Verschiedene Konstellationen beeinflussen den stochastischen Pfad der Zufallsvariablen Z_t.

Das wahrscheinlichkeitstheoretische Verhalten eines stochastischen Pfades manifestiert sich in den eindimensionalen Randwahrscheinlichkeiten $P(Z_t=z)$. Diese Wahrscheinlichkeiten werden in der sog. Mastergleichung erfaßt. Da die Mastergleichung einer analytischen Lösung praktisch nicht zugänglich ist, sollen die Randwahrscheinlichkeiten durch Simulationsrechnungen bestimmt werden.

Unter dem Begriff der Prozeßsimulation wollen wir hier die Nachbildung **eines** stochastischen Pfades verstehen. Wird dieses Experiment n mal durchgeführt, und ist n hinreichend groß, dann kann eine verläßliche Vorstellung von der jeweiligen Prozeßcharakteristik gewonnen werden. Die folgenden Simulationsexperimente basieren durchweg auf 100 Simulationen. Sie sollen insbesondere die Interdependenzen von Modellkonstellation und Preisentwicklung aufzeigen. Der Preis ist mithin die wichtigste objektiv meßbare Größe des komplexen Marktgeschehens.

Abb. 3 zeigt eine mögliche Ausprägung der Preisentwicklung eines Pfades. Die diesem Simulationslauf zugrundeliegende Faktorenkonstellation wird an dieser Stelle nicht weiter diskutiert.

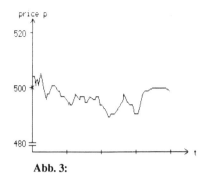

Abb. 3:

Der Chart verbindet Zeitpunkt und Kurse der einzelnen Transaktionen. Er entspricht insoweit dem Chart der fortlaufenden Notierungen der Siemens AG auf S. 98. Diese Graphik liefert **keine Informationen über die zum Marktgeschehen ebenfalls gehörenden Kaufofferten, Verkaufsofferten und Wertkorrekturen der Marktteilnehmer.** Auch bei identischer Modellkonstellation führt jede einzelne Prozeßsimulation aufgrund des stochastischen Elements zu mehr oder weniger stark abweichenden Charts. Die Häufigkeitsverteilung aus 100 Prozeßsimulationen ergibt jedoch ziemlich guten Aufschluß über die Marktcharakteristik, wie die nachstehenden Ausführungen zeigen.

Die Häufigkeitsverteilung der Preisnotizen im Zeitablauf wird zu genau festgelegten äquidistanten Zeitpunkten berechnet. Liefert die einzelne Prozeßsimulation zu diesen Zeitpunkten gerade keine Notiz, dann wird der Wert durch Interpolation der vorhergehenden und der nachfolgenden Notiz berechnet. Diese Vereinfachung erleichtert die Bestimmung einer Häufigkeitsverteilung.

Abb. 4 zeigt eine mögliche Entwicklung der in **diskreter Zeit laufenden Häufigkeitsverteilung** des Preises. Genaugenommen müßte jede einzelne Verteilung durch ein Liniendiagramm dargestellt werden. Der Transparenz wegen sind allerdings die Spitzen einer jeden Häufigkeit miteinander verbunden.

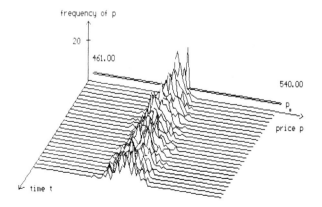

Abb. 4

Aus der Darstellung wird deutlich, daß die graphische Repräsentation der Preisbewegung umso unüberschaubarer wird, je mehr Prozeßzeitpunkte wir erfassen. Die in Abb. 4 gewählte Anzahl von Zeitpunkten, zu denen die augenblicklichen Marktpreise notiert werden, dürfte ein relativ genaues Abbild der Preisbewegungen des Papiers im Zeitablauf wiedergeben und somit angemessen sein.

Die statistische Verknüpfung einer Konstellation mit den von ihr hervorgerufenen Preisbewegungen ist nur ein erster Schritt. Die kausale Erklärung ist die eigentliche Zielsetzung. Hierzu ist die Dynamik anderer Komponenten des Zustandsvektors ebenfalls zu erfassen und abzubilden. Abb. 5 zeigt die mögliche Auswertung eines einzelnen Pfades, wobei eine Beschränkung auf die Komponenten p, m, p^T, $\hat{p}$ und $\hat{p}^{ext}$ erfolgt.

Die Veränderungen der Geld- und Effektenvermögen werden nicht erfaßt. Die graphische Aufbereitung dieser Komponenten dürfte angesichts des Verhältnisses der Anzahl der im Prozeßablauf getätigten Transaktionen und dem den Agenten zu Prozeßbeginn zugewiesenen Vermögen keine mit dem Auge erkennbaren Veränderungen anzeigen.

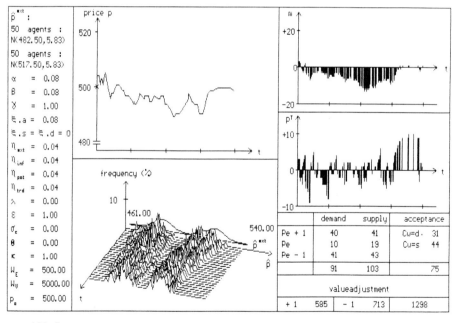

Abb. 5

Die Darstellung der **subjektiven Preisvorstellungen** in Abb. 5 wurde ermittelt, indem zu den Zeitpunkten t=i*Simulationsdauer/25, i=1,...,25, die entsprechende Verteilung von $\hat{p}$ notiert wurde. Die Häufigkeitsspitzen einer jeden Ausprägung wurden dabei, analog der Darstellung der Preishäufigkeitsverteilungen, miteinander verbunden. Die Liniencharts des Marktpotentials m und des Preistrends p^T beruhen ebenso wie die Abbildung der Preisentwicklung auf einer "real-time"-Notierung.

Die Abb. 5 macht deutlich, daß die Darstellung der Dynamik weiterer Komponenten des Zustandsvektors eine Hilfe für die Erklärung einer bestimmten Preisbewegung geben mag, wenn man auf das Verhalten eines **einzelnen** Pfades abstellt. Wir wollen aber nicht das Preisverhalten eines einzelnen Pfades, sondern eine **in diskreter Zeit laufende Preishäufigkeitsverteilung erklären**.

Die insgesamt einhundert Graphiken vom Typ der Abb. 5 sind zu einem aussagekräftigen Ganzen zu aggregieren.

Eine mittlere Bewegung der in diskreter Zeit laufenden Verteilung der subjektiven Preisvorstellungen läßt sich bestimmen, wenn man zu den Zeitpunkten t=i*Simulationsdauer/25, i=1,...,25, jeweils aus den entsprechenden Verteilungen von $\hat{p}$, eine **mittlere Verteilung** herleitet. Hierzu muß lediglich zu den entsprechenden Zeitpunkten aus den Häufigkeiten einer jeden Ausprägung das arithmetische Mittel gebildet werden.

Die graphischen Darstellungen werden zeigen, daß eine solche mittlere Verteilung der subjektiven Preisvorstellungen eine noch relativ hohe Aussagekraft hat. Auf die Aggregation des Marktpotentials und des Preistrends wird verzichtet. Die Zusammenfassung zu mittleren Bewegungen ist einer sachgemäßen Interpretation kaum noch zugänglich. Das gilt insbesondere, wenn der Preisprozeß durch eine sog. Bifurkation[1], d.h. durch eine Spaltung der Preishäufigkeitsverteilung im Zeitablauf, charakterisiert ist.

Die Mittelwertfunktion des Preises muß gerade in solchen Simulationen ebenfalls als Prozedur von zweifelhafter Aussagefähigkeit angesehen werden. Wir werden daher generell nicht auf die Mittelwertfunktion abstellen.

Die Aggregation der letzten Informationskomponente in Abb. 5, der Statistik der im Prozeßablauf eingetretenen Ereignisse, erfolgt in der Weise, daß für jedes Element dieser Statistik das arithmetische Mittel aus den entsprechenden Einzelwerten gebildet wird. In der aggregierten Statistik werden die Werte ganzzahlig gerundet. Es sei nun in Abb. 6 die gewählte Form der graphischen Darstellung vorgestellt.

---

[1] Vgl. hierzu weiter unten.

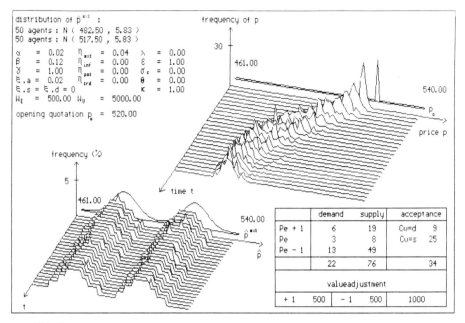

Abb. 6:

Unter dem Begriff der Preisdynamik wurde bisher die Entwicklung der Wahrscheinlichkeitsverteilung des Preises im Zeitablauf verstanden. Sie erlaubt bestimmte Aussagen hinsichtlich der Wahrscheinlichkeiten, eine bestimmte Kursnotierung zu einem bestimmten Zeitpunkt vorzufinden, ungeachtet dessen, welche Realisierungen die anderen Komponenten des Zustandsvektors angenommen haben.

Die dreidimensionale Darstellung der Preisverteilungen liefert, wie Abb. 6 zeigt, auch gewisse Informationen bezüglich des Kursverhaltens einzelner Pfade. Man kann aus dieser Graphik schließen, daß alle Preispfade eine abnehmende Tendenz aufweisen. Die Preisdynamik kann entsprechend der Tendenz mit typisierenden Termini, wie z.b. **crash-, zyklisch- oder bubble-geneigt**, charakterisiert werden. Eine solch unmittelbare Klassifizierung ist jedoch nicht in jedem Fall möglich. Die Bewegung der Preishäufigkeitsverteilung in Abb. 7 möge als Beispiel hierfür dienen.

Die den Preisprozeß prägenden Kräfte lassen sich häufig aus der Analyse der einzelnen Pfade spezifizieren. Das individuelle Pfadverhalten zeigt nämlich in vielen Fällen, daß die einer Preisverteilungsdynamik zugrundeliegenden Pfade einem wohl strukturierten Verhaltensmuster folgen, sich aber hinsichtlich der Richtung und Stärke ihrer Bewegungen unterscheiden können. Wenn z.B. 50%

der Preispfade zunächst mehr oder weniger stark abwärts verlaufen, anschliessend eine Wende vollziehen und einem positiven Trend folgen, die übrigen 50% ein spiegelbildliches Verhalten zeigen, d.h. zunächst steigende und dann fallende Tendenz aufweisen, so ist in einer isolierten Betrachtung die Richtung der Preisbewegungen beider Pfadgruppen explizit erkennbar.

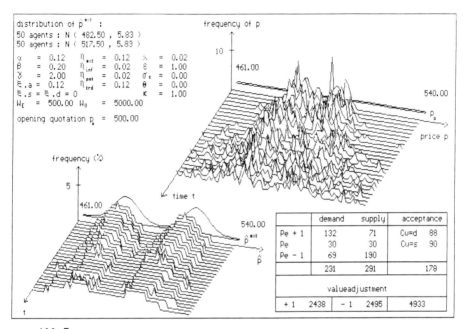

Abb. 7:

Die Aggregation aller Pfade wird allerdings, sofern die Ausschläge nicht von extremer Natur sind, diese Bewegungsstrukturen verwischen. In diesen Fällen ist die Betrachtung mehrerer einzelner Pfade aufschlußreich, um so dem Prozeßverhalten auf die Schliche zu kommen. Der graphischen Auswertung der Preishäufigkeitsverteilungen wird dann das Bild eines **typischen** Pfades, in Form von Abb. 5, beigefügt.

Der Begriff des typischen Pfades soll lediglich unterstreichen, daß eine Vielzahl die Preisdynamik prägende Pfade einer Analyse unterzogen wurden und einer zufällig herausgegriffen und hier abgebildet wurde. In Anlehnung an Abb. 7 mögen die Darstellungen in Abb. 8, 9, 10 und 11 das beschriebene Dilemma verdeutlichen.

Die einzelnen Pfade weisen alle ein mehr oder weniger stark ausgeprägtes zyklisches Verhalten auf. Sie unterscheiden sich lediglich in Richtung, Stärke und in den Zeitpunkten der jeweiligen Kursausschläge: Aus einer einheitlichen Börsenkonstellation - beschrieben durch die Verhaltensparameter - können daher auch unterschiedliche Kursverläufe resultieren.

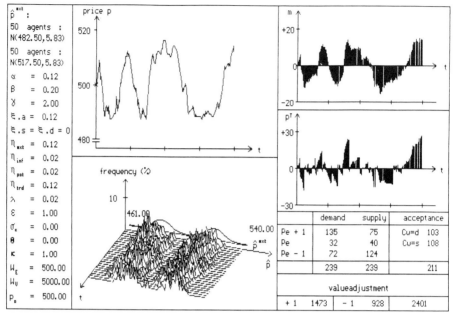

Abb. 8:

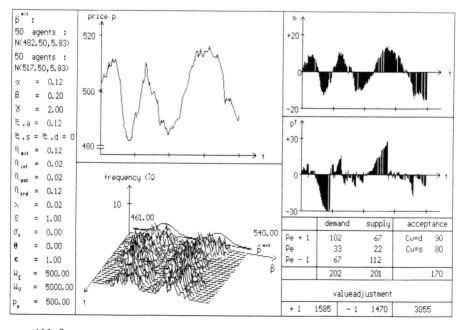

Abb. 9:

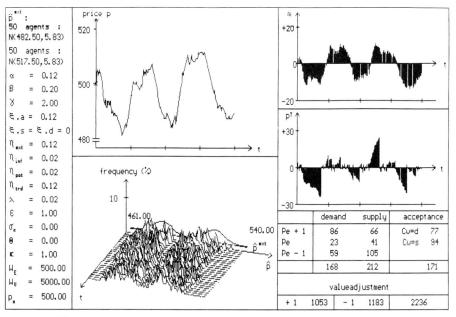

Abb. 10:

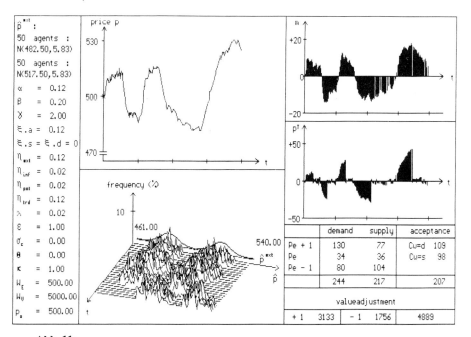

Abb. 11:

Die Implikationen der zeitlichen Limitierung der Simulationsläufe illustriert die Abbildung 12.

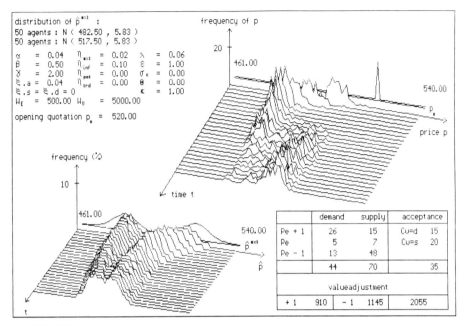

Abb. 12:

Es handelt sich hierbei um eine Modellkonstellation, bei der die Verteilung der externen Wertvorstellungen asymmetrisch um den Eröffnungskurs p_0 positioniert ist. Die die Preishäufigkeitsverteilungen konstituierenden Pfade sind durch ein bubble-geneigtes Kursmuster geprägt. Darunter soll in Erweiterung der ursprünglichen Vorstellung auch eine Situation fallen, **in der Preise zunächst rapide fallen, um dann ebenso schnell wieder zu steigen.**

Man wird vermuten können, daß sich die Verteilung des Kurses im Zeitablauf stabilisieren wird, insbesondere die Entwicklung der subjektiven Wertvorstellungen läßt dieses vermuten. Würde man den Simulationszeitraum dieser Parameterkonstellation vervierfachen, dann wäre der bubble in der hier vorgestellten graphischen Darstellung wohl nicht mehr so deutlich ausgeprägt. Dies resultiert aus der Tatsache, daß das Prozeßgeschehen nur zu den Zeitpunkten i*(Simulationsdauer/25), i=1,...,25, festgehalten wird.

2.3.1.2 Geeignete Parameterkonstellationen

Die Bestimmung von Konstellationen, die sich zur Beschreibung einer Börsensituation eignen, stellt im Rahmen der Modellanalyse die wichtigste Aufgabe dar. Es gilt hierzu, die Interdependenz von Faktoren und Preisdynamik offenzulegen. Da ein systematisches Ausprobieren aller möglichen Kombinationen nicht möglich ist, müssen deduktiv möglichst aussagefähige Konstellationen gefunden werden. Sie sind dann später empirisch zu überprüfen. In den bisherigen Simulationsstudien wurden die Implikationen zahlreicher Faktorenkonstellationen untersucht.

Für die Beschreibung der extern bedingten Wertvorstellungen wurden diverse Typen mit symmetrischer Häufigkeitsverteilung, z.B. unimodale, bimodale, aber auch Gleichverteilungen, zugrundegelegt. Es hat sich gezeigt, daß diese Verteilungstypen bei gleichen Parameterkonstellationen zu ähnlichen Reaktionsmustern führen. Es ist weniger der speziellen Verteilungsform von β^{ext} als solcher zuzuschreiben, daß sich ein bestimmtes Kursmuster realisiert, als vielmehr der Tatsache, daß **die auf dem Kapitalmarkt agierenden Agenten durch die Vorgabe des Eröffnungskurses p_0 zum Zeitpunkt t=0 in zwei Gruppen unterteilt werden. Erstere liegt mit ihren Preisvorstellungen unter p_0, sie wird das Papier zu verkaufen wünschen, letztere über p_0, sie wird das Papier zu kaufen wünschen.**

Unterstellen wir eine Anfangsnotierung in Höhe des Verteilungsmittelwertes, dann implizieren die gewählten Verteilungen eine Situation, in der sich hinsichtlich der externen Preisvorstellungen zwei prinzipiell gleichgewichtige Kräfte gegenüberstehen. Lediglich die Stärke dieser entgegengerichteten Kräfte ist in den verschiedenen Verteilungen unterschiedlich groß. Das Kräfteverhältnis der gegeneinander konkurrierenden Gruppen wird nämlich erstens durch das Verhältnis der Anzahl der einer jeden Gruppe angehörenden Agenten beeinflußt und zweitens davon berührt, wie weit sich die Preisvorstellungen der Mitglieder einer jeden Gruppe vom Eröffnungskurs entfernt befinden. Die auf den Marktprozeß einwirkenden Kräfte vermögen nun umso eher eine Preisdynamik auszulösen, je **weiter die extern bedingten Preisvorstellungen der Marktteilnehmer vom Eröffnungskurs abweichen.**

Die externen Wertvorstellungen liegen nicht symmetrisch um p_0, wenn die Eröffnungsnotiz vom Verteilungsmittelwert abweicht. Diese Konstellation von p_0 und β^{ext} kann ebenfalls als Sensitivitätsanalyse hinsichtlich der Variation des Preises p_0 bei gegebener Verteilung β^{ext} interpretiert werden.

Wir wollen uns in Erinnerung rufen, daß die Verweilzeit in einem Zustand z durch eine exponentialverteilte Zufallsvariable mit Parameter $w(z)=\sum_{ij} w(A_{ij},z)$ determiniert wird. Die mittlere Verweilzeit in einem Zustand z ist dabei durch $1/w(z)$ bestimmt.

Die Simulationsdauer hängt zentral von der Höhe der Marktreaktionsraten $w(z)$ bzw. Reaktionsraten der Aktionen A_{ij} im Prozeßablauf ab. Jede im Prozeßablauf ausgeführte Aktivität führt nämlich zu einer entsprechenden Transformation des Zustandsvektors und zu einer Neukalkulation der potentiellen Aktivitäten eines oder aller Agenten.

Durch die Festlegung des Simulationszeitraums und der sich in den Marktreaktionsraten manifestierenden Intensitäten kann die Anzahl der im Prozeß eintretenden Ereignisse gesteuert werden. **Hohe Intensitäten implizieren niedrige Reaktionsraten und bedingen somit eine höhere Anzahl von Ereignissen,** während niedrige Intensitäten zu einem Marktprozeß mit geringerer Aktivität führen.

Die Intensitäten des Prozesses können somit nicht nur als **eine die relative Stärke einer potentiellen Aktion dominierende Kraft**, sondern auch als eine die **Handelsaktivität des Marktes charakterisierende Größe** betrachtet werden.

Ein Blick auf die Struktur der Übergangsintensitäten läßt erkennen, daß die Komponenten **W_E und W_V lediglich lineare Proportionalitätsfaktoren** darstellen. Sind zu einem bestimmten Zeitpunkt die Komponenten **$\exp(\Phi_E(e,z))$ und $\exp(\Phi_V(v,z))$ aller Übergangsintensitäten $w(A_{ij},z)$** spezifiziert, dann wird die Wahrscheinlichkeitsverteilung des nächst anzusteuernden Zustands von einer relativen Änderung der Komponenten W_E und W_V in gleicher Höhe nicht berührt: Die Verteilung des nächsten Zustands $z'(A_{ij})$ nach Verlassen von z ist durch

$$P(z,z'(A_{ij})) = w(A_{ij},z) / \sum_{ij} w(A_{ij},z)$$

gegeben.

Eine Konstantenerweiterung im Zähler und Nenner dieses Ausdrucks, d.h. eine relative Änderung von W_E und W_V in gleicher Höhe, führt zu keiner Veränderung dieser Verteilung. Die Veränderung nur eines Faktors, z.B. W_V, hat zur Folge, daß sich die Relation der Wahrscheinlichkeiten der beiden Ereignisgruppen (s,d,a) und (v) zueinander ändert. Das Verhältnis der einzelnen Wahrscheinlichkeiten innerhalb einer jeden Gruppe untereinander bleibt jedoch konstant. Eine Veränderung von W_V in positiver Richtung z.B. wird dazu führen, daß zum Zeitpunkt t die Wahrscheinlichkeit des Eintretens eines Ereignisses der Gruppe (v) gegenüber dem eines Ereignisses der Gruppe (s,d,a) zunimmt. Das Verhältnis der relativen Stärken der einer jeden Gruppe angehörenden Ereignisse untereinander, bleibt von der genannten Konstantenänderung jedoch unberührt.

Wir können somit über **die Reagibilitätsfaktoren W_E und W_V das Verhältnis der Anzahl von Wertkorrekturen v zu explizit beobachtbaren Ereignissen s, d und a regeln.**

Der Festlegung eines Wertebereichs, in dem die Intensitätskomponenten $\Phi_E(e,z)$ und $\Phi_V(v,z)$ variieren sollen, kommt eine weitaus höhere Bedeutung als der Bestimmung der Faktoren W_E und W_V zu. Diese den Größen $\Phi_E(e,z)$ und $\Phi_V(v,z)$ beigelegte Priorität resultiert aus der **exponentiellen Beziehung.**

Eine relative Änderung der sich in ihnen manifestierenden Parameter um denselben Faktor führt sofort zu einer grundlegenden Veränderung der o.a. Verteilungsstruktur des nächsten Zustands $z'(A_{ij})$. Sowohl das Verhältnis der Wahrscheinlichkeiten beider Ereignisgruppen **zueinander**, als auch das Verhältnis der Wahrscheinlichkeiten einer jeden Ereignisgruppe **untereinander** erfährt eine über- oder unterproportionale Veränderung.

Die hiermit verbundenen Implikationen seien an den wahrscheinlichkeitstheoretischen Beziehungen von **Kauf- und Verkaufsofferten zu den Offertenannahmen a** demonstriert. Der Einfachheit halber sei unterstellt, daß der Kalkulation der potentiellen Aktivitäten nur das **individuelle Präferenzpotential** zugrundeliegt. Alle übrigen, die Ereignisse s, d und a steuernden Kräfte, seien gleich Null. **Das Intensitätspotential bestimmt sich somit allein durch** $\alpha \cdot |\hat{p}_{i_e} - p_e|$.

Ist es nun einem Agenten i zu einem Zeitpunkt t möglich, eine Offerte anzunehmen, d.h. $c_\omega = d$ und $\hat{p}_i \leq p-1$ oder $c_\omega = s$ und $\hat{p}_i \geq p+1$, dann werden diese Aktivitäten mit der Intensität $W_E \cdot \exp(\alpha \cdot |\hat{p}_i - p|)$ belegt. Ihm stehen dann aber, man vergleiche hierzu Tabelle 2, ebenso die Aktionen (s,p+1) bzw. (d,p-1) offen. Die Stärke dieser potentiellen Handlungen manifestiert sich in den Intensitäten $W_E \cdot \exp(\alpha \cdot |\hat{p}_i - (p+1)|)$ bzw. $W_E \cdot \exp(\alpha \cdot |\hat{p}_i - (p-1)|)$.

Die Intensitätsverhältnisse implizieren, daß die Aktivitäten (s,p+1) bzw. (d,p-1) die Aktion (a,p) um jeweils den Faktor exp(α) dominieren. Mit anderen Worten, die Wahrscheinlichkeit der Wahl der Verkaufs- bzw. Kaufofferte ist genau exp(α) mal so groß wie die der Annahme der vorhergehenden Kauf- bzw. Verkaufsofferte.

Dies gilt, wie man leicht nachvollziehen kann, ungeachtet dessen, wie groß $\hat{p}_i$ und p voneinander divergieren und wird von der Tatsache, daß die übrigen der die Ereignisse steuernden Kräfte Φ_E^{mc} und Φ_E^{cl} ungleich Null sein können, nicht berührt. Wenn z.B. α=1.2 ist, dann folgt ein Multiplikatoreffekt in Höhe von ca. 3.32 ($\approx$exp (1.2)). Durchgeführte Simulationen mit einem α-Faktor in dieser Größenordnung haben gezeigt, daß in dem resultierenden Prozeß kein Handel stattgefunden hat.

Wir können diesem Dilemma zweifach begegnen. Einerseits kann die dem potentiellen Ereignis a zugehörende Intensität durch das allgemeine Tendenzpotential $\Phi_E^{gt}(e,z) = \xi_{c_\omega c_e} = \xi_{\cdot a} > 0$ angehoben werden, andererseits kann aber auch der Zahlenbereich des α-Faktors neu festgelegt werden. Ein α in Höhe von z.B. 0.04 erzeugt nur noch einen Multiplikatoreffekt in Höhe von exp(0.04)$\approx$ 1.04. Im zuerst genannten Fall empfiehlt es sich $\xi_{\cdot a}=\alpha$ zu setzen. Die Wahrscheinlichkeiten des Eintretens der Ereignisse a und d, bzw. a und s, zu einem Zeitpunkt t, sind in diesem Fall identisch. Der Prozeß wird trotz dieser Äquivalenz **relativ mehr Kauf- und Verkaufsofferten als Annahmen aufweisen**, weil letztere nur dann zugelassen werden, wenn c_ω=s oder c_ω=d, erstere aber immer zugelassen werden.

Die nachstehenden Simulationen stützen sich hinsichtlich des beschriebenen Dilemmas sowohl auf einen niedrigen Definitionsbereich des α-Faktors als auch auf einen $\xi_{\cdot a}$-Faktor in Höhe von α.

Die individuellen Parameterwerte haben ebenfalls Einfluß auf das Verhältnis der im Prozeßablauf eintretenden **Kaufofferten und Verkaufsofferten.** Besondere Bedeutung kommt dabei dem Marktklimapotential Φ_E^{mc} zu. Das folgende Beispiel zeigt die mit dem Definitionsbereich des Marktklimapotentials verbundenen Implikationen. Es liege der Kalkulation der individuellen Aktivitäten nur das Marktklimapotential Φ_E^{mc} zugrunde. Der Prozeß der individuellen Wertkorrekturen wird ebenfalls vernachlässigt.

Es sei unterstellt, daß zu einem Zeitpunkt t zwei in ihrer Anzahl gleichgroße Gruppen von Agenten auf dem Kapitalmarkt agieren. Die **erstere besitzt eine** subjektive Preisvorstellung in Höhe von 480 und letztere eine in Höhe von 520. Das Papier notiere zu 500. Es stehen sich am Kapitalmarkt somit zwei hinsichtlich der subjektiven Preisvorstellungen gleichgewichtige Kräfte gegenüber. Die erste Gruppe von Agenten möchte das Papier verkaufen, die zweite das Papier kaufen.

Die Zusammenhänge können anhand der den potentiellen Aktionen (s,p) und (d,p) anhaftenden Intensitäten beschrieben werden. Es sei angenommen, daß der Kurs p auf 490 fällt und von einem Marktpotential in Höhe von m=(-10) begleitet wird. Für z.B. ß=0.06 und γ=20.00 folgt w(s,z)=W_E·exp(+9.02) und w(d,z)=W_E·exp(-9.02). Die Wahrscheinlichkeitsverteilung der nächsten Zustände z'(A_{ij}) zeigt, daß mit einer gegen Null gehenden Wahrscheinlichkeit die Aktivität vom Typ d oder, wenn c_ω=s, vom Typ a sein wird.[1] Man kann also mit einer Aktivität vom Typ s rechnen. Diese Aktivität wiederum bedingt eine Transformation des Marktpotentials von m=(-10) auf m=(-11), ein Marktzustand, der wiederum eine Aktivität vom Typ s in einem noch stärkeren Maße favorisiert. Es zeichnet sich hier eine völlig einseitige Prozeßdynamik ab.

Die Funktionsweise des Mechanismus, auf dem **ein sich selbst tragendes Marktpotential** gründet, dürfte einleuchtend sein. Es hat sich gezeigt, daß Simulationen, denen eine β-γ-Konstellation in der oben angenommenen Größenordnung zugrundeliegt, in der Mehrheit einen Marktprozeß erzeugen, der sich in einer überwiegend reinen Sequenz von Kauf- oder Verkaufsofferten manifestiert. Ein solch einseitiger Prozeß wird keinen Handel erlauben, solange der Faktor ξ_{-a} nicht extrem erhöht wird. Der Faktor ξ_{-a} muß in einem Prozeß, der aus einer reinen Folge von s oder d besteht, sollen Offertenannahmen vorkommen, einen Wert größer als exp(α) haben. Diese Bedingung wiederum impliziert, daß die Aktivität *"Annahme einer vorhergehenden Offerte zu einem Preis von p"* mit einer Intensität belegt wird, die über der der entsprechenden Offerte liegt.

Das beschriebene Problem des quasi-deterministischen Prozeßverhaltens kann beseitigt werden, wenn der Zahlenbereich, in dem die Parameter ß und γ variieren, klein gewählt wird. In Anlehnung an obiges Beispiel ergeben sich bei Annahme eines Marktpotentials in Höhe von m=(-10) und einem β- und γ-Faktor in Höhe von 0.06 und 2.00 für die Intensitäten der Aktionen (s,p) und (d,p) die Werte w(s,z)=W_E·exp(+0.90) und w(d,z)=W_E·exp(-0.90). Die Wahrscheinlichkeit des Eintretens eines Ereignisses der Form (s,p) ist nun nur noch um ca. 6 (≈exp(1.80)) mal größer als die eines Ereignisses der Form (d,p).

Die bisherigen Ausführungen illustrieren die Bedeutung einer adäquaten Parameterwahl. In den folgenden Abschnitten sollen die Implikationen von Faktorenkonstellationen anhand der simulierten Kursverläufe diskutiert werden. Es wurde eingangs erwähnt, daß diverse Verteilungstypen von p^{ext} bei gleichen Parame-

---

[1] Die Wahrscheinlichkeit des Eintretens eines Ereignisses der Form (s,p) ist um ca. 68.339 Mio. (≈exp(18.04)) mal größer als die eines Ereignisses der Form (d,p).

terkonstellationen zu ähnlichen Reaktionsmustern führen. Die präsentierten Simulationsergebnisse basieren daher ausschließlich auf einer bimodalen Verteilung. Sie setzt sich aus zwei gestutzten Normalverteilungen zusammen. Die darauf aufbauenden Aussagen können ohne wesentliche Einschränkungen auch auf andere Verteilungstypen übertragen werden.

2.3.2 Die Präsentation der Simulationsergebnisse

2.3.2.1 Bimodale, symmetrisch um p_0 verteilte Wertvorstellungen

Die nachfolgend vorgestellten Simulationsergebnisse basieren auf einer bimodalen Verteilung der extern bedingten Wertvorstellungen. Diese Verteilung ist aus zwei symmetrisch um den Wert 500 liegenden (gestutzten) Normalverteilungen gebildet, wobei die jeweiligen Mittelwerte und Standardabweichungen durch die Werte μ_1=482,50 und μ_2=517,50 bzw. σ_1=5,83 und σ_2=5,83 gegeben sind. Die Bereichsgrenzen dieser Verteilungen sind durch die Werte 465 und 500 bzw. 500 und 535 determiniert. Der gesamten Verteilung liegt somit das Intervall [465,535] zugrunde.

Für die Eröffnungsnotiz wird in diesem Abschnitt angenommen, daß diese zu p_0=500 notiert und somit in der Mitte zwischen den beiden gestutzten Verteilungen liegt.

Das Anfangsvermögen der einzelnen Agenten wird auf der Grundlage einer Pareto-Verteilung in einer Zufallsauswahl bestimmt. Mangels besserer Informationen wird damit der bekannten Hypothese, daß das Vermögen innerhalb einer Gesellschaft Pareto-verteilt sei, gefolgt. Die so gewonnene Anfangsausstattung eines jeden Agenten wird dann mit Hilfe gleichverteilter Zufallszahlen in Geld- und Effektenbesitz unterteilt.

Der Ausgangspunkt unserer Analyse sei die in Abb. 13 dargestellte Parameterkonstellation. Der relativ stabile Kursverlauf dieser Konstellation hilft den Marktmechanismus zu beschreiben. Der Prozeß der individuellen Wertkorrekturen wird zunächst vernachlässigt.

Bereits die Betrachtung von jeweils zwei "typischen" Agenten einer jeden Gruppe erläutert die den Marktprozeß steuernden Kräfte. Der erste Agent möge zum Zeitpunkt t=0 eine subjektive Preisvorstellung in Höhe von 482, wir wollen diesen Agenten als Agent i bezeichnen, und der zweite eine Preisvorstellung in Höhe von 518 besitzen; dieser Agent sei als Agent j bezeichnet, d.h. $\hat{p}_i^{ext} = 482$ und $\hat{p}_j^{ext} = 518$.

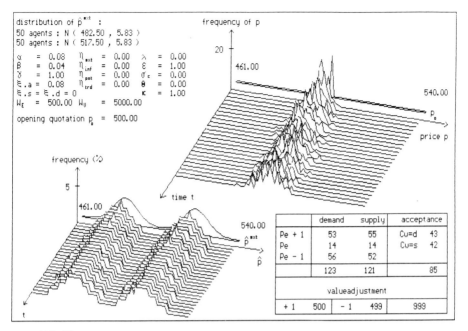

Abb. 13:

Die zum Zeitpunkt t=0 für beide Agenten möglichen Aktivitäten s und d werden mit einem jeweiligen Präferenzpotential in Höhe von ca. 1.44 belegt. Das Marktklimapotential übt zu t=0, m_0=0, keinen intensitätswirksamen Einfluß aus.

Aus den **gleichwahrscheinlichen** Ereignissen s und d sei nun die Aktion (s, 499) ausgewählt worden. Der Agent i kann die Aktivität (s, 498) ergreifen, der Agent j kann zwischen den Alternativen (d, 498) und (a, 499) wählen. Die vorhergehende Verkaufsofferte (s, 499) wird ebenfalls von einer Transformation des Marktpotentials m begleitet; diese Komponente nimmt nunmehr den Wert (-1) an.

Unterstellt man, daß die Informationskomponente m keinen Einfluß auf den Entscheidungsprozeß der Agenten ausübt, d.h. β oder γ zu Null notiert, dann folgt: $\Phi_{s,i}$=1.28 und $\Phi_{d,j}$=1.60 bzw. $\Phi_{a,j}$=1.52+0.08=1.60 ($\xi_{\cdot a}$=α=0.08). Es wird somit zu erwarten sein, daß die nächste am Markt beobachtbare Aktivität von dem Agenten j ausgehen wird.

Dabei ist immer zu beachten, daß die Wahrscheinlichkeit für den Übergang in den Zustand z'(A_{ij}) von z durch P(z,z'(A_{ij}))=w(A_{ij},z)/ $\sum_{ij}$w(A_{ij},z) gegeben ist. Sollte Agent i nun trotzdem den Zuschlag bekommen, dann wird sich das **Verhältnis der Intensitätspotentiale proportional zugunsten von j** verändern und dies umso deutlicher, je weiter der gegenwärtige Preis p vom Eröffnungskurs p_0 abweicht.

In diesem Beispiel ist von Bedeutung, **daß der Agent j mehr als der Agent i in seinen Preisvorstellungen vom gegenwärtigen Preis p abweicht**. Die dem Prozeß zugeordnete Zufallsvariable der Preisverteilung wird sich im Zeitablauf mehr oder weniger um den Eröffnungskurs konzentrieren.

Das individuelle Präferenzpotential wird ein allzu starkes Abweichen des Preises vom Eröffnungskurs umso mehr verhindern, je höher der Wert von α liegt. Umgekehrt wird bei einem niedrigen α der Preis p innerhalb bestimmter Grenzen schwanken, bevor der Einfluß der sich vergrößernden Preisabweichungen - über das Präferenzpotential - zum Tragen kommt. Daher kann man α **als einen Stabilisierungsfaktor** interpretieren.

Variationen des α-Faktors lassen zwar das relative Verhältnis der Präferenzpotentiale zweier entgegengerichteter Aktionen konstant, verlagern die absoluten Werte der Potentiale allerdings in einen anderen Zahlenbereich. Bedingt durch die exponentielle Formulierung der Übergangsintensitäten führt jegliche Veränderung der absoluten Präferenzwerte zu einer Verschiebung des Kräfteverhältnisses der jeweils entgegengerichteten Aktionen.

Kursstabilisierende Börsensituationen schlagen sich nicht nur im α-Faktor nieder, sondern **auch in der eine Preisbewegung begleitenden Veränderung der Relation der Anzahl potentieller Verkäufer zu potentiellen Käufern**.

Dem individuellen Präferenzpotential wirkt das Marktklimapotential entgegen. Sei das Marktpotential m durch die Aktion (s, 499) auf m=(-1) transformiert. Das hieraus resultierende Marktklimapotential (≈ 0.04) wirkt sich für Agent i intensitätserhöhend, für Agent j hingegen intensitätsmindernd aus. Das Motivationspotential beträgt nunmehr für die Aktion (s, 498) des Agenten i $\Phi_{s,i}=1.28+0.04=1.32$ und für die Aktionen (d, 498) und (a, 499) des Agenten j $\Phi_{d,j}=1.60-0.04=1.56$ und $\Phi_{a,j}=1.52-0.04+0.08=1.56$.

Es wird deutlich, daß das Verhältnis **der Motivationspotentiale zueinander durch den Einfluß des Marktklimapotentials eine gewisse Kompensation erfahren hat**. Diese fällt umso stärker aus, je höher der Einfluß des Marktklimapotentials gewählt wird. Es sei z.B. $\beta=0.08$ und $\gamma=2.00$. In diesem Fall resultiert:

$\Phi_{s,i}=1.28+0.15=1.43$, $\Phi_{d,j}=1.60-0.15=1.45$ und $\Phi_{a,j}=1.52-0.15+0.08=1.45$.

Wird nun beispielsweise die Aktivität des Agenten i (s, 498) ausgewählt, dann erfährt das Marktpotential eine weitere Veränderung um (-1). Die kalkulierten Intensitäten gehören nun zu den Aktionen (s, 497), (d, 497) und (a, 498). Für $\beta=0.04$ und $\gamma=1.00$ errechnet sich $\Phi_{s,i}=1.20+0.08=1.28$, $\Phi_{d,j}1.68-0.08=1.60$ und $\Phi_{a,j}=1.60-0.08+0.08=1.60$.

Eine analoge Berechnung gilt für $\beta=0.08$ und $\gamma=2.00$. Es ergibt sich: $\Phi_{s,i}=1.20+0.30=1.50$, $\Phi_{d,j}=1.68-0.30=1.38$ und $\Phi_{a,j}=1.60-0.30+0.08=1.38$. Insbesondere die letzteren Relationen unterstreichen den gegebenenfalls hohen Einfluß des Marktklimapotentials.

Das **Präferenzpotential des Agenten j hat sich nämlich durch die Aktivität von i, (s, 498), um 0.08∗1 Einheiten erhöht. Es wird aber durch eine für ihn negative Veränderung des Marktklimapotentials um mehr als 0.08 kompensiert.**

Marktpotentiale, haben sie einmal eine bestimmte Dynamik erreicht, nähren sich **kontinuierlich aus sich selbst** heraus. Damit wird die bekannte Erfahrung, die **Hausse nährt die Hausse, die Baisse nährt die Baisse**, reflektiert.

In dem der Abb. 13 zugrundeliegenden Preisprozeß dominiert das individuelle Präferenzpotential Φ_E^{ip} gegenüber dem Marktklimapotential Φ_E^{mc}. Gemäß den Formeln auf S. 337 f. wird das Marktpotential m erst dann eine Preisdynamik auslösen, wenn die seinen Einfluß steuernden Parameter β und γ entsprechend erhöht werden, oder der im individuellen Präferenzpotential maßgebliche Parameter α entsprechend verringert wird.

Die bisher vernachlässigten, **den Wertkorrekturprozeß steuernden Potentiale** Φ_v, seien nunmehr eingehender betrachtet. In Anlehnung an die α–β–γ–Konstellation in Abb. 13 sei das Zusammenwirken von Φ_v^{ext} und Φ_v^{inf} demonstriert.

Den Simulationsergebnissen in Abb. 14, 15, 16 und 17 liegen hohe Werte von η_{inf}, bei variierenden Werten von η_{ext}, zugrunde. Der erste Parameter steuert den Einfluß des Marktinformationspotentials Φ_v^{inf}, der zweite den der externen Einschätzung. Je nach Höhe von Φ_v^{inf} und Φ_v^{ext} laufen die **beiden Gipfel der $\hat{p}$-Verteilung mehr oder weniger deutlich zusammen.**

Da der nicht beobachtbare Prozeß der individuellen Wertrevisionen mit dem Prozeß der explizit beobachtbaren Ereignisse intrapersonell interagiert, **kann er keiner isolierten Betrachtung unterzogen werden**. Im folgenden wird daher der von den Größen Φ_v^{ext}, Φ_v^{inf}, Φ_v^{pot} und Φ_v^{trd} ausgehende Einfluß **unmittelbar in die Analyse mit einbezogen.**

Kapitel 7: Der unvollkommene Kapitalmarkt

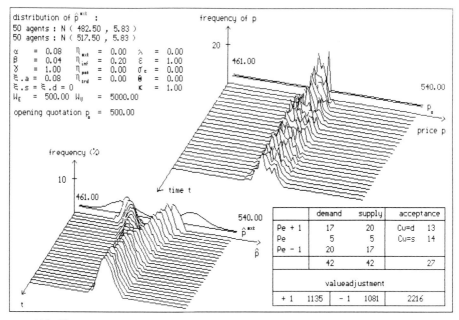

Abb. 14:

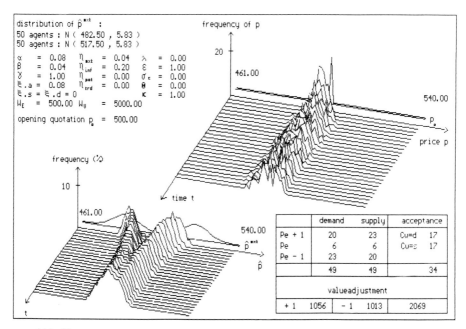

Abb. 15:

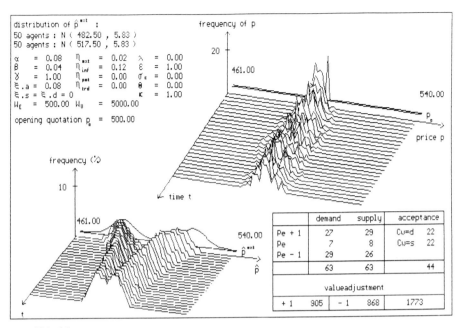

Abb. 16:

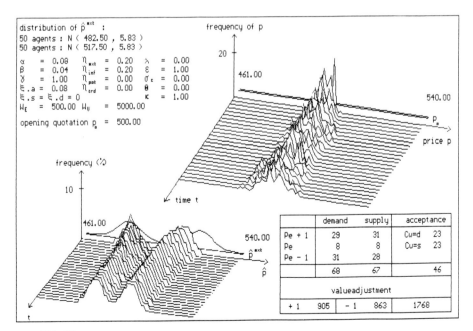

Abb. 17:

Die Abbildungen 18 und 19 zeigen, daß die Bandbreite der Preishäufigkeitsverteilungen im Zeitablauf zunimmt, wenn der Parameter η_{ext} gleich Null gesetzt wird. Die Abbildungen 20 und 21, zwei typische Pfade aus den Abbildungen 18 und 19, zeigen die Gründe.

Die Potentiale Φ_v^{inf} und Φ_v^{pot} favorisieren **Wertkorrekturen der sich in ihren subjektiven Wertvorstellungen vom gegenwärtigen Preis p entfernenden Agenten in Richtung der gegenwärtigen Preisbewegung.** Normalerweise kompensiert Φ_v^{ext} **diesen Einfluß.** Fehlt dieser, wie im obigen Beispiel, so orientieren die entsprechenden Agenten **ihre subjektiven Preisvorstellungen an der Preisdynamik. Eine Preisstabilisierung über das individuelle Präferenzpotential erfolgt daher nur noch in einem verminderten Maße.** Der Preistrend p^T übt in diesen Abbildungen keinen nennenswerten Einfluß auf die Preisdynamik aus.

Die Abbildungen 18 und 19 zeigen auch den **Informationsverlust einer Durchschnittsbildung über die einzelnen Verteilungen der subjektiven Preisvorstellungen.** Die durchschnittliche Häufigkeitsverteilung der subjektiven Preiserwartungen konvergiert **mehr oder weniger gegen eine Gleichverteilung,** während erst die Betrachtung der einem einzelnen Pfad zugehörenden Verteilung Aufschluß über das Prozeßgeschehen gibt.

Die bisher dargestellten Parameterkonstellationen führen zu einem mehr oder weniger volatilen Kursverhalten. Ein solches Kursmuster wird grundsätzlich bei Dominanz des Marktpräferenzpotentials Φ_E^{ip} gegenüber dem Marktklimapotential Φ_E^{mc} zu erwarten sein. Werden die auf diese Potentiale einwirkenden Parameter α, β und γ zugunsten des Marktklimapotentials variiert, dann deutet sich ein Preisprozeß an, der mit dem Begriff der **Bifurkation** beschrieben wird. Das eingangs beschriebene Zusammenwirken der Größen Φ_E^{ip} und Φ_E^{mc} läßt sich an diesen Prozessen anschaulich demonstrieren. Sie zeigen ein eindeutiges Kursmuster und sind somit einer näheren Analyse zugänglich.

Die Abbildungen 22 bis 25 geben eine Vorstellung über die diese Prozesse kennzeichnenden Kursmuster.

Kapitel 7: Der unvollkommene Kapitalmarkt 365

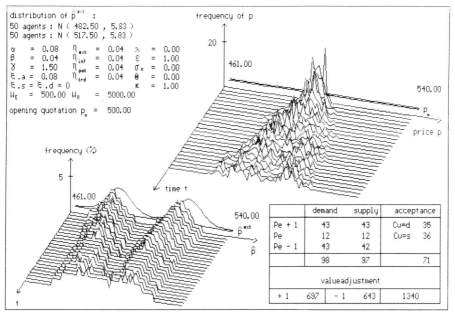

Abb. 18:

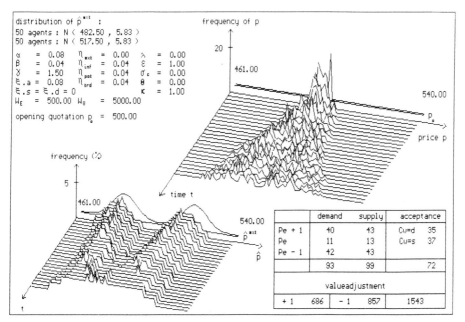

Abb. 19:

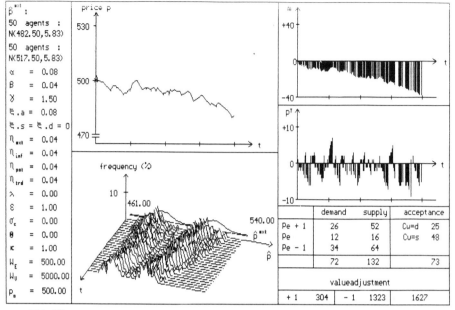

Abb. 20:

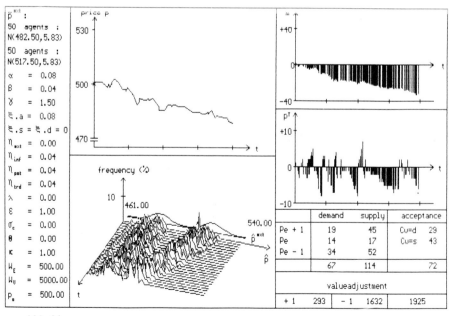

Abb. 21:

Der eine Bifurkation bewirkende Mechanismus sei anhand der Abbildung 22 erläutert. Die in diskreter Zeit laufende Preishäufigkeitsverteilung spaltet sich im Prozeß in zwei getrennte Häufigkeiten. Die Wahrscheinlichkeit eines Preispfades, entweder eine positive oder negative Richtung einzuschlagen, ist dabei gleich groß. Die dadurch ausgelösten Bewegungen sind grundsätzlich spiegelbildlich. Insofern können wir uns im folgenden auf **eine der beiden Bewegungen konzentrieren**.

Zu t=0 stehen sich jeweils **gleichwahrscheinliche** Ereignisse der Art s und d unserer typischen Agenten i und j gegenüber. Die Auswahl eines dieser Ereignisse wird von einer entsprechenden Transformation des Marktpotentials begleitet. Es sei angenommen, daß der Preis durch die Aktion s um eine Einheit gefallen ist. Das Verhältnis der Präferenzpotentiale beider Agenten verlagert sich zugunsten des Agenten j, während im Gegensatz hierzu das Marktklimapotential eine Handlung des Agenten i favorisiert. Je nach den Relationen der Parameter α, β und γ wird die positive Veränderung des Präferenzpotentials des Agenten j durch die für ihn negative Veränderung des Marktklimapotentials mehr oder weniger stark kompensiert. In dieser Situation hat sich das Intensitätspotential der Aktion s des Agenten i erhöht, die Intensitätspotentiale der Aktionen d und a des Agenten j haben sich dagegen vermindert. Jedes weitere Ereignis vom Typ s wird das Verhältnis der Intensitätspotentiale zugunsten des Agenten i verändern. Das Marktpotential vermag auf diese Weise, wie oben beschrieben, seine Dynamik zu entwickeln. Es sei angenommen, daß der Preis des Papiers aufgrund des Marktklimapotentials zunächst fällt. Diese Bewegung wird sich stabilisieren, wenn zwischen den Intensitäten der entgegengerichteten potentiellen Handlungen ein Gleichgewicht erreicht ist. Die Intensitäten der potentiellen Verkaufsaktivitäten weisen ein niedriges Präferenzpotential und ein hohes Marktklimapotential auf, während die Intensitäten der Kaufaktivitäten ein hohes Präferenzpotential kennzeichnet, das aber durch ein negatives Marktklimapotential **teilweise** kompensiert wird.

Die Kursstabilisierung in Abb. 22 wird durch die abnehmenden Zuwächse des Marktklimapotentials erreicht. Hinsichtlich der Kompensationswirkung des Präferenzpotentials unseres Agenten j bedeutet dies, daß sie ebenfalls mit zunehmendem Wert des Marktpotentials an Einfluß verliert. Die zu einem Kursstabilisierungszeitpunkt sich gegenüberstehenden Kräfte werden durch das Verhältnis der Anzahl potentieller Kauf- zu Verkaufsaktivitäten sowie durch die diesen Aktivitäten zugeordneten Intensitäten determiniert. Hat sich eine Preisbewegung stabilisiert, dann wird dieser Zustand durch einen kontinuierlichen Handel in dem Papier geprägt sein, wobei die Kursnotierungen innerhalb bestimmter Bandbreiten schwanken werden.

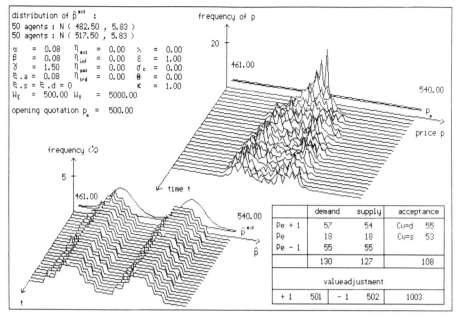

Abb. 22:

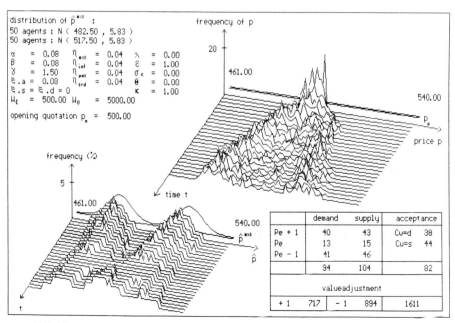

Abb. 23:

Kapitel 7: Der unvollkommene Kapitalmarkt 369

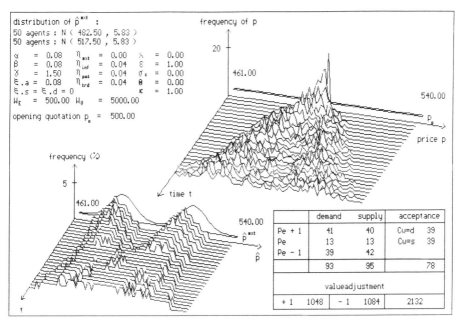

Abb. 24:

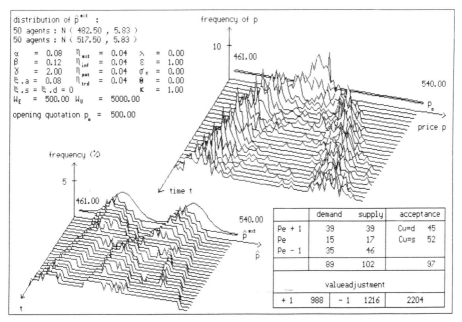

Abb. 25:

Die auf den Wertkorrekturprozeß einwirkenden η-Faktoren vermögen u.U. eine Kursstabilisierung zu verhindern. Wir betrachten hierzu wiederum unsere typischen Agenten i ($\hat{p}_i \approx 482$) und j ($\hat{p}_j \approx 518$) und nehmen an, daß zu Prozeßbeginn die Preisbewegung durch den Einfluß des Marktklimapotentials eine fallende Tendenz aufweist. Auf Abb. 23 basieren die folgenden Ausführungen. Die Potentiale Φ_v^{pot} und Φ_v^{trd} werden für Agent j negative Wertkorrekturen favorisieren. Das Potential Φ_v^{ext} dagegen wird das potentielle Ereignis v=(j, -1) unterdrücken, sofern sich die Größe $\hat{p}_j$ bereits von $\hat{p}_j^{ext}$ in Richtung des gegenwärtigen Preises entfernt hat. Der Intensitätseinfluß dieses Potentials wird allerdings zu Prozeßbeginn durch den Intensitätsbeitrag der Größe Φ_v^{inf} überkompensiert, da die subjektiven Preisvorstellungen des Agenten j vom Preis p weiter entfernt liegen. Der Agent j wird zu Prozeßbeginn überwiegend negative Wertkorrekturen vornehmen und sich somit in seinen subjektiven Wertvorstellungen der gegenwärtig fallenden Preisbewegung anschließen. Für Agent i werden die Potentiale Φ_v^{pot} und Φ_v^{trd} ebenfalls negative Wertkorrekturen favorisieren. Aber diesem Einfluß steht bei ihm die Wirkung der Größe Φ_v^{inf} entgegen, wobei letztere eine teilweise Kompensation durch den Intensitätsbeitrag des Φ_v^{ext}-Potentials erfährt, sofern sich die Größe $\hat{p}_i$ bereits von $\hat{p}_i^{ext}$ in Richtung des gegenwärtigen Preises entfernt hat. Die einzelnen Intensitätspotentiale des Agenten i sind unter der Annahme eines fallenden Preisverlaufes zu Prozeßbeginn relativ ausgeglichen. Für diesen Agenten besteht mehr oder weniger kein Anlaß, seine Wertvorstellungen zu revidieren. Hat das Marktpotential allerdings eine bestimmte Dynamik entwickelt, dann dominiert dieses Potential den Wertkorrekturprozeß des Agenten i. Der spezielle Verlauf der Verteilung der subjektiven Preisvorstellungen läßt hierauf schließen. Indem die angenommene Preisbewegung sich dem Wert der subjektiven Preisvorstellungen des Agenten i nähert, dominieren entsprechend dem beschriebenen Zusammenwirken der Potentiale Φ_v die Aktivitäten v=(j, -1) gegenüber allen übrigen potentiellen Wertkorrekturen, und dies umso mehr, je weiter sich der Agent j in seinen subjektiven Preisvorstellungen von dem gegenwärtigen Preis p entfernt hat, und je höher das Marktpotential m und der Preistrend p^T notiert.

Wenn der Intensitätseinfluß des Potentials Φ_v^{ext} ausgeschaltet ist, dann werden die Schwankungsbereiche der Preispfade größer. Die Abbildung 24 illustriert diesen Sachverhalt. Unter der Annahme eines fallenden Preises wird sich unser typischer Agent j in seinen subjektiven Preisvorstellungen der Bewegung des Preises anschließen; eine dieser Bewegung entgegenstehende Kraft ist nicht vorhanden. Hat das Marktpotential eine bestimmte Dynamik entwickelt, dann wird vorhanden. Hat das Marktpotential eine bestimmte Dynamik entwickelt, dann wird der von den Potentialen Φ_v^{pot} und Φ_v^{trd} ausgehende Einfluß den Wertkorrekturprozeß unseres Agenten i vorrangig steuern und ihn dazu veranlassen, negative Wertkorrekturen vorzunehmen. Der Agent i wird sich somit in seinen Preisvorstellungen ebenfalls an der Bewegung des Marktpreises orientieren. Er eilt ihr allerdings immer um einen Schritt voraus, denn Transaktionen erfordern grundsätzlich potentielle Verkäufer und Käufer. Die zu einem Preispfad gehörende Verteilung der subjektiven Preisvorstellugen wird um den Preis p schwanken und diesem im Zeitablauf in seiner Bewegung folgen. Der α-Faktor bringt in dieser Situation keine Stabilisierung, da sich die Verteilung der subjektiven Preisvorstellungen zu sehr um den gegenwärtigen Preis p konzentriert.

Unsere Studien haben gezeigt, daß das Markttendenzpotential eine zentrale den Wertkorrekturprozeß steuernde Kraft darstellen kann. Dieses Potential gründet auf dem Marktpotential m und wird entsprechend der Dynamik, die das Marktpotential zu entwickeln vermag, einen mehr oder weniger deutlichen Einfluß auf den Korrekturprozeß ausüben. Die Dynamik des Marktpotentials wird u.a. von der Höhe des λ-Faktors berührt.

In Anlehnung an diese letzte Aussage wird jetzt dem **Parameter λ ein Wert größer als Null** zugewiesen. Dem in Abb. 26 dargestellten Marktprozeß liegt ein λ-Wert in Höhe von 0.02 zugrunde. Die aggregierte Darstellung der Preisentwicklung enthält nur scheinbar keine systematischen Bewegungen. Eine Analyse einzelnen Pfadverhaltens zeigt, daß dieses wohl strukturiert ist. Die Abb. 27, ein typischer Pfad der Abb. 26, zeigt, daß die Preisdynamik durch ein zyklisches Kursverhalten geprägt ist.

Eine zyklisch-geneigte Preisbewegung wird grundsätzlich dann hervorgerufen, wenn erstens der λ-Faktor einen Wert größer als Null annimmt und zweitens die Verteilung der subjektiven Preisvorstellungen relativ konstant verläuft. Ein zyklisches Kursverhalten wird allerdings erst dann deutlich zu erkennen sein, wenn der Wert des λ-Faktors in einem bestimmten Verhältnis zu den Werten von β und γ steht. Die Abbildungen 28 und 29 mögen diesen Sachverhalt illustrieren.

Aus der Abb. 29 ist ersichtlich, daß das bisher einseitig auf den Wertkorrekturprozeß einwirkende Markttendenzpotential diesen Einfluß verloren hat. Wie der Chart des Marktpotentials zeigt verläuft das Marktpotential ebenfalls zyklisch. Dadurch wird die Dynamik der Marktentwicklung weiter verstärkt. Die Agenten schließen sich in ihren subjektiven Preisvorstellungen der jeweiligen Bewegung des Marktpotentials an. In einer Aufwärtsbewegung nehmen die Agenten positive und in einer Abwärtsbewegung negative Wertkorrekturen vor. Die Abbildung 29 macht jedoch deutlich, daß die Bandbreiten der Verteilungen von β im Zeitablauf abnehmen. Dieses Verhalten läßt auf eine Stabilisierungstendenz des Preises schließen.

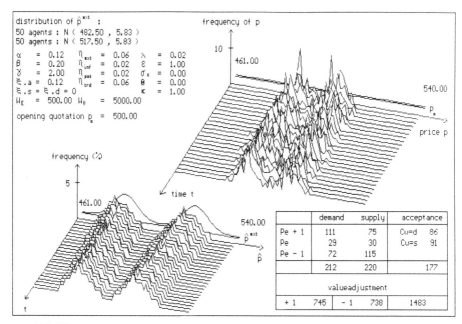

Abb. 26:

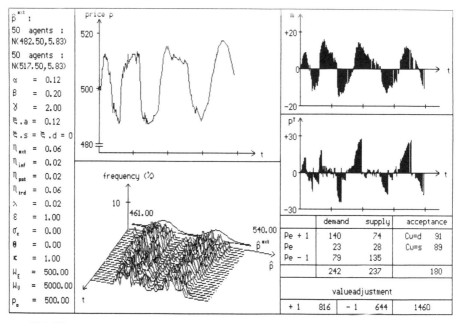

Abb. 27:

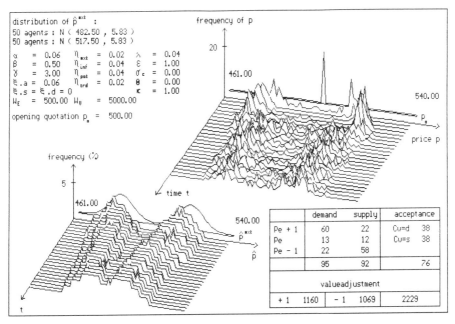

Abb. 28:

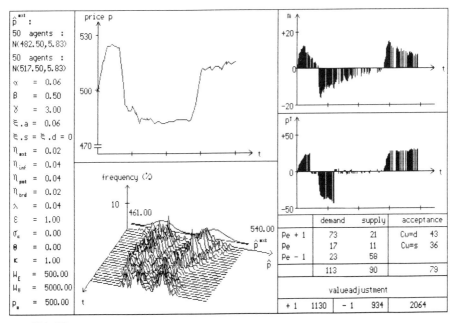

Abb. 29:

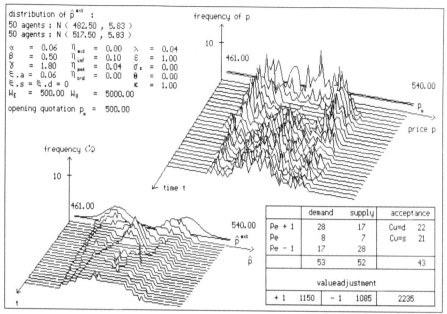

Abb. 30:

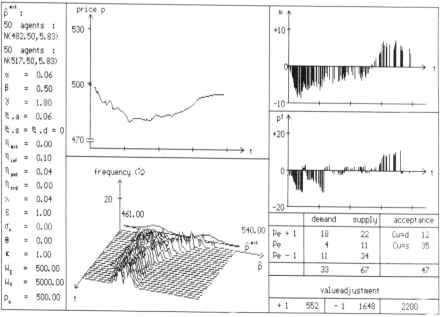

Abb. 31:

Eine **bubble-geprägte Kursdynamik** ist nun dadurch charakterisiert, daß bereits nach dem ersten Kursausschlag die subjektiven Preisvorstellungen aller Agenten deutlich um den gegenwärtigen Preis p verteilt liegen. Ein solcher Verlauf der Wertvorstellungen wirkt, wie die Abbildungen 30 und 31 demonstrieren, einem weiteren Preisausschlag entgegen.

Die Flexibilität des Ansatzes ließe sich durch eine Fülle weiterer Beispiele ebenfalls mit symmetrisch positioniertem Eröffnungskurs belegen. Stattdessen sei noch kurz auf die Auswirkung eines asymmetrisch gelegenen Eröffnungskurses eingegangen.

2.3.2.2 Bimodale, asymmetrisch um p_0 verteilte Wertvorstellungen

Die Annahme einer bimodalen Verteilung der extern bedingten Preisvorstellungen wird **beibehalten**. Sie liegt jedoch nicht mehr symmetrisch um die Eröffnungsnotiz. Mit dieser Konstellation kann man die Phänomene des Underpricing und Overpricing beschreiben. Es zeigt sich, daß die aus einem niedrigen bzw. hohen Eröffnungskurs resultierende Preisdynamik auch von der Marktsituation abhängt.

Agenten mit Preisvorstellungen **unter dem Wert von p_0** wünschen das Papier zu verkaufen, während Agenten mit Preisvorstellungen über p_0 das Papier kaufen möchten. Das **Kräfteverhältnis** der entgegengerichteten Aktivitäten zum Zeitpunkt t=0 wird einerseits durch das Verhältnis der Anzahl der einer jeden Gruppe angehörenden Agenten bestimmt und andererseits durch den Abstand der subjektiven Preisvorstellungen der Agenten von dem Preis p_0 determiniert.

Eine **Variation der Anfangsnotierung p_0 ändert dieses Kräfteverhältnis entsprechend dem für p_0 angenommenen Wert mehr oder weniger deutlich.** Sowohl die Relation der Anzahl potentieller Käufer zu Verkäufer, als auch die absoluten Abweichungen ihrer subjektiven Preisvorstellungen vom Preis p_0 unterliegen daher Änderungen.

Während bisher die Wahrscheinlichkeit, daß ein Preispfad eine positive oder negative Richtung einschlägt, gleich groß war, steigt nunmehr die Wahrscheinlichkeit, daß ein Preispfad, entsprechend der Konstellation von $\hat{p}^{ext}$ und p_0, mehr oder weniger deutlich in eine Richtung zeigt. Die Preishäufigkeitsverteilungen zeigen entgegen den bisher dargestellten Preisprozessen **kein symmetrisch um den Eröffnungskurs liegendes Kursmuster.** Liegt z.B. dem Marktprozeß ein Eröffnungskurs höher als 500 zugrunde, dann werden zu Prozeßbeginn **mehr potentielle Verkäufer als Käufer** auf dem Kapitalmarkt agieren.

Die Intensitäten der potentiellen Aktivitäten s haben ein höheres Präferenzpotential als die der potentiellen Aktivitäten d. Die potentiellen Verkäufer liegen nämlich in ihren subjektiven Preisvorstellungen weiter vom Preis p_0 entfernt als die potentiellen Käufer. Eine solche Konstellation von $\hat{p}^{ext}$ und p_0 wird grundsätzlich Ereignisse der Form s favorisieren und dies umso deutlicher, je weiter der Eröffnungskurs von dem Wert 500 in positiver Richtung abweicht.

Analoges gilt bei einer Parameterkonstellation mit einer Anfangsnotierung kleiner als 500. Entsprechend dem angenommenen Eröffnungskurs wird eine Effektennachfrage mehr oder weniger stark begünstigt.

Bisher resultierten die einen **deutlichen zyklischen Preisausschlag bedingenden** Kräfte aus dem **Zusammenwirken des Präferenz- und Marktklimapotentials**. Nunmehr wird die in **eine Richtung** wirkende Preisdynamik durch das Mißverhältnis der Präferenzpotentiale der potentiellen Aktionen hervorgerufen. Bei einer Eröffnungsnotiz **deutlich über dem Wert 500** wird ein negativer **Kursverlauf**, bei einer Eröffnungsnotiz **deutlich unter** diesem Wert ein **positiver Kursverlauf** zu erwarten sein. Eine solche Preisbewegung wird jedoch, wie die Abb. 32 zeigt, dann verhindert, wenn **das Marktinformationspotential** Φ_v^{inf} **gegenüber den übrigen Potentialen deutlich dominiert.**

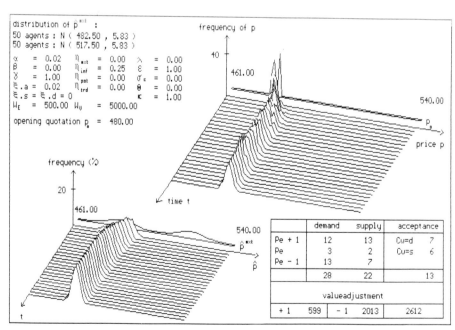

Abb. 32:

Den Preisprozeß in der obigen Abbildung charakterisiert eine Marktkonstellation, in der erst dann explizit beobachtbare Marktereignisse zum Tragen kommen, wenn sich die von dem Eröffnungskurs weiter entfernt liegenden subjektiven Preisvorstellungen dem Preis p_0 deutlich genähert haben. In diesem Zustand ist ein **Mißverhältnis der Intensitäten der entgegengerichteten Aktionen nicht mehr gegeben**, so daß der Kurs des Papiers im Zeitablauf um den Eröffnungskurs schwankt.

Wird der Parameterkonstellation in der Abb. 32 eine Anfangsnotierung in Höhe von 520 zugrunde gelegt, dann werden **die resultierenden Preishäufigkeitsverteilungen und die Verteilungen der subjektiven Preisvorstellungen symmetrisch zu denen in der Abb. 32 verlaufen**. Es spielt folglich für die Analyse keine Rolle, ob wir dem Emissionskurs p_0 einen Wert größer oder kleiner als 500 beilegen, solange die **absoluten Differenzen** zwischen dem Eröffnungskurs und dem Wert 500 gleich bleiben.

In den folgenden Ausführungen werden Simulationsergebnisse präsentiert, denen ein Eröffnungskurs in Höhe von 520 zugrundeliegt. Damit wird das **Overpricing-Phänomen** beschrieben. Das **Underpricing-Phänomen** ergibt sich **bei gleicher Parameterkonstellation, wenn der Eröffnungskurs unter dem Mittelwert der subjektiven Kursschätzungen liegt**.

Die Abbildungen 33 bis 35 zeigen diverse Parameterkonstellationen mit ausgeprägter Overpricing-Reaktion. Die von ihnen hervorgerufenen Preisbewegungen stabilisieren sich im Prozeßablauf.

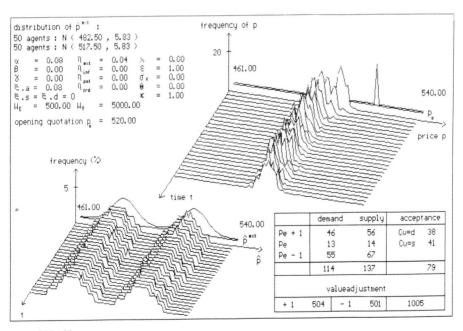

Abb. 33:

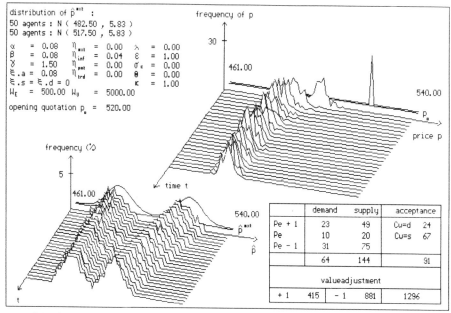

Abb. 34:

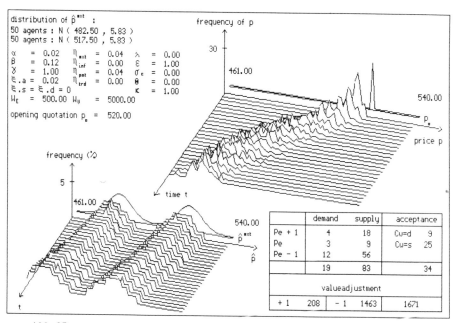

Abb. 35:

Anhand des Preisprozesses der Abb. 33 sei der Mechanismus der Kursstabilisierung erläutert: Zu Prozeßbeginn steht eine große Anzahl potentieller Verkäufer einer geringen Anzahl potentieller Käufer gegenüber. Die potentiellen Aktivitäten der Verkäufer sind mit einem hohen und die der Käufer mit einem niedrigen Präferenzpotential belegt. Zu Prozeßbeginn besteht sowohl hinsichtlich der Anzahl der entgegengerichteten Aktivitäten als auch den ihnen zugeordneten Präferenzpotentialen ein Ungleichgewicht. Es führt zu einem Verkaufsdruck und einem Preisverfall. Diese Preisbewegung wird von einem sich negativ entwickelnden **Marktpotential und einem negativen Preistrend** begleitet. Aus der Parameterkonstellation in der Abb. 33 ist allerdings ersichtlich, daß **diese Komponenten keinen Einfluß auf den Entscheidungsprozeß der Agenten ausüben. Der negativ geneigte Preisprozeß erfährt eine Stabilisierung um den Wert 500**. In diesem Punkt stehen sich eine gleich große Anzahl potentieller Kauf- und Verkaufsaktivitäten gegenüber, deren Intensitäten ebenfalls ausgeglichen sind.

Die Einbeziehung der **Komponente des Marktklimapotentials führt nun dazu, daß sich im Prozeßablauf die Intensitätspotentiale der Verkaufsaktivitäten erhöhen und die der Kaufaktivitäten vermindern.**

In dem ursprünglichen Stabilisierungszustand stehen sich zwar ebenfalls eine gleich große Anzahl potentieller Kauf- und Verkaufsaktionen gegenüber, die ihnen anhaftenden Intensitäten jedoch favorisieren weitere Verkaufsaktivitäten. Der Kurs wird, wie die Abbildungen 34 und 35 demonstrieren, durch das Marktklimapotential weiter fallen und sich entsprechend der augenblicklichen Realisation von p und $\hat{\beta}$ um einen Wert stabilisieren, **der unter dem von 500 liegt**. Dieser Zustand ist dadurch gekennzeichnet, daß eine große Anzahl potentieller Kaufaktivitäten einer niedrigen Anzahl potentieller Verkaufsaktivitäten gegenübersteht.

Die Verkaufsaktivitäten besitzen ein niedriges Präferenzpotential und ein hohes Marktklimapotential. Das hohe Präferenzpotential der Kaufaktivitäten wird **durch ein für sie negatives Marktklimapotential teilweise kompensiert**. Eine Kursstabilisierung wird, wie die Abbildungen 33 bis 35 zeigen, grundsätzlich dann zu erwarten sein, **wenn die Verteilung der subjektiven Preisvorstellungen im Prozeßablauf relativ konstant bleibt.** Diese Bedingung hängt nicht von den Werten der Parameter α, β und γ ab. Bleibt die Verteilung von $\hat{\beta}$ im Prozeßablauf relativ konstant, so wird eine Preisbewegung die die Verteilung $\hat{\beta}$ einschließenden Bereichsgrenzen nicht überschreiten können, da **Transaktionen grundsätzlich das Vorhandensein sowohl von potentiellen Käufern als auch von Verkäufern erfordern.**

Die obigen Ausführungen machen deutlich, daß die Interpretation der mit einer Variation des Eröffnungskurses verbundenen Preisprozesse völlig analog denen erfolgt, die mit dem **Begriff der Bifurkation belegt** wurden. Diese Prozesse waren dadurch ausgezeichnet, daß ihre Preispfade mit gleicher Wahrscheinlichkeit in positiver sowie in negativer Richtung ausschlugen.

Im Rahmen der Analyse derartiger Prozesse wurde auf das Verhalten einer in negativer Richtung ausschlagenden Preisbewegung abgestellt. Die in diesem Zusammenhang aufgedeckten *kausalen Beziehungen* zwischen den einzelnen Parametern gelten alle uneingeschränkt für die in diesem Abschnitt dargestellten Preisprozesse.

Das Marktpotential kann im Fall einer Asymmetrie zwischen p_0 und $\hat{p}^{ext}$ eine höhere Dynamik entwickeln als im Fall der symmetrisch um den Eröffnungskurs gruppierten subjektiven Preisvorstellungen. Der Einfluß der Größe Φ_v^{pot} wird, wenn vom Potential Φ_v^{ext} keine kompensatorische Wirkung ausgeht, dazu führen, daß sich die Bewegung der Verteilung der subjektiven Preisvorstellungen der des Preises anschließt. Die Abbildung 36 möge diese Situation illustrieren.

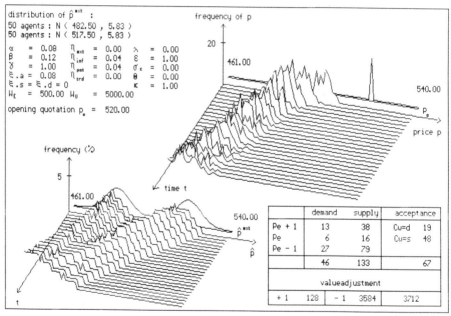

Abb. 36:

Diese Konstellation bestätigt andererseits die Auffassung, daß erst die gemeinsame Würdigung von markttechnischen Bewegungen und fundamentalen Faktoren eine verläßliche Beurteilung von Wertpapieren erlaubt.

3. Schlußbemerkung

Diese ersten Resultate zeigen die Möglichkeiten, mit Hilfe dieses Modells die Vielfalt empirischer Phänomene zu gestalten. Es bedarf sicherlich noch zahlreicher Untersuchungen, um die eine Marktkonstellation jeweils charakterisierenden Parameter- und Faktorkombinationen verläßlich zu bestimmen.

Bereits in diesem ersten einfachen Ansatz wird die zentrale Bedeutung der Übergangsraten deutlich: Sie werden einerseits von den Verhaltensweisen der Marktteilnehmer bestimmt und lenken andererseits die künftigen Aktivitäten der Marktteilnehmer und somit die Entwicklung des Marktes. Die Ausführungen machen auch augenscheinlich, daß in der Bestimmung der Übergangsraten ökonomischer Sachverstand dominieren muß. Wahrscheinlichkeitstheoretisches Expertenwissen ist sekundär.

Die komplexe Modellstruktur macht daher den realen Kapitalmarktexperten nicht überflüssig, sie verlangt ihn mehr denn je. Das unterscheidet diesen Ansatz von den anderen aktuellen Kapitalmarktmodellen mit wahrscheinlichkeitstheoretischer Fundierung. Diese sind nur von Experten der Wahrscheinlichkeitstheorie zu verstehen, nicht jedoch von Kapitalmarktexperten. Sie bewegen sich andererseits auch nur auf der Ebene wahrscheinlichkeitstheoretischer Aussagen und lassen die Implikationen zur Erklärung der realen Kapitalmärkte weitestgehend ungeklärt. Auch hierin unterscheidet sich der vorgestellte Ansatz. Er bietet auch dem Wahrscheinlichkeitstheoretiker ein weites Betätigungsfeld. Er kann sich einerseits mit der Lösung der Mastergleichung beschäftigen und die Abhängigkeiten von den Verhaltensparametern analytisch strukturieren. Welche Parameterkonstellationen führen z.B. zu einer Bifurkation etc. Er kann andererseits Methoden zur Messung der geforderten Parameter entwickeln helfen. Und last but not least kann er Methoden zur Analyse von stochastischen Prozessen entwickeln, die über die heute übliche Mittelwertgleichung hinausgehen. Vielleicht bietet sich in den GARCH-Modellen ein Ansatzpunkt.

Die Unzulänglichkeit der bisherigen statistischen Methoden kann jedoch keine Basis für die Kritik dieses Ansatzes liefern. Den Primat der theoretischen Modellierung über die statistischen Meßmöglichkeiten hat kein geringerer als Albert Einstein betont: "Erst die Theorie entscheidet darüber, was man beobachten kann."[1]

Auf eine Weiterentwicklung des Ansatzes sei noch hingewiesen, um eine Kritik an einer falschen Stelle zu vermeiden: Die Beschränkung auf ein Wertpapier und Kursveränderungen nur um eine Einheit resultiert nicht aus der Grundkonzeption. In zwischenzeitlichen Weiterentwicklungen sind diese Restriktionen aufgehoben worden. Die Beschränkung auf das Grundkonzept resultiert aus der Absicht, die Leistungsfähigkeit des Ansatzes zur Beschreibung verschiedener Kapitalmarktszenarios plastisch anhand numerischer Beispiele zu erläutern. Vor

---

[1] Einstein, zitiert in Heisenberg (1969), S. 89.

allem das Aufbrechen der Übergangsraten in Bestimmungsgleichungen anhand des Verhaltens der Marktteilnehmer kann als Prinzip anschaulich demonstriert werden. Die Weiterentwicklung zum Mehraktienfall muß bei der komplexen Bestimmung des individuellen Gebotspreises und der individuellen Gebotsmenge Portfolio-Überlegungen mit einbeziehen. Sie unterstreichen die Leistungsfähigkeit des Ansatzes zur Beschreibung des realen Kapitalmarktgeschehens.

Natürlich sind nicht alle Fragen gelöst. Das Gegenteil trifft. Mit diesem Ansatz wurde die Modellierung der Individualbewegungen auf der Mikrostruktur des Kapitalmarktes möglich und ein Weg zu einer analytisch-konsistenten Fundierung einer nichtlinearen Theorie der Preisbewegungen aufgezeigt.

Literaturverzeichnis

Arthur, W.B. (1990): Positive Rückkopplung in der Wirtschaft, in: Spektrum der Wissenschaft, Heft April, S. 122-129

Arrow, K.J. (1953): Le Rôle des Valeurs Boursières pour la Prépartition la Meilleure des Risques, in: Econométrie, Colloques Internationaux du Centre National de la Recherche Scientifique, Vol. 11, S. 41-48

Berger, K./Landes, Th./Loistl, O. (1989): Simulation of Synergetic Stock Price Modelling, in: Loistl, O./Landes, T. (eds.): The Dynamic Pricing of Financial Assets, Hamburg, S. 109-127

Black, F./Scholes, M. (1973): The Pricing of Options and Corporate Liabilities, in: Journal of Political Economy, Vol. 81, S. 637 - 654

Böhm, S. (1986): Das Beispiel der "unsichtbaren Hand", in: Acham, K. (Hrsg.): Gesellschaftliche Prozesse: Beiträge zur Historischen Soziologie und Gesellschaftsanalyse, 2. Aufl., Graz, S.149-159

Bott, D. (1981): Adäquationsprozeß und Entscheidungsproblem, in: Statistische Hefte, 22. Jg., S. 2-24

Breiman, L. (1969): Probability and Stochastic Processes, Boston

Cohen, K.J./Maier, S.F./Schwartz, R.A./Whitcomb, D.K. (1986): The Microstructure of Securities Markets, Englewood Cliffs

Cox, J.C./Ingersoll, J.E./Ross, S.A. (1985): An Intertemporal General Equilibrium Model of Asset Prices, Econometrica, Vol. 53, S. 363-384

Cox, J.C./Ross, S.A./Rubinstein, M. (1979): Option Pricing: A Simplified Approach, in: Journal of Financial Economics, Vol. 7, S. 229-263

Debreu, G. (1959): Theory of Value, New York

Dimson, E. (ed.) (1988): Stock market anomalies, Cambridge

Duffie, D. (1988): Security Markets - Stochastic Models, Boston

Duffie, D./Sonnenschein H. (1989): Arrow and General Equilibrium Theory, in: Journal of Economic Literature, Vol. 27, S. 565-598

Frey, B.S./Gygi B. (1988): Die Fairness von Preisen, in: Schweizerische Zeitschrift für Volkswirtschaft und Statistik, 124. Jg., S. 519-541

Gahlen B. (1985): Trend und Zyklus - Aggregat und Struktur, in: Jahrbuch für Nationalökonomie und Statistik, Bd. 200/5, S. 449-478

Garman, M.B. (1976): Market Microstructure, in: Journal of Financial Economics, Vol. 3, S. 257-275

Gerhäusser, K. (1988): Störungen der Signalfunktion relativer Preise, in: Jahrbuch für Nationalökonomie und Statistik, Bd. 205/3, S. 245-262

Grossman, S.J./Miller, M.H. (1988): Liquidity and Market Structure, in: The Journal of Finance, Vol. 43, S. 617-637

Haken, H. (1983): Advanced Synergetics, Berlin

Heisenberg, W. (1969): Der Teil und das Ganze, München

Hellwig, M. (1986): Risikoallokation in einem Marktsystem, in: Schweizerische Zeitschrift für Volkswirtschaft und Statistik, 122. Jg., S. 231-251

Hillinger, C./Weser, T. (1988): Die Aggregationsproblematik in der Konjunkturtheorie, in: Jahrbuch für Nationalökonomie und Statistik, Bd. 204/4, S. 326-341

Hoppmann, E. (1980): Gleichgewicht und Evolution, Baden-Baden

Holub, H.W./Tappeiner, G. (1988): Qualitative Evaluation of Techniques of Aggregation, in: Jahrbuch für Nationalökonomie und Statistik, Bd. 205/5, S. 385-399

Krelle, W. (1989a): Dynamische Markttheorie und Makrotheorie, in: Gahlen, B. et al. (Hrsg.): Wirtschaftswachstum, Strukturwandel und dynamischer Wettbewerb, Festschrift für B. Helmstädter, Berlin

Krelle, W. (1989b): Auszeichnung des status quo: Gleichgewichtsbereiche im Dyopol, in: Jahrbuch für Nationalökonomie und Statistik, Bd. 206/4-5, S. 434-445

Kreps, D.M. (1982): Multiperiod Securities and the Efficient Allocation of Risk: A Comment on the Black - Scholes Option Pricing Model, in: McCall, J.J. (ed.): The Economics of Information and Uncertainty, Chicago, S. 203-232

Laffont, J.-J. (1989): A Brief Overview of the Economic of Incomplete Markets, in: The Economic Record, Vol. 65, S. 54-65

Landes, T./Loistl, O./Reiß, W. (1989): The Market Microstructure and the Dynamic Pricing of Financial Assets, in: Loistl, O./Landes, T. (eds.): The Dynamic Pricing of Financial Assets, Hamburg, S. 53-108

Loistl, O/Landes, T. (eds.) (1989): The Dynamic Pricing of Financial Assets, Hamburg

Loistl, O./Reiß, W. (1989): Pricebuilding Mechanisms and their Modelling in the Literature, in: Loistl, O./Landes, T. (eds.): The Dynamic Pricing of Financial Assets, Hamburg, S. 13-51

Loy, C. (1988): Marktsystem und Gleichgewichtstendenz, Tübingen

Menges G. (1981): Ätialität und Adäquation, in: Statistische Hefte, 22. Jg., S. 144-149

Moser, R. (1981): Bewertungsanomalien bei einem Optionsschein - Ein Beitrag zur Frage der Kapitalmarkteffizienz, in: Zeitschrift für Betriebswirtschaft, 51. Jg., S. 1092-1106

Myhrman J. (1989): The New Institutional Economics and the Process of Economic Development, in: Journal of Institutional and Theoretical Economics, Vol. 145, S. 38-59

v. Neumann, J. (1932): Mathematische Grundlagen der Quantenmechanik, Berlin 1968, unveränderter Nachdruck der ersten Auflage von 1932

Rieger, W. (1928): Einführung in die Privatwirtschaftslehre, Nürnberg

Ross, S.A. (1989): Institutional Markets, Financial Marketing and Financial Innovation, in: The Journal of Finance, Vol. 44, S. 541-556

Scheinkman, J.A. (1990): Nonlinearities in Economic Dynamics, in: The Economic Journal, Vol. 100, S. 33-48

Schneider, D. (1987): Allgemeine Betriebswirtschaftslehre, 3. Aufl., München

Schumpeter, J.A. (1965): Geschichte der ökonomischen Analyse, Erster und Zweiter Teilband, Göttingen

Solow, R. (1956): Buchbesprechung zu Léon Walras' Elements of Pure Economics, translated by William Jaffé, in: Econometrica, Vol. 24, S. 87-89

Strecker, H./Wiegert, R. (1989): Wirtschaftsstatistische Daten und ökonomische Realität, in: Jahrbuch für Nationalökonomie und Statistik, Bd. 206/4-5, S. 487-509

Wenig, A. (1987): Besprechung von: Vilks, A.: Aggregation und Kausalität im Modell des allgemeinen Konkurrenzgleichgewichts, Göttingen 1984, in: Zeitschrift für Wirtschafts- und Sozialwissenschaften, 107. Jg., S. 149-150

Appendix

Anteile der DAX Unternehmen in v. H.

Unternehmen	im DAX*	im effizienten Minimal-Varianz-Portfolio bei			
		unbereinigten Kursen	kapitalbereinigten Kursen	dividendenbereinigten Kursen	kapital- und dividendenbereinigten Kursen
Allianz	10,22	7,761	7,479	7,536	7,273
BASF	5,31	5,755	4,801	5,804	6,014
Bayer	6,1	23,979	23,661	23,944	23,207
Bayernhyp.	1,83	-2,096	-2,200	-2,229	-2,261
Bay. Vereinsb.	1,79	0,722	0,886	0,820	0,856
BMW	2,13	3,997	4,021	4,100	4,091
Commerzbank	1,75	-9,110	-8,613	-9,108	-8,852
Continental	0,86	13,465	13,372	13,363	13,286
Daimler Benz	10,48	-12,479	-12,141	-12,508	-12,260
Degussa	1,22	0,132	-0,080	0,151	-0,177
Dt. Babcock	0,46	0,865	0,962	0,894	0,897
Deutsche Bank	8,12	-3,294	-4,173	-3,067	-3,909
Dresdner Bank	3,25	16,779	17,457	16,729	17,191
Feldmühle	1,03	27,460	27,421	27,416	27,432
Henkel	1,02	7,735	7,974	7,927	8,469
Hoechst	5,39	12,071	12,670	11,970	11,887
Karstadt	1,39	-0,513	-0,306	-0,478	-0,332
Kaufhof	1,32	3,677	3,545	3,590	3,489
Linde	1,51	19,338	18,887	19,207	18,981
Lufthansa	1,65	-0,409	0,550	-0,379	-0,196
MAN	1,49	-8,848	-9,207	-9,203	-9,601
Mannesmann	2,19	-12,636	-11,612	-12,651	-11,862
Nixdorf	0,63	-1,396	-1,479	-1,411	-1,611
RWE	4,85	-1,658	-2,077	-1,718	-1,678
Schering	1,61	16,797	17,205	16,855	17,039
Siemens	8,92	10,086	10,011	10,196	10,786
Thyssen	2,33	9,021	8,488	9,276	8,981
VEBA	5,11	-13,493	-13,447	-13,363	-13,167
VIAG	1,62	-3,292	-3,458	-3,253	-3,278
VW	4,46	-10,416	-10,596	-10,409	-10,694
Summe	100,04	100,000	100,001	100,001	100,001

* Stand: 15.09.89

Kurve effizienter Portfolios
nicht bereinigte Kurse

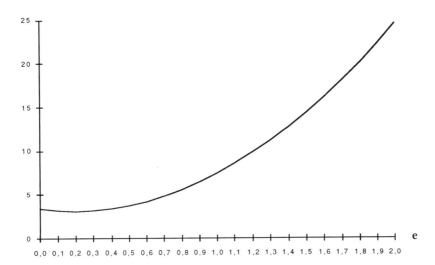

Parameter:
    a=0,164323
    b=0,060741
    c=0,311495

Berechnungsgrundlage:

$$\sigma^2 = \frac{ce^2 - 2be + a}{ac - b^2}$$

Kurve effizienter Portfolios
kapitalbereinigte Kurse

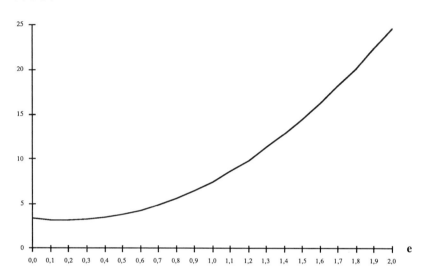

Parameter:
a=0,164770
b=0,058651
c=0,312861

Berechnungsgrundlage:

$$\sigma^2 = \frac{ce^2 - 2be + a}{ac - b^2}$$

Kurve effizienter Portfolios
dividendenbereinigte Kurse

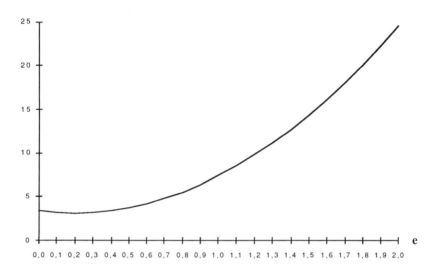

Parameter:
  a=0,164704
  b=0,060665
  c=0,315634

Berechnundsgrundlage:

$$\sigma^2 = \frac{ce^2 - 2be + a}{ac - b^2}$$

Kurve effizienter Portfolios
kapital- und dividendenbereinigte Kurse

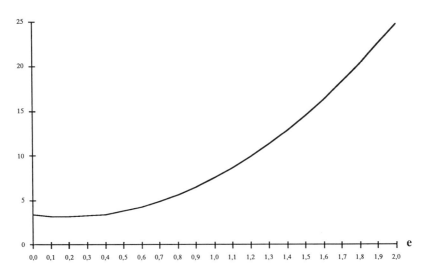

Parameter:
 a=0,163583
 b=0,058847
 c=0,31393

Berechnungsgrundlage:

$$\sigma^2 = \frac{ce^2 - 2be + a}{ac - b^2}$$

Autorenverzeichnis

Aitchison, J. 118
Akgiray, V. 89, 114, 133, 154, 155
Andreas, K. 5
Arnold, L. 144, 145, 148, 149
Arrow, K.J. 314, 316
Arthur, W.B. 310

Baker, H.K. 284
Bamberg, G. 199, 216
Barlow, R.E. 136
Bart, J.T. 284
Bauer, H. 95
Baur, F. 216
Bawa, V.S. 232, 283
Belkaoui, A. 285
Berger, K. 336
Beyer-Fehling, H. 36
Black, F. 185, 190, 207, 316
Blattner, N. 5
Bley, S. 38
Bleymüller, J. 82
Blume, M.E. 287
Bock, A. 36
Böhm, S. 314
Booth, G. 114, 133, 154, 155
Borch, K. 186
Bott, D. 312
Box, G.E.P. 94, 155, 161, 162, 163, 164
Breiman, L. 138, 341, 343
Brown J.A.C. 118
Brown, St.J. 232, 283
Brox, H. 41, 42, 43, 44
Bruns, G. 28
Bühlmann, H. 95
Büschgen, H.E. 5

Canaris, C.W. 41, 42, 43, 44
Chang, L.S. 285
Chatfield, C. 159, 161, 162
Chau To, M. 295
Chen, A.H.Y. 283
Chen, N.-F. 275
Chendall, R.H. 284
Chung, K.L. 139
Cinlar, E. 133, 136
Claussen, C. 18
Coenenberg, A. 199
Cohen, K.J. 313
Cohn, R.A. 286
Colson, G. 228, 281

Cooper, J.C.B. 294
Copeland, T.E. 275, 283
Cox, J.C. 155, 186, 313, 316

Debreu, G. 314, 316
Dhrymes, P.J. 294
Diederichsen, U. 42, 43
Dillmann, R. 95
Dimson, E. 313
Doob, J.C. 93, 139
Duffie, D. 309, 310, 314, 316

Epps, T.W. 289
Eucken, W. 289
Euler, M. 286, 287

Fahrmeir, F. 93, 133, 136, 137, 138, 143, 144, 148
Fama, E.F. 113, 200, 221, 285
Feller, W. 103, 107, 108, 111
Fellingham, J.C. 289
Ferschl, F. 128, 130
Findlay, M.C. 281
Finster, M. 282, 283
Flachmann, K. 197
Fogler, H.R. 275
Franke, G. 6, 28, 174, 221, 294
Frantzmann, H.-J. 97
Frey, B.S. 309
Friend, I. 294
Fritsch, U. 50
Fuller, R.J. 285

Gahlen, B. 312
Ganapathy, S. 275
Garbade, K.D. 289
Gardiner, C.W. 146, 149, 151
Garman, M.B. 313
Gehrmann, D. 28
Gerhäusser, K. 312
Gerke, W. 5
Giersch, H. 5
Glaser, F. 33, 35
Goedecke, K. 286, 287
Granger, G.J.W. 115, 116
Grant, D. 275
Grill, W. 41
Grossman, S.J. 313
Gultekin, M.N. 270
Gultekin, N.B. 294
Gygi B. 309

Haag, G. 143
Haken, H. 317, 319
Hansen, H. 282
Hansmann, K.W. 292
Härtter, E. 102, 112
Haskamp, C.H. 276
Haslem, J.A. 284
Häuser, K. 28
Häusler, K. 5, 15
Hax, H. 6, 174, 221
Heilfron, E. 33, 34
Heisenberg, W. 275, 381
Hellwig, M. 313, 315
Hemptenmacher, Th. 36
Hillinger, C. 312
Holub, H.W. 312
Hommelhoff, P. 18
Hoppmann, E. 317
Hopt, K.J. 5
Hornung-Draus, R. 286
Hueck, H. 41, 42, 43, 44
Hühne, S. 294

Ibragimov, I.A. 107, 111, 112
Ingersoll, J.E. 313
Itô, K. 148

Jen, F.C. 283
Jenkins, G.M. 94, 155, 161, 162, 163, 164
Jennings, R.H. 289
Jensen, M.C. 174
Juchau, R.H. 284

Kahl, A. 285
Karlin, S. 104
Käsmeier, J. 15, 28
Kaufmann, H. 93, 133, 136, 137, 138, 143, 144, 148
Keenan, M. 292
Kessler, J.R. 44
Klein, R.W. 232, 283
Kolb, R.W. 62
Krelle, W. 314, 317
Kreps, D.M. 316
Krümmel, H. 19
Kryzanowski, L. 295

Laffont, J.-J. 314, 315
Landes, T. 170, 180, 292, 320, 333, 336
Lease, R.C. 286
LeRoy, S.F. 172

Lewellen, W.G. 286
Linnik, V.V. 107, 111
Löderbusch, B. 163, 164, 276
Loeffel, H. 95
Loy, C. 314, 315, 317

Maier, S.F. 313
Mandelbrot, B. 103, 113
Markowitz, H.M. 203, 279, 281
Mayers, D. 275, 283
Meckling, W.H. 174
Menges G. 312
Merton, R.C. 221, 290
Metcalf, R.W. 285
Miller, M.H. 280, 313
Mishkin, F.S. 172
Modigliani, F. 280
Mohr, W. 157
Möller, H. P. 103, 170, 229, 275, 292
Morgenstern, O. 115, 116
Moser, R. 314
Mossin, J. 250, 285
Most, K.S. 285
Müller, S. 290
Muth, J.F. 179
Myhrman J. 313

v. Neumann, J. 318
Nievergelt, E. 95

Obst, G. 34
Ost, F. 93, 133, 136, 137, 138, 143, 144, 148

Papoulis, A. 104
Perczynski, H. 41
Peters, K. 44
Petrov, V.V. 109, 110, 111, 113,
Peyrard, J. 285
Phillip, F. 5
Pierce Phyllis, S. 86
Preiser, E. 6
Proschan, F. 136
Press, S.J. 276

Raiffa, H. 282
Rathenau, W. 170
Rehm, H. 34, 36
Reiß, W. 170, 310, 320, 333, 336
Renyi, A. 104, 107, 108, 109, 110, 111, 112, 113
Rieger, W. 311

Roll, R. 225, 231, 237, 275, 290, 291, 292, 293, 295
Rosanov, Y.A. 115
v. Rosen, R. 73
Rosenthal, H. 221, 294
Ross, S.A., 136, 186, 290, 291, 292, 293, 295, 313, 314, 316
Rubinstein, M. 155, 316
Rudolph, B. 226, 258

Samuelson, P.A. 283
Santoni, G.J. 92
Scheinkman, J.A. 318
Schlarbaum, G.G. 286
Schmidt, H. 5, 35, 38, 65
Schmidt, P. 44
Schmidt, R.H. 283
Schmitz, L. 15, 28
Schneeweiß, H. 282
Schneider, D. 95, 309, 310, 318
Scholes, M. 185, 207, 316
Schönle, H. 44
Schumpeter, J.A. 309, 310, 311
Schwartz, R.A. 313
Scott, L.O. 172
Sharpe, W.F. 229, 285, 287, 290
Shiller, R. 172
Silber, W.L. 289
Simon, H.V. 169
Solow, R. 310
Sonnenschein, H. 309, 310, 314
Spremann, K. 174
Starks, L.T. 289
Steffens, G. 28
Steiner, P. 229, 292
Steinitzer, E. 174
Stier, W. 289
Storck, E. 28, 29
Strecker, H. 312
Süchting, J. 171, 174, 175
Szegö, G.P. 237, 291, 294

Tappeiner, G. 312
Teusch, F. 15, 28
Tilly, W. 38

Überla, K. 294
Uhlir, H. 292

Vallenthin, W. 44

Weichert, R. 17
Weidlich, W. 143

Wenig, A. 312
Weser, T. 312
Whitcomb, D.K. 313
Whitmore, G.A. 281
Wiegert, R. 312
Wilhelm, J. 290, 294
Williamson, O.E. 174
Wohlfahrth, K. 38

Zänsdorf, K. 33, 34
Zeleny, M. 228, 281
Zionts, St. 283

Stichwortverzeichnis

Acf 156, 160, 163
Aggregationsfunktionen 255
Anlagestrategien 278
Anlegerportfolio 251
Anteilsscheine 4
APT 290ff
Arbitrage-Pricing-Theorie, s. APT
Äquidistanz 97
ARIMA 155,162
- Prozeß 164f
- Verfahren 155
- Zeitreihenanalyse 155f, 163
ARMA 162
Asymptotisch standard-
  normalverteilt 108
Aufgeld 178
Aufsichtsrat 178
Auktionsprinzip 36
Auslandsanleihen 47
Auto-Regressiver-Integrierter-
  Moving-Average, s. ARIMA
Auto-Regressiver-Moving-Average
  Prozeß, s. ARMA
Auto-Regressive Prozesse 160ff
Autokorrelationsfunktion, s. Acf
Autokovarianzfunktion 156, 160
Axiomatik 95

Barwert 185ff
Berliner-Verfahren 276
Beta 232f
Bezugsrechte 50f
Bifurkation 347, 364, 367
bimodal 358ff, 375ff
bimodale Verteilung 353
Black/Scholes-Formel 185ff, 192
Börse 33ff
- Ehrenausschuß 37
- Segmente 37ff
- Teilnehmer 54
- Vorstand 37
BOSS 69
Börsen-Order-Service-System, s.
  BOSS
Brownsche Bewegung 130, 145, 154
Bruttoauszahlungscharakteristik 282

CAPM 221, 285
- Bewertungsformel 230
Capital-Asset-Pricing-Model, s.
  CAPM

CBoT 64
CEDEL 71
Centrale de Livraison de Valeurs
  Mobilières, s. CEDEL
Chapman-Kolmogorov-Gleichungen
  126, 144, 335
Chicago Board of Trade, s. CBoT
Chicago Mercantile Exchange, s.
  CME
Clearing 56ff
Clearing Mitglied 57
CME 64
Conversion 59

DAX-Index 72ff, 232
- Indexpflege 81ff
- Konstruktionsprinzip 73ff
- Neugewichtung 77ff
- Reserveindexwert 76
Deutsche Terminbörse, s. DTB
Differentialgleichungen 137
- stochastische 147ff
Differenzenbildung 158
Diffusions-
- Koeffizient 148
- Komponente 152
- Prozesse 147ff
- Sprung-Prozeß 132f, 153, 155
Direct Clearing Lizenz 57
Diversifikation 277ff, 283
Dividendenpapiere 49ff
Dow-Theorie 276
Drift-
- Koeffizient 148
- Komponente 152f
DTB 53ff, 64
- Produkte 57ff

Effekten 43f, 45
- Angebot 328
- Nachfrage 328
Effizienzhypothese 172
Einzelreaktionsrate 343
Emissionsmarkt 15
- für Fremdkapital 19
Entscheidungsstrukturen 265, 269
Erreichbarkeitsgraph 129
Erstpassierzeit 147
Ertrags-Risiko
- Kombinationen 198, 242, 251, 262
- System 199

Stichwortverzeichnis

Ertragskraft 169f, 173f, 177f
Ertrag 199ff
Erwartungswert 187, 213
- Operator 172
Euro-clear 71
Eurogeldmarkt 28
Externes Potential 339f

Faktorenanalyse 290
Faltung 104
FAZ-Index 232
Finanzchemie, s. synthetische Instrumente
Finanztitel 6ff
Floating Rate Notes 8
Funktion
- charakteristische 103f
- momenterzeugende 103
Futures 59ff
- Aktienindex 64f
- Financial 59
- Zins 61f

GARCH-Analyse 89
General Clearing Lizenz 56f
Geschäftsrisiko 176
Gesellschafter 178
Gesetz der großen Zahlen 107f, 318
- schwaches 108
Gläubiger 178
Gleichgewicht 309
- arbitragefreies 310
- Fixpunkt- 310
- markträumendes 309
- plankonstantes 309
Going concern Prinzip 178

Halteperiode 201
Handel
- amtlicher 37ff
- Termin 39f
Hedgeratio 207
Hedgeportfolio 185f

Indexmodelle 225ff
Index des Statistischen Bundesamtes 232
Individualportfolio 274
Inhaberpapiere 42
Innerer Wert 169ff, 173f, 176, 178ff
Institutionalisierung 13f
Intellektualisierung 14f
Intensitätsmatrix 140

Intensitätspotential 336
Intensitätsrate 133, 140
Interessenbindung 173ff, 176
Internationalisierung 10
Interne Wertkorrektur 321
Investmentzertifikate 4
Itô-Integral 148
Integration 14

Japan Securities Clearing Corporation, s. JSCC
JSCC 71

Kansas City Board of Trade, s. KCBoT
Kapitalgüter 6
Kapitalmarkt 5ff
- Euro 17, 28ff
- grauer 17
- internationaler 17, 28
- nationaler 17, 21f
- nicht-regulierter 17
- regulierter 17, 21f
Kapitalmarktgerade 220ff, 240ff
Kapitalmarktmodelle 316
Kapitalmarktsegmente 16ff
Kapitalstruktur 177f
KCBoT 64
Kolmogorov-Gleichungen 138ff
- Rückwärtsgleichungen 138f, 143, 151
- Vorwärtsgleichungen 139, 143, 151
Komponente
- stochastische 276ff
- Trend 276ff
- zyklische 276ff
Komponentenansatz 158
Konkurswahrscheinlichkeit 182
Korrelation 215, 232
Korrelationen der Renditen 203
Kovarianz 215
Kovarianzen der Renditen 203
Kovarianzmatrizen 225
Kreditlimitationspotential 338f
Kreuzspektralanalyse 289
Kursbereinigungsverfahren 202

Lag 156
Lambda-Faktor 371
Lead-lag-Beziehungen 289
Leptokurtisch 102, 113
Lineare Beziehung 273

Lineares Filter 160
Liouville-Gleichung 153
Lognormalverteilungsannahme 186f
Lokales Minimum 207
Long-Geschäft 58

Major Market Index, s. MMI
MA-Prozesse 160ff
Margin
- Initial 60
- Maintenance 60
- Variation 60
Market Maker 54
- Prinzip 36
Markov-Kette 123f, 128, 130
Markov-Prozesse 93, 123ff, 130, 134, 138, 139ff, 151ff, 321
- diskrete 131
- homogene 131
- reguläre 141
Markt
- Einheits- 38f
- Freiverkehrs- 40f
- geregelter 40
- Kassa 16
- organisierter 15
- relevanter 288
- Termin 16
- variabler 38f
Marktbudget 254
Marktgeschehen 173
Marktinformationspotential 340, 361, 376
Marktklimapotential 338, 356, 364
Marktportfolio 221, 249ff, 269
- risikoeffizientes 296
Marktpotential 325, 338, 357
Markträumungsbedingung 285
Marktreaktionsrate 343
Marktstatus-Komponente 325
Marktstruktur 324ff, 327
Markttendenzpotential 340
Marktwert 180f, 183f
Martingal 114
Master-Gleichung 139, 143, 335
Matching 56f
Mathematisch-statistische Technik 89
Mehrfaktorenmodell 275
Mehrgleichungsregression 276
Meistausführungsprinzip 39, 288
Minimalportfolio 239f, 263
Mixed diffusion-jump process 153
MMI 64

Momente 100
Moral Hazard 315
Motivationspotential 323, 336,
Moving Average Prozesse, s. MA-Prozesse

Nachschuß 57
Namenspapiere, s. Rektapapiere
NECIGEF 71
Nederlands Centraal Institut voor Giraal Effectenverkeers B.V., s. NECIGEF
Normalverteilung 101 110, 117
Nutzungsinteressen 174

Obligationen
- Industrie 46
- Kommunal 46
OEKB 71
Österreichische Kontrollbank, s. OEKB
Off-Shore-Kapitalmarktplätze 28
Öffentliche Anleihen 46
Operation Blanche 202
Optionen 57, 185f
- at-the-money- 57
- in-the-money- 57
- out-of-the-money- 57
Optionshandel 53ff
Orderpapiere 43
Overpricing Phänomen 377

Pacf 163
Parameterraum 95, 98f
- kontinuierlicher 143
Partielle Autokorrelationsfunktion, s. Pacf
Pfandbriefe 46
Plazierungsrisiko 21
Poisson-Prozeß 111ff, 131ff, 153
Portfoliotheorie 30
Portfolio 199
- dominantes 265
- effizientes 198ff, 217ff, 221, 268
- Minimalvarianz 219
- risikoeffizientes 270
- unsicheres 237f
- Wertpapier 198ff
Präferenzpotential 337, 364
Preisfindung 320ff
Preistrend 325
Preistrendpotential 341
Principal-Agent 173

Prozeßdynamik 341ff
Prozesse
- Geburts- 136
- Schrumpf- 138
- Todes- 136

Random Walk 120f, 128, 143
Random-Walk-Hypothese 114, 276
Randwahrscheinlichkeiten 335
rationale Erwartungen 179
Reagibilitätsfaktor 336
Reale Instrumente 16
Regressionsanalyse 292f
Rektapapiere 42f
Rekurrenzzeit 134
- Rückwärts 134
- Vorwärts 134, 140
Rendite 199ff
- erwartete 226, 269
- sichere 226
Renditeberechnungen 200
Restschwankung 277
Reversal 59
Rieman-Integral 144, 149
Risiko
- Ausschaltung 209
- Effizienz 251ff
- Minderung 197
- Mischung 197
- Prämie 226f
Riskantes Papier 220

Sättigungsniveau 338
Saisonaler-Auto-Regressiver-
  Integrierter-Moving-Average, s.
  SARIMA
SARIMA-Methode 162
Schätzrisiko 278, 282
Schiefe 112
Schuldverschreibungen 47
- mit Optionsrecht 51
- Wandel 51
Separationstheorem 220ff, 224, 242
Short-Geschäft 58
Sichere Anlagemöglichkeit 265, 271
Sicherheitseinschuß 57
SICOVAM 71
Simulationsstudien 344ff
Société Interprofessionelle pour la
  Compensation de Valeurs
  Mobilières, s. SICOVAM
SOFFEX 64
Spektralanalyse 157

Spread 59
Sprungkomponente 152
Sprungprozeß 99, 152f
Standardabweichung 213
Standardabweichung der
  Portfoliorendite 206
stationärer Prozeß 155ff
Stiltjes-Integrale 144, 149
Stochastische Parameter 100
Stochastische Prozesse 93ff 120, 123,
  150
Stochastisches Integral 148
Stochastische Matrix 125
Störvariable 94
Straddles 59
Strangles 59
Strukturbrüche 235
Subjektive Preisvorstellungen 347
Swiss Options and Financial Futures
  Exchange, s. SOFFEX
Synergetik 312, 316ff
Synthetische Instrumente 16

Tangentialportfolio 239, 263f
Tangentialpunkte 267
Technische Analyse 89
Teilmarkt 289
Tendenzpotential 339
Termingeschäfte 53f
Trajektorie 95, 143, 146
Trigonometrische Polynome 157
Trinominales Random-Walk-Modell
  120

Übergangsdichte 144
Übergangsfunktionen 147, 151
Übergangsgraph 128
Übergangsintensitäten 334ff
Übergangsmatrix 125, 129, 142
Übergangsrate 337, 339
Übergangswahrscheinlichkeitsmatrix
  127
Überlagerungen 135f
Unbeschränkt teilbar 109
Underpricing Phänomen 377
Unternehmensführung 177

Value-Line-Index 231
Varianz 191, 227
Varianz des Endvermögens 257
Verfügungsinteressen 174
Vergleichsperiode 201

Verteilungen
- Anfangs- 127
- Cauchy 113
- Grenz 111
- Lognormal 187f, 190f
- Pareto 113
- Poisson 111
- stabile 111
- Standardnormal 186, 187ff, 190
- unbeschränkt teilbare 109
- Zustands- 126f

Vertrauensrisiko 175
Volatilität 207, 232f

Zuwächse
- homogen unabhängige 132
- stationäre 132f

Zwei-Fonds-Theorem 242
Zwischenzeit 134

Wahrscheinlichkeitstheorie 95
Wahrscheinlichkeitsraum 95
Wahrscheinlichkeit
- bedingte 124
- Übergangs- 103, 124ff, 129, 134
- Zustands- 124

Wanderung 145
Wartezeit 134
Weißes Rauschen 147, 160
Wertkorrekturprozeß 361f
Wertpapierbewertung 229ff
Wertpapiere 42ff
- festverzinsliche 8, 46ff

Wertpapiergerade 246f
Wertrecht 44
Wertrevision 339ff
Wertvorstellungen 173, 287, 353
Wiener-Prozeß 145ff

Zählprozesse 131ff
Zahlungsstromcharakteristika 7f
Zeitreihen 95ff
Zentraler Grenzwertsatz 107f
Zerlegungen 135f
Zins 7
Zirkulationsmarkt 15
- für Fremdkapital 19, 29
- regulierter 27

Zufallsgröße
- diskontierte 191

Zufallsprozeß
- reiner 161

Zufallsrisiko 282
Zufallsvariable 93ff
Zustandsraum 95, 100
- kontinuierlicher 143f